Carola Strassner

Ernähren sich Rohköstler gesünder?

Carola Strassner

Ernähren sich Rohköstler gesünder?

Die Gießener Rohkoststudie

Verlag für Medizin und Gesundheit

Dissertation zur Erlangung des Doktorgrades
beim Fachbereich Ernährungs- und Haushaltswissenschaften
der Justus-Liebig-Universität Gießen
Dekan: Prof. Dr.-Ing E. Schlich, 1. Gutachter: Prof. Dr. C. Leitzmann, 2. Gutachter:
Prof. Dr. H. Laube, Prüferin: Prof. Dr. I.-U. Leonhäuser, Prüferin: Prof. Dr. I. Bitsch

Ernähren sich Rohköstler gesünder?
die Gießener Rohkoststudie / Carola Strassner. -
Die Deutsche Bibliothek - CIP Einheitsaufnahme

Heidelberg : Verl. Medizin und Gesundheit, 1998
    Zugl.: Gießen, Univ., Diss., 1998
    ISBN 3-932977-04-1

Copyright Verlag für Medizin und Gesundheit, Heidelberg 1998
Carl-Zuckmayer-Str. 9, 69126 Heidelberg
Tel. 06221 / 38 25 52, Fax 06221 / 38 25 56

Umschlaggestaltung: E. Fesl
Gesamtherstellung: Libri Books on Demand

ISBN 3-932977-04-1

„Alle Dinge sind Gift

und nichts ist ohne Gift.

Die Menge allein macht,

daß ein Ding kein Gift ist."

INHALTSVERZEICHNIS

Verzeichnis der Abbildungen

Verzeichnis der Tabellen

Verzeichnis der Abkürzungen

7TP	7-Tage-Protokoll
70RK	Rohköstler mit einem Rohkostanteil von 70,0-79,9 % in der Kost
80RK	Rohköstler mit einem Rohkostanteil von 80,0-89,9 % in der Kost
90RK	Rohköstler mit einem Rohkostanteil von 90,0-99,9 % in der Kost
ADA	American Dietetic Association
AR	Average Mean Population Requirement
ATP	Adenosintriphosphat
BIA	Bio-Impedanz-Analyse
BCM	Body Cell Mass/Körperzellenmasse
BF	Body Fat/Körperfett
BLS	Bundeslebensmittelschlüssel
BMI	Body Mass Index/Körpermassenindex
BMR	basal metabolic rate (Grundumsatz (GU))
CEC	Commission of the European Communities, Brussels
CED	Chronic Energy Deficiency
CV	Coefficient of Variation/Variationskoeffizient
DGE	Deutsche Gesellschaft für Ernährung, Frankfurt
EAS	essentielle Aminosäuren (essential amino acids (EAA))
EBK	Eisenbindungskapazität
ECM	Extra- Cellular Mass/Extrazellulärmasse
EGOT	Erythrozyten Glutamat-Oxalacetat-Transaminase
EGR	Erythrozyten Glutathion-Reduktase
ELISA	Enzyme-Linked Immuno-Absorbent Assay/hetorologer Enzym-Immunassay
ETK	Erythrozyten Transketolase
FAO	Food and Agriculture Organization, Rome
GPX	Glutathion Peroxidase
HPLC	High Pressure Liquid Chromatography/Hochleistungs-Flüssigkeits-chromatographie
IDECG	International Dietary Energy Consultancy Group
IfE	Institut für Ernährungswissenschaft, Gießen

JLU	Justus-Liebig-Universität, Gießen
LBM	Lean Body Mass/Magermasse
MCH	Mean Corpuscular Haemoglobin
MCHC	Mean Corpuscular Haemoglobin Concerntration/mittlere Hämaglobin-konzentration des Einzelerythrozyten
MCV	Mean Cell Volume/mittleres Erythrozyteneinzelvolumen
MIT	Massachusetts Institute of Technology (Cambridge, USA)
MK	Mischköstlerinnen (der Vollwert-Ernährungs-Studie)
NEAS	nichtessentielle Aminosäuren
NVEG	nichtvegetarische Vollwertköstlerinnen (der Vollwert-Ernährungs-Studie)
OmRK	omnivore Rohköstler (der Rohkost-Studie)
PAL	Physical Activity Level
PEM	Protein Energy Malnutrition/Protein-Energie-Mangelernährung
PRI	Population Reference Intake
RDA	Recommended Dietary Allowances, USA
RKE	Rohkost-Ernährung (Raw Food Diet (RFD))
RKS	Gießener Rohkost-Studie
RNS	Ribonukleinsäure
SCF	Scientific Committee on Food, Brussels
TBW	Total Body Water/Ganzkörperwasser
UNU	United Nations University, Tokyo, Japan
USDA	United States Department of Agriculture, Washington DC
VEG	vegetarische Vollwertköstlerinnen (der Vollwert-Ernährungs-Studie)
VERA	Verbundstudie Ernährungserhebung und Risikofaktorenanalytik
VnRK	vegane Rohköstler (der RKS)
VtRK	vegetarische Rohköstler (der RKS)
VWK	Vollwertköstlerinnen (der VWS)
VWS	Gießener Vollwert-Ernährungs-Studie
WHO	World Health Organization, Geneva

1 Einführung

Die Diskussion um eine vernünftige, gesunderhaltende Ernährung wird in den letzten Jahren immer wieder und verstärkt geführt. Anlaß dafür liefern u.a. die ständig steigende Zahl der Menschen, die an ernährungsabhängigen Erkrankungen leiden (Großklaus 1993), das dadurch verursachte persönliche Leid und die immensen volkswirtschaftlichen Kosten (1990 etwa 107 Mrd. DM in Gesamtdeutschland (Anon. 1994)). Der Prävention in diesem Bereich kommt daher eine bedeutende Rolle zu.

Aus verschiedenen Gründen wenden sich Menschen zunehmend alternativen Ernährungsweisen zu. Viele Interessenten gelangen durch teilweise akute Gesundheitsstörungen wie Krebserkrankungen zu einer solchen Ernährungsform. Bei Vegetariern mit einer ballaststoffreichen Ernährung ist die Gefahr, an Dickdarmkrebs zu erkranken, reduziert (Frentzel-Beyme und Chang-Claude 1994). Weiterhin ist bekannt, daß ein sehr hoher Konsum von Obst und Gemüse die Häufigkeit von Krebs verringert (Willet 1994, Blot et al 1993) und mit einer reduzierten Mortalität assoziiert ist (Key et al 1996).

Eine Ernährungsweise, die eine Prävention und Heilung von Krankheiten verspricht (Burger 1993, Schnitzer 1982) und die gleichzeitig innerhalb der Bevölkerung auf zunehmende Akzeptanz stößt, ist die Rohkost-Ernährung. Dabei handelt es sich um eine ausschließlich aus unerhitzter Nahrung bestehende Kost (eine umfassende Ausführung findet sich in Weise 1993a, Diamond und Diamond 1992 und 1990, Wandmaker 1991, Kenton und Kenton 1990 sowie Peiter 1990). Die Rohkost-Bewegung ist schon relativ alt. Die Wurzeln stammen bereits aus dem Beginn des letzten Jahrhunderts. Die teilweise stark veralteten Theorien einiger Autoren zu den physiologischen Abläufen des Körpers können nicht als Basis einer wissenschaftlichen Begründung dienen.

Es liegen jedoch zahlreiche Einzelfallbeschreibungen vor, in denen sowohl Laien als auch klinisch tätige Ärzte von teilweise spektakulären Heilerfolgen mit Rohkost berichten (Casanova-Lenti 1995, o.J., Bruker 1991, Bircher-Benner 1989, Günter 1989, Schnitzer 1982). Sie liefern auch eine Vielzahl wertvoller Erfahrungsberichte, wenn auch epidemiologische Studien fehlen. So sind die Untersuchungen und Feststellungen dieser Ärzte häufig die einzigen Beweise und müssen als Ausgangspunkt für eine moderne Forschung dienen. Die neueren Theorien der Rohkost-Bewegung sind meist von Laien aufgestellt worden und basieren auf den bereits vorhandenen Theorien. Sie können die theoretischen Lücken nicht schließen. Die Wirkung dieser Kostform als Ganzes auf den Ernährungs- und Gesundheitszustand des Menschen wurde bisher noch nicht in wissenschaftlichen Studien untersucht.

In bislang in dieser Richtung durchgeführte Forschungsarbeiten wurden folgende Aspekte untersucht:
- Einzelaspekte der Rohkost-Ernährung: Einfluß der Rohkost auf Darmflora (Ling und Hänninen 1992, Peltonen et al 1992) und auf die Infektabwehr (Langosch 1988a, 1988b, 1984)
- Wirkung von Rohkost bei verschiedenen Krankheiten, z.B. bei Allergien (Moll und Spiller 1994), bei Bluthochdruck und Übergewicht (Douglass et al 1985) und bei Rheuma (Rauma et al 1993)
- kurzfristige Wirkung von Rohkost (Studie über 1 Woche (Hänninen et al 1992))
- spezifische Rohkost-Form ("Living Food Diet" nach Ann Wigmore), die in Deutschland weniger bekannt ist bzw. befolgt wird (Agren et al 1995, Rauma et al 1995a, 1995b).

Ebenfalls bisher noch nicht wissenschaftlich untersucht wurde die langfristige Wirkung der Rohkost als Gesamtkost auf den Ernährungs- und Gesundheitsstatus bei einer größeren Bevölkerungsgruppe. Von seiten der DGE sind nur Stellungnahmen zu den Empfehlungen zweier Rohkost-Autoren/-Richtungen vorhanden (DGE 1995, 1993), die aber nicht unbedingt einen Bezug zur tatsächlichen Praxis der Rohköstler in Deutschland darstellt. Es besteht somit ein dringender Bedarf, die Rohkost-Ernährung, deren Popularität zunimmt, hinsichtlich dieser Aspekte wissenschaftlich zu überprüfen.

Es ist nicht bekannt, wieviel Menschen eine reine Rohkost-Ernährung über einen längeren Zeitraum hinweg praktizieren, auch nicht, wessen Empfehlungen überwiegend befolgt werden. Inzwischen gibt es in Deutschland mehr als 50 Gesprächskreise oder Selbsthilfegruppen, die Erfahrungen austauschen. Die Existenz solcher Gruppen weist darauf hin, daß diese Ernährungsform nicht ohne Probleme ist, seien diese auch nur soziale Akzeptanz.

Es gilt zu klären, ob dieser Ernährungsweise tatsächlich eine präventiv-medizinische Bedeutung zukommt. Eine wichtige Aufgabe der Ernährungswissenschaft besteht darin, Auswirkungen verschiedener Ernährungsweisen zu untersuchen, um anhand der Ergebnisse Empfehlungen für die Bevölkerung zu erarbeiten. Anhand der erhobenen Daten können mögliche Vorteile und Schwächen erkannt werden, die bei zukünftigen Ernährungsempfehlungen berücksichtigt werden können.

Es gibt weder eine einheitliche Definition für Rohkost-Ernährung noch stellt sie eine einheitliche Kostform dar. Rohkost dient als Überbegriff für verschiedene Gruppen (s.a. Kap. 2.1 S.4 und Kap. 2.1.3 S.12). Obwohl das Wort Rohkost bereits „Kost" beinhaltet, wird in dieser Arbeit das Wort Rohkost-Ernährung (RKE) benutzt, um die Ernährungsform (Dauerernährungsform) zu kennzeichnen und sie von einer Rohkost-Diät (Kurzzeiternährung) und zur Rohkost als Bestandteil der gesamten Ernährung bzw. einer Ernährungsform zu unterscheiden.

2 Ausreichende Proteinversorgung mit Rohkost? - Eine Literaturübersicht

Im ersten Teil dieses Kapitels werden die theoretischen Grundlagen der RKE dargestellt, nach den Vordenkern und Vertretern. Es werden auch die Begriffe Rohkost, RKE sowie Frischkost behandelt, um die Problematik der Definition zu klären. Im zweiten Teil werden der Proteinstoffwechsel und relevante Themen dargestellt.

2.1 Rohkost-Ernährung damals und heute

In diesem Unterkapitel werden der Ursprung der RKE und die Entwicklung zum modernen Phänomen der Rohkostbewegung mit Schwerpunkt deutscher Überlieferung dargestellt. Es wird ein kurzer Überblick verschiedener Varianten diskutiert, um den Leser in die Vielfalt der RKE einzuweihen. Die Erarbeitung der Gießener Definition für RKE wird aufgezeigt.

2.1.1 Rohkost-Ernährung aus der historischen Perspektive

Die Wurzeln der RKE sind bereits im frühen letzten Jahrhundert zu finden. Viele der Vordenker waren Wissenschaftler aus dem ernährungs-physiologischen oder medizinischen Bereich. Ihre klinische oder persönliche Erfahrung führte sie dazu, eine Art Ernährungsform zu entwickeln, die meist als Heilnahrung oder heilungsunterstützende Therapie eingesetzt wurde, d.h. sie wurde an erster Stelle nicht als Dauerernährungsform konzipiert.

Der Ursprung der RKE liegt in der vegetarischen Ernährungslehre, zu deren Vertreter **Ehret** (1866-1922, Deutschland) gehörte. Er nannte seine vegane Ernährungsform "Die Schleimfreie Heilkost" (Ehret 1991a, 1991b). Darin kommen keine Getreideprodukte vor, während Obst einen überragenden Wert hat. Ehret verstand Krankheiten als eine Folge der Mißachtung der göttlichen Gesetze des Lebens. Nicht die Krankheiten, sondern der Körper muß geheilt werden. Für ihn galt als menschliche Urernährung die Obst-Gemüse-Rohnahrung.

Bircher-Benner (1867-1939, Schweiz) war ein Befürworter der Ganzheitsmedizin. Er entwickelte eine sog. Schutzkost und eine sog. Heilkost: die Schutzkost ist eine ovolaktovegetabile Ernährung mit einem Anteil von 50 % pflanzlicher Rohkost. Genußmittel und übermäßiger Verzehr tierischer oder pflanzlicher Proteine sind untersagt. Die Heilkost dagegen ist eine salzlose ausschließlich pflanzliche Rohkost, die vorübergehend oder wechselweise mit der Schutzkost zu befolgen ist. Für Bircher-Benner hatte eine richtig zusammengesetzte und zubereitete pflanzliche Rohkost den höchsten Heil- und Nährwert (Bircher-Benner 1947, 1929, o.J.).

Waerland (1876-1955, Schweden) wurde von Gesundheitspraktiken, die er in Großbritannien kennenlernte, beeinflußt. Im Jahre 1949 kam die Waerland-Bewegung von Skandinavien nach Deutschland. Diese vorwiegend laktovegetabile Kost ist frei von Salz und Gewürzen. Während tierisches Protein, Genuß- und Reizmittel untersagt sind, werden Milch und Milchprodukte toleriert. Die Waerlandkost kann als erweiterte Rohkost betrachtet werden, wobei nur Brot, Getreidebrei („Kruska") und Kartoffeln erhitzt werden (Waerland 1956, 1951, 1947a, 1947b, o.J.a, o.J.b, o.J.c).

Seit seiner Jugend litt **Gerson** (1882-1959, Deutschland) unter starken Migräneanfällen. Diese meinte er durch eine vegetarische RKE heilen zu können. Gerson schrieb: "Die RKE war und ist noch immer eine Ernährungsform, welche die Fähigkeit des Körpers sich selbst zu heilen, wiederherstelle." Seiner Meinung nach ist es das Wichtigste, so viel rohe Nahrung wie möglich zu essen (Gerson 1930).

Sommer (1887-1985, Deutschland) plädiert in seinem Hauptwerk „Das Urgesetz der natürlichen Ernährung" für eine reine vegane RKE. Er war der Meinung, daß der menschliche Körper mit Brot, Milch, Fleisch und gekochten Gemüsen Schaden nimmt. Nur „Gartengemüse", Obst und Nüsse im Naturzustand werden naturgemäß verdaut (Sommer 1991, 1951).

Kollath (1892-1975, Deutschland) hat anhand von Fallstudien immer wieder beobachten können, daß durch eine pflanzliche RKE vorhandene ernährungsabhängige Erkrankungen behoben werden konnten. Daraus entstand seine Wertgruppierung der Lebensmittel und Nahrungsmittel und eine überwiegend laktovegetabile Vollwertkost (Kollath 1955). Einige seiner Maxime kennzeichnen seine Ernährungsempfehlungen: „Laßt unsere Nahrung so natürlich wie möglich", „Erhitze nur, was erhitzt werden muß", „Krankheiten sind keine Schicksalsschläge, sondern entstehen aus der Nichtbeachtung der Naturgesetze".

Wie Gerson entwickelte auch **Evers** (1894-1975, Deutschland) eine auf frischen, rohen Lebensmitteln basierende Diät. Hierzu gehören rohe Eier, Rohmilch und daraus hergestellte Produkte sowie rohes Fleisch. Evers sah das Hauptübel der gekochten Nahrung in der Denaturierung der Nahrungsmittel (Evers 1980). Sein erstes Prinzip lautete: „Es kommt in erster Linie nicht darauf an, was der Mensch ißt, sondern daß er es so naturnah wie nur möglich verzehrt".

Bruker (*1909, Deutschland) entwickelte eine Vollwertkost ähnlich wie Kollath, jedoch forderte er im Gegensatz zu Kollath das gänzliche Meiden von konservierten und denaturierten Lebensmitteln (Bruker 1991). Bruker unterscheidet zwischen vitalstoff-enthaltenden *Lebensmitteln* (rohes Obst und Gemüse, Getreide, rohe Milch, Butter, kaltgepreßte Öle) und *Nahrungsmitteln* (alle sonstigen Lebensmittel).

Angeregt durch die weite Verbreitung von Karies und Überlegungen zu menschlicher Urnahrung, entwickelte **Schnitzer** (*1930, Deutschland) zwei Ernährungsformen: die sog. Intensivkost und die sog. Normalkost. Die Intensivkost ist eine pflanzliche RKE und stellt die optimale Ernährungsweise dar. Seine Normalkost dagegen ist eine durch u.a. Vollkornprodukte, Käse und gekochte Kartoffeln erweiterte Intensivkost, die eher als Übergangskost verstanden werden sollte. In der Schnitzerkost werden vollwertige, natürliche, „lebendige" Lebensmittel befürwortet, die nicht hitzebehandelt sind und wenn möglich aus kontrolliertem Anbau stammen. Laut Schnitzer versagt bei denaturierter Nahrung die Appetitkontrolle. In dem Buch "Der Schnitzerreport" wird in über 4700 Briefen von Erfolgen mit seiner Kost berichtet (Anon. 1988, Schnitzer und Schnitzer 1988, Schnitzer 1982).

Bemerkenswert sind auch einige Schriften, publiziert zwischen dem 1. und 2. Weltkrieg oder kurz danach, in denen Rohkost ein hoher Stellenwert zukommt bzw. RKE empfohlen wird (z.B. Brauchle 1949, Briest und Gringmann 1933). Ein Teil des Vorworts eines dieser Bücher könnte in einem der modernen Bücher über RKE geschrieben sein: „Die Anhänger der Rohkost sind in den letzten Jahren so zahlreich geworden, wie wohl niemand vorher ahnte..." (Barnert 1925). Es gab schon damals einen „Bund für Fruchtnahrung", der Zeitschriften über die Vorzüge der „giftfreien Süßfrucht-Rohkost-Ernährung" an seine Mitglieder verteilte. Hierzu kamen einige Lehren aus den USA, z.B. von Drebbers Diätschule, die auf allen Schriften mit dem Spruch „Iß kalt, so wirst Du alt! Iß roh, so wirst Du froh!" warb (Drebber 1912, o.J.).

2.1.2   Rohkost-Ernährung heute

Im folgenden werden die in Deutschland bekanntesten Vertreter der RKE dargestellt. Bis auf Waerland sind alle genannten Vordenker als Wissenschaftler im ernährungs- oder medizinischen Bereich tätig gewesen. Bei den modernen Vertretern ist dies nicht mehr der Fall. Viele der neuen Thesen bauen auf denen der in Kap. 2.1.1 dargestellten Vordenkern auf, doch sie berücksichtigen oft nicht, daß die wissenschaftlichen Erkenntnisse teilweise beträchtlich veraltet sind und kaum ein Autor arbeitet den neuesten Wissensstand auf.

Wandmaker (Deutschland), bekannt für sein Buch „Willst Du gesund sein? Vergiß den Kochtopf!" (1991), brachte die Natural Hygiene - „Natürliche Gesundheitslehre" - aus den USA nach Deutschland. Diese Bewegung hat ihre Wurzeln im letzten Jahrhundert und wurde 1822 von einer Gruppe Ärzten gegründet. Shelton (1991) wird auch als einer der Väter der Natürlichen Gesundheitslehre angesehen. Zudem werden Fry (1991) und Bragg (Bragg und Bragg 1992) häufig mit der Natürlichen Gesundheitslehre in Zusammenhang gebracht. Als grundlegende Prämisse gilt, daß der Körper ständig nach Gesundheit strebt; dies erreicht er, indem er sich andauernd selbst von Abfallprodukten reinigt. Gesundheitsbeeinträchtigungen treten nur dann ein, wenn die natürlichen Lebensgesetze gebrochen werden. Hieraus entstand die sog. Sonnenkost. Diese setzt sich aus Produkten zusammen, welche durch die Sonne reifen: Obst, Gemüse, Nüsse und Keimlinge (Langer 1992). Zur Gesundheitserlangung und -erhaltung gehören neben der richtigen Ernährung auch Bewegung, frische Luft, Sonne und eine Pflege der Psyche. Wandmaker vertrat früher eine reine Obsternährung, inzwischen plädiert er für eine unzubereitete reine RKE mit einem Verhältnis von 75 % Obst zu 20 % Gemüse zu 5 % Nüsse.

In Deutschland ist es möglich, einen Fernlehrgang als Gesundheitspraktiker im Sinne der Empfehlungen der Natürlichen Gesundheitslehre zu absolvieren. Dies wird von der Waldthausen Gesundheitsschule angeboten, die eng mit dem Waldthausen Verlag assoziiert ist, der mit der Zeitschrift Fit fürs Leben (früher: Lebenskunde), dem Versandhaus Bionika und dem Gesundheitspark Dreibergen (Hotel) zusammenhängt. Die meisten Bücher zum Thema RKE auf dem deutschen Markt werden von diesem Verlag herausgegeben, wodurch die Rohkostbewegung sehr geprägt ist.

Die von Schnitzer geäußerte Vermutung, daß bei denaturierter Nahrung die Appetitkontrolle versagt, wird von **Burger** (Frankreich) in ähnlicher Weise dargestellt. Seine zentrale These ist, daß die Ernährung von einem Instinkt gesteuert wird (Burger 1993). Burgers Hypothese beruht darauf, daß der Mensch nicht an Nahrungsmittel, die nicht in der Natur vorkommen, genetisch angepasst ist. Zu diesen Nahrungsmitteln gehören für ihn beispielsweise gekochte oder gewürzte Speisen, Milch und Milchprodukte oder künstlich gezüchtete Pflanzen wie Weizen. Laut Burger wird jedes naturbelassene Lebensmittel in dem Moment genußvoll, in dem es einem körperlichen Bedürfnis entspricht, sein Reiz hingegen verliert, wenn es unnütz oder gar schädlich wäre. Wenn der Körper seine Bedürfnisse gedeckt hat, ändert sich der Geschmack bzw. die Wahrnehmung des Geschmacks und damit ist die sog. Instinktsperre erreicht. Burger plädiert für eine reine RKE, in der sowohl pflanzliche als auch tierische Lebensmittel und viele exotische Früchte miteinbezogen werden sollen, da der menschliche vererbte genetische Code vor sehr langer Zeit im wärmeren Klima entstand. In dem von ihm errichteten Centre National d'Instinctotherapie im Chateau de Montrame nicht weit von Paris werden Kuren, Seminare, usw. nach Empfehlungen der Instinktotherapie durchgeführt. Für einige Zeit hatte Burger in Frankreich Redeverbot, seine Kurse usw. wurden daher in Deutschland im Schloß Berlepsch bei Kassel gehalten. Seit 1984 besteht der Lebensmittelversand Orkos-Diffusion, der eine Vielfalt an pflanzlichen und tierischen Produkten per Lieferwagen in mehrere mitteleuropäische Länder vertreibt. Alle zwei Monate erscheint das sog. IMAG (Instinktomagazin).

Harvey und Marilyn **Diamond** (USA) sind bekannt für ihr „Fit fürs Leben"-Programm (1992, 1990). Die Grundlagen dieser Richtung entspringen der Natürlichen Gesundheitslehre und der Hay'schen Trennkost (Walb 1992). Obwohl Fit fürs Leben anfangs als Dauerdiät mit Mischkost gedacht war, wurde daraus eine reine RKE. Richtige Nahrungszusammensetzung ist elementar und Fruchtnahrung wird als besonders wichtig eingestuft, wie auch bei der Natürlichen Gesundheitslehre und Evers. Eine zentrale Bedeutung hat ferner die Theorie von den natürlichen Körperrhythmen, die sich pro 24 Stunden in acht Stunden Nahrungsaufnahme, acht Stunden Ausnutzung und acht Stunden Ausscheidung unterteilen. Ziele des Programms sind erstens Energiesteigerung, zweitens Gewichtsverlust und drittens Körperreinigung. Diese Reinigung soll durch den Verzehr von überwiegend wasserhaltigen Lebensmitteln erfolgen.

Moeller (Deutschland) hat seine Gedanken und Erfahrungen zur RKE in seinem Buch „Gesundheit ist eßbar" (1991) dargestellt. Seinem Beruf entsprechend, betrachtet er die RKE aus psychologischer Sichtweise und geht auf die Ursachen und Gewohnheiten im Eßverhalten ein. Der tiefere Sinn des „Mutter-mahls" wird diskutiert. Moeller vertritt weitestgehend die Empfehlungen zur Instinktotherapie von Burger.

Aus Frankreich ist Jamila **Peiter** bekannt, die einst für eine ausschließlich pflanzliche RKE, die sie Vital-Ernährung nannte, eintrat (1990). Peiter wurde geprägt von Bruker, Burger und durch die Natürliche Gesundheitslehre. Sie plädierte für einen geringen Anteil Obst, insbesondere wenig importiertes Obst. Inzwischen vertritt sie die Meinung, die reine RKE sei nicht für alle Menschen als Dauernahrung geeignet (Peiter 1993). Eine Zeit lang stellte sie das Papillon-Journal mit pro- und contra-Berichten und einem Erfahrungsaustausch zu RKE zusammen.

Chrysostomos, besser bekannt als der Autor Franz **Konz** (Deutschland) von "1000 Legalen Steuertricks", entwickelte seine sog. Urmedizin. Er leitete sie von seinen Feststellungen zur menschlichen Evolutionsgeschichte ab, die über eine konventionell pflanzliche Rohkost hinaus auch Wildpflanzen einbezieht (1989). Die Urmediziner sind als Bund für Gesundheit e.V. (vormals: Interessengemeinschaft Natur e.V.) organisiert. Sein neuestes Buch zu diesem Thema hat er den Gesundheits-Konz genannt (1995).

Bei den Ernährungsempfehlungen von **Weise** (Deutschland) steht das Individuum vor der Fürsprache einer vegetarischen RKE. In seinem eher philosophischen Buch diskutiert er die Gemeinsamkeiten vieler Ernährungsformen (1993a, 1993b).

„Kraftquelle Rohkost" ist ein weiteres Buch zur RKE von Leslie und Susannah **Kenton** (USA). In dieser eher mäßigen vollwertigen RKE werden neben Milch und Milchprodukten sogar erhitztes Fleisch toleriert. Der Anteil an Rohkost soll etwa Dreiviertel der Gesamtnahrung dieser Kostform ausmachen (Kenton und Kenton 1990, 1985).

Der Heilpraktiker **Huntzinger** (Frankreich) vertritt eine Ernährungsform, die weniger Obst enthält und stark saison- bzw. temperaturangepaßt ist. In warmen Jahreszeiten soll viel pflanzliche Rohkost und dafür wenig Ölfrüchte und nur ausnahmsweise tierische Produkte gegessen werden. In kalten Jahreszeiten soll Obst nur ausnahmsweise, dafür sollen mehr tierische Produkte und tierisches Fett gegessen werden. Auch hier spielen sog. natürliche Rhythmen eine Rolle. Huntzinger gründete den Verein *Pandora*, ein Akronym, das sich übersetzen läßt mit "für eine natürliche, ursprüngliche, wirklich angepaßte, saisongerechte Nahrung." Den gleichen Namen trägt auch sein Haus im Elsaß, das Kuren, Informationsveranstaltungen usw. anbietet.

Bereits in den letzten fünf Jahren, während des Verlaufs der Gießener Rohkost-Studie (RKS), hat sich die „Rohkostszene" in Deutschland einigen Entwicklungen und Veränderungen unterzogen. Als zu Beginn der Studie 1992/1993 Kontakt mit vielen Rohköstlern und Rohkostkreisen aufgenommen wurde, waren z.B. die Bücher über die sog. Lichtkost von Opitz (1990) noch nicht verbreitet, so konnte im Hauptfragebogen nicht nach dieser Richtung/diesem Autor gefragt werden. Inzwischen hat die Lichtkost großen Anklang gefunden. Auch die einzelnen Vertreter haben teilweise ihre Aussagen in den letzten Jahren revidiert. So empfiehlt Peiter ihre Vital-Ernährung heute nur noch als Kur und nicht mehr als Dauerernährungsform (1993). Burger relativiert den Verzehr von rohem Fleisch, da er einen hohen Rohfleischkonsum für den Tod seiner Frau verantwortlich macht (offener Brief 1994). Wandmaker ist von der Empfehlung einer ausschließlichen Obstrohkost zurückgetreten. Einige der Hauptvertreter (Konz, Wandmaker, anfangs auch Burger) koordinieren ihre Theorien und Empfehlungen in einer neueren Zeitschrift namens „Natürlich Leben" (Nr. 1 Juni/Juli 1997).

Zu den aufgeführten Vertretern der RKE sind weitere Darstellungen in Leitzmann et al (1998), Koebnick et al (1997a) und Strassner et al (1996) sowie in Szyperski (1996) und Koebnick (1994) zu finden. Auch Weise (1993a) und Moeller (1991) geben, neben eigenen Empfehlungen (s.o.), einen Überblick der verschiedenen Rohkostvarianten. An dieser Stelle wird darauf hingewiesen, daß die zugrundeliegende Literatur überwiegend populär-wissenschaftlicher Art ist, oder sich aus veralteten empirischen Beobachtungen aus dem klinisch-medizinischem Bereich zusammensetzen, da es bis heute kaum Literatur gibt, die sich mit dem Thema RKE oder Rohkostrichtungen wissenschaftlich auseinandersetzt.

Es gibt viele englischsprachige Bücher, die sicher noch einen Einfluß auf die deutsche Rohkostszene haben werden (Cousens 1992, 1986, Alexander 1990, Honiball 1989, Wigmore 1984, 1982, Baker und Baker 1981, Kulvinskas 1972, o.J., Kulvinskas und Tarca o.J., Krok 1961, o.J., Abramowski o.J.a, o.J.b). Noch nicht lange außerhalb angelsächsischer Länder bekannt, da sein Buch erst vor kurzem ins deutsche (ursprünglich Armenisch) übersetzt wurde, ist **Hovanessian** (1992). Als seine Tochter im Kinderkrankenhaus in Hamburg lag, beeinflußte ihn Bircher-Benners Buch "Ernährungskrankheiten" sehr stark. Hovanessian schrieb von Naturgesetzen und geht von einer ganzheitlichen Weltanschauung aus. Für ihn kann nur eine rein pflanzliche RKE die einzige Nahrung des Menschen sein.

Neuere Erscheinungen bzw. ältere, die in eine neuere Strömung eintreten, sind Bücher, die von der sog. Lichtkost handeln. Einige dieser Autoren beziehen die Arbeit von **Popp** (Deutschland) zu Biophotonen ein (Popp 1993). Wertvolle Lebensmittel sind diejenigen, die die meisten Biophotonen und damit Energie und Nährwert für den Menschen haben. Die Autoren **Opitz** und dessen Ernährung mit lebendigen Makromolekülen (1995, 1993, 1990), **Nöcker** und die Lichtkost (1992) und **Dittmann** (1993) mit der Lichten Nahrung sind die deutschen Vertreter dieser Strömung.

Bei vielen der Vordenker und Vertreter der RKE ist auffallend, daß sie durch eine eigene Krankheit zu ihren Thesen gekommen sind (Tab. 2.1). Dies spiegelt sich auch in den Beweggründen der Teilnehmer der Gießener Rohkost-Studie wider (Strassner et al 1995), die an erster Stelle auch Gesundheit als Grund zur Ernährungsumstellung nannten.

Tab. 2.1: Vordenker bzw. Vertreter der Rohkost-Ernährung, die durch Gesundheitsbeschwerden zur Rohkost-Ernährung gekommen sind

Vordenker bzw. Vertreter	Therapie-bedürftige Erkrankung
Dr. med. Max Bircher-Benner	Gelbsucht (eigene)
Dr. med. Max Gerson	Migräne (eigene)
Dr. med. Kristine Nolfi	Brustkrebs (eigenen)
Dr. Norman Walker	Neuritis (eigene)
Franz Konz (Chrystostomos)	Krebs (eigene)
Guy-Claude Burger	Krebs (eigene)
AT Hovannessian	Erkrankungen bei den eigenen Kindern
Dr. med. Joseph Evers	verbreitete Karies
Dr. med. dent. Johann Schnitzer	verbreitete Karies
Dr. med. dent. Weston Price	verbreitete Karies

Die Dänin **Nolfi** hat sich nach eigenem Ermessen mit einer reinen RKE geheilt (1977). Sie aß nie Obst und Gemüse zur selben Mahlzeit, trank weder Früchte- noch Gemüsesäfte, dafür aber Rohmilch. Nolfi las, wie auch Hay und Schnitzer, die Schriften von McCarrison über das Hunzavolk der Himalaja, dessen natürliche, überwiegend RKE dafür mitsorgte, daß keine Zivilisationskrankheiten auftraten.

Der Amerikaner **Walker** entwickelte die Roh-Säfte-Therapie (1993, 1991). Es wird behauptet, daß er im 115. Lebensjahr starb, nachdem er mit 113 Jahren noch sein letztes Buch schrieb. In Tab. 2.1 sind Wandmaker und Harvey Diamond nicht aufgeführt, die sich beide mit einem Gewicht von über 100 kg der Natürlichen Gesundheitslehre zugewandt haben. Hovanessian verlor seinen 10-jährigen Sohn und seine 14-jährige Tochter durch, wie er fest überzeugt ist, deren unnatürliche Ernährung und falsche medizinische Behandlung.

Von Haller faßte die vielen Reisen zu Naturvölkern des Amerikaners **Price** zusammen (1980). Wie Evers und Schnitzer angeregt durch die Verbreitung von Karies, beschloß er die "vollkommene Gesundheit" zu finden. Price beobachtete, daß diese Völker aus organisch gedüngtem Boden einfache frische Nahrungsmittel sammelten und sofort meist ungekocht verbrauchten, d.h. eine Ernährungsweise mit hohem Rohkostanteil zu sich nahmen. Auch bei diesen Völkern waren Zivilisationskrankheiten unbekannt.

Es wird deutlich, daß eine alternative Ernährung wie die RKE nie alleine eine Sache des Körpers ist, sondern immer auch eine Frage der geistigen Haltung und Lebenseinstellung, d.h. eine ganzheitliche Weltanschauung ist. Ein Teil hiervon sind Lebens- bzw. Naturgesetze. Eine Krankheit ist oft ein entscheidender Faktor für eine Ernährungsumstellung. Viele der Rohkostverfechter meinen dadurch eine Heilerfahrung am eigenen Leibe oder bei ihren Patienten erfahren zu haben. Weiterhin wird oft von einem Instinkt in bezug auf Ernährung ausgegangen und biologische Rhythmen, wie z.B. körperliche Tagesrhythmen, spielen manchmal eine wesentliche Rolle. Auch der Anbau von Lebensmitteln ist sehr wichtig für die RKE: ökologischer Anbau wird bevorzugt, dabei wird aber nicht immer auf ökologische Zusammenhänge geachtet z.B. werden tropische Früchte aus ökologischem Anbau bevorzugt, aber sie werden zu jeder Jahreszeit von diversen Tropenländern importiert. Die RKE soll auch oft die menschliche Urernährung oder die von der Natur für den Menschen vorgesehene Ernährungsform darstellen.

2.1.3   Annäherung an eine Definition für Rohkost-Ernährung

Die Unterschiede in der Beschreibung von Rohkost und RKE werden auch in den verschiedenen Definitionen zur Rohkost deutlich. In Tab. 2.2 sind Definitionen als Ernährungs-, Kostform oder Diät dargestellt, während Tab. 2.3 Definitionen als Kostbestandteil beinhaltet.

Tab. 2.2:   Definitionen von Rohkost als Kostform

Hoffman-La Roche (1987 S.1497) „Kostform aus frischen pflanzlichen Nahrungsmitteln (Gemüse, Obst, Getreide), hergestellt ohne Hitzeanwendung durch Zerkleinern, meist ohne Kochsalzzusatz, evtl. angereichert mit Milchprodukten (laktovegetabile Kost), reich an Vitaminen, Ballaststoffen, Kalium; kalorien- fett- und proteinarm. Anwendung als Zusatz-, vorübergehend als Reduktionskost sowie bei Obstipation".
Anon. (1985 S.353) „Eine Ernährungsform durch den Genuß von rohen Früchten, Gemüsen und Pflanzenprodukten. Sie ist sehr mineralstoff- und vitaminreich, dagegen aber arm an Kochsalz, Protein und Fett. Der Organismus braucht längere Umgewöhnungszeit, um diese ballastreiche Kost voll ausnutzen zu können."
Muermann (1988 S.221) „Kostform, fleischlos, aus ungekochten Lebensmitteln. Bevorzugt werden rohe Gemüse, Gemüsebrühe, Obst nach Jahreszeit und Südfrüchte, Nüsse, Mandeln, Getreide, Kräutertee, Honig, meist auch Sahne, Butter, neben Ölen und Margarine, Quark und Milch." Es wird behauptet, daß RKE entweder eine streng vegetarische oder eine lakto-vegetabile Kost ist, die roh gegessen wird, allerdings unter Einbeziehung von Vollkornbrot als gegartem Lebensmittel. Ferner wird beschrieben: „Gewürzt wird vor allem mit Zitrone, Kräutern und Gewürzen sowie Salz. Die Nahrung soll „naturbelassen" bleiben. Rohkost als ausschließliche Kostform birgt in ihrer Einseitigkeit die Gefahr einer Mangelernährung in sich und ist durch das Bevorzugen von Mandeln und Nüssen als Proteinquelle meist auch teuer."
Herrmann (1989 S.481) Rohkost: „ohne Hitze zubereitete pflanzliche Kost, relativ arm an Protein, Vitamin A und D, reich an Carotin, Vitamin B_6 und C sowie an schwer verdaulichen Stoffen. Organismus braucht längere Umgewöhnungszeit, um diese ballaststoffreiche Kost voll ausnutzten zu können".

Krug (1989 S.484) Rohkost:

„vitamin-, mineralstoff- und schlackenreiche, dagegen kalorienarme Kost, bevorzugt aus Obst, Gemüse und Getreide, die ohne Anwendung von Hitze bereitet wird".

Tab. 2.3: Definitionen von Rohkost als Kostbestandteil

Leitzmann et al (1988 S.153) Rohkost:

„eßbare Teile von Pflanzen (selten auch von Tieren), die ohne Anwendung von Hitze zubereitet u. verzehrt werden; reich an Vitaminen, Mineralstoffe und Ballaststoffen".

Weber und Wilden (1991 S.110)

„Rohkost oder Frischkost ist ein sehr wichtiger Bestandteil der gesunden Ernährung. Frisches Obst und Gemüse sind unsere bedeutendsten Vitamin-C-Träger...auch als Mineralstoffquelle...spielt Rohkost aus Obst und Gemüse eine große Rolle. Zur Rohkost gehören jedoch auch frische unerhitzte Milch (Rohmilch, Vorzugsmilch), frisches unerhitztes evtl. gekeimtes Getreide sowie Nüsse und Samen".

Rittmeyer (1992)

„Naturbelassene Rohkost ist so, wie sie die Natur uns bietet, d.h., zwar gewaschen (z.B. Obst, Gemüse), aber nicht küchentechnisch oder industriell zerkleinert, nicht getrocknet" und „angemachte Rohkost ist (meist zerkleinert) z.B. ein mit einem Dressing angemachter grüner Salat, Möhren- oder Gemüsesalat oder ein Obstsalat".

Leitzmann in Rias-Bucher (1989 S.13)

„unter Rohkost versteht man (meist zerkleinertes) rohes Gemüse oder Obst, das zu Beginn der Mahlzeit gegessen wird. Frischkost umfaßt alle Produkte, die nicht gegärt oder erhitzt werden: also z.B. neben Rohkost auch Rohmilch, Sauermilchprodukte, kaltgepreßte Öle, Kräuter, frisch gekeimte Sprossen, frischgepreßte Obst- und Gemüsesäfte oder Getreideschrotbrei".

Glaesel (1989 S.333) Frischkost:

„eine im Frischzustand befindliche Nahrung..., die nicht durch Erhitzen oder chemische Konservierungsmaßnahmen verändert wurde" „Dazu eignen sich ... Gemüsesorten, Obst, Nüsse, Körnerfrüchte, rohe Vorzugsmilch, Sauermilch und Honig".

von Koerber et al (1994 S.101)

Im Rahmen der Vollwert-Ernährung wird empfohlen, die Hälfte der Nahrungsmittel als Rohkost (bzw. unerhitzte Frischkost) zu verzehren. Hier wird der Begriff unerhitzte Frischkost bevorzugt. Dieser umfaßt nicht nur Gemüse und Obst (einschließlich milchsauer vergorenem Gemüse), sondern auch unerhitztes Getreide, unerhitzte Nüsse, Ölsamen, Ölfrüchte, kaltgepreßte unraffinierte Öle, Keimlinge und Kräuter, im weiteren Sinne auch unerhitzte tierische Lebensmittel, z.B. Vorzugsmilch und unerhitzte Sauermilchprodukte.

Aufgrund der vielen unterschiedlichen Definitionen von Rohkost bzw. RKE in der Literatur ist es erforderlich den Begriff RKE für die Studie genau zu definieren. Probleme ergeben sich daraus, daß das Wort Rohkost einerseits als Ernährungsbestandteil (wie Frischkost), anderseits als eigene Ernährungsrichtung (wie Vegetarismus) verwendet wird. Als wichtige Unterscheidungsmerkmale zu anderen Ernährungsformen gilt die Ablehnung von erhitzter Nahrung und die Naturbelassenheit der Nahrung. Jedoch gilt zu klären, wo die Grenzen lagen. So kann die Frage gestellt werden, ob getrocknete und damit auch erwärmte Lebensmittel noch zu Rohkost gehören. Auch bei den Teilnehmern der Studie wurde deutlich, daß RKE sehr unterschiedlich verstanden wurde. Aus den Definitionen und Beschreibungen in der Literatur sowie dem Verständnis und der tatsächlichen Praxis der Teilnehmer der Gießener RKS anhand Ergebnisse des HauptfragebogensAnhang 1 S.195) wurde RKE folgendermaßen definiert (Abb. 2.1):

Abb. 2.1: Definition der Rohkost-Ernährung für die Gießener Rohkost-Studie

---

Rohkost-Ernährung ist eine Kostform, die weitgehend oder ausschließlich unerhitzte pflanzliche (teilweise auch tierische) Lebensmittel enthält. Es werden auch Lebensmittel einbezogen, die verfahrensbedingt erhöhten Temperaturen ausgesetzt sind, (z.b. kaltgeschleuderter Honig und kaltgepreßte Öle), ebenso Lebensmittel, bei deren Herstellung eine gewisse Hitzezufuhr erforderlich ist (z.B. Trockenfrüchte, Trockenfleisch und -fisch und bestimmte Nußarten). Außerdem können kaltgeräucherte Erzeugnisse (z.b. Fleisch und Fisch) sowie essig- und milchsaure Gemüse Bestandteil der Rohkost-Ernährung sein.

Arbeitsgruppe Rohkost, Gießen 1995

2.2 Proteine in der Ernährung

2.2.1 Chemie der Proteine

Das Wort Protein kommt aus dem Griechischen und bedeutet „erster Platz" (Fürst 1995, Petersen et al 1980). Proteine sind hochmolekulare Kondensationsprodukte von Aminosäuren, die maßgeblich am Aufbau aller Gewebe und unentbehrlicher Wirkstoffe (z.B. Enzyme, Hormone) höherer Organismen beteiligt sind (Menden 1990 S.14f). Sie unterscheiden sich eher in ihrer Aminosäuresequenz als in ihrer einzigartigen Aminosäurezusammensetzung. Proteine sind in allen Geweben vorhanden und sind die Bausteine für Haut, Muskel, Sehnen, Nerven und Blut (Eastwood 1997). Der Proteinanteil der Zellen liegt bei mehr als 50 % der Trockenmasse (Fürst 1995). Im Körper eines erwachsenen Menschen mit 65 kg sind 12 kg Protein enthalten, etwa 50 % davon ist in den Muskeln zu finden (Leitzmann 1993b).

Die Reihenfolge der Aminosäuren ist für jedes Protein durch die DNS festgelegt. Es sind etwa 20 verschiedene Aminosäuren identifiziert worden, aus denen fast ausschließlich verschiedene Proteine aufgebaut werden, die durch die charakteristische Peptidverbindung miteinander verbunden sind. Die chemische Formel besteht immer aus einem alpha-Kohlenstoff mit einer Carbonsäuregruppe und einer Aminogruppe (daher Aminosäure).

Der Unterschied zwischen den einzelnen Aminosäuren besteht in den unterschiedlichen Seitenketten (R): bei der einfachsten Aminosäure ist R ein Wasserstoffmolekül, bei den übrigen ein aliphatischer oder aromatischer Rest (Menden 1980). Diese Seitenkette ist der Hauptfaktor in der Bestimmung des Transportsystems für die Aminosäure (Eastwood 1997). Aminosäuren sind Moleküle, die eine L- und D- Form, d.h. ein Bild und ein Spiegelbild haben. Bei biochemischen Prozessen wird i.d.R. nur eine Form synthetisiert - in Lebewesen fast ausschließlich die L-Form (Brückner 1996). Die D-Form wird in Zellwänden von Bakterien und in manchen Antibiotika gefunden (Eastwood 1997). Viele metabolische Prozesse, inklusive Proteinsynthese und -transport über die Zellwand, unterscheiden zwischen den L- und D-Formen, doch die D-Form kann transaminiert und so dem Körper verfügbar gemacht werden (Crim und Munro 1994).

Die primäre Struktur der Proteine ist die Aminosäuresequenz. Diese bestimmt die molekulare Proteinkonformation, die wiederum die sekundäre (z.B. ß-Fläche, helisch) und tertiäre Strukturen bestimmen (Belitz 1993a). Proteine können reversibel oder irreversibel, ohne Brechen der kovalenten Bindungen denaturiert werden, z.B. durch eine Temperaturveränderung, pH-Veränderung, Salze, Harnstoff, Detergenzien, wodurch sich ihre tertiäre Struktur verändern kann. Sie können nach ihren tertiären und quaternären Strukturen eingeteilt werden: Sklero- oder Gerüstproteine, z.B. Keratine und Kollagene, oder Sphäroproteine, z.B. Globuline und Albumine. Sie können auch nach Vorkommen in Tieren (meist fibröse Skleroproteine und globuläre Proteine) oder Pflanzen (meist Gluteline und Prolamine) (Fürst 1995) und nach physiologischer Wirkung eingeteilt werden.

Kennzeichnend für Proteine ist der Stickstoffgehalt, der durchschnittlich bei etwa 16 % liegt. Daher wird der Stickstoffmetabolismus oft synonym mit dem Proteinmetabolismus genannt (Garlick und Reeds 1993). Die wichtigsten funktionellen Gruppen der Proteine sind die Seitenketten, die für chemische Reaktionen verfügbar sind (Belitz 1993a). Proteine zeigen ein kolloidales Verhalten (Petersen et al 1980).

Nahrungsproteine dienen in erster Linie zum Aufbau körpereigener Proteine, d.h. sie liefern die zur Biosynthese von Protein benötigten Aminosäuren (Menden 1990 S.14f). Jene, die der menschliche Körper nicht selber synthetisieren kann, müssen mit der Nahrung aufgenommen werden, daher werden sie als essentielle Aminosäuren (EAS) bezeichnet. Ohne diese kommt es zu ernsthaften Mangelerscheinungen und Stoffwechselstörungen (Brückner 1996). Vom Einzeller bis zum Mensch, brauchen alle Tiere unterschiedliche EAS in ihrer Ernährung. Die für den Menschen essentielle (Crim und Munro 1994) sind in Tab. 2.4 dargestellt.

Tab. 2.4: Einteilung der Aminosäuren in essentiell, bedingt essentiell und nicht essentiell

Status für den Menschen	Aminosäuren
essentiell	Histidin, Isoleucin, Leucin, Lysin, Threonin, Methionin, Phenylalanin, Tryptophan, Valin
essentiell für Kinder	Arginin
bedingt essentiell (fungieren möglicherweise als Stoffwechsel-Gruppe)	Glycin, Serin, Cystein
bedingt essentiell (synthetisiert aus EAS)	Cystein (von Met), Tyrosin (von Phe)
nicht essentiell	Alanin, Asparagin, Asparaginsäure, Glutamin, Glutaminsäure, Prolin, Serin, Glycin

Es sind heute mehrere hundert Aminosäuren bekannt, im wesentlichen Produkte des sekundären Stoffwechsels von Pflanzen und Mikroorganismen. Diese sind oft für ernährungsphysiologische und sensorische Eigenschaften verantwortlich (Brückner 1996). Kovalentgebundene Konstituente können auch in Proteine aufgenommen werden. Andere Aminosäuren in der Natur werden durch Modifizierung der Seitenkette einer der 20 bereits synthetisierten Aminosäuren hergestellt. Diese werden nicht mehr für die de-novo-Synthese gebraucht, sondern metabolisiert oder ausgeschieden, z.B. Hydroxyprolin und 3-Methyl-Histidin (Crim und Munro 1994). Über eine enzymatische Decarboxylierung der Aminosäuren kommt es zur Bildung von biogenen Aminen, z.B. Dopamin, Noradrenalin, Histamin. Aminosäuren können zu einem geringen Teil auch zur Bildung von Lipiden und Kohlenhydraten beitragen. Das Kohlenstoffgerüst kann unter Energiegewinnung im Citratzyklus vollständig zu Wasser und Kohlendioxid abgebaut werden (Zakaria 1994).

Durch die Einwirkung von Mikroorganismen wird aus Aminosäuren Kohlendioxid abgespalten, wodurch basische Amine entstehen, die aufgrund ihrer biotischen Herkunft und biologischen Wirkung als biogene Amine bezeichnet werden. Sie stellen u.a. wichtige Indikatoren für den mikrobiellen Verderb von Lebensmitteln und damit für deren Qualität dar. Sie sind aber auch natürlich vorkommende Bestandteile in Lebensmitteln und können zum Geschmack beitragen (Brückner 1996).

Die Proteinreserven des Organismus sind ausschließlich von der Proteinzufuhr abhängig (Fürst 1995). Aus Sicht der Ernährung ist der Aminosäuregehalt bzw. die Aminosäurekomposition der wichtigste Aspekt, doch kann die Struktur auch die Verfügbarkeit beeinflussen (Garlick und Reeds 1993). Proteine sind mehr als nur eine Energiequelle (Garlick und Reeds 1993). Die Umwandlung von Nahrungsenergie, bei der durch Oxidationsvorgänge Energie aus Nahrung freigesetzt wird (Rutenfranz und Wenzel 1980), ist kein effizienter Prozeß. Etwa 75 % der ursprünglichen Nahrungsenergie wird als Hitze verschwendet. Während des Prozesses finden Konvertierungen von chemischer (Nahrungs-) Energie in mechanische (Muskelarbeit), elektrische (Erhaltung ionischer Gradienten) oder chemische (synthetisierung neuer Makromoleküle) Energie statt. Die Hitze als Nebenprodukt wird zur Erhaltung der Körpertemperatur benötigt (McNeill 1993).

2.2.2 Lebensmittelquellen

Getreide ist der Hauptproteinlieferant für den Menschen weltweit (Young und Pellett 1985). In sog. Entwicklungsländern sind pflanzliche Lebensmittel die Primärquellen bzw. oft die einzigen Quellen für Nahrungsprotein (Bodwell 1979). Fleisch ist seit altersher ein Lebensmittel mit hohem Prestigewert verbunden und ein reichlicher Konsum wird als Zeichen von Wohlstand gewertet (Düro und Schnur 1989). Neben Pflanzen und Tieren als Proteinquelle (Getreide, Ölsaat, Leguminosen, Wurzel- und Knollengemüse, Fleisch, Fisch, Milch, Eier) gibt es noch Algen (Chlorella, Spirulina, usw.), Hefen und Einzeller (Belitz 1993b).

Getreide sind auch die Hauptlieferanten für Nahrungsenergie aus Lebens- und Futtermitteln. Es sind verschiedene Energiequellen für das Wachstum in der Nahrung vorhanden: Nahrungssaccharose, Protein, Fette, wobei das Fett eine sehr effiziente Nahrungsenergiequelle ist (Donato und Hegsted 1985). Für energetische Zwecke wird Nahrungsprotein nur bei überschüssigen Mengen herangezogen, oder wenn die Zufuhr von Kohlenhydraten und Fetten als Energielieferanten unzureichend ist (Menden 1990 S.14f).

Der Proteingehalt von Lebensmitteln variiert wie folgt: mehr als 20 % in Käse, Fleisch, Leguminosen und Ölsaaten; 10-20 % in Fisch und Eiern; 5-10 % in Getreideprodukten und weniger als 5 % in Milch, Obst und Gemüse. Proteine in verschiedenen Lebensmitteln können im Stickstoffgehalt von 15,7 % in Milch zu 19 % in Nüssen variieren. Die Aminosäurebioverfügbarkeit kann durch Erhitzen erhöht oder reduziert werden, je nach Proteinquelle: manche rohen Pflanzen beinhalten Inhibitoren der proteolytischen Verdauung z.B. Trypsin in Sojabohnen - dies wird durch Kochen inaktiviert (s.a. Kap. 2.2.3 S.18). Falsche Lagerung oder unvorteilhafte Bedingungen können die Bioverfügbarkeit vermindern (Crim und Munro 1994).

Proteinkonzentrate und -isolate werden im Bereich Lebensmittelverarbeitung vielfältig eingesetzt. Sie werden aus pflanzlichen Rohstoffen wie Sojabohnen, Getreide, Erdnüssen, Baumwollsamen, Sonnenblumenkernen, Raps, Sesam,

Gemüse und Blättern oder tierischen Rohstoffen wie Milch, Fisch, Krill, Blut und Knochen sowie mikrobiell aus Algen, Hefe, Schimmelpilzen und Bakterien gewonnen. Einsatzmöglichkeiten finden sich bei der Herstellung von Backwaren, Süßwaren und Desserts, Milch und Milchprodukten sowie Wurstwaren (Düro und Schnur 1989).

Proteine, die für die menschliche Nahrung eingesetzt werden, haben spezielle Eigenschaften, die die funktionellen, sensorischen, ernährungsphysiologischen und/oder ökonomischen Eigenschaften der Lebensmittel, zu denen sie dazugegeben werden, verbessern sollen. Dazu werden Proteine aus Getreide gewonnen (Mais, Sorghum, Hafer), aus Leguminosen (Blätter, trockene eßbare Bohnenproteine), aus Ölsaaten (Soja, Erdnuß, Sonnenblumen, Raps), aus Kartoffeln oder aus tierischen Nebenprodukten (Blut, Molkeproteine). Hinzu kommen sog. Plasteine. Diese sind eine Wiederherstellung von Proteinen, die enzymatisch zu einer Peptidmischung aus niedrigerem Molekulargewicht hydrolisiert wurden. Sie werden entweder einer Inkubationszeit mit Enzymen unterzogen oder bei hoher Konzentration erhitzt bis ein zähfliessendes gelartiges Material entstanden ist (Satterlee 1981).

2.2.3 Hitzebehandlung von Proteinen

Im Rahmen der RKE, in der Lebensmittel verzehrt werden, die möglichst nicht hitzebehandelt sind, ist es naheliegend, den Einfluß typischer Hitzebehandlungen auf Proteine zu untersuchen. Das normale Kochen wirkt sich günstig auf die Verdauung der Proteine (Koagulation des Albumins, Aufweichung der Bindegewebsfasern, Umbildung von Kollagen in Gelatine, Erleichterung der Hydrolyse der Makromoleküle durch die Verdauungsenzyme) und der Kohlenhydrate (Aufbrechen der Zellulosewände) aus. Gewisse toxische Produkte (Pilze, das Solanin der Kartoffel) werden durch Kochen zerstört (Jallut 1989) sowie Enzyminhibitoren in Leguminosen (Acosta 1988). Konsequenzen der Proteindenaturierung in Lebensmitteln sind ein teilweise oder kompletter Verlust an enzymatischer Aktivität oder die Veränderung des funktionellen Verhaltens. Das Blanchieren von Obst und Gemüse (kurze Behandlung in Wasser oder Dampf um 100°C) wird vor dem Einfrieren, Dehydrieren oder Irradiieren eingesetzt, hauptsächlich um Enzyme wie Lipasen, Lipoxygenasen, Proteinasen, Polyphenoloxidasen und Glykohydrolasen zu inaktivieren. Diese könnten den Geschmack, die Farbe oder Textur verändern.

Eine Reihe von Enzymen in Lebensmitteln sind toxisch oder können toxische Produkte herstellen, wenn sie aktiv bleiben (Andrews 1993). Wenn Fleisch erhitzt wird, fangen Proteinmoleküle bei 40°C an, sich zu entwinden und zu gerinnen. Bei

50°C werden die Fasern kürzer und scheiden Wasser aus. Bei 70°C wird die Struktur des Myoglobins zerstört. Es kann keinen Sauerstoff mehr binden. Bei 80°C brechen und reißen die Zellwände, so daß das Fett aus dem Fleisch auszutreten beginnt (Coenders 1992). Vier Schadenstypen an Aminosäuren resultieren aus der Lebensmittelverarbeitung: Verlust an verfügbarem Lysin (durch die Maillard-Reaktion), Nahrungsproteine können unter strengen Hitzebedingungen verdauungsresistent werden; bei Proteinen, die einer ausführlichen Behandlung mit Alkali unterzogen werden, können Lysin und Cystein reagieren und toxisches Lysinoalanin bilden; unter Bedingungen der Oxidation (z.B. SO_2-Gebrauch) kann Methionin im Protein verlorengehen (Crim und Munro 1994). In älterer Literatur (Gray und Morton 1981) wird behauptet, daß Lysinoalanin wahrscheinlich nicht für den Menschen toxisch ist, dies ist aber noch nicht bewiesen.

Garen kann definiert werden als Erhöhung der Temperatur eines Lebensmittels bis und so lange wie eine irreversible Transformation des Lebensmittels stattgefunden hat (Coenders 1992). Die Hauptparameter, die das Maß an Interaktion bestimmen, sind Wassergehalt, Temperatur, pH und Zeit. Proteine (und Lipide) sind die reaktivsten der Hauptkomponenten. Reaktionen mit Lipiden führen schnell zu organoleptisch inakzeptablen Produkten im Gegensatz zu den Reaktionen mit Proteinen. Daher können die schädlichen physiologischen Effekte der Proteinreaktionen übersehen werden, weil es keinen organoleptischen Schutz gibt (Mauron 1985). Bei einem Vergleich dreier Methoden der Lebensmittelzubereitung (Kochen, Braten und Backen) ergab sich für Fleisch, daß beim Braten eine höhere Mutagenität als beim Backen und Kochen erfolgte. Bei Kohlenhydraten, Gemüse und Eiern unterschied sich die Mutagenität bei den verschiedenen Methoden nicht sehr. Beim Kochen von proteinreichen Lebensmitteln wurden heterozyklische Amine nachgewiesen, die in vitro mutagen und in Tieren karzinogen wirkten.

Doch wurde auch gezeigt, daß Flavonoide und Vitamin A die Mutagenität der heterozyklischen Amine hemmen. Ferner ist es möglich, daß die Mutagenität nicht in vivo auftritt, da z.B. Ballaststoffe die heterozyklischen Amine absorbieren können. Das Entstehen der Mutagene während des Garens ist temperaturabhängig, je höher die Temperatur, desto größer die Mutagenität. Dabei ist eher eine Zunahme der Quantität der mutagenen Produkte als der Menge der verschiedenen Sorten zu verzeichnen (Doolittle et al 1989). In einer Studie wurden in elf von 59 getesteten Lebensmitteln der Gruppe Obst und Gemüse starke Faktoren aktiv in der Hemmung von mutagenen Pyrolyseprodukten von Aminosäuren gefunden (Morita et al 1978). Pyrolyse ist nicht mit Garen gleichzusetzen, sondern ist das Erhitzen der Lebensmittel über 300°C.

Es gibt einen generellen Trend weg vom Zuhause kochen und hin zu Kantinenmahlzeiten (Varela 1985). Studien zeigten, daß die Mineralstoffgehalte von gekochten oder gegarten Lebensmitteln in Großküchen durchschnittlich etwa 60-70 % von rohen Lebensmitteln betrugen. Die Kochverluste der Mineralien waren besonders hoch bei Gemüse. Kochverluste in Mahlzeiten, die Zuhause zubereitet wurden, ergaben ähnliche Ergebnisse wie die der Großküchen (Kimura und Hokawa 1990).

Die Maillard-Reaktion ist eine bekannte Reaktion, die bei der Verarbeitung von Lebensmitteln stattfindet. Dadurch entsteht eine braune Färbung der Lebensmittel, die oft für Geschmack und Aussehen erwünscht ist. Die Maillard-Reaktion findet bei Hitzeanwendungen und bei Lebensmittellagerung bei Zimmertemperatur statt (Eastwood 1997, Adrian 1974). Es handelt sich um eine Protein-Kohlenhydrat-Reaktion zwischen den Reduktionsgruppen der Zucker und den Aminogruppen der Polypeptidketten.

Die aktivsten Zucker (Pentosen) haben die niedrigsten Molekulargewichte und die empfindlichsten Proteine sind Albumine, Globuline und Globine (Adrian 1974). Bei der Startreaktion wird Lysin blockiert, es schließen sich Folgereaktionen (Hunderte bis Tausende neue Verbindungen, viele heterozyklische Verbindungen) und die Endreaktionen (braune Melanoidin-Pigmente, manche wasserlöslich, manche unlöslich) an (Mauron 1985).

Während des ersten farblosen Stadiums der Maillard-Reaktion sind die Produkte nicht mutagen. Mit den ersten braunen Produkten entsteht auch Mutagenität und entwickelt sich parallel mit der Bräunung bis zur Bildung der Premelanoide (<1000 MW) aber sinkt wieder im Endstadium der Maillard-Reaktion mit Formation der dunkelbraunen Pigmente (Rehner und Walter 1991). Die frühen Stadien sind zum großen Teil reversibel. Weitere Reaktionen sind möglich und führen zu braunen und schwarzen Pigmenten, die z.B. Brot und Backwaren Farbe verleihen. Solche Melanoidine haben sich zwar als mutagen erwiesen, werden aber kaum durch die Darmwand absorbiert (Andrews 1993).

Es resultiert ein Verlust an Zucker und Aminosäuren, eine Bildung von schädigenden Substanzen, die antinutritiv oder toxisch sind sowie appetitanregende Aromen. Die unlöslichen Melanoidine sind physiologisch fast inaktiv. Kleinere Dosen Premelanoide steigerten sogar das Wachstum bei Tieren, da sie den Verzehr stimulieren (wegen des veränderten Geschmacks). Wurden Maillard-

Reaktionsprodukte und Lysinoalanin Rattensäuglingen gegeben, beeinflußte die Testnahrung die Bioverfügbarkeit von Kupfer, aber nicht die von Zink und Eisen (Rehner und Walter 1991).

Milchprodukte, die reichlich Laktose und thermolabile Proteine enthalten, sind besonders empfindlich während der Maillard-Reaktion. Getreideprodukte sind empfindlich, wenn ein Teil ihrer Stärke hydrolysiert ist oder wenn Zucker zugeführt wird. Fischmehl wird durch Hitze beschädigt, wenn es reich an Nukleinsäuren ist. Produkte wie Leguminosensamen oder Hefe sind stabil, weil sie wenig reduzierende Zucker enthalten. Die Resistenz des Fleisches gegenüber der Maillard-Reaktion ist der Azidität und dem Mangel an Zucker zuzuschreiben. Beim Kochen Zuhause bleibt Lysin in Fleisch trotz Bratens bei 200°C verfügbar.

Garen und Lebensmittelverarbeitung können toxische Verbindungen in Lebensmitteln hervorrufen, wenn die entsprechenden Vorläufer vorhanden sind. Um die Entstehung der Karzinogene zu minimieren, sollte die Methode der Zubereitung vermeiden, daß die Lebensmittel mit den Kochflammen direkt in Berührung kommen. Es sollte länger bei einer niedrigeren Temperatur gekocht werden und Fleisch mit einem Minimum an Fett verwendet werden (Gray und Morton 1981).

Bei einer enzymatischen Modifizierung der Nahrungsproteine können antinutritive Faktoren entfernt werden, denn Nahrungsproteine sind unvermeidbar vor und nach der Ernte dem Verderben ausgesetzt (Fujimaki und Arai 1990). Der Verlust an Aminosäuren ist (bei landesüblicher Mischkost) kein ernster Faktor in der Ernährung des Erwachsenen im Gegensatz zu der Ernährung des Säuglings (Mauron 1985).

Es gibt noch große Lücken im Wissen über die Wichtigkeit von vielen Verbindungen in bezug auf die menschliche Gesundheit, die in natürlichen, gegarten und verarbeiteten Lebensmitteln vorhanden sind (Gray und Morton 1981). Oft außer acht gelassen werden die Tausende von natürlich vorkommenden mutagenen Substanzen, die in Gemüse, Obst, Gewürzen usw. vorhanden sind sowie kanzerogene und krebshemmende Substanzen (Jallut 1989). Nach Mauron (1985) ist es ratsam, solche Produkte in der Ernährung zu minimieren.

2.2.4 Bedarf der Menschen an Protein und Energie

Protein

Zentraler Diskussionspunkt der Bedarfswerte ist das Konzept, daß der Proteinbedarf einer Gruppe nicht ein einzelner Wert ist, sondern eine Wahrscheinlichkeitsverteilung. Aus dieser wird ersichtlich, welche Mengen an Protein den Bedarf bestimmter Anteile einer Gruppe decken können (Rand et al 1977).

Von Seiten der Deutschen Gesellschaft für Ernährung (DGE 1991 S.25) wird für erwachsene Männer und Frauen eine Proteinzufuhr von 0,8 g/kg Sollkörpergewicht bei der in Deutschland üblichen Mischkost empfohlen. Wird dies auf g Protein/d umgerechnet, so ergibt sich eine Empfehlung von 58 bzw. 55 g Protein/d für Männer im Alter von 25 bis 51 Jahren bzw. von 51 bis 65 Jahren und 48 bzw. 47 g Protein/d für Frauen in den selben Altersklassen. Umgerechnet auf die Nährstoffdichte ergeben diese Werte die Empfehlungen von 6,4 bzw. 6,9 g Protein/MJ für Männer und 6,4 bzw. 6,7 g Protein/MJ für Frauen in den gleichen Altersklassen. Die DGE spricht keine Empfehlungen für die Zufuhr von EAS aus.

Obwohl die DGE, wie die „Scientific Committee on Food" (SCF), die Zahlen der FAO/WHO/UNU von 0,75 g/kg/d zugrunde legt (s.u.), hält sie eine weitere Anhebung um 0,05 g/kg/d für angebracht, da sich die Verdaulichkeit des Bezugsproteins zwischen 90-95 % bewegt (Ausschuß Nahrungsbedarf der DGE 1995a, 1995b). Allein in Europa werden recht unterschiedliche Empfehlungen für die Proteinzufuhr ausgesprochen: für erwachsene Männer liegen diese in Frankreich bei 81 g/d, in den Niederlanden bei 70 g/d und in Spanien bei 54 g/d (Bender 1993a).

Die SCF der „Commission of the European Communities" (CEC 1993 S.1f) unterscheidet zwischen drei Empfehlungen: dem „Lowest Threshold Intake" (LTI) unter dem fast alle Individuen ihre Stoffwechselintegrität wahrscheinlich nicht erhalten können; dieser beträgt 0,45 g Protein/kg Körpergewicht. Der „Average Mean Population Requirement" (AR) ist der Durchschnitt bei einer Normalverteilung der Proteinempfehlungen; dieser liegt bei 0,60 g Protein/kg Körpergewicht. Die Empfehlung, die für Gruppen zugrunde gelegt wird, die die Bedürfnisse fast aller gesunden Menschen einer Gruppe deckt, ist der „Population Reference Intake" (PRI): dieser liegt bei 0,75 g Protein/kg Körpergewicht. Diese Empfehlungen werden unter der Annahme ausgesprochen, daß der Bedarf an Energie und an allen anderen Nährstoffen gedeckt wird. Die SCF richtet sich in ihren Empfehlungen für die Aminosäurezufuhr nach der WHO (s.u.).

In den USA werden die „Recommended Dietary Allowances" (RDAs) ausgesprochen (National Research Council 1989 S.10f), die den physiologischen Bedarf einschließlich eines Sicherheitszuschlages darstellen. Für Protein mit einer Verdaulichkeit gleich dem Referenzprotein wird für erwachsene Männer und Frauen eine Empfehlung von 0,8 g/kg Körpergewicht ausgesprochen, mit ähnlicher Berechnungsgrundlage wie die der DGE (Crim und Munro 1994). Umgesetzt auf die tägliche Proteinzufuhr ergibt sich eine Empfehlung von 63 g/d für Männer und 50 g/d für Frauen. Hier wird kein Altersunterschied gemacht, obwohl Alter als Einflußfaktor bekannt ist (Munro 1983). Die RDAs richten sich in ihren Empfehlungen für Aminosäurezufuhr nach der WHO (s.u.).

Die Empfehlungen des „Joint FAO/WHO/UNU Expert Consultation" zum Energie- und Proteinbedarf wurden zuletzt 1985 als WHO-Technical-Report herausgegeben (FAO/WHO/UNU 1985). Die Empfehlung für die Proteinzufuhr ist für erwachsene Männer und Frauen gleich und wird als 0,75 g Protein/kg Körpergewicht mit der Qualität von Milch- oder Eiprotein angegeben. Für einen 80 kg-Mann ergibt sich eine Empfehlung von 60 g Protein/d und für eine 75 kg-Frau eine Zufuhrempfehlung von 56 g/d.

Energie

Der Energiebedarf ergibt sich aus Grundumsatz, Arbeitsumsatz (Muskelarbeit) und Thermogenese nach Nahrungszufuhr sowie Wachstumsbedarf. Bei einer aus pflanzlichen Produkten bestehenden Kost mit einer durchschnittlichen Zusammensetzung sind etwa 8 % der aufgenommenen Energie für die Thermogenese nach der Nahrungszufuhr zu berechnen. Der Grundumsatz stellt bei üblicher körperlicher Belastung den größten Teil des Energieverbrauchs dar. Die Grundumsatzgröße korreliert eng mit der fettfreien Körpermasse und nimmt mit zunehmenden Alter ab. Männer haben wegen der größeren fettfreien Körpermasse einen um etwa 10 % höheren Grundumsatz als Frauen (DGE 1991 S.17f). Der Energiebedarf sollte möglichst vom Energieverbrauch determiniert werden (FAO/WHO/UNU 1985).

Von Seiten der DGE werden Richtwerte für die Energiezufuhr ausgesprochen: 2200 kcal/d (9,0 MJ/d) bzw. 1900 kcal/d (8,0 MJ/d) für Männer im Alter von 25 bis 51 Jahre bzw. von 51 bis 65 Jahre. Für Frauen in den selben Altersklassen werden 1800 kcal/d (7,5 MJ/d) bzw. 1700 kcal/d (7,0 MJ/d) empfohlen (DGE 1991 S.22). Die

Richtwerte für Erwachsene stimmen soweit mit denen der SCF unter Berücksichtigung der unterschiedlichen Berechnungsverfahren überein (Ausschuß Nahrungsbedarf der DGE 1995a, 1995b).

Die SCF (CEC 1993 S.12f) gibt durchschnittliche Empfehlungen für Gruppen und beachtet neben wünschenswertem Körpergewicht den „Lifestyle Activity Level". Die Altersklassen, die zugrunde liegen, unterscheiden sich von denen der DGE (und der WHO): von 18 bis 59 und von 60 bis 74 Jahre. Die Empfehlungen liegen je nach Aktivitätsniveau für Männer in der Spannweite von 9,2 bis 15,6 MJ/d und für Frauen von 8,3 bis 10,6 MJ/d.

In den amerikanischen RDAs für Energie geben diese den durchschnittlichen Gruppenbedarf für jede Altersgruppe wieder: 2900 bzw. 2300 kcal/d für Männer im Alter von 25 bis 50 bzw. ab 51 Jahre und 2200 bzw. 1900 kcal/d für Frauen in den selben Altersklassen. Umgerechnet auf Körpergewicht von Erwachsenen mit leichten bis moderaten Aktivitätsniveaus ergaben sich „average energy allowances" von 37 bzw. 30 kcal/kg für Männer und 36 bzw. 30 kcal/kg für Frauen in den o.g. Altersklassen (National Research Council 1989 S.34f). Es gibt viele Faktoren, die diesen Bedarf beeinflussen: diese sind Alter, Geschlecht, Körpergröße, Körperzusammensetzung, genetische Faktoren, Energiezufuhr, physiologischer Status, Temperatur und pathologische Bedingungen (National Research Council 1989 S.10f) sowie Klima und Höhenlage (FAO/WHO/UNU 1985 S.128).

Im WHO-Technical-Report (FAO/WHO/UNU 1985) werden Tabellen zu Energieempfehlungen dargestellt, die sich nach Körpergewicht und Vielfaches des Grundumsatzes richten. Die Altersklassen unterscheiden sich von denen der o.g. Gremien: 18 bis 30, 30 bis 60 und ab 60 Jahren. Der Bedarf an essentiellen Aminosäuren wird geschätzt und in Empfehlungen für die Zufuhr umgesetzt. Diese werden im folgenden Abschnitt mit neueren Daten dargestellt.

Diskussion der Empfehlungen

Der Begriff Proteinbedarf wird oft ungenügend definiert und kann davon abhängen, wie die Nahrungsadäquatheit gemessen wurde (Garlick und Reeds 1993). Die Beziehung zwischen der Proteinzufuhr und dem Proteinstatus im Körper wird üblicherweise durch Stickstoffbilanz sowie Gewichtszunahme bei linearem Wachstum gemessen und beschreibt dadurch eher den Bedarf an Nahrungs*protein*. Die mehr direkten biologischen Ansätze, bei denen der Umsatz der Stoffwechselwege gemessen wird, z.B. an Gewebewachstum, Aminosäurekatabolismus oder Proteinumsatz, geben eher den *Aminosäure*bedarf wieder. Die

Ausnutzung von Nahrungsprotein wird durch die Energiezufuhr beeinflußt (Anderson et al 1969). Bei verschiedenen Mengen der Proteinzufuhr führt die Zugabe von Energie zu einer verbesserten Stickstoffbilanz, bis sie ein Plateau erreicht, das die Proteinlimitierung darstellt. Daher werden Protein- und Energiebedarf zusammen berücksichtigt (Scrimshaw et al 1996, Bender 1993a).

Pragmatisch muß die Empfehlung für Protein in der Nahrung auf der Gesamtenergiezufuhr beruhen, so daß die Proteinzufuhr auch als Energiezufuhranteil ausgesprochen wird. Dieser liegt in Deutschland und skandinavischen Ländern bei 10-15 % der Nahrungsenergie in Form von Protein (Bender 1993a). Die klassischen Atwater-Faktoren können für die Berechnung der verfügbaren Energie für den Stoffwechsel benutzt werden (FAO/WHO/UNU 1985, Southgate und Durnin 1970). Beim Schätzen des Energiebedarfs für Gruppen werden keine Faktoren für Adaptation zu Unter- oder Überernährung angewandt (Buyckx et al 1996). Wenn Daten auf Milch- oder Eiprotein basieren, werden diese als vollkommen verdaut angesehen. Für Nahrung mit Schwerpunkt auf nicht gemahlenen Getreideprodukten und Gemüse wird ein Korrekturfaktor von 85 % eingesetzt und bei einer Nahrung von gemahlenem Getreide von 95 % um für die Verdaubarkeit zu korrigieren (Bender 1993a).

Von seiten der WHO (FAO/WHO/UNU 1985) wird ein Korrekturfaktor von 5 % für vegetarische Kostformen bzw. solche mit hohem Ballaststoffanteil empfohlen. Eine Bedarfsdeckung von Protein ist allein mit pflanzlichen Quellen für gesunde Erwachsene möglich (Menden 1990 S.14f, ADA 1980, Barness 1977). Individuen haben bezüglich Alter, Geschlecht und Körpergewicht einen unterschiedlichen Proteinbedarf. Dieser interindividuelle Unterschied hat einen Variationskoeffizienten (CV) von 15 % (Henry et al 1986).

Seit den klassischen Arbeiten von Rose et al (Rose 1957, Rose et al 1955) wird versucht, den Bedarf des Menschen an EAS zu erörtern. Bereits vor mehr als 25 Jahren wurde ein ganzer Katalog zusammengestellt (Irwin und Hegsted 1971). Heute wird anhand der Fähigkeit des Körpers ein Kohlenstoffskelett zu synthetisieren und zu aminieren zwischen EAS, NEAS und bedingt EAS unterschieden (Jackson 1983). Histidin wird inzwischen zu den EAS gezählt; ein Mangel wird mit Unterbrechung der normalen Erythropoese in Zusammenhang gebracht (Kopple und Swendseid 1975). Obwohl der Hauptfluß an endogenen Aminosäuren mit Proteinsynthese und -umsatz assoziiert ist, ist der quantitative Nahrungsbedarf an Aminosäuren nicht an erster Stelle auf die Rolle der Aminosäuren als Substrate für die Polypeptidsynthese zurückzuführen. Eher ist der

Bedarf abhängig von den metabolischen Prozessen, die verantwortlich für die Oxidation und den Katabolismus der Aminosäuren sind (Funabiki 1990, Young et al 1981a).

Die Werte der FAO/WHO/UNU (Tab. 2.5) beruhen auf Arbeiten aus den späten 1970er Jahren von Cheraskin et al (1978) u.a., die erheblich von den vorherigen FAO/WHO/UNU (1973) Empfehlungen abweichen. Die Ergebnisse selektierter Studien in Rom 1981 (FAO/WHO/UNU 1985) ergaben, daß der durchschnittliche Gesamtproteinbedarf als Ei- oder Rindfleischprotein 0,625 g Protein/kg/d mit einem durchschnittlichen CV von 12,5 % betrug. Studien mit gemischter Nahrung ergaben einen Durchschnitt von 0,745 g/kg/d mit einem CV von 16,3 %. Langzeitstudien von 2-3 Monaten zeigten, daß Stickstoffbilanzen marginal oder negativ bei den meisten Probanden unter einer Proteinzufuhr von 0,6 g/kg/d waren (Waterlow 1996). Die bis vor kurzem akzeptierten Bedarfswerte zeigten eine Beziehung zwischen Proteinen und EAS bei Säuglingen in Höhe von 43 % des gesamten Proteinbedarfs, bei Kindern im Alter von 2-5 Jahren 32 %, im Alter von 10-12 Jahren 22 % und bei Erwachsenen 11 % (Young und Bier 1987).

Tab. 2.5: **Der geschätzte Bedarf und das empfohlene Muster für Aminosäuren pro kg Körpergewicht (nach FAO/WHO/UNU 1985, Young und El-Khoury 1996, Young und Pellett 1991, Young et al 1989)**

Aminosäure	FAO/WHO/UNU für Erwachsene		FAO/WHO/UNU für Kinder (2-5 J.)		MIT/Young et al für Erwachsene	
	mg/kg/d	mg/g/d	mg/kg/d	mg/g/d	mg/kg/d	mg/g/d
Histidin	[8-12]	16	?	19		
Isoleucin	10	13	31	28	23	35
Leucin	14	19	73	66	39	65
Lysin	12	16	64	58	42	50
Met + Cys	13	17	27	25	16	25
Phe + Tyr	14	19	69	63	39	65
Threonin	7	9	37	34	21	25
Tryptophan	3,5	5	12,5	11	6	10
Valin	10	13	38	35	24	35
Gesamt - His	83,5	111	352	320	210	310
Gesamt + His		127		339		

Die Forschungsgruppe um Young an der MIT hat mittels neuer Tracermethoden (s. Kap. 2.2.6 S.31) neue Werte festgestellt (Young und Marchini 1990, Young und Pellett 1990, Young et al 1989, Young und Bier 1987, Merritt et al 1985, Young und Scrimshaw 1978). Diese Werte liegen bei fast allen Aminosäuren 2-3 mal höher als die von der FAO/WHO/UNU (1985). Es wurde auch ein Speziesvergleich vorgenommen, um die neuen Empfehlungen zu untermauern (McLarney et al 1996). Die neuen Werte wurden von Millward und Rivers kritisiert (Millward et al 1989, Millward und Rivers 1988, 1986), doch hauptsächlich aus technischen und konzeptionellen Gründen. Im Report der FAO aus dem Jahre 1991 wurde hinsichtlich der Proteinqualität entschieden, daß die Werte für den Aminosäurenbedarf aus dem Report von 1985 (FAO/WHO/UNU 1985), ausgegangen von den Experimenten von Rose et al, nicht mehr akzeptiert oder als ernährungsrelevant erachtet werden, da sie auf einer Reihe anerkannter methodologischer Fehler zurückgehen. Diese sind übermäßige kalorische Zufuhrwerte, das Nichtfeststellen der verschiedenen Nebenverluste und eine Überschätzung der Stickstoffverwertung (Clugston et al 1996).

Weitere zu berücksichtigende Fehlerquellen werden von Scrimshaw (1996) dargestellt. Als Interimslösung wurden die MIT-Werte nicht endgültig akzeptiert; dafür sollten die Empfehlungen für Kinder im Alter von 2-5 Jahren für Erwachsene zugrunde gelegt werden (Tab. 2.5), die den Werten von Young et al ähnlich sind (Clugston et al 1996, Waterlow 1996, Joint FAO/WHO Expert Consultation 1991). Bei einem Treffen des IDECG 1996 wurde diese Entscheidung durch eine weitere Interimslösung abgelöst, die MIT-Werte doch zu akzeptieren (Clugston et al 1996). Bis zu weiteren Entscheidungen soll eine Meta-Analyse aller verfügbaren Daten von Young und Scrimshaw durchgeführt werden (Clugston et al 1996). Die Frage bleibt bezüglich des Aminosäurenbedarfs stehen (Waterlow 1996). Noch heute geht die Debatte weiter, obwohl Protein sicherlich der Nährstoff ist, der am meisten untersucht wurde (Steele und Harper 1990).

Daten über den minimalen Bedarf an Nahrungsprotein und Aminosäuren sind insbesondere wichtig für diejenigen, die Empfehlungen für Bevölkerungsgruppen auf nationaler oder internationaler Ebene aussprechen, insbesondere wenn Nahrungsprotein limitiert ist, z.B. aus ökonomischen oder Produktionsgründen (Clark et al 1973). Die genauen Empfehlungen sind daher wichtig in der Diskussion um die weltweiten Ressourcen (Scrimshaw und Young 1978). Wenn das Muster für EAS, vorgeschlagen von Young und Pellett (1991) als Basis für den Proteinbedarf in der Welt umgesetzt würde, bestünde nach Jackson (1993) und Kazuo (1991) ein großes globales Proteinmangelproblem. Ein Problem dieser Art würde eine große Abhängigkeit der sog. Entwicklungsländer vom Westen bedeuten und die Auswirkung auf die Umwelt wäre folgenschwer, weil es nur unter extremen Kosten für die Umwelt möglich wäre, die Höhe an tierischer Produktion aufrecht zu erhalten, um dem menschlichen Bedarf gerecht zu werden.

2.2.5 Qualität

Die Proteinqualität ist abhängig von der Art und Konzentration der Aminosäuren, deren Resorption und intermediärer Verwertbarkeit (Drepper und Elmadfa 1980). Bei

Erwachsenen ist die Proteinqualität der Ernährung nicht von großer Wichtigkeit, weil die Menge an Protein in der Ernährung meistens die Minimumbedarfsmenge übertrifft, solange genügend Lebensmittel verfügbar sind. Sie wird wichtig, wenn die Ernährung nicht genügend Energie beinhaltet oder die Grundnahrungsmittel einen niedrigen Proteingehalt oder eine niedrige Proteinqualität haben (Bender 1993b).

Proteine unterscheiden sich in ihrer Kapazität, Aminosäuren für den menschlichen Körper zur Verwertung anzubieten. Die Qualität ist ein Maß der Verwertbarkeit des Nahrungsproteins im Körper, das verdaut und absorbiert wurde, d.h. in welchem Maß die Aminosäuren die Bedürfnisse decken können. Mit nur einigen Ausnahmen weisen fast alle Nahrungsproteine eine Mischung aller 20 Aminosäuren auf, aber in unterschiedlicher Zusammensetzung (Bender 1993b).

Die biologische Wertigkeit von einem Nahrungsprotein wird bestimmt durch die EAS, die in der niedrigsten Konzentration in Relation zu dem Bedarf des Organismus vorhanden ist. Bei Wiederkäuern, Einhufern und Kaninchen werden die EAS nicht über die Nahrung, sondern über das im Intestinum gebildete Mikroorganismen-protein, das seinerseits verdaut wird, gedeckt (Drepper und Elmadfa 1980).

Die experimetielle und biochemische Basis von Proteinbedarfswerten ist weniger fundiert als allgemein angenommen. Der ernährungphysiologische Wert von Protein leitet sich von dem Maß an Übereinstimmung des Aminosäurebedarfsmusters des Organismus und der Aminosäure-zusammensetzung des Nahrungsproteins ab. Das Bedarfsmuster des Organismus ist eine von vielen Einflüssen abhängige Größe (Schmoz et al 1986). Die biologische Wertigkeit hängt von der Aminosäure-zusammensetzung der Proteine ab und ist ein Maß dafür, wieviel Prozent des betreffenden Nahrungsproteins in Körperprotein umgewandelt werden kann. Beim Fehlen der NEAS in der Nahrung muß der Körper EAS abbauen und als Stickstoffquelle für die Proteinsynthese nutzen, was höchst unökonomisch ist (Menden 1990 S.14f). Die Bedürfnisse für Stickstoff können größtenteils von nichtspezifischen Quellen gedeckt werden, normalerweise aber von Aminosäuren im Nahrungsprotein (Steele und Harper 1990).

Je besser das Aminosäuremuster eines Nahrungsproteins dem Aminosäurebedarf des Menschen entspricht, um so höher ist die biologische Wertigkeit des Proteins. Für das Protein mit der höchsten biologischen Wertigkeit (das Volleiprotein) ist diese 94 % und wird wegen dem hohen Gehalt an EAS mit 100 % gleichgesetzt (Leitzmann und Hahn 1996a S.100). Es wurde als Vergleichsmaßstab verwendet; doch auch Eiqualität kann verbessert werden z.B. mit Kartoffeln (Radke 1993). Die höchste biologische Wertigkeit ist bei einer Mischung von 35 % Eiprotein plus 65 % Kartoffelprotein erzielt worden (1 Hühnerei plus ½ kg Kartoffeln) (Bender 1993b). Vor allem der Gehalt an Lysin, Tryptophan, Methionin (und Cystein) ist von Bedeutung, da diese Aminosäuren in den meisten Kostformen limitierend sind (Menden 1984).

Vollkornprodukte enthalten hochwertigeres Protein als weiße Mehle, weil die Lysinkonzentration im Keim und den Schalenanteilen höher als im Endosperm ist (Radke 1993). Proteine können aufgewertet werden: ein Überschuß an einer oder mehr EAS in einem Nahrungsprotein kann die limitierende EAS in einem weiteren Nahrungsprotein ergänzen, z.B. eine Mischung aus Erbsen- und Maismehl (Bender 1993b). Generell ist Getreide durch Lysin limitiert, in Fleisch und Milchprodukten ist Lysin im Überschuß vorhanden; daher sind diese Lebensmittel komplementär für Getreide (Bender 1993b). Ein Beispiel für die gegenseitige Aufwertung sind lysinarme aber methioninreiche Getreideproteine und lysinreiche jedoch methioninarme Leguminosen (Menden 1984).

Eine Methode zur Proteinwertermittlung ist die Hydrolyse, obwohl nicht alle Aminosäuren nach der Hydrolyse dem Körper zur Verfügung stehen (Pellett und Young 1984). So können z.B. Inhibitoren der Proteinverdauung, Hitzebehandlung und Lagerung zur Verringerung der biologischen Wertigkeit beitragen (Fürst 1995). Weitere Methoden sind die chemische Bestimmung, mikrobiologische Bestimmung, Berechnung aus Aminosäureanalysen sowie Tierversuche (Young und Pellett 1985, 1984, Drepper und Elmadfa 1980, Bodwell 1978, Bressani 1978,). Viele biologische Tests basieren auf Rattenwachstum, wobei die Gewichtszunahme oder Stickstoffspeicherung das Kriterium für die Effizienz ist (Crim und Munro 1994). Dies geschieht oft unter der Annahme, die Gewichtszunahme sei nur Proteingewebe und kein Fettgewebe (Bender 1993b).

Zudem können Proteine mit einer fehlenden EAS trotzdem einen biologischen Wert haben, indem sie langsames Wachstum unterstützen können (Crim und Munro 1994). Bei solchen Studien können nur ungenaue Schätzungen gemacht werden und es ist es nicht möglich, die Qualität einer Mischung von Proteinen in einer Kostform zu untersuchen (Steele und Harper 1990). Die FAO hat „Rat Growth Assays" zur Ermittlung der Proteinqualität offiziell aberkannt (Millward 1992). Bei Menschen wurden Wachstum und Stickstoffretention für Säuglinge und letzteres für Erwachsene verwendet (Crim und Munro 1994). Die biologische Wertigkeit kann sich je nach Bedingungen für ein bestimmtes Protein ändern. In einer Studie wurden Weizen bzw. Glutenprotein bis unter 0,2 g/kg Körpergewicht beschränkt. Dabei wurde das verzehrte Protein unabhängig von der Proteinqualität scheinbar vollständig verwertet und die biologische Wertigkeit des Proteins wurde auf 100 oder höher geschätzt.

Viele Faktoren beeinflussen die Evaluation der Proteinqualität, u.a. die Höhe der Protein- und Energiezufuhr sowie auch das Alter (Inoue et al 1990). Andere Faktoren sind der Status der Proteinentleerung des Organismus (je leerer, desto höher die biologische Wertigkeit) (Bressani 1978). Das Muster und die Menge der zugeführten EAS spielen in der Modifizierung und der Verwertung des Nahrungsproteins eine wichtige Rolle. Die Reihenfolge, in der die EAS limitierend werden, scheint teilweise von der Menge der Gesamtstickstoffzufuhr abzuhängen (Scrimshaw und Young 1978).

Die Kapazität eines Proteins, die Aminosäure- und Stickstoffbedürfnisse eines Organismus zu decken, ist nicht nur abhängig von der Aminosäurezusammensetzung und der Verdaubarkeit des Proteins, sondern auch von der Zusammensetzung und Adäquatheit der Ernährung als Ganzes und vom physiologischen und ernährungsphysiologischen Status sowie dem Gesundheitsstatus des Menschen. Für die Feststellung der biologischen Wertigkeit werden viele dieser Faktoren entweder ignoriert, konstant gehalten oder als konstant definiert (Pellett und Young 1984).

Früher diente das Eiprotein als Vergleichsmuster, um die Qualität der Nahrungsproteine zu bewerten; dieses wurde durch das menschliche Aminosäurebedarfsmuster („provisional amino acid pattern") ersetzt, doch blieben Probleme bestehen. Bei einer niedrigen Proteinqualität besteht kein lineares Verhältnis zwischen limitierenden EAS und biologischer Wertigkeit. Ferner könnte die chemische Säurebehandlung falsche Ergebnisse liefern, da sie nicht wie proteolytische Enzyme verdaut (Crim und Munro 1994, Bender 1993b).

Die FAO (Joint FAO/WHO Expert Consultation 1991) hat die „protein digestibility-corrected amino acid score" um die Verdaubarkeit und/oder Bioverfügbarkeit korrigiert (Bender 1993b). Die Verdaubarkeit des Proteins in einem Lebensmittel soll kein guter Indikator für die Bioverfügbarkeit der ersten limitierenden Aminosäuren sein. Daher werden Informationen zur Verfügbarkeit der einzelnen EAS gebraucht (Sarwar 1984). Hier muß berücksichtigt werden, daß die derzeitigen Aminosäurebedarfsschätzungen als zu niedrig kritisiert werden (s. Kap. 2.2.6 S.31), welches wiederum das Aminosäuren „scoring pattern" beeinflussen wird (Young und Pellett 1991). Generell kamen die pflanzlichen Proteine dabei schlechter weg. Dazu werden einige „Mythen" über pflanzliche Proteine von Young und Pellett (1994) in Tab. 2.6 widerlegt.

Tab. 2.6: Mythos und Realität bei pflanzlichen Proteinen in menschlicher Nahrung (nach Young und Pellett 1994)

Mythos	Realität
pflanzliche Proteine sind nicht vollkommen/ vollständig, es fehlen spezifische Aminosäuren	übliche Nahrungszusammensetzungen der Proteine sind vollständig, spezifische Nahrungsproteine können niedrige Anteile in bestimmten Aminosäuren haben
pflanzliche Proteine sind nicht so „gut" wie tierische Proteine	die Qualität hängt von der Quelle und Nahrungszusammensetzung der pflanzlichen Proteine ab: sie können mit hochwertigen tierischen Proteinen gleichwertig sein
Proteine von unterschiedlichen pflanzlichen Lebensmitteln müssen während einer Mahlzeit zusammen verzehrt werden, um einen hohen Nahrungswert zu erreichen	Proteine müssen nicht zusammen verzehrt werden, der Ausgleich auf den Tag verteilt ist wichtiger
pflanzliche Proteine werden nicht gut verdaut	Verdaulichkeit kann variieren je nach Quelle und Lebensmittelverarbeitung; sie kann hoch sein
pflanzliche Proteine alleine reichen nicht aus um eine adäquate Proteinzufuhr zu erreichen	Die Zufuhr und Bilanz der Zufuhr von EAS und Stickstoff ist lebensnotwendig und kann von pflanzlichen sowohl als auch von pflanzlich und tierischen Proteinen adäquat gedeckt werden
Bioassays mit Tieren geben zufriedenstellende Indizes des Nährwerts der Nahrungsproteine für Menschen	Bioassays mit Tieren können aufschlußreich sein, jedoch können sie den Nährwert pflanzlicher Proteine für Menschen unterschätzen

2.2.6 Grundsätze und Probleme beim Schätzen des Bedarfs für Protein und Energie

Von Justus von Liebig stammt die Lehre der limitierenden Wirkung, die der Mangel an einem einzelnen Nährstoff auf die Funktionen des gesamten Organismus ausübt. Sie bestimmt unsere Vorstellungen über den Nährstoffbedarf. Die wichtigsten Einzelfaktoren beim Nährstoffbedarf sind die Resorption, die Retention (Pool) bzw. Speicher, der Umsatz und die Ausscheidung (Kübler 1980).

Um Protein- und Aminosäurebedarf für Menschen zu schätzen, werden folgende Methoden verwendet: Gesamtstickstoffmeßung, Stickstoffbilanz, Wachstum (nur sinnvoll während des Säuglings- und Kindesalters) und Plasma-Aminosäuremeßung; die Bedeutung der Plasma-Aminosäuremengen ist für den Stoffwechsel nicht bekannt (Young und Scrimshaw 1978, Munro 1969). Es gibt zwei Methoden den Stickstoffbedarf zu erörtern: zum einen die faktorielle Methode, die bis zum WHO-Report von 1985 benutzt wurde. Zum anderen werden, um die Bedarfsmenge zu bestimmen die Verluste des Körperstickstoffs gemessen (Crim und Munro 1994, Emery 1993, Young und Scrimshaw 1978). Letztere wurde von Rose und Mitarbeitern verwendet, die mittels einer schrittweisen Steigerung der Zufuhr einer Aminosäure den Punkt definierten, bei dem eine ausgeglichene Stickstoffbilanz erreicht war.

Inzwischen sind die biochemischen Erkenntnisse über die Regulation des Aminosäurenstoffwechsels erweitert worden. Insbesondere wurde erkannt, daß die Oxidations- bzw. Verlustrate keine Konstante ist, sondern starken Schwankungen unterliegt. Die Einflußfaktoren dieser Rate sind die Energiezufuhr, die Gesamtproteinzufuhr, die vorher zugeführte Menge an Gesamt-EAS sowie die vorher zugeführte Menge an der zu untersuchenden EAS (Barth 1989). Die Methode, die diese ersetzt hat, mißt die Stickstoffzufuhr, die notwendig ist, um die Stickstoffbilanz zu erhalten. Kurzzeitige Stickstoffbilanzen lassen eine Adaptation an niedrige Proteinmengen außer acht, während Langzeitstudien einige Monate in Anspruch nehmen und damit entsprechend hohe Durchführungskosten verursachen (Emery 1993). Bei niedrigen Zufuhrmengen ist die Verbesserung der Stickstoffbilanz proportional zu der Menge an zusätzlichem Protein; wenn die Zufuhr gesteigert wird, verringert sich die Effizienz der Verwertung (Crim und Munro 1994). Die Stickstoffbilanz wird bereits durch relativ kleine Veränderungen in der Energiezufuhr beeinflußt (Steele und Harper 1990).

Eine weitere Kritik liegt darin, daß Aminosäuremischungen scheinbar weniger effizient verwertet werden als eine äquivalente Aminosäurezufuhr, sofern dies als intaktes Protein verzehrt wird (Young et al 1981b). Inzwischen wird auch diese Methode hinterfragt und die neueren Tracermethoden (direkte und indirekte Aminosäureoxidationsmethoden) werden diese womöglich ersetzen.

Bei der direkten Tracermethode wird der Aminosäureverlust direkt über den Kohlenstoffverlust bzw. der Oxidation einer am Kohlenstoff markierten Aminosäure bestimmt. Die Essentialität einer Aminosäure liegt nämlich in der mangelnden Fähigkeit des Körpers begründet, das Kohlenstoffgerüst zu synthetisieren. Durch die Ermittlung der Aminosäureoxidationsrate in den nüchtern- und postprandialen Phasen kann die oxidierte Aminosäuremenge für einen 24-Stunden-Tag bestimmt werden (Metges et al 1996). Das Wissen ist teilweise noch unvollständig, da die Testaminosäurenahrungen nicht schmecken (Swendseid und Kopple 1973). Der Bedarf an Aminosäuren wird beeinflußt durch diejenigen Stoffwechselwege, die verantwortlich sind für die Oxidation und den Katabolismus der Aminosäuren (Young et al 1981a).

Die Schwachpunkte der Stickstoffbilanzmethode sind inzwischen gut bekannt. Diese können hauptsächlich als drei Punkte wiedergegeben werden: das Stickstoffgleichgewicht im Körper ist nicht gleichzusetzen mit einem ausreichenden viszeralen Proteinstoffwechsel oder Nahrungsstatus (dies ist auch ein Problem für die Tracermethoden), bei Zufuhrmengen größer als die, die zur Aufrechterhaltung benötigt werden, scheinen die Stickstoffbilanzen unrealistisch positiv zu sein (auch ein Problem für die Tracermethoden), bei hoher Energiezufuhr wäre eine Unterschätzung des tatsächlichen Bedarfs zu erwarten, im Vergleich zu dem tatsächlichem Bedarf bei einer Energiezufuhr, die gerade ausreichend war, um die Energiebilanz aufrechtzuerhalten (Waterlow 1996).

Der Energiebedarf wird in Erhaltungsbedarf und Leistungsbedarf unterteilt (Schürch 1980), für die es verschiedene direkte und indirekte Meßmethoden gibt. Die direkte Methode ist die doppeltmarkierte Wassermethode oder der Gebrauch eines Ganzkörperkalorimeters (Durnin 1996). Der Ruheumsatz ist ein Faktor bei der Ermittlung des Energiebedarfs des Menschen; es gibt große Spannbreiten beobachteter Energiezufuhr. Drei kritische Fehlerquellen bei der Messung der Energiezufuhr sind zu beobachten: große, tägliche, intraindividuelle Schwankungen, bei der Überwachung des Nahrungsverzehrs wird das übliche Muster wahrscheinlich Veränderungen unterzogen und die Lebensmittel, die die Probanden verzehren, können nicht die Lebensmittel sein, die einer Analyse unterzogen werden (Garrow 1981b).

Es gibt Formeln, die eine Schätzung des Ruheumsatzes ermöglichen, basierend auf Alter, Geschlecht, Gewicht, Größe und Lean Body Mass (LBM) (Garrow 1981b). In Studien, die den Zusammenhang zwischen gemessenem Ruheumsatz, Alter, Geschlecht und geschätzter Körperzellmasse untersuchten, zeigte sich, daß die Harris-Benedict-Formel für junge sowie alte Menschen Gültigkeit hat (Roza und Shizgal 1984). Bei der Harris-Benedict-Formel wird LBM nicht berücksichtigt (Garrow 1981b), dagegen Größe, Gewicht und Alter, im Vergleich zu den Formeln der WHO (FAO/WHO/UNU 1985), die nur Gewicht oder Gewicht und Größe für drei erwachsene Altersgruppen einbeziehen. Es wurde vorgeschlagen, daß der Energiebedarf entweder proportional zu dem Grundumsatz oder zum Körpergewicht ist. Eine weitere Studie (Lawrence 1988) mit 47 gambischen Frauen auf dem Lande zeigte, daß der Energieverbrauch nicht proportional zum Körpergewicht ist, sondern grob proportional zum Grundumsatz und damit stützt es die Empfehlungen der WHO (FAO/WHO/UNU 1985), Energiebedarf als Faktor des Grundumsatzes zu berechnen.

Schofield und James (1985) trugen 114 Studien mit Daten über den Grundumsatz zusammen. Es zeigte sich, daß Probanden von sog. Entwicklungsländern nicht nur kleiner waren und einen niedrigeren Grundumsatz hatten, sondern auch niedrigere Raten pro Einheit Körpergewicht als europäische oder nordamerikanische Probanden (Schofield und James 1985). Neuere Literatur (Webb und Sangal 1991) empfiehlt die Berücksichtigung des Energieverbrauchs im Sitzen anstatt des Grundumsatzes, da dieser eine hohe Korrelation zwischen LBM und Grundumsatz zeigte.

2.2.7 Stoffwechsel

Verdauung

Der Resorptionsweg des durch Hydrolyse in reine Aminosäurebausteine zerlegten Proteins geht vom Darmlumen über die Zellen in die Lymphbahn und in den Pfortaderkreislauf bis zur Leber (Crim und Munro 1994). Das native Protein wird durch Salzsäure im Magen denaturiert und die Proteinverdauung vom Magen-Pepsin eingeleitet. Es ist ein Enzym des Magensaftes, das vorzugsweise die Peptidverbindungen neben Phenylalanin-, Tyrosin- oder Leucinresiduen spaltet (Garlick und Reeds 1993).

Der menschliche Magen sondert mindestens drei unterschiedliche Pepsine mit unterschiedlichen pH-Optima von fast neutral bis pH 1,2 ab (Emery 1993). Die geringe Menge hierdurch entstandener Aminosäuren und der übrige Nahrungsbrei stimulieren die Pankreassaftabgabe der Enzymvorstufen. Die Proenzyme Chymotrypsinogen, Trypsinogen und Proelastase werden durch den Chymus, die Enterokinase und ihre eigene autokatalytische Enzymwirkung in die wirksamen Enzymendstufen gespalten. Diese hydrolysieren die aromatischen, aliphatischen und basischen C-terminalen Peptide, die von der Carboxypeptidase A und B und Aminopeptidase zu Aminosäuren und Oligopeptiden abgebaut werden.

Da die Proteindenaturierung nicht bei jedem Nahrungsprotein sofort erfolgt und da wegen der Magensaftneutralisierung durch den Speisebrei nicht immer das günstigere Enzym-pH-Optimum erreicht wird, werden durch leichte Hitzeeinwirkung denaturierte Proteine besser ausgenutzt. Der Anstieg der Verdaubarkeit ist dabei mehr auf die Inaktivierung der Proteinasehemmer als auf die Denaturierung zurückzuführen. Di- und Tripeptide werden von den membrangebundenen Carboxypeptidasen in den Mikrovilli der Darmschleimhaut zu freien Aminosäuren.

Die Resorption von Proteinen scheint für die lokale Immunität des Dünndarms von Bedeutung.

Es ist wahrscheinlich, daß Proteine aus tierischen Quellen leichter und schneller resorbiert werden als vegetabile Proteine, bei denen die Zellulosehülle die Aufnahme verzögert. Bei hohem Zustrom von Aminosäuren mit dem Pfortaderblut baut die Leber einen erheblichen Anteil davon ab und beseitigt den Stickstoff in Form von Harnstoff. Proteindegradation ist ein energieabhängiger Prozeß (Fürst 1995). Die Aminosäurenresorption erfolgt schnell und bei normalen mechanischen und enzymatischen Darmverhältnissen vollständig. Etwa 1-1,5 Stunden nach oraler Zufuhr können die markierten Proteine als Aminosäuren im Serum nachgewiesen werden.

In den Fäzes finden sich bei normaler Ernährung und ausgeglichenen Resorptionsbedingungen selten freie Aminosäuren und Peptide. Die Proteine darin sind im allgemeinen Bakterienproteine und vom Darm sezernierte Proteine. Die Spaltgeschwindigkeit der einzelnen Proteine ist unterschiedlich: am wenigsten und am langsamsten werden Elastin, besser Eialbumin, Fleisch und Casein zerlegt. Bedeutungsvoll sind neben den Proteasen des Magens und Pankreas die intrazellulären Dipeptidasen.

Die aus dem Darmlumen resorbierten oder im Zellbürstensaum freigesetzten Aminosäuren werden aktiv durch die Zelle transportiert. Transportkonkurrenzen spielen keine ernährungsphysiologisch bedeutsame Rolle. Die verschiedenen Aminosäuren werden durch mehrere spezifische Na^+-K^--Transportsysteme sekundäraktiv aus dem Darmlumen in die Mukosazelle und von dort passiv (Carrier-vermittelt) in die Blutbahn transportiert (Silbernagel und Despopoulos 1991 S.224-225). Es läßt sich ableiten, daß alle ATP-erzeugenden Substrate die Resorption fördern und zum Transport Pyridoxal-5-P benötigt wird.

Vier Transportsysteme für basische, neutrale, Imino-Aminosäuren und Glycin sind beschrieben worden. Während der Aminosäurenresorption findet auch eine Transaminierung statt z.B. Glutamin zu Alanin oder Asparagin zu Alanin. Peptide gelangen im Gegensatz zu den freien Aminosäuren über ein anderes Transportsystem in die Zelle (Crim und Munro 1994). Geringe Mengen an intaktem Protein können insbesondere vm Säugling resorbiert werden. Mittels Pinocytose an der Bürstensaummembran ist es möglich, daß 2 % des Nahrungsproteins intakt absorbiert wird (Eastwood 1997). In den ersten 100 cm des Jejenums werden 80 % des Proteins resorbiert. Die Proteinausnutzung hängt von der Schnelligkeit der

Proteinhydrolisierung und der Kontaktzeit im Hauptresorptionsort ab. Auch der Grad der Denaturierung und der mechanischen Zerkleinerung spielt eine wesentliche Rolle. Deshalb ist aufgeschlossenes Protein (z.B. Milch, Milchprodukte, Fisch) biologisch besonders wertvoll.

Mit der Nahrung werden auch proteininhibierende Faktoren aufgenommen. Am bekanntesten ist ihr Vorkommen im Eiklar und in Leguminosen wie Erdnüssen, Erbsen und Bohnen. Selbst in Kuhmilch sind geringfügige Mengen an Pepsininhibitoren nachgewiesen worden. Diese Inhibitoren sind thermolabil und wirken pH-abhängig (Crim und Munro 1994, Andrews 1993, Ritter 1980). Die absorbierten Aminosäuren gelangen über die Pfortader in die Leber. Sie ist der Hauptort des Katabolismus von sieben der EAS. Die anderen drei verzweigtkettigen EAS (Leu, Ile, Val) werden hauptsächlich in der Niere und im Muskel abgebaut. Die Leber überwacht die Absorption und ändert den Metabolismus je nach körperlichem Bedarf (Crim und Munro 1994).

Nach dem Transport über die intestinale Wand können Aminosäuren katabolisiert, zu anderen Verbindungen metabolisiert oder in den Kreislauf freigesetzt werden. Die Aminosäurenkonzentrationen in Blutzellen, im Blutplasma und intrazellulär sind unterschiedlich. Nur 2 % der Aminosäuren des Körpers sind als freie Aminosäuren vorhanden, die restlichen als Protein (Emery 1993).

Umsatz

Die Proteinsynthese ist ein kontinuierlicher Prozeß, der in fast allen Zellen des Körpers stattfindet (Noguchi und Naito 1990). Manche Gewebearten sind im Proteinumsatz mehr aktiv als andere: Leber und Intestinum zusammen werden für bis zu 50 % des Gesamtkörperumsatzes verantwortlich gemacht. Im Vergleich stellt der Muskel, die größte einzelne Komponente von Körperproteinmasse (etwa 50 %) (Kofranyi 1980, Young 1969), nur etwa 25 % des Umsatzes dar (Rennie et al 1982). Obwohl es im Körper eine Vielzahl an unterschiedlichen Enzymen und Proteinen gibt, ist fast die Hälfte des gesamten Proteingehaltes in nur 4 Proteinen vorhanden: Actin, Myosin, Hämoglobin und Kollagen. Bei Mangelernährung kann der Kollagenanteil von 25 bis zu 50 % steigen, da nicht-kollagene Proteine eher abgebaut werden (Garlick und Reeds 1993). Mindestens die Hälfte des freien Aminosäurepools ist im Skelettmuskel vorhanden (Waterlow und Fern 1981). Er besteht hauptsächlich aus vier NEAS: Alanin, Glutamin, Glutaminsäure und Glycin (Crim und Munro 1994).

Die Bilanz zwischen Proteinsynthese und -abbau (d.h. der Proteinumsatz) reguliert die Ganzkörper-Proteinmenge. Der Proteinstoffwechsel schwankt innerhalb 24 Stunden in Reaktion auf die periodisch auftretende Nahrungszufuhr. Während der postprandialen Periode findet eine Nettoabsetzung von Ganzkörperprotein statt. Dies ist vorwiegend auf eine erhöhte Proteinsynthese zurückzuführen. Der freie Aminosäurepool und die Aminosäureoxidationsraten sind auch erhöht. Als Folge werden Aminosäuren zum großen Teil als Energiesubstrat verwendet. Neben dem Umsatz können Aminosäuren auch in katabolische Wege eintreten und als Glykogen oder Fett abgesetzt werden. Manche freie Aminosäuren werden für die Synthese von neuen stickstoffhaltigen Verbindungen verwertet, wie z.B. Purinbasen, Kreatinin, Epinephrin. Der Abbau dieser Produkte führt die Aminosäuren nicht mehr in den Aminosäurenpool zurück (Crim und Munro 1994).

Der Proteinabbau verursacht hohe energetische Kosten. Änderungen im Muskelproteinmetabolismus haben wahrscheinlich bei unterschiedlichen Mengen an Lebensmittelzufuhr einen dominanten Effekt auf den Ganzkörper-proteinmetabolismus. Die Variationen in Proteinsyntheseraten sind größer als die des Abbaus. Proteinsynthese und -abbau werden leicht von niedriger Nahrungsenergiezufuhr beeinflußt, es sei denn es besteht ein zusätzlicher Mangel an Nahrungsprotein. Um die Proteinsynthese bei Nahrungsenergiemangel aufrecht zu erhalten sind Nahrungsproteine notwendig.

Endogene lipid-abgeleitete Brennstoffe produzieren die Energie, die notwendig ist für Proteinsynthese. Die Effekte von Nahrungsenergie und -protein auf den Proteinumsatz sind offenbar additiv (Young und Marchini 1990, Arnal et al 1987). Es ist unklar, ob eine erhöhte Proteinsynthese zu irgendeinem Vorteil für den Organismus führt (Millward 1981). Die höchsten Proteinsyntheseraten sind in jenen Geweben mit dem höchsten RNS-Gehalt, trotzdem scheint die Proteinsyntheserate pro Einheit RNS zwischen verschiedenen Geweben nicht signifikant unterschiedlich zu sein. Die Proteinsyntheserate in Muskeln von Erwachsenen liegt bei 2-3 % pro Tag, das etwa die Hälfte des gesamten Körperumsatzes darstellt (Millward et al 1981). Ein Zwei-Pool-Modell wird üblicherweise dargestellt, um den Ganzkörper- oder Gewebeprotein-Stoffwechsel aufzuzeigen (Abb. 2.2).

Abb. 2.2: Zwei-Pool-Modell des Proteinstoffwechsels (nach Arnal et al 1987, Garlick und Fern 1981)

```
Nahrungsaufnahme
    ⇓
Metabolischer Pool            ⇒ Synthese ⇒           Protein Pool
(freie Plasma-Aminosäuren)    ⇐ Abbau ⇐              der Aminosäuren
    ⇓
Oxidation/Ausscheidung    ⇒   CO₂
    ⇓
Harnstoff
Ammoniak
```

Der Körper hat eine Reservekapazität für Protein. Der labile Pool reicht knapp einen Tag, verfügbares Protein weitere 6-8 Wochen, darauf folgt ein Verlust von Funktionsgewebe (Gaßmann und Kübler 1994). Die Halbwertszeit des gesamten Körperproteins beträgt etwa 80 Tage. Manche Körperproteine haben eine wesentlich kürzere Halbwertszeit als 80 Tage z.B. Serum- oder Leberproteine (etwa zehn Tage). Es gibt zwei Klassen von zellulären Proteinen: kurzlebige mit einer Halbwertszeit von weniger als zehn Minuten, die weniger als 1 % der gesamten Proteine ausmachen, und langlebige Proteine mit einer Halbwertszeit hunderte Male größer, die 99 % der zellulären Proteine ausmachen.

Der Abbau der kurzlebigen Proteine scheint nicht unter physiologischer Kontrolle zu liegen und findet außerhalb des Lysosoms statt. Der Abbau der langlebigen Proteine unterliegt einer strengen Kontrolle und findet primär im Lysosom statt. Die Effekte von Nahrungsaminosäuren auf die Proteinsynthese sind in erster Linie auf den Effekt der Hormonsekretion zurückzuführen, z.B. Insulin und Schilddrüsenhormone (Steele und Harper 1990).

Die Form des Brennstoffspeichers bei Protein bzw. Aminosäuren unterscheidet sich von Kohlenhydrat- und Fettspeicher, in dem normal intrazelluläre Proteine anstatt spezialisierte Moleküle als Aminosäurequelle zur Verfügung stehen (Mortimore und Pösö 1987). Experimente deuten darauf hin, daß 250-300 g Protein täglich vom erwachsenen Körper synthetisiert werden. Etwa 70 g Protein werden täglich im Darmlumen sezerniert. Der Unterschied zwischen der Zufuhr (etwa 100 g Protein bei einer üblichen westlichen Ernährung) und dieser Menge zeugt von der umfangreichen Wiederverwertung von Aminosäuren im Proteinstoffwechsel (Crim und Munro 1994). In einer Studie mit niedriger Nahrungsenergiezufuhr waren die Gesamtkörperproteinsynthese und der -abbau reduziert obwohl die Proteinzufuhr ausreichend war (Funabiki 1990). In einer Studie mit Probanden mit einem leichten Zinkmangel wurde der Gesamtkörper-Proteinumsatz und der Nährstoffverbrauch nicht verändert; mit einem ausgeprägten Zinkmangel wurde jedoch der Gesamtkörperproteinstoffwechsel verändert (Thomas et al 1993). Bettruhe erhöht nicht die Proteinabbaurate im gesamten Körper, aber eine gesenkte Ganzkörperproteinsynthese ist nachweisbar, sofern das Nahrungsprotein niedrig ist (Stuart et al 1990).

Protein-Energie-Interaktionen

Nährstoff- und Energieverhältnisse sind schon oft als Indizes für Nahrungsqualität verwendet worden. Die Energiebedürfnisse sind die treibende Kraft für den Nahrungsverzehr und daher für den Nährstoffverzehr. Eine Nahrung ist adäquat, wenn sie die Bedürfnisse für alle Nährstoffe deckt und, wenn sie in der Menge gegessen wird, bei der die Energiebedürfnisse gedeckt werden (Torun et al 1992). Es gibt energieabhängige Prozesse, die mit Proteinumsatz assoziiert sind und mit Aminosäure-Homeostase, obwohl unklar ist, wieviel es an Nahrungsenergie bedarf, um diese in vivo zu treiben. Dazu gehören z.B. Proteinumsatz, RNS-Umsatz, Aminosäuretransport und Stickstoffstoffwechsel (Young 1992).

Protein-Energie-Interaktionen variieren mit funktionellem metabolischem Bedarf. Der metabolische Energiebedarf wird als Kohlenstofffluß durch den Körper gemessen, und der ausschlaggebende Faktor der inter- und intraindividuellen Variabilität ist die körperliche Leistung („physical activity level"). Der metabolische Proteinbedarf, gemessen am Fluß des Stickstoffs durch den Körper, hat als hauptsächlichen Faktor inter- und intraindividuell die Wachstumsrate. Bedürfnisse für Kohlenstoff und Stickstoff bewegen sich oft jedoch nicht immer in dieselbe Richtung. Bei marginalen Energiezufuhrmengen kann eine positive Stickstoffbilanz resultieren.

Die Stickstoffbilanz spiegelt aber nur einen Bruchteil der Stickstoffbewegungen im Körper wider, weil es zwei hauptinterne Zyklen für Stickstoff gibt. Der erste ist der Proteinumsatz: der Stickstoff bewegt sich zwischen Aminosäuren und Protein. Der zweite ist der Harnstoffzyklus: der Stickstoff bewegt sich zwischen Aminosäuren und Harnstoff. Letzterer braucht die intestinale Mikroflora für die Wiederverwertung. Innerhalb einer Spanne von adäquaten Proteinzufuhren ist die Produktion von Harnstoff unabhängig von der Proteinzufuhr. Die Stickstoffbilanz scheint von der Wiederverwertung des Harnstoff-Stickstoffs abhängig zu sein (Jackson 1992).

Der menschliche Stickstoffstoffwechsel reagiert sehr empfindlich auf die veränderte Zufuhr von Protein und Energie über die Nahrung und zwar direkt und indirekt durch Effekte des endokrinen Stoffwechsels. Etwa ein Drittel der Variation in der Stickstoffbilanz sind jeweils auf Stickstoffzufuhr und Energiezufuhr zurückzuführen. Sogar bei einer Energiezufuhr unter 30 kcal/kg und unter einer Stickstoffzufuhr unter 50 mg/kg sind beide jeweils effizient genug, um die Stickstoffbilanz zu verbessern. Effekte der Veränderungen der Proteinzufuhr auf den Energiestoffwechsel sind eher weniger signifikant (auf den geschätzten Energiebedarf) als Effekte der Energiezufuhr auf Proteinstoffwechsel und -bedürfnisse (Pellett und Young 1992).

Adaptation

Das Wort Adaptation wird auf verschiedene Weise eingesetzt: es kann die Frage gestellt werden, welche Situation ist normal und welche adaptiert (Waterlow 1990). Eine Definition sollte beides, Kurzzeit- und Langzeitadaptation, berücksichtigen. Adaptation ist ein relativ langsamer Prozeß und sollte von der schnellen regulatorischen Rolle der homeostatischen Mechanismen unterschieden werden (Shetty et al 1996). Neben der hier diskutierten physiologischen/metabolischen Adaptation gibt es Verhaltens-, soziale und biologisch/genetische Änderungen (CEC 1993 S.1f).

Für alle essentiellen Nährstoffe und die haupt-energieliefernden Substrate gibt es eine Spanne an Zufuhrmengen, innerhalb derer physiologische und biochemische Mechanismen ohne nachteiligen Konsequenzen erhalten werden. Es sind die Grenzen dieser Spannen, die kontrovers diskutiert werden (Young 1990).

Adaptation führt zu einem Gewichtsverlust, besonders in Geweben mit einem niedrigen Umsatz, wie Muskeln und Haut, während Gewebe mit einem hohen Umsatz, wie Gehirn und Viszera, eher ausgespart bleiben (Eastwood 1997). Eine verminderte Proteinsynthese sowie ein verminderter Proteinabbau tragen zur Adaptation des Muskels während des Fastens/Hungerns bei (Li und Wassner 1984). Körperproteinverlust während des Hungers betrifft das Protein, das relativ schnell verloren und auch wieder zugenommen wird. Das sog. „labile" Protein, soll etwa 3 % des Körperproteins in gut ernährten Menschen ausmachen (Hoffer 1994).

Es gibt zwei Möglichkeiten der Nahrungsadaptation: erstens die Fähigkeit, die Stickstoffbilanz bei verschiedenen Proteinzufuhrmengen zu erreichen, und zweitens eine Reduktion der LBM. Die Leber spielt eine wichtige Rolle in der Adaptation, weil sie das einzige Organ ist, das den Stickstoff der Aminosäuren in Harnstoff umwandeln kann. Normalerweise gelangt ein Drittel des produzierten Harnstoffes in den Darm und kann durch Darmbakterien hydrolysiert werden. Dadurch wird Harnstoff-Stickstoff für metabolische Interaktionen verfügbar, aber die notwendigen Kohlenstoffgerüste können limitierend sein. Wenn die Ernährung durch Kohlenhydratmangel beeinflußt wird, kann der gut ernährte Erwachsene, ohne negative Folgen für seine/ihre Gesundheit, etwa 3 kg Protein verlieren (Leitzmann 1993b)

Adaptation zu niedriger Nahrungsenergiezufuhr

Es gibt zwischen ähnlichen Menschen, die vergleichbaren Aktivitäten nachgehen, einen großen Unterschied im erfaßten Nahrungsmittelverzehr, aber die intraindividuelle Variation kann größer sein als die interindividuelle Variation. Die wichtigste Adaptation zu niedriger Nahrungsenergiezufuhr ist ein geringes Körpergewicht. Dadurch ist der BMI reduziert. Es kann auch eine nahrungsinduzierte Thermogenese vorkommen. Es gibt keine eindeutigen Beweise für eine erhöhte Effizienz von muskulärer Arbeit. Es mag signifikante Einsparungen geben, verursacht durch ein höheres ökonomisches Muster aus Arbeit und Lebensstil (Waterlow 1986). Adaptive Veränderungen im Energieverbrauch führen zu Veränderungen in der Nahrungsenergiezufuhr und sind weitaus geringer als bisher angenommen, wenn Veränderungen in Gewicht und Aktivität berücksichtigt werden. Der Gesamtenergieverbrauch ist fast immer vom Gewebebedarf an ATP für biologische oder mechanische Arbeit abhängig, aber die Substrate die hierfür verwendet werden können, hängen von Substratzufuhr, Hormonen u.a. Faktoren ab (James et al 1990).

Adaptation zu niedriger Proteinzufuhr

Es besteht die Möglichkeit, die Stickstoffbilanz bei verschiedenen Zufuhrmengen zu erreichen. An nächster Stelle steht die Reduktion des LBM (Waterlow 1986). In hypoenergetischen Situationen ist die Höhe der Aminosäureoxidation über die der „minimum obligatory rate" erhöht und wird primär davon abhängig, inwieweit der Energiebedarf durch Oxidation von Glucose, freie Fettsäuren und Ketonkörper gedeckt werden kann (Flatt 1992). Die Neigung, Proteine als Brennstoff zu verwerten, scheint in einem Individuum festgelegt zu sein, unabhängig davon, ob die Proteinsynthese durch Nahrungsenergie oder Proteinzufuhr begrenzt ist. Die Körperzusammensetzung hat einen starken Einfluß auf Proteinmetabolismus, insbesondere das Fettgewebe (Henry 1992).

Während der energetischen Restriktion von Adipösen hat Glucose einen größeren proteinsparenden Effekt als Lipide. Wenn der Nahrungsenergiebedarf gedeckt wird, hat der veränderte Anteil an Glucose oder Lipiden wenig Auswirkung auf die Stickstoff-Retention; Glucose und Lipide haben einen proteinsparenden Effekt. Dieser ist bei Glucose teilweise auf eine erhöhte Insulinsekretion zurückzuführen. Insulin hemmt die Muskelproteolyse, hepatische Gluconeogenese und renale Ammoniogenese. Nahrungslipide könnten ihren proteinsparenden Effekt mittels freier Fettsäuren-Oxidation in der Leber erreichen (Jequier 1992).

Freiwillige im Erwachsenenalter wurden für 24 Wochen auf 50 % ihrer normalen energetischen Zufuhr gesetzt. Ein Gewichtsverlust, ein Gewebeverlust, insbesondere von Fettgewebe, eine Reduzierung des Grundumsatzes sowie der körperlichen Aktivität waren zu verzeichnen. Alle beobachteten Veränderungen waren primär auf eine Reduktion des Energieverbrauchs gerichtet, um die Energiebilanz während anhaltenden Hungerns zu erhalten. Diese Veränderungen wurden nach der Rehabilitation umgekehrt (Keys et al 1950a, 1950b).

Solche Hungersituationen geben nicht genau die Lage in sog. Entwicklungsländern wieder, wo Populationen der Armen bereits seit dem Säuglingsalter mangelernährt sind. Diese Gruppen, ob Kinder, Jugendliche oder Erwachsene, leiden an Energiemangel und assoziierte Mängel von anderen Nährstoffen wie Protein, Eisen, Vitamin A und B_2. Der Adaptationsprozeß in einer solchen Situation kann sich von der o.g. unterscheiden.

Die Möglichkeit eines Harnstoff-Recyclings bei Papua Neu Guinea-Hochlandbewohnern, die als Grundnahrungsmittel Süßkartoffel essen, wurde untersucht. Es wurden zwei Mechanismen für eine mögliche Adaptation an niedriger Proteinzufuhr vorgestellt: Harnstoffstickstoff wird wiederverwertet (dies wurde durch Experimente bewiesen), und Stickstoff wird im Darm mittels Bakterien fixiert (dies wurde nicht endgültig experimentell bewiesen) (Koishi 1990, Tanaka et al 1980).

Diese Hypothesen werden auch in anderen Studien diskutiert (Millward et al 1989). Untersuchungen mit Erwachsenen in Nigeria zeigten in drei von vier unterschiedlichen Proteinzufuhrmengen einen signifikanten Unterschied in der Stickstoffbilanz, abhängig davon, ob die Diäten in steigender oder sinkender Reihenfolge eingenommen wurden. Für dieselbe Menge an Proteinzufuhr war die Stickstoffbilanz eher positiv, wenn die vorhergehende Nahrung eine niedrigere Proteinmenge enthielt. Es scheint eine Adaptation im Stickstoffstoffwechsel verbunden mit der früheren Proteinzufuhr zu geben (Jackson 1993). Während einer Nahrungsenergierestriktion adaptieren junge Ratten mittels Wachstums-verlangsamung und Fettreduktion, während erwachsene Ratten mittels

Körpergewichtsverlust (Körperfett) und eine Senkung des Grundumsatzes und der Thermogenese adaptieren (Narasinga Rao 1981). Studien zeigen, daß sich erwachsene Menschen nicht sehr von anderen (reifen) Säugetieren in bezug auf die Proteinsyntheserate unterscheiden (Reeds und Harris 1981).

Hungern und Fasten

Hunger ist heute noch ein weltweites Problem. Neben dem menschlichen Leiden hat Hunger negative Auswirkungen auf Arbeitsproduktivität, kognitive Entwicklung sowie Gesundheit (ADA 1995). So führt Hunger zu hohen medizinischen, bildungs-, psychologischen, ökonomischen und sozialen Kosten für viele Länder (ADA 1990).

Bei Hunger erfolgt eine Gluconeogenese, so daß körpereigenes Protein abgebaut wird. Falls kein Protein vorhanden ist, bewirkt dieser Abbau einen negativ zu bewertenden Gewichtsverlust. Eine ausgeglichene Stickstoffbilanz wird beim Erwachsenen bei einer Zufuhr von 5 g Stickstoff pro Tag erreicht. Die Proteinverwertung kann durch die Zufuhr von Kohlenhydraten verbessert werden (Düro und Schnur 1989). Der Hungertod setzt ein, lange bevor die primären Energiespeicher (u.a. das Fett) eines Körpers erschöpft sind. Der Tod kommt durch Beeinträchtigung der Muskeln einschließlich der Unfähigkeit zum Atmen und der Immunfunktion. Wenn die Nahrungszufuhr reduziert wird, senkt der Körper die Harnstoffausscheidung, um Körperprotein zu sparen.

Der Körper muß eine anhaltende Energiequelle für das Gehirn bereitstellen, wobei Glucose der primäre Brennstoff des Gehirns ist. Nach knapp 24 Stunden sind die Glykogenspeicher des Körpers erschöpft, dann muß Glucose aus Aminosäuren mit Hilfe der Gluconeogenese produziert werden. Um Protein zu sparen, wechselt das Gehirn während des Fastens von Glucose als Brennstoff zu Ketonkörpern, die in der Leber von freien Fettsäuren hergestellt werden und die wiederum aus der adipösen Gewebslipolyse von Triglyceriden stammen. Dadurch werden während des Fastens Proteinspeicher gespart und Fettspeicher verwertet. Ein kurzes Fasten (z.B. über Nacht) verursacht keine hormonellen Veränderungen wie bei längerem Fasten zu beobachten ist (Anon 1989). Selbst während des Fastens findet eine nennenswerte Proteinsynthese statt (Reeds et al 1981).

Historische Beispiele belegen, daß der Mensch eine mehr als zweimonatige Fastenperiode überstehen kann (Barth et al 1995). Als pathologisch wird ein Gewichtsverlust von mehr als 20 % des größenbezogenen Sollgewichts verstanden. Neben mangelnder Nahrung gibt es jedoch viele mögliche klinische Ursachen für Untergewicht, die Berücksichtigung finden sollten (Barth et al 1995). Nach

Untersuchungen (Ditschuneit 1989) läßt sich der Proteinverlust ersetzen, da das zugeführte Protein bei negativer Energiebilanz anabol und nicht katabol verwertet wird. Totales Fasten ist deshalb für die Behandlung der Adipositas ungeeignet, weil die damit zu erzielenden positiven Gewichtsabnahmen zu 37 % auf Proteinverlusten und nur zu 43 % auf den Verlust an Fettgewebe beruhen (Ditschuneit 1989). Während des Hungerns scheinen Adipöse etwa 5 % der gesamten Energie des Proteinabbaus zu mobilisieren, während bei Normalgewichtigen dieser Wert etwa bei 20 % liegt (Henry 1992). Der Dünndarm adaptiert sich an proteinarme und - reiche Nahrung (Czernichow et al 1990).

Hungern kann von einem Mangel an Gesamtenergie oder spezifischen Nährstoffen resultieren (Eastwood 1997). Eine Sequenz an metabolischen Veränderungen zeichnet sich ab: nach 1-6 Stunden sind Auswirkungen auf die gastrointestinale Absorption feststellbar, nach 1-2 Tagen findet die Glykogenolyse statt. Nach zwölf Stunden bis einer Woche wird dann auf Gluconeogenese umgestellt, während nach drei Wochen auf ein Ketoseprozeß umgestellt wird (Eastwood 1997, Flatt 1992). Bei anfänglichem Hungern (1-3 Tage) wird oft eine flüchtige Zunahme an Grundumsatz und Proteinoxidation verzeichnet. Bei späterem Hungern und gesenktem LBM vermindern sich Grundumsatz und Proteinoxidation (Elia 1992). Der Anteil an Energie der Proteinoxidation hängt invers mit dem BMI und dem prozentualen Körperfett zusammen (Elia 1992).

Nach dem Hungern zeigt sich eine erhöhte Peptid- und Aminosäureabsorption. Eine Mischung freier Aminosäuren ist weniger effizient als eine gleichwertige Menge an Aminosäuren in Form von Peptiden um die Stickstoffbilanz zu erhalten (Eastwood 1997). Beim Hungern bzw. Fasten sollten massiv Übergewichtige von Mageren getrennt ausgewertet werden, da generell Übergewichtige während des Hungerns mehr Stickstoff konservieren können als Magere (Elia und Parkinson 1989, Henry et al 1988).

Bei mageren Probanden ist eine Zunahme an Proteolyse, während bei massiv Übergewichtigen keine Zunahme (bei kurzzeitigem Fasten) zu beobachten ist (Umpleby et al 1995). Kostformen mit hohem Ballaststoffgehalt haben eher zu Gewichtsverlusten bei übergewichtigen Männern geführt als nur eine energie-reduzierte Diät (Acosta 1988). Kohlenhydrate bzw. Glucose haben während des Fastens einen proteinsparenden Effekt, was auf die Fähigkeit Energie bereitzustellen zurückzuführen ist und der Stimulation des Insulins zugeschrieben wird. Eine Gabe von purem Fett bringt wenig oder keinen Effekt mit sich (Young et al 1981c). Hormonelle Veränderungen regulieren endogene Brennstoffe während des menschlichen Hungerns (Vignati et al 1978). Obwohl Fruktose als Kohlenhydrat verstoffwechselt wird, hat es kaum direkten Einfluß auf die Insulinausschüttung. In einer Studie (Gelfand und Sherwin 1986) wurde gezeigt, daß Fruktose einen merkbaren Proteinspareffekt ausübte, wahrscheinlich weil es endogene Aminosäuren als gluconeogenetisches Substrat ersetzte (Gelfand und Sherwin 1986).

2.2.8 Die Rolle von Protein bei chronischen Erkrankungen

In westlichen Industrieländern liegt die übliche Proteinzufuhr mit etwa 90 g/d erheblich höher als empfohlen. Ob und inwieweit aus einer erhöhten Proteinzufuhr direkt eine gesundheitliche Gefährdung entsteht, ist nach wie vor umstritten (Leitzmann und Hahn 1996a S.103). Kurzfristige Folgen sind eine erhöhte Bildung von Harnstoff und eine gesteigerte Nierenfunktion (Diehl und Blank 1987). Eine ständig überhöhte Proteinzufuhr kann erhöhtes Nierengewicht und u.U. eine Beeinträchtigung der Nierenfunktion zur Folge haben (Menden 1983).

Eine weitere Konsequenz ist eine erhöhte Kalzium-Ausscheidung mit dem Urin, was Osteoporose begünstigt (Anon 1981). Bei der Osteoporose ist folgendes zu beobachten: wird Nahrungsprotein als purer isolierter Nährstoff verabreicht, so steigt die renale Kalziumausscheidung; doch gibt es wenig Beweise, daß natürliche Ernährung mit hohem Proteingehalt das Osteoporoserisiko steigert (Abelow et al 1992). Eine proteininduzierte Hypercalziurie ist offenbar vor allem auf eine herabgesetzte tubuläre Rückresorption zurückzuführen. Wenn gleichzeitig mit der überhöhten Proteinzufuhr auch die Phosphorzufuhr erhöht wird, wie es bei der landesüblichen Ernährung der Fall ist, so ist der Effekt weitaus geringer (Menden 1983). Die Kalzium-Ausscheidung im Urin korrelierte in einer Studie mit der Netto-Säureausscheidung, aber nicht mit dem Ballaststoffgehalt der vegetarischen Diät (Breslau et al 1988).

Ferner könnte die Proteinquelle eine Rolle spielen: tierisches Protein im Gegensatz zu Leguminosenprotein enthält hohe Mengen an schwefelhaltigen Aminosäuren (Craig 1996, 1982). Bedeutsamer als die direkten Auswirkungen ist, daß ein Großteil der Proteine in Form von Lebensmitteln aufgenommen wird, die vom Tier stammen. Damit geht eine hohe Zufuhr an Gesamtfett, gesättigten Fettsäuren und Cholesterin einher. Somit ist eine hohe Proteinzufuhr letztlich mit der Entstehung von Herz-Kreislauf-Erkrankungen assoziiert (Leitzmann und Hahn 1996a S.103). Bei koronaren Herzerkrankungen ist die Zufuhr an Nahrungsprotein positiv mit der Mortalität korreliert, jedoch auch mit der gesättigten Fettzufuhr. Die Wichtigkeit der

Proteinquelle wird indirekt als Risikofaktor in Studien über die Effekte von Nahrungsproteinen auf Cholesterin gezeigt.

Bei der Hypertonie wurden viele Studien zum Effekt von Protein auf Blutdruck bei Menschen mit chronischer Proteinmangelernährung durchgeführt. Epidemiologische Studien haben bisher noch keinen Effekt allein auf die Proteinzufuhr zurückführen können, haben aber gezeigt, daß einige Komponenten in tierischen Produkten in der Nahrung den Blutdruck beeinflussen können. In bezug auf Schlaganfall wurden Korrelationen verzeichnet, doch ist ungenügendes Datenmaterial vorhanden. Auch hier scheint die Proteinquelle eine Rolle zu spielen.

Bei spezifischen Krebsarten ist der direkte Effekt schwer zu beurteilen. Die meisten Nachweise für eine Rolle des Proteins sind für Dickdarm- und Brustkrebs vorhanden. Möglicherweise hat Protein auch eine Bedeutung in der Ätiologie von Pankreas- und Prostatakrebs (National Research Council 1990 S.259f). Durch zusammenhängende Purin- und Cholesterinzufuhr, hauptsächlich von Fleisch- und Wurstwaren, entsteht ein erhöhtes Gichtrisiko und der Lipoproteinmetabolismus wird beeinflusst (Menden 1983).

Es gibt einige vererbte Funktionsstörungen des Aminosäurestoffwechsels. Dabei werden manche Aminosäuren essentiell z.B. Arginin, Cystein, Tyrosin. Wenn keine Adaptation der Nährstoffzufuhr erfolgt, können die Nachwirkungen geistige Behinderung, Stoffwechselstörungen, neurologische Gefahren, mangelndes Wachstum und Tod sein. Bei Lebensmitteln, die für den parenteralen Bereich bestimmt sind, sind die Maillard-Reaktion und ihre Konsequenzen ungünstig (Acosta und Yannicelli 1993).

Solche Funktionsstörungen sind z.B. Phenylketonurie (eine Störung des Phenylalaninstoffwechsels), isovalerische Azidemie, Homocysteinurie, verzweigtkettige Ketoazidurie, propionische Azidämie, methymalonische Azidämie und Tyrosinämie Typ I und II (Acosta und Yannicelli 1995). Bei der Erkrankung porotische Hyperostose (poröse Knochen an der Oberfläche des Craniums) werden eine Mais-basierte Eisen- und Proteinmangel-Ernährung oft als Ursache genannt. Doch scheinen Studien darauf hinzudeuten, daß hohe Nährstoffverluste, die mit Diarrhöe assoziiert sind, in der Ätiologie signifikanter sind als die niedrigere Zufuhr essentieller Nährstoffe (Walker 1986).

Anorexie geht einher mit mehreren Krankheiten wie z.B. Krebs, Leberzirrhose, Urämie und AIDS/HIV (Rossi-Fanelli und Cangiano 1991, Rennie und Harison

1984). Bei AIDS/HIV ist oft ein schneller Gewichtsverlust mit einer Mangelernährung verbunden (ADA 1994a). Urämie, durch fortgeschrittene Niereninsuffizienz verursacht, erzeugt Anorexia, Brechreiz, Appetitverlust, Gewichtsverlust und Mangelernährung. Eine Proteinreduktion (Flanigan et al 1995) bzw. vegane Diät (Barsotti et al 1991a, 1991b, 1990) kann urämische Symptome verringern, aber zu starke Proteinverminderung kann wiederum selbst zu Mangelernährung führen (Flanigan et al 1995).

Anorexia nervosa ist eine multifaktorielle Funktionsstörung, die durch einen charakteristischen Gewichtsverlust mit Veränderungen in der Körperkomposition gekennzeichnet ist. Neben massivem Übergewicht ist Anorexia nervosa eine der häufigsten Eßstörungen (Lucas und Huse 1994). Die LBM sinkt und der Fettanteil wird erschöpft. Diese Patienten repräsentieren eine besondere Form der Mangelernährung, charakterisiert durch ein Gewichtsverlust von mehr als 25 %, aber üblicherweise normalen Serumprotein- und Vitaminstatus. Letzteres wird für die scheinbar normale, zelluläre Immunfunktion verantwortlich gemacht (Dowd et al 1983). Die Reduktion in der Energiezufuhr kann entweder in Fett, Protein oder Kohlenhydraten erfolgen. Dies führt zum Hungern. Nach ein paar Monaten haben die meisten solcher Patienten eine stark ausgeprägte, nicht-oedeme Protein-Energie-Mangelernährung (PEM) ähnlich wie Marasmus (s.u.) (Barbe et al 1993).

Die meisten Stoffwechselreaktionen bei Anorexia nervosa sind adaptiver Art (Lucas und Huse 1994). Einer der Probleme dieser psychischen Krankheit ist das sich Weigern, ein minimal gesundes Körpergewicht zu erhalten (85 % des zu erwartenden Körpergewichts), dramatischer Gewichtsverlust, übermäßige Beschäftigung mit Essen/Nahrung, abnormale Verzehrsmuster, Amenorrhoe (d.h. das Ausbleiben von mindestens drei aufeinanderfolgenden Monatszyklen) (ADA 1994b, Krahn et al 1993, Mehler und Weiner 1993, Mazess et al 1990).

Eine Studie mit Anorexia nervosa-Patienten deutete darauf hin, daß Fettspeicher wichtiger als Proteinspeicher für das Überleben beim Fasten sind (Jeejeebhoy 1994). Auch wird das Wiedereintreten der Menstruation eher mit dem höheren Fettgehalt eines Körpers in Zusammenhang gebracht (Krahn et al 1993). Viele Studien haben darauf hingedeutet, daß das auffällige Merkmal der Diäten, die solche Patienten wählen, eine niedrigere Kohlenhydratzufuhr ist. Eine neuere Studie (Beumont et al 1981) zeigt, daß dies nicht unbedingt der Fall ist. Klinische Berichte zeugen oft von einem hohen physischen Aktivitätsniveau solcher Patienten: die Studie von Casper et al (1991) liefert dazu Beweise. Längere Unterernährung im Zusammenhang mit Gewichtsverlust in normalen Probanden bringt erhöhte

Erschöpfung, muskuläre Schwäche und verminderte motorische Aktivität. Im Vergleich bleiben Patienten mit Anorexia nervosa eher aktiv. Viele zeigen ein hohes oft exzessives Maß an Aktivität, obwohl sie eine verminderte energetische Zufuhr und einen pathologischen Gewichtsverlust haben (Casper et al 1991).

2.2.9 Protein-(Energie-)Mangel

Die Adäquatheit einer Ernährung kann nur im Zusammenhang mit den Funktionen des Konsumenten beurteilt werden, z.B. Wachstum, Gesundheit, Aktivität. Nahrungsmangel und Adäquatheit sind relative Begriffe (Waterlow 1992 S.14).

Fehlernährung in bezug auf sog. Entwicklungsländer bedeutet meistens eine Unterernährung bzw. Mangelernährung, meist bedingt durch unterliegende soziokulturelle Faktoren und Umweltfaktoren (Yamamoto und Yartey 1990). Die Reliabilität von Schätzungen für Nährstoffmangelrisiken ist reduziert durch interindividuelle Variationen im tatsächlichen Bedarf, die Unzulänglichkeit vieler Methoden der Nahrungsaufnahme und der Unsicherheit bezüglich der Bioverfügbarkeit bestimmter Nährstoffe bei gemischter Kost. PEM gehört zu den Hauptmangelerkrankungen. Kausal an der Entstehung der PEM ist entweder inadäquate Zufuhr oder ungenügende Verstoffwechselung von Nahrung und Nährstoffen. Die Erkrankung wird meist mittels anthropometrischer Indikatoren wie Körpergröße und von Körperzusammensetzung diagnostiziert.

Weil PEM oft von Infektionen und Mangel an einzelnen Vitaminen, Mineralstoffen und/oder Spurenelementen begleitet wird, können die klinischen Bilder dieses Krankheitsbilder stark von einer Gegend zur anderen variieren. Die hauptsächlich funktionellen Konsequenzen von PEM sind u.a. Beeinflussung der Körpergröße, Gewichtsreduktion, Muskelschwund, niedrigere körperliche Aktivität, verändertes Verhalten und Immunsuppression und daher erhöhtes Risiko an Infektionserkrankungen.

Multiple Faktoren sind an der Ätiologie der PEM beteiligt (Brown und Solomons 1993). Gewöhnlich sind Protein- und Energiedefizite gleichzeitig die Ursache klinischer Krankheitsbilder der PEM, bekannt als Kwashiorkor oder Marasmus. Speziell bei Kwashiorkor werden eine Reihe weiterer kausaler Faktoren in Betracht gezogen: Vitamin- und Mineralstoffmangel, metabolische Folgen einer relativen Überladung mit Kohlenhydraten bei sehr geringer Proteinaufnahme, Folgen von Infektion, Aflatoxinvergiftung, anormale adrenocorticotrope Reaktionen, oxidativer Streß (d.h. ungenügender Schutz gegenüber der schädigenden Wirkung toxischer freier Radikale auf die Zellintegrität).

Kwashiorkor ist eine typische Erkrankung der Abstillphase und wurde lange alleine mit einer Nahrung, die auf stärkereichen Grundnahrungsmitteln mit niedrigem Proteingehalt, z.B. Cassava, Süßkartoffeln, Bananen basiert, assoziiert (Leitzmann 1993a, Uauy 1993, Solomons und Allen 1983). Es gibt neuere Hypothesen zur Pathogenese von Kwashiorkor. Die Aktion freier Radikale sowie die Aktion einiger Nahrungstoxine (Aflatoxine, Cyanotoxine u.a.) in der Ätiologie werden diskutiert. Ferner wird ein Mangel an EAS, insbesondere Methionin, und NEAS oder eine reduzierte Nahrungsproteindichte dargestellt. Analysen der Grundnahrungsmittel haben gezeigt, daß Cassava, Sago, Reis und Yams wegen einem niedrigen Methioningehalt limitierend für den Stickstoffbedarf sind. In diesen Ländern ist auch Kwashiorkor zu beobachten (Roediger 1995). Klinische Aspekte des Marasmus sind Muskelschwund und Verlust an subkutanem Gewebe; bei Kwashiorkor ist hingegen ein wichtigstes Charakteristikum Ödeme. PEM entwickelt sich meist über einen längeren Zeitraum von Wochen bis Monaten (Barth et al 1995, Torun und Chew 1994).

Fast 30 % der Bevölkerung Afrikas und des Fernen Ostens und etwa 15 % der Bevölkerung Lateinamerikas und des Nahen Ostens sind unterernährt. In den Industriestaaten kommt die primäre PEM bei Kindern niedriger sozial-ökonomischer Gruppen, bei alleinlebenden älteren Personen und im Zusammenhang mit Drogen- und Alkoholabusus vor (Barth et al 1995, Anon. 1984). Es wird auch bei Anorexia und Bulimia nervosa festgestellt (Leitzmann 1993b). PEM basiert vor allem auf einem Defizit an Makronährstoffen in Folge unzureichender Nahrungsaufnahme.

Die Gründe für Untergewicht sind oftmals nicht oder nicht nur in der Ernährung zu finden. Es gibt eine große Anzahl an möglichen klinischen Ursachen des Untergewichts. Hier sei neben Hospitalaufenthalt (McClave et al 1992, Truswell 1992 S.73, Mowe und Bohmer 1991, Shulman et al 1986, Haider und Haider 1984) auch das sozial motivierte Fasten mit politischen oder Schönheitszielen sowie Wunderdiäten (Barth et al 1995, Berkelhamer et al 1975, Lozoff und Fanaroff 1975) zu nennen. Mangelernährung kann auch eine Konsequenz von Diäten wie z.B. die Beverly Hills Diät sein. Dies ist eine gewichtsreduzierende Diät bei der nur Obst verzehrt werden darf und zwar nur bestimmte Früchte in einer bestimmten Reihenfolge während der ersten zehn Tage (Truswell 1992 S.44).

Der BMI zusammen mit Indizes des Energieumsatzes z.B. „Physical Activity Levels" (PALs) wurden Anfang der 1990er Jahre vorgestellt um „Chronic Energy Deficiency" (CED) bei Erwachsenen zu beurteilen, aber dieser kombinierte Indikator war beeinflußbar durch die instabile Natur der PALs (Ferro-Luzzi et al 1992). CED wird definiert als das Fließgleichgewicht, bei der eine Person in Energiebilanz ist, obwohl „Kosten" entweder als Gesundheitsrisiken oder als Beeinträchtigung der Funktionen und Gesundheit entstehen. Die Diagnose von Grad I, II und III der CED hängt von einer Kombination von niedrigem BMI (16,0 - 18,4 kg/m^2) und einem Verhältnis von Energieumsatz zu geschätztem BMR von unter 1,4 ab. Ein BMI über 18,5 wird als normal erachtet, unter 16,0 ist Grad III bzw. eine manifeste CED. Prämenopausale Frauen zeigen Fluktuationen in der Energiebilanz je nach Phase des Zyklus. Bei Grad I (17,0-18,4 kg/m^2) und II (16,0-16,9 kg/m^2) ist ein zweiter Schritt der Beurteilung notwendig, z.B. Schätzung der PALs (James et al 1988).

Adaptation bei CED ist mit Veränderungen im Gesamtkörperproteinumsatz assoziiert. Bei Erwachsenen mit chronischer Unterernährung war die Proteinsynthese pro kg Körpergewicht und pro kg fettfreie Masse eher höher (Soares et al 1993). CED ist die weitverbreitetste Nahrungsmangelsituation. Sie bezieht sich auf eine Nahrungsenergiezufuhr, die in einer Periode von mehreren Monaten oder Jahren niedriger als der Bedarf liegt. Die Prävalenz von Erwachsenen mit einem BMI unter 18,5 kg/m^2 ist in zentralafrikanischen Ländern 10-20 %, in Indien 48 %, USA 3,5 %, Frankreich 4,9 % und Brasilien 5,6 % (Barth et al 1995). CED wird normalerweise mittels anthropometrischer Messfaktoren, Körperzusammensetzung und/oder Wachstum festgestellt. Adaptation und interindividuelle Schwankungen aber machen dies schwierig zu identifizieren (Norgan o.J.).

Drei jahrzehntelange Forschung der Effekte von CED auf die Verhaltensentwicklung brachten keine schlüssigen Ergebnisse (Pollitt o.J.). Die Folgen der CED auf Statur, Arbeitskapazität und Produktivität sind untersucht worden. Studien mit normal- und mangelhaft-ernährten Männern zeigten, daß die körperliche Arbeitskapazität, gemessen mittels VO$_{2max}$, vom Nahrungsstatus abhängig ist. Es gibt noch keine schlüssigen Daten, ob eine verbesserte Arbeitseffizienz als Teil einer Adaptation zur CED besteht oder nicht (Spurr o.J.). Die Auswirkung von Mangelernährung auf Körperzusammensetzung wurde in einer Studie mit 25 normalen Freiwilligen, 75 Patienten mit klinischer Mangelernährung und 20 Patienten, die einer Operation moderater Schwere unterzogen wurden, durchgeführt. Mangelernährung hatte einen Verlust in der Körperzellmasse zur Folge, zusammen mit einer Zunahme an extrazellulärer Masse. Bei Patienten mit klinisch manifester Mangelernährung wurde eine Reduktion auf 60 % der normalen Körperzellmasse beobachtet, während die extrazelluläre Masse um mehr als 24 % des Normwertes anstieg. Fünf Tage nach der Operation war die Körperzellmasse um 14 % reduziert und die extrazelluläre

Masse um 9,6 % erhöht. Der Gewichtsverlust gibt dagegen nicht eindeutig den unterschiedlichen Kompartimentverlust wieder (Shizgal 1981).

Es gibt zwei unterschiedliche Reaktionen auf den Mangel eines essentiellen Nährstoffes bei einem wachsenden Kind (Tab. 2.7). Danach werden Nährstoffe in Typ I und II unterteilt.

Tab. 2.7: Typ I- und II-Nährstoffe nach Golden (Golden 1995)

Typ I-Nährstoffe	Typ II-Nährstoffe
Wachstum	reduziertes Wachstum
Körperspeicher werden verbraucht	Nährstoff wird erhalten
daher spezifische Mangelerscheinungen	daher nicht-spezifische Erscheinungen
Eisen, Kupfer, Mangan, Jod, Selen	Kalium, Natrium, Magnesium, Zink, Phosphor
Kalzium, Fluor	Protein: Stickstoff, Schwefel
Vitamine B_1, B_2, B_6, B_{12}	Protein: Kohlenstoffgerüste der EAS
Nicotinsäure, Folat, Ascorbinsäure	Protein: Thr, Lys
Vitamin A (Retinol)	(Energie)
Vitamin E	(Sauerstoff)
Vitamin D	(Wasser)

Typ I-Nährstoffe werden hauptsächlich für spezifische, metabolische Funktionen im Körper benötigt, weniger für den Stoffwechsel allgemein. Wenn der Nährstoff im Defizit ist und die Person erkrankt, ist der Mangel durch charakteristische Symptome erkennbar z.B. Eisenmangelanämie (Eisen), Beriberi (Vitamin B_1), Pellagra (Niacin), Skorbut (Vitamin C/Ascorbinsäure), Xeropthalmie (Vitamin A/Retinol). Die Diagnose ist relativ eindeutig. Bei Typ II-Nährstoffen hingegen gibt es keine charakteristische Zeichen oder Symptome, die zeigen bei welchem Typ II-Nährstoff der Mangel liegt. Es gibt keine Körperspeicher für diese Nährstoffe außer dem normalen Gewebe. Dies hat wiederum zur Folge, daß bei Gewebeabbau ein negative Bilanz für alle Komponenten des Gewebes die Folge ist. Nahrungsenergie wird an sich weder zu Typ I noch II zugeschrieben, da sie der Brennstoff für die Prozesse Typ I- und II-Nährstoffen ist. Sie ist ein Maß der gesamten Nahrungsaufnahme (Golden 1995).

PEM beschreibt eine Reihe von klinischen Erscheinungsbildern, von denen Kwashiorkor und Marasmus die Pole sind. Zwischen diesen gibt es viele Formen mit verschiedenen klinischen Merkmalen, je nach Kombination der Nährstoffmängel und assoziierten Infektionen (Leitzmann 1993a, Solomons und Allen 1983). Derzeit gibt es zwei Systeme: eine qualitative Klassifizierung, die die strengen Formen unterscheidet - die sog. Wellcome Klassifikation (Lunn 1985) (Kwashiorkor, Marasmus und gemischte Formen). Diese kann aber nicht PEM in den frühen Stadien erkennen. Die zweite ist die quantitative Klassifizierung: Meßungen von verschiedenen isolierten Variablen mit unterschiedlichen Schweregraden. Diese geben aber nur den Grad an Beeinträchtigung isolierter Kompartimente wieder (Gassull et al 1984). Beide Tests haben wenig Spezifizität und/oder Sensibilität; kein einzelner Test kann zuverlässig Mangelernährung feststellen. Die vielen Merkmale, die bei PEM beobachtet werden zusammen mit den körperlichen Veränderungen und den Hypothesen der Ätiologie oder deren Konsequenzen, sind in den folgenden Tabellen dargestellt (nach: Torun und Chew 1994, Leitzmann 1993a, 1993b, Uauy 1993, Truswell 1992 S.33f, Waterlow 1992, Düro und Schnur 1989, Sauniere und Sarles 1988). Diese Merkmale bzw. Faktoren sind nicht alle immer gleichzeitig zu beobachten.

Bei PEM sind anthropometrische Veränderungen auffallend (Tab. 2.8). Das Gehirngewicht bleibt erhalten, eher wird ein Muskelschwund festgestellt. Die LBM hat zwei Komponenten: die Körperzellmasse (BCM), die schneller reduziert wird als die strukturelle Masse bzw. das Kollagen. Das Gesamtkörperwasser (TBW) hat ebenfalls zwei Komponenten, so daß eine intrazelluläre Überhydrierung wegen einer Elektrolytimbalanz erfolgen kann. Das Körperfett wird einem starken Verlust ausgesetzt. Ein möglicher Grund für vorkommende Ödeme ist eine Hypoalbuminämie; diese werden aber nicht immer zusammen beobachtet. Durch Wasser- und Salzretention kommt es zu Schäden an der Zellmembran. Ergebnisse einer Studie zeigen, daß ein Nahrungsödem ohne Steigerung des Plasma-Albumins nachlassen kann, daher ist der Zusammenhang nicht kausal. Es scheint, daß Hypoproteinämie ein modifizierender Faktor und nicht der Hauptgrund für Salz- und Wasserretention ist (Golden et al 1980).

Anfang der 1980er Jahre war die Rolle des Nahrungsproteinmangels bei Kwashiorkor unklar, obwohl gezeigt wurde, daß es keine Rolle bei den Hungerödemen von Erwachsenen spielt. Es wurde diskutiert, daß Proteinmangel nicht kausal an der Entstehung von Ödemen bei Kwashiorkor beteiligt ist (Golden et al 1982a). Mittels Nahrungsenergierestriktion induzierte Hungerödeme waren mit der Proteinzufuhr nicht verbunden (Keys et al 1950a, 1950b). Es scheint eher, daß Kalium der kritische Nährstoff in diesem Zusammenhang ist (Golden et al 1982a).

Tab. 2.8: Anthropometrie und Körperkomposition bei PEM

Merkmal/Faktor	Beobachtung bei PEM
Körpergewicht	Verlust - ⇓
BMI	Reduziert - ⇓
Körperfett	Reduziert - ⇓
Muskelmasse	Reduziert - ⇓
Gesamtkörperwasser	Reduziert - ⇓, oder erhöht - ⇑ - bei Ödemen
Wasserhaushalt des Körpers	Einlagerung
Ödeme	eine Hypoalbuminämie kann zugrunde liegen

Das Gesamtkörpernatrium scheint erhöht (Tab. 2.9), aber zuweilen ist eine Hyponaträmie vorhanden. Zink hat einen wichtigen Einfluß auf die Immunfunktion, Wachstum und reproduktive Funktionen. Ein protektiver Effekt von Zink wird diskutiert, dabei wird oft ein Zinkmangel mit PEM assoziiert. Es ist nicht möglich einen Proteinmangel ohne einen Zinkmangel zu bekommen, es sei denn es werden vermehrt Meeresfrüchte/Fisch gegessen: Zinkmangel kann einen Appetitverlust zur Folge haben (Kimuro und Hokawa 1990). Die funktionelle Bedeutung einer Kupferreduktion ist noch unklar. Selen erfüllt neben der Rolle bei Glutathion Peroxidase eine als Antioxidans. Ein Kupfermangel wird auch mit PEM und gestörter Hämopoese in Zusammenhang gebracht.

Tab. 2.9: Elektrolyte und Spurenelemente bei PEM

Faktor	Beobachtung bei PEM
Kalium	Mangel - ⇓
Natrium	erhöht - ⇑
Kalzium	vielleicht Mangel
Vitamin-D-Bedarf	vielleicht durch niedrige Kalziumzufuhr erhöht
Magnesium	Mangel häufig bei PEM
Phosphor	vielleicht Mangel
Zink	Mangel oft mit PEM assoziiert
Selen	vielleicht Mangel
Kupfer	reduziert - ⇓

Die Ätiologie der PEM könnte eine Zellmembranschädigung durch freie Radikale umfassen (Tab. 2.10). Veränderungen in Zellmembran und Zellstruktur bis hin zu sog. „leaky membranes" sind die Folge. Als Schutz dagegen sind die protektiven Antioxidatien wichtig. Eine Rolle für das Vitamin C wurde jedoch noch nicht nachgewiesen. Transferrin konvertiert das toxische Fe^{2+} zum weniger toxischen Fe^{3+} in seiner Rolle als Antioxidans.

Tab. 2.10: Antioxidantien bei PEM

Faktor	Beobachtung bei PEM
Mehrfach ungesättigte Fettsäuren	Mangel
Vitamin A	Mangel oft mit PEM assoziiert
Vitamin E	oft reduziert - ⇓
Glutathion-Peroxidase (GPX)	reduziert - ⇓ - oft bei fortgeschrittener PEM
Transferrin	reduziert - ⇓
Erythrozyten-Glutathionreduktase (EGR)	vielleicht reduziert - ⇓

Protein bzw.Aminosäuren, insbesondere Histidin, und Vitamine sind Faktoren, die die Hämopoese beeinflussen (Tab. 2.11). Hämoglobin und MCV/MCHC sind niedriger bei PEM, wahrscheinlich durch einen niedrigeren Sauerstoffbedarf. Serum-Ferritin ist ein Maß für die Eisenspeicher, das oft bei PEM erhöht ist. Eine hohe Vitamin-C-Zufuhr kann die Eisenresoption steigern. Vitamin B_{12} ist eher nicht limitierend, dagegen sorgt der schlechte Folsäurestatus oft für Komplikationen bei PEM.

Tab. 2.11: Eisenstoffwechsel bei PEM

Faktor	Beobachtung bei PEM
Hämoglobin	reduziert - ⇓
MCV (bei Eisenmangel)	reduziert - ⇓
Transferrin	reduziert - ⇓
Eisen	oft erhöht - ⇑
Protein bzw. Aminosäuren: His, Gly	reduziert - ⇓ - bzw. limitierend
Vitamin C	Zufuhr teilweise reduziert - ⇓
Vitamin B_2	theoretisch reduziert - ⇓
Folsäure	teilweise reduziert - ⇓
Vitamin B_{12}	wird eher nicht als Faktor berücksichtigt

Bei PEM sind vor allem Veränderungen im Energie- und Proteinstoffwechsel zu verzeichnen (Tab. 2.12). Der basale Energieverbrauch bzw. Grundumsatz sinkt pro Einheit LBM. Der Stickstoff-Metabolismus ist normalerweise bei reduzierter Proteinsynthese gesenkt aber damit ist keine direkte Aussage zum Proteinumsatz möglich.

Tab. 2.12: Energie und Protein bei PEM

Faktor	Beobachtung bei PEM
Nahrungsenergiezufuhr	reduziert - ⇓
Nahrungsproteinzufuhr	reduziert - ⇓
Aminosäuren insb. EAS	reduziert - ⇓
Gesamtenergieverbrauch	reduziert - ⇓
Proteinsynthese	reduziert - ⇓

Das Immunsystem ist oft bei PEM beeinträchtigt (Tab. 2.13), wahrscheinlich bei den T-Lymphocyten und dem Komplementsystem, daher besteht ein größeres Risiko an Infektionen zu erkranken. Durch eine Infektion kann der Bedarf an Nahrungsenergie und -protein erhöht sein, so daß der tatsächliche Bedarf niedriger sein kann als bisher angenommen (Good et al 1982). Bei Erwachsenen mit einer proteinfreien Ernährung bis zu drei Wochen ist entweder nur eine geringe Reduktion oder keine Veränderung bei der Albuminkonzentration feststellbar. Es scheint, daß Hypoalbuminämie mit Proteinmangel aber nicht mit Protein-Energie-Mangel assoziiert ist (Golden 1982b). Hautprotein wird bei Mangelernährung mobilisiert (Millward et al 1981).

Tab. 2.13: Endokrine Veränderungen, sowie Struktur und Funktion der Organe bei PEM

Faktor	Beobachtung bei PEM
Glucose	reduziert - ⇓ - nur bei fortgeschrittener PEM
Schilddrüsenhormone	reduziert - ⇓
daher Thermoregulation	beeinträchtigt (eher bei Fasten/Hungern zu beobachten)
Immunsystem	beeinträchtigt
Nervensystem	meist geschützt, aber Schutz ist nicht vollständig
Kreislauf	Blutdruck, Herztempo und „cardiac output" reduziert
Menstruation	Amenhorröe (eher bei Hungern bzw. Anorexia nervosa zu beobachten)
Serumproteine	reduziert - ⇓ - eher bei fortgeschrittener PEM
Anämie	nicht unbedingt eine Eisenmangelanämie
Leber	Fettleber, daher Serum-Triglyceride reduziert - ⇓
Niere	nicht-spezifische Veränderungen
Pankreas	Gewebsveränderungen (lesions)
Gastrointestinaltrakt	Darmmukosa-Atrophie wegen zu wenig Nahrung
Haut, Haare	Hyperpigmentation, Veränderungen (lesions), Dermatosis ist nicht immer ein Symptom

2.2.10 Meßmethoden für den Proteinstatus beim Menschen

Der Status der Proteinernährung kann als Proteinmangel und/oder Proteinentleerung bezeichnet werden. Ein Mangel geht auf eine zu geringe Zufuhr an Nahrungsprotein zurück, während die Entleerung auf zuwenig Körperprotein zurückzuführen ist und von anderen Faktoren als von Proteinmangel abhängen. Eine Reduktion in der LBM bei Erwachsenen ist eine generelle Reaktion auf eine ungenügende Nahrungszufuhr. Die LBM und Gesamtkörper-Stickstoff-Messungen ergeben die elementarsten Beurteilungen zum Status der Proteinernährung. Proteinmangel ist beschränkt auf Situationen bei denen die Ernährung inadäquates Protein aber adäquate Energie aufweisen. In diesem Fall ist das Protein-Energie-Verhältnis (P/E) eine passende Beschreibungsgröße. Außerdem gibt es folgende biochemische Parameter (Millward 1991):

Gesamtproteine im Serum und/oder Harn

Dieser Parameter wird meist mittels der Biuret-Methode gemessen. In der Gesamtproteinfraktion des Serums sind mehr als 100 strukturbekannte Proteine, deren Halbwertszeit wenige Stunden bis einige Wochen (z.B. IgG) beträgt. Sie haben ihre physiologische Bedeutung in der Aufrechterhaltung des osmotischen Druckes und in der Vehikelfunktion für Lipide, Stoffwechselprodukte, Hormone, Vitamine und Mineralstoffe. Viele krankhafte Geschehen im Organismus bewirken eine Veränderung der Serumproteinzusammensetzung, führen aber häufig nicht zu Proteinkonzentrationen, die außerhalb des Referenzbereiches liegen. Pathologische Werte beruhen entweder auf einer Änderung des Plasmavolumens oder auf einer echten Ab- bzw. Zunahme von Plasmaprotein (Thomas 1988 S.655f).

Plasmaproteine

Albumin, Prealbumin, Transferrin, Retinol-bindendes-Protein (Starker 1990) und neuerdings Fibronectin sind alle „negative acute-phase reactants" (Sganga et al 1985), die um 30-60 % sinken können (Koj 1985). Die meisten Plasmaproteine sind überraschend resistent gegenüber starkem Energiemangel oder Hungern. Sie sind dennoch nützlich im Rahmen einer Monitorfunktion (Millward 1991). In einer Studie haben Plasmaalbumin und -transferrin nicht auf kurzzeitige Einschränkung von Protein oder Energie reagiert. Prealbumin und RBP waren dagegen sehr empfindlich auf Veränderungen im Nahrungsprotein und der Nahrungsenergie und haben rasch auf Rehabilitation reagiert (Shetty et al 1979). Ein Energiemangel hat einen viel dramatischeren Effekt auf die Proteine mit schnellem Umsatz (Prealbumin und Retinol-Binding-Protein) als Proteinmangel. Diese Proteinmaße sind fast unabhängig von Alter, Geschlecht, Größe o.ä. (Golden 1982b).

Veränderungen in den Konzentrationen verschiedener Plasmaproteine korrelieren mit der viszeralen Proteinsynthese und mit dem Stadium der Mangelernährung, aber niedrigere Konzentrationen können auch eine gestörte Leberfunktion reflektieren, da dies der Syntheseort für die meisten Plasmaproteine ist. Der Effekt der Nahrung auf den Plasmaprotein Stoffwechsel ist sehr komplex (James und Coward 1981).

Albumin ist einer der besten Indikatoren für chronische Mangelernährung, reagiert aber selten in frühen Stadien. Bei niedriger Proteinernährung ist eine fast sofortige und dramatische Senkung der Albuminsyntheserate zu vermerken, die Konzentration bleibt jedoch durch eine Senkung der Albuminkatabolismusrate erhalten (Golden 1982b). Es besteht ein großer Pool und eine vergleichsweise lange Halbwertszeit (18-20 d) (Prealbumin in Nutritional Care Consensus Group 1995). Die Halbwertszeiten für die anderen Plasmaproteine sind 8-8,8 d für Transferrin, 48 Stunden für Prealbumin und 10-12 Stunden für RBP (Starker 1990). Sie sind zwar kürzer und reagieren daher schneller auf eine Veränderung in der Proteinernährung, jedoch können andere Einflußfaktoren auch Veränderungen hervorrufen (Leweling 1995b).

Bei der Feststellung der Plasmakonzentration des Albumins ist die Nahrungsenergiezufuhr mindestens so wichtig wie die Proteinzufuhr (Lunn und

Austin 1983). Von dem Gesamtprotein ist 59 % Albumin im Plasma. Hypoalbuminämie wird oft mit Leberzirrhose assoziiert, da die Leber der Syntheseort ist (Mobarhan 1988). Es wird als wichtiger Parameter für die Evaluation der Leberfunktion gesehen. In einer Studie mit Affen wurde Streß als wichtiger Faktor bei der Serumprotein-Reaktion während des Hungerns erörtert (Smale et al 1982).

Albumin kann als Prediktor für Transferrin und daher auch für die Eisenbindungskapazität (EBK) benutzt werden, da Transferrin und EBK ein lineares Verhältnis haben (Stromberg et al 1982). Daher kann Transferrin indirekt durch die EBK gemessen werden (Prealbumin in Nutritional Care Consensus Group 1995). Transferrin kann jedoch nicht allein als Indikator verwendet werden, da es im Eisenstoffwechsel involviert ist (Ingenbleek et al 1975). Es ist ein Transportprotein, daß auch in der Leber synthetisiert wird. Die Methoden zur Feststellung der Transferrinkonzentration sind die radiale Immunodiffusion, die Turbidimetrie und die Laser-Nephelometrie (Thomas 1988 S.362f). Neben der Leber können auch Nierenversagen und steroide Effekte auf Plasmaproteine ausüben (Prealbumin in Nutritional Care Consensus Group 1995).

Muskelmasse von der Kreatininausscheidung im 24-Stunden-Urin

Dieser Parameter gibt kaum Aufschluß, ob die Proteinentleerung vom Proteinmangel oder anderen Faktoren bedingt ist. Diese Messung ist temperaturempfindlich und wird nicht von Nahrungsfaktoren beeinflußt. Reduzierte Muskelmasse ist eine Hauptkomponente der Entleerung.

Bei Menschen und bei Tieren führt eine starke Unterernährung zu einem größeren Verlust des Muskels als der Viszera (Millward 1991). Kreatinin ist ein Endprodukt des Stickstoffstoffwechsels und zeigt eine hohe Korrelation mit der LBM und der Körperzellmasse. Es erlaubt eine Schätzung der Muskelmasse, da die Kreatinin-Ausscheidungsrate sehr genau den Gesamtkörper-Kreatininpool und damit die Gesamtkörper-Muskelmasse repräsentiert.

Es sollte aber mindestens dreimal eine 24-Stunden Kreatininausscheidungs-Messung durchgeführt werden, da es große, tägliche intraindividuelle Schwankungen gibt (Leweling 1995b). Neben diesem Parameter wird als Index für den Nährstoffstatus auch das Verhältnis Kreatinin zu Körpergröße berechnet (Starker 1990). Die Muskelmasse wird auch von anthropometrischen Messungen wie Hautfaltendicke und Armmuskelumfang geschätzt (Starker 1990).

Der Muskelproteinumsatz von 3-Methyl-Histidin in der Urinausscheidung

Dieser Parameter ist ein direktes Maß für den Muskelkatabolismus im 24-Stunden-Urin (Leweling 1995b). Hier wird die Ausscheidungsrate des 3-Methyl-Histidins gemessen, aber die Bedeutung ist noch unklar. Die Ergebnisse können irreführend sein, daher wird diese Methode nicht empfohlen (Millward 1991).

Somatomedin C bzw. insulin-ähnlicher Wachstumsfaktor (IGF-1)

Dieser Parameter reagiert langsamer auf Lebensmittelzufuhrveränderungen als Insulin, Kortikosteroide oder Wachstumshormone. Er hängt mit dem Wachstum zusammen und eignet sich daher eher für Untersuchungen bei Kindern bzw. wenn Wachstum gemessen wird. Auch dieser Parameter wird noch nicht eindeutig verstanden und bedarf intensiver Forschung (Millward 1991).

Freie Plasma-Aminosäuren

Die Mengen an Aminosäuren, die während der Verdauung im Pfortaderblut erscheinen, sind hauptsächlich von der Menge und Zusammensetzung des Nahrungsproteins abhängig (Rerat 1993). Es wird zwischen zwei Gruppen unterschieden: „N" (Glycin, Serin, Glutamin, Taurin) und „E" (Leucin, Isoleucin, Valin, Methionin), von denen das Verhältnis berechnet wird (Waterlow 1992 S.104f). Die Gründe für beobachtete Änderungen wurden bislang nicht eindeutig geklärt. Diese Methoden finden weniger Anwendung. Ein abnormales Verhältnis erscheint weniger in den endgültigen Stadien einer Proteinmangelsituation (Millward 1991).

Immunstatus

Sowohl bei Proteinmangel als auch bei Protein-Energie-Mangel liegen als Folge der insuffizienten Ernährung gestörte Immunverhältnisse vor, z.B. bei der Lymphozytenzahl im Blut (Leweling 1995b), auch T-Lymphozyten, Ig-Mengen und Komplementmengen. Als Prediktor für Mangelernährung wird bei Patienten mit Abnormalitäten in der Gesamtlymphozytenzahl und im Serum-Albumin ein signifikanter Anstieg in der Morbidität und Mortalität erwartet (Starker 1990). Dies ist ein weiteres multifaktorielles Phänomen (Starker 1990) und daher ist es schwierig, daraus eindeutige Aussagen zu dem Proteinstatus zu machen.

Harnstoffproduktionsrate und Stickstoffbilanz

Beide Parameter sind stark von der Menge des zugeführten Proteins bzw. der Aminosäuren abhängig. Beide Messungen werden von 24-Stunden-Urin vorgenommen (Leweling 1995b). Die Stickstoffausscheidung wird eingesetzt, um den Proteinkatabolismus zu messen: Harnstoff-Stickstoff-Messung im Harn (mittels Urease) oder Gesamt-Harnstoff-Stickstoff im Harn (mittels Chemilumineszenz). Diese Methoden können wegen den Problemen beim Sammeln des Urins, Einfluß von Medikamenten, Renalkrankheiten usw. unpräzise sein (Prealbumin in Nutritional Care Consensus Group 1995).

Körpergewicht

Dies ist der einfachste aber auch gröbste Parameter zur Beschreibung des Ernährungszustandes. Neben Körpergewicht wird der BMI eingesetzt sowie der Broca-Index, ein Quotient aus dem tatsächlichen Gewicht und dem Broca-Normalgewicht (Körpergröße in cm minus 100 beim Mann, bei der Frau werden davon noch 5-10 % abgezogen). Weitere Indizes sind Prozent normales Gewicht (Ist-Gewicht/übliches Gewicht x 100), prozentuale Gewichtsveränderung sowie der absolute Gewichtsverlust. Doch auch bei Körpergewichtsveränderungen können viele Faktoren dabei eine Rolle spielen (Starker 1990). Viele Parameter können verwendet werden um den Nahrungsstatus festzustellen, aber kein Parameter allein ist verläßlich. Gewichtsverlust ist immer noch der beste einzelne Parameter.

Körperzusammensetzung

In den letzten 50 Jahren konnte eine Vielzahl von Meß- und Analysemethoden zur Erfassung der Zusammensetzung des menschlichen Körpers entwickelt werden (Heymsfield et al 1997). Sog. pars-pro-toto Methoden stützen sich in der Beschreibung des Zweikompartiment-Modells auf die Annahme einer konstanten Zusammensetzung der fettfreien Masse und sind daher gewissen Limitierungen unterworfen. Zu diesen indirekten Techniken zählen Anthropometrie, Infrarot-Spektroskopie, Computertomographie, Sonographie und Magnetresonanz-Tomographie. Weitere Methoden sind die bioelektrische Impedanz-Analyse, Gesamtkörper-Konduktivität, Gesamtkörperkalium, Dilutionstechniken und Hydro-densitometrie (Leweling 1995a).

Energiebilanz

Menschen sind in konstantem Wechsel zwischen positiver und negativer Energiebilanz, daher muß diese über einen Zeitraum von 1 Tag gemessen werden. Die Energiezufuhr kann mit den Energiebedürfnissen und noch eher mit dem gemessenem Energieverbrauch verglichen werden. Probanden wird ein 7-Tage-Wiegeprotokoll (Thompson et al 1994) sowie ein Aktivitätstagebuch gegeben, dazu werden die Energiekosten sowie die Energiespeicher gemessen. Der gesamte Energieoutput wird aus Grundumsatz plus Energie von körperlicher Arbeit plus nahrungsinduzierter Thermogenese plus Energie für Biosynthese plus kälteinduzierte Thermogenese summiert.

Der Grundumsatz liegt bei etwa 60-75 % des Gesamtenergieverbrauchs, während die körperliche Aktivität bei 15-30 % und die nahrungsinduzierte Thermogenese bei etwa 10 % liegt.

Die höchste Zunahme an Energieausgabe, die mit Lebensmitteln assoziiert ist, ist eine Reaktion auf Proteinzufuhr oder Aminosäurezufuhr von 10-35 % der verzehrten Nahrungsenergie. Bei Kohlenhydraten und Fetten sind diese Werte viel niedriger bei 2-5 % (Ferro-Luzzi et al 1991).

3   Studiendesign der Gießener Rohkost-Studie

3.1   Rekrutierung der Teilnehmer

Die Teilnehmer der Rohkost-Studie wurden durch Anzeigen in neun überregionalen Zeitschriften (Tab. 3.1) sowie durch Verteilung von Handzetteln auf Vorträgen, Kongressen und bei Gesprächskreisen, die z.B. von Rohköstlern organisiert worden waren, geworben. Die Anzeigen erschienen in den Monaten Dezember 1992 bzw. Januar 1993. Ab Februar 1993 wurde an 1328 Personen, die sich zur Teilnahme gemeldet hatten, ein Vorfragebogen (1 S.) verschickt (Abb. 3.1 S.64). Anhand des Vorfragebogens wurde eine Vorauswahl der Studienteilnehmer durch die Kriterien Dauer der RKE und selbst eingeschätzter Rohkostanteil getroffen. Die Rücklaufquote des Vorfragebogens betrug 81,7 %.

Tab. 3.1:   Die Zeitschriften und die prozentualen Anteile der Rückmeldungen auf die Anzeigen

Zeitschriften	Rückmeldungen (%)	Auflage
Neuform Kurier,	38,7	1100 000
Reform Rundschau		290 000
Lebenskunde/Fit fürs Leben	12,4	20 000
Schrot und Korn	11,6	197 000
sonstige Zeitschriften:	9,9	
Der Naturarzt		70 000
Der Vegetarier		4 000
Modernes Leben: Natürliches Heilen		7 200
Natur und Heilen		22 500
Öko-Test		13 500
Handzettel, Mundpropaganda	9,9	
ohne Angabe	13,6	
sonstiges	3,9	

3.1.1   Rekrutierung eines Subkollektivs aus Frankreich

In der Nähe von Paris befindet sich das Centre d'Instinctotherapie, geleitet von Guy-Claude Burger und einigen langjährigen Mitarbeitern (s.a. Kap. 2.1.2 S.6). In dieser Wohngemeinschaft wird nach den Empfehlungen der Instinktotherapie gelebt. Es wurden 24 Personen zur Teilnahme an der RKS gewonnen. Die Untersuchungen wurden im April 1994 durchgeführt. Die Rücklaufquoten für den Hauptfragebogen betrugen 66,7 %, für den Psychobogen 62,5 % und für das 7-Tage-Schätzprotokoll 70,8 %. Die Daten dieses Kollektivs werden in dieser Arbeit nicht analysiert, sie werden gesondert betrachtet bei Weiss (1998).

3.2   Hauptfragebogenaktion

3.2.1   Ziel der Hauptfragebogenaktion

Ziel dieser Aktion war die Charakterisierung von Angehörigen der Rohkost-Ernährung in Deutschland und deren Gewohnheiten mittels eines umfangreichen Fragebogens.

3.2.2   Kriterien zur Auswahl der Studienteilnehmer für die Hauptfragebogenaktion

Die Angaben im Vorfragebogen gaben Informationen zur Dauer der RKE und Höhe des Rohkostanteils. Einen Hauptfragebogen bekamen alle Teilnehmer mit einem selbstgeschätzten Rohkostanteil von mindestens 70 % und die zum Befragungszeitpunkt Ende April 1993 mindestens vier Monate ihre Rohkost-Variante praktiziert hatten. Ausgewertet wurden Hauptfragebögen von Probanden aus Deutschland mit einem berechneten Rohkostanteil aus der Häufigkeitstabelle (ohne Getränke) von mindestens 70 % und die mindestens 16 Jahre alt waren (n=572).

3.2.3   Ablauf der Hauptfragebogenaktion

Im Anschluß an die Vorauswahl mittels des Vorfragebogens wurde im April 1993 der Hauptfragebogen (25 S.; s. Koebnick 1994 S.109-135) an 865 Teilnehmer verschickt (Abb. 3.1 S.64). Folgende Daten wurden erhoben: allgemeine Aspekte (Körpergröße, -gewicht, Rohkostanteil), Angaben zur Ernährungsweise (z.B. Gestaltung der Außerhausmahlzeiten), Art der verzehrten Lebensmittel und deren Bezugsquellen, Angaben zur Gesundheit, zum Beruf, zur Ausbildung und Familiensituation, zu Sport- und Freizeitverhalten, zum Umweltverhalten und zu gelesenen Büchern über Rohkost. Im Hauptfragebogen war auch eine semiquantitative Häufigkeitstabelle der Lebensmittel bezogen auf den vergangenen Monat enthalten, woraus ein prozentualer Rohkostanteil berechnet wurde. Die Rücklaufquote betrug 87,6 %. Die Analyse und Diskussion der Daten des Hauptfragebogens für das Kollektiv n=572 sind bei Koebnick (1994) dargestellt.

3.3 Klinisch-biochemische Untersuchungen und 7-Tage-Schätz-Protokoll

3.3.1 Ziel

Das zweite Ziel der Studie war die Untersuchung der Teilnehmer auf deren Ernährungsstatus anhand einer Erhebung der Nährstoffzufuhr sowie die Bestimmung einiger Parameter in Blutproben. Es wurde der Frage nachgegangen, ob die Probanden mit allen essentiellen Nährstoffen bedarfsgerecht versorgt sind bzw. ob protektive Versorgungslagen bei einigen Nährstoffen erreicht werden.

3.3.2 Kriterien der Teilnehmerauswahl

Es wurden 343 Teilnehmer im Alter von 25-64 Jahren eingeladen. Diese hatten sich, mindestens vier Monate vom Zeitpunkt des Hauptfragebogens im April 1993 bzw. 14 Monate zum Zeitpunkt der ersten Blutentnahme Ende Februar 1994 gerechnet, mit einem Anteil $\geq 85\%$ Rohkost nach Angaben in der Häufigkeitstabelle aus dem Hauptfragebogen ernährt. Raucher und Teilnehmer mit Darmoperationen wurden ausgeschlossen. Zur Blutentnahme erschienen 236 Personen (68,8 % der eingeladenen Teilnehmer). Ausgewertet wurden nur komplette Datensätze, d.h. Fragebogen, 7-Tage-Schätzprotokoll und Blutuntersuchungsergebnisse (n=201).

3.3.3 Ablauf

Der zweite Teil der Studie begann für die Teilnehmer im Februar 1994 mit einem 7-Tage-Schätzprotokoll (7TP) (s. Kap. 4.2 S.66) sowie einer Einladung zu einer Blutentnahme in dem Zeitraum Februar bis April 1994. Blutentnahmen wurden mit begleitenden Untersuchungen in 25 Städten bundesweit durchgeführt. An fünf Tagen jeder Woche (Montag bis Freitag einschließlich) wurden Probanden nüchtern zwischen 06:00 und 09:30 Uhr zu den Untersuchungen in Räumlichkeiten des Deutschen Roten Kreuzes, der Bahnhofsmission, o.a. bestellt. Neben der Blutentnahme wurden folgende Aufgaben durchgeführt:

- Begrüßung und Aushändigung eines Fragebogens (1 S.), um die momentane Befindlichkeit festzustellen (z.B. Fieber, Erkältung, die einen Einfluß auf die erhobenen Werte haben könnten)
- Messung der Körpergröße sowie des Körpergewichts
- Bio-Impedanz-Analyse (Bestimmung der Körperzusammensetzung)
- Blutentnahme und eine kurze Anamnese
- Zahnmedizinische- und Kieferuntersuchung, Gebißabdruck
- gemeinsames Frühstück

- Aufbereitung der Proben vor Ort
- Transport der Blutproben nach Gießen.

Die aufbereiteten Blutproben wurden in Gießen auf die entsprechenden Labors verteilt, um je nach Analyse sofort bearbeitet zu werden bzw. für Bestimmungen zu einem späteren Zeitpunkt tiefzukühlen. In Kap. 4.4 S.71 werden die Aufbereitung der Proben und die Parameter, die im Blut untersucht wurden, dargestellt.

Abb. 3.1: Schematische Darstellung des Ablaufs der Gießener Rohkost-Studie

Dezember 1992 - Januar 1993	Rekrutierung der Teilnehmer	1328 Personen	
	⇓		
Februar 1993	Vorfragebogen	an 1328 Personen	81,7 % zurück
	⇓		
April 1993	Hauptfragebogen	an 865 Personen	87,6 % zurück
	(ausgewertet: n=572) (Kriterien: ≥70 % Rohkost-Anteil nach der Häufigkeitstabelle, ≥ 4 Monate RKE, ≥ 16 J.) ⇓		
Oktober 1993	Psychofragebogen	an 572 Personen	76,1 % zurück
	⇓		
Februar - April 1994	7-Tage-Protokoll, anthropometrische Untersuchungen, Blutentnahme für Laborparameter, zahnmedizinische Untersuchungen (ausgewertet: n=201) (Kriterien: ≥ 70 % Rohkostanteil nach dem 7TP, ≥ 14 Monate RKE, 25-64 J., Nichtraucher, keine Teilnehmer mit Darmoperationen)	an 343 Personen	68,8 % erschienen

3.4 Interdisziplinäre Untersuchungen im Rahmen der RKS

3.4.1 Zahnmedizinische Untersuchungen

Bei Rohköstlern mit einem sehr hohen Rohkostanteil in der Gesamtnahrung wird überwiegend Obst verzehrt (s. Kap. 5.2 S.81). Da bekannt ist, daß die Säuren im Obst den Zahnschmelz angreifen können, war es von großem Interesse, eine Untergruppe bezüglich ihrer Zahngesundheit zu untersuchen. In Zusammenarbeit mit Prof. Klimek und einem Doktoranden des Fachbereichs Humanmedizin, Zentrum für Zahn-, Mund- und Kieferheilkunde (Abteilung konservierende Zahnheilkunde) der Justus-Liebig-Universität Gießen, wurde die Zahn- und Mundgesundheit einer ausgewählten Gruppe von Rohköstlern untersucht (n=111+18 aus dem Centre d'Instinctotherapie, Frankreich). Klinische Untersuchungen waren Kariesbefall und -

prävalenz, Parodontalzustand und Plaqueindex; außerdem wurden Zahnlockerung und verschiedene Füllungsarten eingehend untersucht, während die Gebißmodellauswertungen der genaueren Erosionsermittlung dienten. Die Ergebnisse dieser Analysen sind bei Schlechtriemen (1998) dargestellt.

3.4.2 Untersuchungen zum Zusammenhang zwischen Psyche und Ernährung

Als Ergänzung zur Studie war es wichtig, Informationen über eventuelle Auffälligkeiten im psychologischen Profil oder bei Gesundheitsbeschwerden der Teilnehmer zu erhalten. Daher wurde entschieden, allen Teilnehmern einen von Ernährungspsychologen entwickelten Fragebogen zuzusenden, der die wechselseitigen Einflüsse von Ernährung und Psyche erfaßt.

In Zusammenarbeit mit Prof. Dr. J. Diehl, Fachbereich Psychologie der Justus-Liebig-Universität Gießen, Prof. M.-L. Moeller, Medizinische Psychologie der Universitätsklinik Frankfurt am Main sowie fünf Diplomandinnen (davon zwei Studentinnen der Ernährungswissenschaft und drei Psychologiestudentinnen) wurde dieser sog. Psychofragebogen entwickelt. Im Oktober 1994 wurde er an 572 Teilnehmer verschickt (das gleiche Kollektiv, von dem der Hauptfragebogen verwertet wurde). Eine etwa gleich große Kontrollgruppe, die keine besondere Ernährungsform befolgte, erhielt den gleichen Fragebogen. Die Rücklaufquote bei den Rohköstlern betrug 76,1 %.

Eingesetzt wurden folgende Standard-Fragebögen: Inventar zum Eßverhalten und Gewichtsproblemen (IEG, Diehl und Staufenbiel 1994), Eßstörungsinventar (ESI, Diehl und Staufenbiehl 1994), Gießener Beschwerdebogen (GBB, Brähler und Scheer 1983), Gießen Test (GT, Beckmann und Richter 1990), Freiburger Persönlichkeitsinventar (FPI, Fahrenberg et al 1984), Narzißtisches Persönlichkeitsinventar (NPI, Diehl und Meyer 1995) sowie ein zusammen mit Prof. Moeller selbst erarbeiteter Fragebogen des Frankfurter Rohköstler-Gesprächskreises.

Die Ergebnisse dieser Untersuchungen sind bei Stork (1994), Wilbert (1995), Bettinger (1995), Lehmann (1995) und Kröner (1995) nachzulesen.

4 Instrumente und Methodik

4.1 Kontroll- und Vergleichsgruppen

Da bereits neuere Daten im gleichen Arbeitskreis zu zwei unterschiedlichen weiblichen Kollektiven im Rahmen der Gießener Vollwert-Ernährungs-Studie (VWS) vorhanden waren, wurde auf eine Kontrollgruppe für die RKS verzichtet. Die RKS hat sich im Ablauf und Methodik sehr eng an der VWS orientiert (vom Rekrutieren der Teilnehmer bis hin zu Laborbestimmungsmethoden für einzelne Parameter).

Daten der Frauen aus der VWS, die sich entsprechend dem Bundesdurchschnitt ernähren, d.h. eine übliche Mischkost essen, im folgenden MK genannt, können mit gewissen Einschränkungen als Kontrollgruppe für die RKS dienen. Es ist ferner von Interesse, eine weitere Gruppe (VWK), die eine alternative Kostform (Vollwert-Ernährung) praktiziert, mit Rohköstlern zu vergleichen, die zwar auch Gesundheit an erster Stelle zur Motivation nennt (Aalderink et al 1994), doch deren Empfehlungen und praktische Ausführung sich wesentlich von denen der Rohköstler unterscheiden. Da die Vollwert-Ernährung als vegetarische und nicht-vegetarische Variante praktiziert werden kann, werden auch diese Gruppen (VEG bzw. NVEG) berücksichtigt. Die Datenerhebungsphase der VWS ist 1991 zu Ende gegangen, zwei Jahre vor der Datenerhebungsphase der RKS. Die VWS wird eingehend von Groeneveld (1994) und Hoffmann (1994) diskutiert.

4.2 Das Ernährungsprotokoll

Ernährungserhebungen werden je nach Fragestellung, Zielgruppe, Stichproben-umfang und Erhebungszeitraum mit unterschiedlichen Methoden durchgeführt. Von dem Design der RKS her wurde eine direkte Methode gesucht, um den gegenwärtigen laufenden Verzehr bei einer einmaligen Erhebung zu erfassen und hierdurch eine möglichst zutreffende quantitative und qualitative Erfassung der Ernährung zu gewährleisten. Das Instrument sollte in der Lage sein, folgende Fragen zu beantworten: was essen die Teilnehmer, wieviel, wo und wann. Im Rahmen der RKS wurde das Ernährungsprotokoll zur Erfassung der Nahrungsaufnahme als Erhebungsinstrument gewählt und in Anlehnung an das der VWS entwickelt. Im vorliegenden Protokoll hatten die Teilnehmer die Möglichkeit, rohe von erhitzten Lebensmitteln zu unterscheiden, auch bei tierischen Lebensmitteln. Dabei handelt es sich um ein speziell für diese Studie entwickeltes und getestetes Schätzprotokoll, in dem die Lebensmittel und die dazugehörigen üblichen Portionsgrößen vorgegeben sind. Das Protokoll wurde eine Woche lang geführt, d.h. an sieben aufeinanderfolgenden Tagen. Die Überprüfung der Handhabung, Tauglichkeit und Durchführbarkeit des Protokolls wurde mit Hilfe eines Pretests (n=30) im November 1994 durchgeführt, dessen Auswertung zur Verbesserung des Protokolls diente. Die optimierte Form wurde für die Haupterhebung eingesetzt (zur Entwicklung des Protokolls s. Bergmann 1994). Die Probanden waren angewiesen, ihre Verzehrsmengen u.a. mit Hilfe von haushaltsüblichen Maßeinheiten und photographierten Portionsgrößen zu schätzen. Ziel des Protokolls war es, die Lebensmittelaufnahme zu erfassen, um daraus die Nährstoffzufuhr zu ermitteln.

Neben der Verzehrsmenge wurden im Protokoll auch Angaben bezüglich des Ortes (Restaurant, Kantine/Mensa, Freunde/Bekannte, Arbeitsplatz/Büro, traditionell am Tisch, snackartig z.B. vor dem Fernseher) und des Zeitpunktes der Nahrungszufuhr gemacht, um die Verzehrsgewohnheiten zu erfassen. Letztere sind bei Szyperski (1996) dargestellt. Neben Verzehrsmenge im Protokoll wurden auch Angaben über Medikamenten- und Supplementeneinnahme berücksichtigt. Desweiteren wurde nach Ereignissen gefragt, die die Ernährung im Untersuchungszeitraum beeinflußt haben könnten.

4.2.1   Lebensmittelverzehr

Das 7-Tage-Schätzprotokoll (7TP) umfaßte 236 vorgegebene Lebensmittel. Da Obst und Gemüse bei Rohköstlern die Hauptnährstofflieferanten sind und einige Fragen in bezug auf Obst- und Gemüseverzehr besonders interessant waren (z.B. welchen Anteil am Obstverzehr hat exotisches Obst, wie ist das Verhältnis Obst:Gemüse), wurden Obst und Gemüse einzeln angegeben mit der Möglichkeit, roh von erhitzt zu unterscheiden (Kwanbunjan 1996, s. 7TP im Anhang).

Die Lebensmittel wurden zu 15 Gruppen zusammengefaßt und etwa entsprechend dem Anteil am Verzehr im Protokoll geordnet: Getränke, Obst, Gemüse, Trockenobst/Nüsse/Samen, Gemüse und Hülsenfrüchte, Fleisch/Fisch/Eier, Suppen, Speisefette und -öle/Dressings, Süßungsmittel, Brot und Backwaren, Milch und Milchprodukte, Getreideprodukte und Nährmittel, Sojaprodukte, Süßwaren, Hefeprodukte. Aus dem 7TP wurde auch der prozentuale Rohkostanteil von der Gesamtverzehrsmenge (ohne Getränke) nach der Gießener Definition (Abb. 2.1 S.14) berechnet, wie bereits bei der Häufigkeitstabelle des Hauptfragebogens. Obwohl sich das 7TP von der Lebensmittelanordnung und dem - auswahlschwerpunkt zu dem der VWS unterschied, war es dennoch möglich, weitestgehend die gleichen Lebensmittelgruppen zu bilden. Bei der VWS wurde allerdings kein prozentualer Rohkostanteil berechnet. Ergebnisse zum Lebensmittel- und Getränkeverzehr werden in Kap. 5.2 S.81 dargestellt.

4.2.2 Nährstoffzufuhr

Die Nährstoffzufuhr wurde auf Basis des Bundeslebensmittelschlüssels (BLS) Version II.1 mit Hilfe des Berechnungsprogramms CALORA (Software Service, Richard Thein) sowie des Tabellenkalkulationprogramms EXCEL ermittelt. Die Nährstoffangaben der VWS beruhen ebenfalls auf dem BLS Version II.1. Der Tab. 4.1 sind die Nährstoffe, für welche die Zufuhr berechnet wurde, zu entnehmen. Die Diskussion der Ergebnisse ist außer in der vorliegenden Arbeit auch in den Diplomarbeiten der RKS dargestellt (Anhang 2 S.197).

Tab. 4.1: Nährstoffe, deren Zufuhr aus den verzehrten Lebensmitteln im 7TP berechnet wurde

Nahrungsenergie	
Hauptnährstoffe:	Fett, Kohlenhydrate, Protein
Fette:	EUFS, MUFS, gesättigte FS, Linolensäure, Linolsäure
Saccharide:	Mono-, Di-, Polysaccharide, Glucose, Fructose, Saccharose
Aminosäuren:	essentielle Aminosäuren
Vitamine:	A, ß-Carotin, D, E
	B_1, B_2, B_6, B_{12}, C, Folsäure, Niacin
Mineralstoffe:	Mg, P, K, Na, Ca, I
Spurenelemente:	Fe, Zn
Ballaststoffe	lösliche, unlösliche
Cholesterin	
Wasser	

Version II.1 des BLS enthält mehr als 11000 Lebensmittel. Für jedes Lebensmittel sind 176 Nähr- und Inhaltsstoffe angegeben. Die Angaben über Nähr- und Inhaltsstoffe entstammen deutschen, amerikanischen, englischen, schwedischen, dänischen und niederländischen Nährwerttabellen sowie Analysewerten der Bundesforschungsanstalten. Der BLS zeichnet sich dadurch aus, daß es keine sog. missing values gibt, so daß eine Nullsetzung von Nähr- und Inhaltsstoffe vermieden wird (Kroke 1992). Nichtsdestotrotz fehlten Angaben zu einigen wenigen Lebensmitteln bzw. deren Nährstoffen aus dem 7TP. Dazu gehörten exotische Früchte wie Naschi und Sharonfrucht. Da diese Früchte nur von wenigen Teilnehmern verzehrt wurden und der Verzehr zudem gering war, konnten diese Früchte in bezug auf ihre Nährstoffe mit anderen Früchten gleichgesetzt werden, die ähnliche Werte aufwiesen. Bei Fertigprodukten wie Kanne-Brottrunk u.ä. wurden Herstellerangaben verwendet. Rohkost-spezifische Lebensmittel wie z.B. das Sonnenbrot wurden mittels der in CALORA integrierten Rezeptoption berechnet (Weihrich 1995 s. Rezepte im Anhang).

4.2.3   Validierung

Da das 7TP für das Studienkollektiv der RKS neu entwickelt wurde, war es notwendig, das Protokoll auf seine Validität zu überprüfen. Diese Fragestellung kann nur durch einen Vergleich beantwortet werden, d.h. eine relative Validierung. Als Vergleich oder Referenzmethode wurde die Wiegemethode, bislang der sog. „Golden Standard", gewählt. Ein Vergleich des 7TP (Schätzprotokolls) wurde mit einem dafür entworfenen 7-Tage-Wiege-Protokoll mit dem Ziel durchgeführt, eine Aussage über die Validität des Ernährungsprotokolls zu machen.

An 219 Personen wurde eine Einladung zur Teilnahme an der Validierung verschickt. Diese hatten nicht an der Ernährungserhebung der RKS teilgenommen, d.h. das Protokoll war den Teilnehmern noch nicht bekannt. Die Probanden wurden aus der Gruppe ausgewählt, die mindestens 75 % Rohkostanteil hatten. Für das Alter wurde keine Begrenzung eingeführt.

Im Vergleich zu den Teilnehmern, die das 7TP in der RKS durchgeführt haben (25-64 J.), waren fünf Personen zwischen 20 und 25 Jahre und 15 Personen über 65 Jahre alt. Die Rücklaufquote (zur Einladung) betrug 74,4 %. Im Februar 1995 (zeitgleich mit dem Verschicken des 7TP im Vorjahr) wurden 7-Tage-Schätz-Protokolle an 102 Teilnehmer verschickt. Die Rücklaufquote betrug 83,3 %.

Etwa zwei Monate später wurde ein offenes 7-Tage-Wiege-Protokoll mit elektronischer Back- und Diätwaage (Soehnle 8000 digita) an 82 Teilnehmer verschickt (Rücklaufquote 96,3 %); 72 Teilnehmer führten die Validierung vollständig durch. Das Ergebnis zeigte insgesamt, daß das für die RKS entwickelte 7TP das aufwendigere Wiegeprotokoll ersetzen konnte. Das Schätzprotokoll kann, bezogen auf das Wiegeprotokoll, als valide bezeichnet werden.

Die Analyse der Mittelwerte zeigte eine Tendenz zur Überschätzung durch das Schätzprotokoll auf, die Hauptnährstoffe und die Nahrungsenergie stimmten recht gut überein (Tab. 4.2). Das in der RKS verwendete Schätzprotokoll ist eine Methode, die ähnliche Ergebnisse wie das Wiegeprotokoll ergibt. Das zeigen u.a. die hohen Korrelationen und die relativ niedrigen Mittelwertunterschiede. Die Untersuchungen können bei Theurer (1996) nachgelesen werden. Die Ergebnisse bezogen auf einzelne Nährstoffe wurden in dieser Arbeit nicht weiter mit einbezogen, da es sich an erster Stelle hier um Nahrungsenergie und Protein handelt.

Tab. 4.2: Absolute und relative Mittelwertdifferenzen

Nährstoffe (Einheit)	Absolute MW-Differenzen[1]	Relative MW-Differenzen[2]
Nahrungsenergie (kcal)	17,56	0,95
Kohlenhydrate (g)	15,56	6,72
Fett (g)	-5,17	-7,45
Protein (g)	-0,28	-0,59
Ballaststoffe (g)	4,74	9,78
Alkohol (g)	-0,5	-19,27

[1] Schätzprotokoll minus Wiegeprotokoll
[2] (Schätzprtokoll minus Wiegeprotokoll)/Wiegeprotokoll * 100

4.3 Anthropometrische Messungen

4.3.1 Körpergewicht und Körpergröße

Das Körpergewicht wurde ohne Schuhe und Oberbekleidung auf einer Personenwaage bis auf 0,5 kg genau gewogen. Die Größe wurde mittels eines geeichten Maßstabs auf 0,5 cm genau gemessen. Daraus wurde der BMI berechnet. Die Daten werden in Kap. 6.2.5 S.114 bzw. 6.2.6 S.116 dargestellt.

4.3.2 Körperzusammensetzung mittels Bio-Impedanz-Analyse

Es wurde das Meßgerät BIA 2000-1 Body Composition Analyzer der Firma DATA-Input GmbH, Frankfurt am Main, verwendet. Die Meßperson ist über vier Klebeelektroden (Sentry Medical Products, California USA) mit dem Gerät verbunden. Bei der bioelektrischen Impedanzanalyse handelt es sich um eine elektrische Widerstandsmessung in einem organischen Körper. Die Technik macht sich die unterschiedliche Leitfähigkeit der Mager- und Fettmasse zunutze. Der Strom wird im menschlichen Körper durch im Körperwasser gelöste Elektrolyte weitergeleitet. Der Fettanteil leitet den Strom nicht, sondern setzt ihm einen Widerstand entgegen. Daher steht die Impedanz des menschlichen Körpers in direktem Zusammenhang mit dem Körperwasser, dessen Menge wiederum von der fettfreien Masse abhängt (Stroh 1995).

Mit der bioelektrischen Impedanzanalyse (BIA) ist es möglich, entsprechend des Dreikompartimentmodells die Magermasse in Körperzell- und Extrazellulärmasse zu unterteilen. Unter Verwendung der drei Parameter Resistenz, Reaktanz und Phasenwinkel sowie weiterer Daten der Meßperson (Gewicht, Größe, Alter, Geschlecht) wird die Körperzusammensetzung errechnet. Die wichtigsten Anteile sind Fettmasse (BF) und Magermasse (LBM). Letztere ist in Körperzellmasse (BCM) und Extrazellulärmasse (ECM) unterteilt.

Diese Kompartimente sind ernährungsmedizinisch folgendermaßen definiert: BCM ist die Summe der sauerstoffverbrauchenden, kaliumreichen, glucoseoxidierenden Zellen. Die BCM umfaßt die Zellen der Muskulatur, der inneren Organe, des Gastrointestinaltraktes, des Blutes, der Drüsen und des Nervensystems. Die BCM ist die zentrale Größe bei der Beurteilung des Ernährungszustandes eines Probanden, da sämtliche Stoffwechselarbeiten des Organismus innerhalb der Zellen der BCM geleistet werden.

Der Teil der Magermasse außerhalb der Zellen ist die ECM. Der flüssige Anteil umfaßt das Plasma sowie das interstitielle und transzelluläre Wasser (Dörhöfer 1996, Fischer und Lembcke 1991). Die festen Bestandteile umfaßen die Haut, das Kollagen, Elastin, die Sehnen, Faszien und das Skelett.

Fehlernährung und Mangelernährung, die mit Veränderungen der TBW einhergehen, lassen sich durch Veränderungen der Kompartimente BCM und ECM diagnostizieren (Kuhn et al 1989).

Die Berechnungen erfolgen mittels statistischer Formeln mit dem firmeneigenen Programm „body4". Neben den Ergebnissen in der vorliegenden Arbeit (s. Kap. 6.2.7 S.119) ist eine Beschreibung der Messungen und der Ergebnisse bei Hünchen (1995) dargestellt.

4.4   Blutuntersuchungen

Für eine Bewertung des Ernährungs- und Gesundheitsstatus reichen reine Verzehrsdaten nicht aus. Zwischen der Nährstoffaufnahme und der Nährstoffversorgung des Körpers liegen viele Einflußfaktoren, die oft eine unbekannte Größe darstellen. Erst die Bewertung der Aufnahme zusammen mit klinisch-biochemischen Bestimmungen erlaubt eine zuverlässige Aussage über den Ernährungs- und Gesundheitsstatus.

Dazu wurden die über das gesamte Bundesgebiet (einschließlich neue Bundesländer) verstreut lebenden Probanden zu einen bestimmten Termin in eine von insgesamt 25 Städten zu einer Blutentnahme und verschiedenen Untersuchungen eingeladen.

Um eine einheitliche Gewinnung und Verarbeitung der Blutproben zu gewährleisten, wurden diese von einem Team - bestehend aus einem Arzt und drei Mitarbeitern - gewonnen und vorbereitet. Der Arzt nahm den sitzenden Teilnehmern etwa 60 ml Nüchternblut mit einer Butterflykanüle aus einer Vene im Bereich der Armbeuge ab. Das Blut wurde nach einem Pipettierschema (s. Anhang 3 S.199) weiterverarbeitet. Die aufbereiteten Proben wurden sofort tiefgekühlt und täglich direkt nach Gießen transportiert.

Die Analysen der verschiedenen Proben wurden im eigenen Labor, im Zentrallabor des Universitätsklinikums, im Spurenelement- und Vitaminlabor des Instituts für Ernährungswissenschaft, im diabetologischen Labor der medizinischen Poliklinik III sowie im Labor des Institutes für Ernährungswissenschaften in Wien durchgeführt.

4.4.1 Weitere Verarbeitung der Blutproben

Tab. 4.3 zeigt die im Blut untersuchten Parameter und die entsprechenden Methoden.

Tab. 4.3: Klinisch-biochemische Untersuchungen im Blut der Teilnehmer

Parameter	Methode	Beschrieben (s. Anhang 2 S. 197)
Vitamin A, ß-Carotin	reverse phase HPLC mit UV-Detektion	Schmidt 1996 S.62
Vitamin E	reverse phase HPLC mit fluorimetrischer Detektion	Krause 1996 S.47f
Vitamin B_1	ETK-Aktivitätsbestimmung	Vollmer 1995 S.54f
Vitamin B_2	EGR-Aktivitätsbestimmung	Vollmer 1995 S.58f
Vitamin B_6	EGOT-Aktivitätsbestimmung	Vollmer 1995 S.62f
Vitamin B_{12}	kompetitiver Immunoassay	Hartmann 1995 S.40f
Homocystein	HPLC	
Folsäure	kompetitiver Immunoassay	Graf 1995 S.30
Magnesium im Serum und Vollblut	Atomabsorptionsanalyse	Narewski 1995 S.38f
Magnesium im Erythrozyten	berechnet	Narewski 1995 S.38f
Selen		Rohrbein (noch in Bearb.)
Eisen	Fe^{3+} von Transferrin gelöst, zu Fe^{2+} reduziert, Farbreaktion mit FerroZine	Kwanbunjan 1996 S.46
Ferritin	ELISA	Kwanbunjan 1996 S.46
Transferrin	Immunoassay mit N-Antiserum gegen Humantransferrin	Kwanbunjan 1996 S.46
Transferrin-Sättigung	berechnet nach Greiling und Gressner (1989 S.664)	Kwanbunjan 1996 S.47
Eisenbindungskapazität	Absättigung des Transferrins mit überschüssigem Fe^{3+}, im Überstand wird Eisen bestimmt	Kwanbunjan 1996 S.47
kleines Blutbild	Hämoglobin: Cyanomethämoglobinmethode, Hämatokrit, Erythrozytenzahl, MCH, MCV, MCHC- berechnet	Kwanbunjan 1996 S.47
Cholesterin	CHOD-PAP-Methode	Fuhrmann (noch in Bearb.)
HDL	Präzipitationstest	Fuhrmann (noch in Bearb.)
LDL	berechnet nach Friedewald et al (1972)	Fuhrmann (noch in Bearb.)
Triglyceride	enzymatische Spaltung mit nachfolgender Bestimmung des entstandenen Glycerins (Farbreaktion)	Fuhrmann (noch in Bearb.)

Glucose	kinetische Sauerstoffmessung	Fuhrmann (noch in Bearb.)
HbA$_{1c}$	Ionenaustausch HPLC	Fuhrmann (noch in Bearb.)
Gesamtprotein	Immunoassay	s. S.73
Albumin	Bromocresolgrün Methode (Farbreaktion)	s. S.73
Blei, Cadmium	elektrothermale Atomabsorptionsspektralphotometrie	Heuer 1995 S.44f
Carotinoide	HPLC mit UV/vis Detektion	Paulat 1995 S.56f

4.4.2 Spezifische Parameter

Gesamtprotein

Das Testprinzip dieser immunologischen Methode ist wie folgt: die im menschlichen Serum enthaltenen Proteine bilden in einer immunchemischen Reaktion mit spezifischen Antikörpern Immunkomplexe. Die vorhandenen Komplexe können durch Streulichtmessung quantitativ erfaßt werden. Die Auswertung erfolgt mittels einer Standardkurve, die mit Hilfe von Standardverdünnungen erstellt worden ist.

Reagenzien:
Diluens: phosphatgepufferte Natriumchlorid-Lösung
Reaktionspuffer: eine Lösung von hydrophilen Polymeren in phosphatgepufferter Natriumchlorid-Lösung
Präzipitationsreagenz: eine Detergenz enthaltende phosphatgepufferte Natriumchlorid-Lösung.

Zur Erstellung der Referenzkurve für die Bestimmung der Proteine wird eine geometrische Verdünnungsreihe von N-Protein-Standard-Serum mit isotonischer Natriumchlorid-Lösung hergestellt. Die Probandensera werden ebenfalls mit isotonischer Natriumchlorid-Lösung verdünnt. In einem Behring Laser-Nephelometer ist ein Ansatzschema einprogrammiert, die Reaktionszeit beträgt sechs Minuten. Die Auswertung erfolgt vollautomatisch. Methodik und Referenzwerte werden ausführlicher in Rowe et al (1970), Reimer et al (1978), Whicher et al (1978), Van Es et al (1981) und Dati et al (1989) dargestellt.

Albumin

Das Testprinzip der Bromocresolgrünmethode beruht auf der Messung unter Farbveränderung erfolgenden Komplexbildung zwischen Albumin und Bromocresolgrün bei pH 4,2. Das Probenmaterial kann Serum oder EDTA-Plasma sein (bei der RKS: Serum). Die Analyse wird routinemäßig auf einem Hitachi 717 von Boehringer Mannheim durchgeführt mit den folgenden gebrauchsfertigen Lösungen:

Succinat-Puffer: 75 mmol/l, pH 4,2

Bromocresolgrün: 0,14 mmol/l.

Eine nähere Beschreibung der Methode und der Referenzwerte findet sich in Doumas et al (1971) bzw. in Tietz (1986 S.589).

4.5   Deskriptive und schließende Statistik

Sämtliche erhobenen Daten wurden mittels dem Statistik-Programm „Statistical Programme for Social Sciences" (SPSS Version 5.0.1) nach mindestens zweifacher Eingabekontrolle, ausgewertet. Die Überprüfung auf Normalverteilung erfolgte mittels Kolmogorov-Smirnov-Test. Die mittlere Nährstoffaufnahme wird mit dem Median beschrieben, da die Zufuhrwerte in den meisten Fällen nicht normalverteilt sind und durch eine einheitliche Beschreibungsgröße ein Vergleich der Signifikanzen möglich ist. Obwohl die Lebensmittelverzehrsdaten meist auch nicht normalverteilt sind, wird der Mittelwert als beschreibende Größe dargestellt. Damit wird vermieden, daß die Aufnahme von Lebensmitteln, die von vielen Teilnehmern nicht verzehrt worden sind, mit 0,0 g/d beschrieben wird.

Die Angabe der 5er und 95er Perzentile wird der Standardabweichung zur Beschreibung der Verteilung bzw. Streuung vorgezogen, da diese mehr Aufschluß zu der Verteilung geben. Bei einer Fallzahl < 20 ist keine Berechnung der 95er Perzentile möglich; in diesem Fall wird der Maximumwert angegeben.

Bei Energie- bzw. Nährstofflieferanten werden die prozentualen Aufnahmewerte und nicht die absolute Aufnahme (kcal bzw. g) dargestellt. Als Berechnungsgrundlage diente der Mittelwert. Dies hat zur Konsequenz, daß auf eine Aussage über die statistische Signifikanz der Unterschiede verzichtet werden muß. Bei normaler Verteilung werden Mittelwertsvergleiche mittels dem t-Test für unabhängige Stichproben durchgeführt. Bei nicht-normalverteilten Variablen wird der Mann-Whitney (U-)Test paarweise durchgeführt, anstelle des Kruskal-Wallis/H-Tests, da durch diesen Test nicht angedeutet wird, zwischen welchen Gruppen eventuelle Unterschiede liegen. Bei diesem Vorgehen bleibt die für den einzelnen Test angegebene Irrtumswahrscheinlichkeit beim Verwerfen der Nullhypothese zwar gültig, aber die Gesamtaussage über Übereinstimmungen bzw. Nicht-Übereinstimmungen zwischen den Gruppen kann eine deutlich größere Irrtumswahrscheinlichkeit haben. Daher werden die Angaben einer Korrektur nach Schaffer unterzogen (Schaffer 1986).

5   Deskriptive Ergebnisse und Diskussion

5.1   Beschreibung der Untersuchungsgruppen

Die Daten der RKS werden der besseren Darstellung halber mit den Daten der VWS präsentiert, der Vergleich wird aber erst in der Diskussion besprochen.

5.1.1   Soziodemographische Daten

Das endgültige Studienkollektiv der RKS, bestehend aus allen Teilnehmern von denen ein vollständiger Datensatz vorliegt (d.h. ein 7TP, Blutwerte und Fragebögen), umfaßt 201 Personen, davon 107 (53 %) Frauen und 94 (47 %) Männer. Im Vergleich mit dem Kollektiv der Fragebogenaktion (Frauen: 60 %; Männer: 40 %) hat sich das Verhältnis etwas zu Gunsten der Männer verschoben, wie zu erwarten war, da Männer bei den strengeren Rohkost-Formen stärker repräsentiert waren (Koebnick 1994 S.52).

Alter

Das Durchschnittsalter der Teilnehmer betrug 46 Jahre (Frauen: 48 J.; Männer: 44 J.). Die Aufteilung in vier Altersklassen geht aus Tab. 5.1 hervor. Die Altersklassen sind bei dem Gesamtkollektiv der Teilnehmer und dem der männlichen Teilnehmer ähnlich gleichmäßig verteilt. Bei den Rohköstlerinnen sind die beiden höheren Altersklassen etwas stärker vertreten.

Tab. 5.1:   Verteilung in den Altersklassen (absolut und %), Bezugsjahr RKS:1993, VWS:1991

Jahre	RK-Gesamt		RK-Männer		RK-Frauen		VWK		MK	
	abs.	%	abs.	%	abs.	%	abs.	%	abs.	%
25-34	46	22,9	24	25,5	22	20,6	54	22,2	47	26,9
35-44	46	22,9	24	25,5	22	20,6	68	28,0	55	31,4
45-54	54	26,9	22	23,5	32	29,8	64	26,3	50	28,6
55-66	55	27,3	24	25,5	31	29,0	57	23,5	23	13,1
gesamt	201	100	94	100	107	100	243	100	175	100

Bildung

Der Bildungsstand der Teilnehmer ist beim Gesamtkollektiv auffällig hoch (Tab. 5.2), wobei die männlichen Teilnehmer eine höhere Ausbildung als die weiblichen aufweisen.

Tab. 5.2: Schulabschlüsse der Teilnehmer der RKS und VWS (absolut und %)

Abschluß	RK-Gesamt		RK-Männer		RK-Frauen		VWK		MK	
	abs.	%	abs.	%	abs.	%	abs.	%	abs.	%
Hauptschule	41	20,4	17	18,1	24	22,4	40	16,5	45	25,7
Realschule	49	24,4	12	12,8	37	34,7	79	32,5	83	47,4
Abitur	19	9,5	16	17,0	3	2,8	34	14,0	22	12,6
Studium	86	42,8	48	51,1	38	35,5	90	37,0	25	14,3
keine der o.g.	4	2,0	-	-	4	3,7	-	-	-	-
keine Angaben	2	0,9	1	1,0	1	0,9	-	-	-	-
gesamt	201	100	94	100	107	100	243	100	175	100

Beruf

Die berufliche Situation der verschiedenen Kollektive ist Tab. 5.3 zu entnehmen. Fast die Hälfte der Teilnehmer der RKS ist voll erwerbstätig. Getrennt nach Geschlecht ergibt dies einen wesentlich höheren Anteil an männlichen als an weiblichen Probanden, die voll erwerbstätig sind. Hingegen sind mehr Frauen teilweise erwerbstätig als Männer des Kollektivs.

Tab. 5.3: Berufliche Situation (absolut und %)

Situation	RK-Gesamt		RK-Männer		RK-Frauen		VWK		MK	
	abs.	%	abs.	%	abs.	%	abs.	%	abs.	%
voll erwerbstätig	93	46,5	56	59,6	37	34,6	24		29	
teilweise erwerbstätig	34	17,0	8	8,5	26	24,3	38		38	
Hausfrau,-mann	21	10,5	1	1,1	20	18,7	29		29	
in Ausbildung	10	5,0	8	8,5	2	1,9				
arbeitslos gemeldet	7	3,5	3	3,2	4	3,7				
in Rente/Pension	8	4,0	5	5,3	3	2,8				
sonstiges	28	13,5	13	13,8	15	14,0				
gesamt	201	100	94	100	107	100	91		96	

Pro-Kopf-Einkommen

Das monatliche Pro-Kopf-Einkommen der Teilnehmer (ermittelt im Jahr 1993) weist auf eine auffällige Verteilung zugunsten der besserverdienenden Klasse hin (Tab. 5.4). Dennoch könnte die relativ hohe Zahl an Teilnehmern in beiden Studien, die entweder keine Angabe machten (RKS: n=4) oder nicht zuzuordnen waren (RKS: n=24), die tatsächliche Verteilung verzerren.

Tab. 5.4: Monatliches Pro-Kopf-Einkommen (absolut und %)

DM	RK-Gesamt		RK-Männer		RK-Frauen		VWK		MK	
	abs.	%	abs.	%	abs.	%	abs.	%	abs.	%
< 500	10	5,8	5	6,7	5	5,1	27	12,4	20	12,5
- 1000	35	20,2	13	17,3	22	22,4	63	29,0	64	40,0
- 1500	49	28,3	25	33,3	24	24,5	74	34,1	44	27,5
- 2000	15	8,7	4	5,3	11	11,2	19	8,8	9	5,6
≥ 2000	64	37,0	28	37,3	36	36,7	34	15,7	23	14,4
gesamt	173	100	75	100	98	100	217	100	160	100

5.1.2 Daten zur Ernährungsform

Dauer

Die durchschnittliche Dauer, mit denen die untersuchten Rohköstler ihre Ernährungsform praktizierten, betrug 3,5 Jahre (Frauen: 3,3 J.; Männer: 3,5 J.) und die maximale Dauer wurde mit 37,8 Jahren angegeben. Eine Einteilung der Teilnehmer in Fünfjahresklassen ist in Tab. 5.5 dargestellt. Zwischen den weiblichen und den männlichen Teilnehmern sind keine signifikanten Unterschiede festzustellen.

Tab. 5.5: Dauer der praktizierten RKE bzw. VWE (absolut und %)

Dauer in Jahren	RK-Gesamt		RK-Männer		RK-Frauen		VWK	
	abs.	%	abs.	%	abs.	%	abs.	%
< 5	156	78,4	74	79,6	82	77,4	-	-
≥ 5 bis < 10	35	17,6	16	17,2	19	17,9	161	66,3
≥ 10 bis < 15	3	1,5	1	1,1	2	1,9	62	25,5
≥ 15	5	2,5	2	2,2	3	2,8	20	8,2
gesamt	199	100	93	100	106	100	243	100

Variante der Ernährungsform

Da die untersuchten Teilnehmer eine inhomogene Gruppe in bezug auf ihre Lebensmittelauswahl darstellen, wurde eine Einteilung nach Einbezug von tierischen Lebensmitteln vorgenommen. Vegane Teilnehmer wurden als diejenigen definiert, die eine rein pflanzliche Ernährung (inklusive Honig) wählten. Vegetarische Teilnehmer in der RKS verzehrten kein Fleisch und Fisch oder Produkte daraus. Omnivore Teilnehmer verzehrten sowohl pflanzliche als auch tierische Lebensmittel. In Tab. 5.6 werden ovo-lakto-vegetabil, lakto- und ovo-vegetabil zusammen als vegetarisch bezeichnet. Das Teilnehmer-Kollektiv hat sich überwiegend vegetarisch ernährt und hat sich damit nicht wesentlich vom Gesamtkollektiv aus der

Fragebogenaktion der RKS verändert (Koebnick 1994 S.76). Die omnivoren Teilnehmer bilden eine etwa gleich große Gruppe wie die veganen Teilnehmer des Gesamtkollektivs. Die Verteilung in die drei Gruppen unterscheidet sich etwas von der aus der Häufigkeitstabelle (Hauptfragebogen) errechneten Form. Die Auseinandersetzung mit der Gültigkeit der Angaben im 7TP bzw. die Errechnung der Variante daraus ist bei Szyperski (1996) nachzulesen. Insgesamt können die Angaben im 7TP als repräsentativ für die Ernährung angenommen werden.

Tab. 5.6: **Einteilung der Kollektive nach Variante der Ernährungsform (absolut und %)**

Variante	RK-Gesamt		RK-Männer		RK-Frauen		VWK		MK	
	abs.	%	abs.	%	abs.	%	abs.	%	abs.	%
Omnivor (OmRK)	56	27,9	29	30,9	27	25,2	132	54,0	175	100,0
Vegetarisch (VtRK)	90	44,8	32	34,1	58	54,2	111	46,0	-	-
Vegan (VnRK)	55	27,3	33	35,1	22	20,6	-	-	-	-
gesamt	201	100	94	100	107	100	243	100	175	100

Rohkostanteil

Als Auswahlkriterium für die endgültige Studienkollektivauswertung wurde ein Mindest-Rohkostanteil von 70 % nach dem 7TP zu Grunde gelegt. Die große Mehrzahl der Teilnehmer (73 %) befolgten eine reine bis fast reine RKE (Tab. 5.7), d.h. ihr Rohkostanteil liegt bei mindestens 90 %.

Tab. 5.7: **Prozentualer Rohkostanteil in Gruppen (abs. und %)**

Rohkostanteil	RK-Gesamt		RK-Männer		RK-Frauen	
	abs.	%	abs.	%	abs.	%
70,0-79,9 % (70RK)	14	7,0	5	5,3	9	8,4
80,0-89,9 % (80RK)	40	19,9	12	12,8	28	26,2
90,0-99,9 % (90RK)	147	73,1	77	81,9	70	65,4
gesamt	201	100	94	100	107	100

Varianten und der Rohkostanteil zusammen

Werden omnivore (OmRK), vegetarische (VtRK) und vegane (VnRK) Varianten zusammen mit prozentualem Rohkostanteil betrachtet, ergeben sich neun Gruppen. Tab. 5.8 verdeutlicht, daß für jede Variante die strengeren Rohköstler (nach Anteil) um das etwa Zweifache überwiegen. Die deskriptive Statistik aus Tab. 5.9 bestätigt dies.

Tab. 5.8: Teilnehmer der RKS getrennt nach Variante und Rohkostanteil

Variante und Rohkostanteil	RK-Gesamt abs.	%	RK-Männer abs.	%	RK-Frauen abs.	%
OmRK, 70,0-79,9 %	4	2,0	2	2,1	2	1,9
OmRK, 80,0-89,9 %	13	6,5	7	7,4	6	5,6
OmRK, 90,0-99,9 %	39	19,4	20	21,3	19	17,8
VtRK, 70,0-79,9 %	9	4,5	3	3,2	6	5,6
VtRK, 80,0-89,9 %	23	11,4	5	5,3	18	16,8
VtRK, 90,0-99,9 %	58	28,9	24	25,5	34	31,8
VnRK, 70,0-79,9 %	1	0,5	-	-	1	0,9
VnRK, 80,0-89,9 %	4	2,0	-	-	4	3,7
VnRK, 90,0-99,9 %	50	24,9	33	35,1	17	15,9
gesamt	201	100	94	100	107	100

Tab. 5.9: Beschreibung der prozentualen Rohkostanteil-Verteilung

Variante	Mittelwert	Standardabweichung	Median	5er-95er Perzentile
OmRK	93,5	7,9	97,5	75,0-100,0
VtRK	91,5	7,2	93,6	76,3-100,0
VnRK	97,6	5,3	100,0	83,1-100,0

5.1.3 Gesundheitsrelevante Daten

Die für den Energie- und Proteinstoffwechsel relevante Daten werden an späterer Stelle diskutiert: für Körpergewicht s. Kap. 6.2.5 S.114, BMI s. Kap. 6.2.6 S.116 und Körperzusammensetzung s. Kap. 6.2.7 S.119.

Sport

Von den Teilnehmer geben 21 (10,4 %) an, keinen Sport zu betreiben (Tab. 5.10), davon je zur Hälfte Frauen und Männer (Frauen: 11 (10,3 %); Männer: 10 (10,7 %)).

Tab. 5.10: Sportverhalten der Kollektive (absolut und %)

Sport	RK-Gesamt abs.	%	RK-Männer abs.	%	RK-Frauen abs.	%	VWK abs.	%	MK abs.	%
selten, nie	44	24,2	18	20,9	26	27,1	11	4,5	22	12,6
mittel	51	28,0	23	26,7	28	29,2	179	73,7	122	69,7
viel	87	47,8	45	52,3	42	43,8	53	21,8	31	17,7
gesamt	182	100	86	100	96	100	243	100	175	100

Medikamenten- und Supplementeneinnahme

Insgesamt 149 Teilnehmer (74,1 %) nahmen am Tag der Blutentnahme keine Medikamente oder Supplemente ein. Differenziert nach Geschlecht sind dies 73 Männer (68,2 %) und 76 Frauen (80,9 %). Während der Woche des 7TP waren es mit 127 (63,2 %) etwas weniger Teilnehmer, die weder Medikamente noch

Supplemente einnahmen (Frauen: 61 (57,0 %); Männer: 66 (70,2 %)). Die Angaben aus dem Hauptfragebogen liegen dazwischen: 138 der Teilnehmer (68,7 %) gaben an, keine Medikamente oder Präparate zu nehmen (Frauen: 69 (64,5 %); Männer: 69 (73,4 %)). Nur sieben der Teilnehmerinnen (6,5 %) nehmen Sexualhormone ein.

Rauchen

Keiner der Teilnehmer der RKS raucht, da dies als Auswahlkriterium für die klinisch-biochemischen Untersuchungen sowie für das 7TP der Studie hinzugezogen wurde (s. Kap. 3.3.2 S.63).

Alkohol

Der Alkoholkonsum der Teilnehmer ist sehr niedrig (Tab. 5.11): mehr als die Hälfte der Teilnehmer trinken überhaupt keinen Alkohol, differenziert nach Geschlecht bleibt dies etwa gleich.

Tab. 5.11: Alkoholkonsum der Kollektive (absolut und %)

Alkohol	RK-Gesamt		RK-Männer		RK-Frauen		VWK		MK	
g/d	abs.	%	abs.	%	abs.	%	abs.	%	abs.	%
0	117	58,2	56	59,6	61	57,0	84	34,6	23	13,1
- 15	77	38,3	33	35,1	44	41,1	145	59,7	115	65,7
> 15	7	3,5	5	5,3	2	1,9	14	5,8	37	21,1
gesamt	201	100	94	100	107	100	243	100	175	100

5.1.4   Diskussion

Das endgültige Kollektiv der RKS zeigt eine Geschlechtsverteilung etwas zugunsten der Frauen (53 %). Im Vergleich mit der deutschen Bevölkerung war das Verhältnis Ende 1994 51 % Frauen zu 49 % Männer (Statistisches Bundesamt 1996 S.32). In der VWS bestand das endgültige Kollektiv aus 418 Frauen, davon 243 VWK und 175 MK. Das mittlere Alter der Teilnehmer der RKS (46 J., 5er-95er Perzentile 26-62 J.) liegt gering höher als das der VWS: bei VWK 44 Jahre und bei MK 42 Jahre. Außer der höchsten Altersklasse der MK, die etwas unterrepräsentiert ist, ist auch die Altersverteilung bei der VWS etwa gleichmäßig.

Viele Studien zeigen, daß Personen, die eine sog. alternative Kostform praktizieren, oft ein höheres Bildungsniveau aufweisen. Auch der Bildungsstand der VWK und der MK ist hoch, doch liegt der der untersuchten Rohköstler höher. Wird aber nach Geschlecht differenziert, wird deutlich, daß die RK-Frauen keinen höheren Bildungsstand als die VWK aufweisen. Auch in der Gießener Vegetarierstudie (Schönhöfer-Rempt 1988 S.49) ist das Bildungsniveau der Vegetarier sehr hoch im

Vergleich zum Bevölkerungsdurchschnitt. In bezug auf die berufliche Situation sind mehr RK-Frauen voll erwerbstätig als VWK oder MK. In den zuletzt genannten Gruppen sind dafür mehr Frauen teilweise erwerbstätig als bei den Rohköstlerinnen. Diese Differenzen können auf Veränderungen in der Gesamtbevölkerung zwischen den beiden Untersuchungsjahren zurückzuführen sein. Das Pro-Kopf-Einkommen der Teilnehmer der RKS sowie der VWK in der VWS (ermittelt im Jahr 1989) ist eher hoch. Ein Vergleich zwischen den Studien wird dadurch erschwert, daß die Entwicklung des monatlichen Pro-Kopf-Einkommens zwischen 1989 und 1993 nicht miteinbezogen wurde.

Die Mindestdauer der RKE war 14 Monate zum Erhebungszeitpunkt, dagegen wurden in der VWS nur Teilnehmerinnen mit einer Mindestdauer von fünf Jahren VWE in die Studie aufgenommen, die durchschnittliche Dauer betrug acht Jahre (Maximumswert 38 J.). Nach der Gießener Formel der Vollwert-Ernährung wird empfohlen, etwa die Hälfte der Nahrungsmenge als unerhitzte Frischkost zu verzehren (von Koerber et al 1994 S.22). Bei der VWS wurde ein Rohkostanteil nicht berechnet, der Verzehr von frischen Lebensmitteln im Vergleich zu den gesamten Lebensmitteln (s. Kap. 5.2 S.81) kann jedoch die Größenordnung etwa andeuten.

Unter den gesundheitsrelevanten Daten sind größere Unterschiede zwischen den drei Kollektiven (RK-Gesamt, VWK, MK). Auffällig viele Teilnehmer der RKS treiben selten oder nie Sport im Vergleich zu VWK und MK. Dagegen sind es etwa doppelt so viele Teilnehmer wie VWK oder MK, die viel Sport treiben. Neben den 6,5 % der RK-Frauen nehmen 16,9 % der VWK und 38,3 % der MK Sexualhormone ein. Im Vergleich zu einer Studie aus Großbritannien, bei der 30 % der veganen, 56 % der ovo-lakto-vegetarischen, 50 % der sich vollwertig ernährenden und 20 % der normalen Teilnehmer eine breite Palette an Nahrungsergänzungspräparate nehmen, entspricht der Anteil der Personen in der RKS etwa dem der Veganer (Carlson et al 1985). Gegenüber dem Kriterium Nichtrauchen bei der Gruppe RK-Gesamt, sind in der VWS 0,4 % (n=1) der VWK und 19,4 % (n=34) der MK Raucherinnen. Auch im Vergleich zum geringen Alkoholkonsum der untersuchten Rohköstler (58,2 % trinken kein Alkohol) trinken etwa ein Drittel der VWK keinen Alkohol, während mehr als 85 % der MK im Durchschnitt täglich etwas Alkohol trinken.

5.2   Lebensmittelverzehr insgesamt

In diesem Abschnitt wird der Lebensmittel- und Getränkeverzehr der Teilnehmer der RKS insgesamt sowie nach männlichen und weiblichen Teilnehmern getrennt dargestellt. Ferner werden Verzehrsvergleiche zwischen den Teilnehmern nach

Variante (omnivor, vegetarisch, vegan) und nach Rohkostanteil (70,0-79,9 %, 80,0-89,9 %, 90,0-99,9 %) vorgenommen. Diese Daten sind in den Tab.A 1-Tab.A 3 (S. 200-202) aufgeführt.

5.2.1 Lebensmittelverzehr der Teilnehmer der RKS gesamt und getrennt nach Geschlecht

Insgesamt verzehren die untersuchten Rohköstler durchschnittlich mehr als 2 kg **Lebensmittel pro Tag**, fast ausschließlich **rohe Lebensmittel**. Die Teilnehmer insgesamt sowie getrennt nach Geschlecht verzehren durchschnittlich etwa 120 g/d **erhitzte Lebensmittel**. Die verzehrten Lebensmittel sind überwiegend **pflanzlich** (Gesamtdurchschnitt 2050 g/d). Durchschnittlich werden etwa 50 g/d Lebensmittel **tierischen** Ursprungs verzehrt, davon sind 55 % Milch und Milchprodukte, 6 % Eier, 20 % Fleisch- und Fleischprodukte und 18 % Fisch und Meerestiere. Die Teilnehmer **trinken** durchschnittlich weniger als 1 l/d, die weiblichen Teilnehmer signifikant mehr als die männlichen (1065 bzw. 834 ml/d). Der Konsum **alkoholischer Getränke** liegt für die Teilnehmer der RKS durchschnittlich bei 27 ml/d.

Den überwiegenden Anteil an verzehrten Lebensmitteln nimmt **Obst (und Obsterzeugnisse)** ein mit durchschnittlich 1423 g/d. Das meiste Obst wird roh verzehrt (1336 g/d) und macht damit mehr als zwei Drittel des gesamten Verzehrs roher Lebensmittel aus. Das Kollektiv verzehrt durchschnittlich etwa 489 g/d/Person an **Gemüse und Hülsenfrüchten** gesamt (das entspricht etwa einem Drittel der Menge an Obst), das meiste davon in roher Form (453 g/d); weniger als 10 % werden erhitzt verzehrt. Die Teilnehmer essen durchschnittlich weniger als 10 g/d Hülsenfrüchte, das macht etwa 2 % des gesamten Gemüseverzehrs aus. Sie essen durchschnittlich 48 g/d an **Nüssen und Samen**, davon sind 58 % Nüsse und 42 % Samen.

Kartoffeln und Kartoffelerzeugnisse spielen mit durchschnittlich 15 g/d eine eher untergeordnete Rolle im Lebensmittelverzehr der untersuchten Rohköstler. Bei den Teilnehmern der RKS werden Kartoffeln teilweise in roher Form verzehrt: durchschnittlich 3,2 g/d, was etwa $^1/_5$ der Gesamtmenge an Kartoffeln und Kartoffelerzeugnissen ausmacht. Die Männer des Kollektivs verzehren etwas mehr Kartoffeln in roher Form als die Frauen. **Brot und Backwaren** werden von den Teilnehmern in geringen Mengen gegessen (durchschnittlich 19 g/d). Auch **Getreide und Nährmittel** werden wenig von den untersuchten Rohköstlern gegessen (durchschnittlich 29 g/d), aber mehr als Brot und Backwaren.

Die Frauen des Kollektivs essen durchschnittlich mehr **Sojaprodukte** (5,4 g/d) als die Männer (1,3 g/d). Es wurden durchschnittlich 7,6 g/d an **Speisefetten und -ölen** verzehrt. Obwohl die männlichen Teilnehmer mit durchschnittlich 9,1 g/d mehr **Süßspeisen und -waren** essen als die weiblichen Teilnehmer mit 4,6 g/d, ist kein signifikanter Unterschied nachweisbar. Durchschnittlich wird 6,7 g/d von den Teilnehmern insgesamt verzehrt. Manche der untersuchten Rohköstler verzehren **besonders zubereitete Lebensmittel** nach Rezepten aus Rohkost-Büchern, primär nach der „Living Food Diet" von Ann Wigmore. Durchschnittlich werden 6,4 g/d (44,8 g/Woche) verzehrt.

Es werden durchschnittlich 28 g/d an **Milch und Milchprodukten** verzehrt. Fast $^1/_5$ davon ist Milch, die sowohl von den männlichen als auch den weiblichen Teilnehmern als Rohmilch bevorzugt wird. Etwas mehr als $^1/_5$ der verzehrten Milchprodukte sind Quark und Käse. Die Teilnehmer essen durchschnittlich 3,6 g **Eier** pro Tag, dies entspricht etwa 1 Ei alle 2 Wochen. Bei beiden Geschlechtern in der RKS wird rohes Ei bevorzugt. Dabei wird von manchen Teilnehmern nur das Eigelb und nicht das Eiweiß verzehrt.

Die Männer des Kollektivs verzehren etwas mehr **Fleisch und Fleischprodukte** als die Frauen (14 bzw. 7,9 g/d). Auch bei Fleisch und Fleischprodukten verzehren die Teilnehmer der RKS insgesamt mehr als 75 % in roher Form (Frauen 86 %, Männer 71 %). Die weiblichen Probanden verzehren zwar durchschnittlich mehr **Fisch und Meerestiere** als die männlichen (12 bzw. 7,8 g/d), doch konnte kein signifikanter Unterschied nachgewiesen werden. Auch hier erfolgt fast der gesamte Verzehr an Fisch und Meerestieren in roher Form, bei den Frauen des Kollektivs sogar ausschließlich in roher Form.

5.2.2 Lebensmittelverzehr der Teilnehmer gemäß Variante (omnivor: OmRK, vegetarisch: VtRK, vegan: VnRK)

OmRK verzehren mengenmäßig insgesamt durchschnittlich mehr **Lebensmittel** (2293 g/d) als VtRK (1948 g/d) und VnRK (2144 g/d) und mehr **Getränke** (1075 bzw. 970 bzw. 815 ml/d). Davon sind 94 % **roh** bei OmRK, 92 % bei VtRK und 98 % bei VnRK. Die Unterschiede zwischen den durchschnittlichen Verzehrsmengen an **erhitzten Lebensmitteln** sind signifikant (OmRK und VtRK) bzw. höchst signifikant (OmRK und VnRK, VtRK und VnRK). Der Anteil an **pflanzlichen Lebensmitteln** ist bei allen Varianten sehr hoch: bei OmRK 96 %, bei VtRK 98 % und bei VnRK 100 % (per Definition). VnRK haben den geringsten Konsum der drei Variantengruppen an **alkoholischen Getränken**: durchschnittlich 13 ml/d.

OmRK verzehren mit durchschnittlich 1559 g/d etwas mehr an **Obst und Obsterzeugnissen** wie VnRK (1522 g/d). OmRK verzehren die höchste Menge an Trockenobst der drei Variantengruppen (106 g/d). OmRK und VtRK essen etwa die gleiche Menge **Gemüse und Hülsenfrüchte** (481 bzw. 477 g/d), VnRK etwas mehr (519 g/d), doch ist kein signifikanter Unterschied nachweisbar. Alle drei Variantengruppen essen durchschnittlich 7-8 g/d rohe Hülsenfrüchte, OmRK und VtRK verzehren auch erhitzte Hülsenfrüchte (2,6 bzw. 2,8 g/d). VtRK essen durchschnittlich etwas weniger **Nüsse und Samen** (40 g/d) als OmRK (53 g/d) und VnRK (56 g/d).

OmRK und VtRK verzehren etwa die gleiche Menge an **Kartoffeln und Kartoffelerzeugnissen** (18 bzw. 19 g/d) sowie in etwa die gleiche Menge an **Brot und Backwaren** (durchschnittlich 27 bzw. 25 g/d). Dies ist für beide Gruppen gegenüber VnRK mit durchschnittlich 2,2 g/d ein höchst signifikanter Unterschied. Auch bei **Getreide und Nährmittel** ist der Unterschied im Verzehr zwischen VtRK (39 g/d) und VnRK (18 g/d) hoch signifikant. Wie bereits erwähnt, ernähren sich 91 % der VnRK von 90,0-99,9 % Rohkost.

OmRK essen keine **Sojaprodukte**, im Unterschied zu den VtRK (durchschnittlich 3,1 g/d). Bei dem durchschnittlichen Verzehr von RKE-spezifischen **Lebensmitteln nach Wigmore** liegen OmRK und VtRK im Verzehr wieder nahe bei einander (9,0 bzw. 8,6 g/d). Die VnRK verzehren keine solchen Lebensmittel.

Obwohl VtRK im Durchschnitt ähnlich viel an **Milch und Milchprodukten** (38 bzw. 40 g/d) verzehren wie OmRK, ist der Unterschied zwischen ihnen höchst signifikant. VnRK verzehren keine solchen Lebensmittel. OmRK essen fast doppelt so viele **Eier** wie VtRK und mehr davon in roher Form als VtRK. VnRK essen keine Eier (per Definition). Fleisch und Fleischprodukte sowie Fisch und Meerestiere werden von VtRK und VnRK nicht verzehrt (per Definition).

5.2.3 Lebensmittelverzehr der Teilnehmer gemäß Rohkostanteilgruppen (70RK: 70,0-79,9 %; 80RK: 80,0-89,9 %; 90RK: 90,0-99,9 %)

Beim **Gesamtverzehr** von **Lebensmitteln** liegen 90RK mit 2200 g/d über dem Verzehr der 80RK mit 1869 g/d und signifikant über den 70RK mit 1681 g/d. Unterschiede im Verzehr **roher** und **erhitzter** Lebensmittel insgesamt sind (wie zu erwarten) signifikant bzw. höchst signifikant. Die 90RK haben den höchsten durchschnittlichen **pflanzlichen** Lebensmittelverzehr mit 2158 g/d. Dementsprechend ist ein hoch signifikanter Unterschied beim Verzehr **tierischer**

Lebensmittel zwischen 70RK (69 g/d) und 90RK (42 g/d) nachweisbar. Die 90RK haben den geringsten **Getränkeverzehr** der drei Rohkostanteilgruppen mit 888 ml/d; 90RK trinken mit durchschnittlich 24 ml/d mehr **alkoholische Getränke** als 80RK mit 13 ml/d.

Die 90RK verzehren mit durchschnittlich 1555 g/d am meisten **Obst**, gefolgt von 80RK mit 1121 g/d und 70RK mit 908 g/d. Eine ähnliche Verteilung liegt beim rohem Obst und Trockenobst vor. Beim Verzehr an **Gemüse und Hülsenfrüchten** ist eine ähnliche Rangfolge zu beobachten (90RK verzehren mehr als 80RK, die wiederum mehr verzehren als 70RK), doch liegen alle drei Rohkostanteilgruppen im Verzehr zwischen 400 und 500 g/d. Das Verhältnis ändert sich etwas beim Verzehr von rohem und erhitztem Gemüse - wie zu erwarten. Der durchschnittliche Verzehr an Hülsenfrüchten hat eine ähnliche Verteilung: 90RK verzehren die höchste Menge an rohen Hülsenfrüchten. Sie verzehren auch am meisten **Nüsse und Samen** mit 51 g/d; es sind keine signifikanten Unterschiede zwischen den drei Rohkostanteilgruppen nachweisbar.

Die 70RK und 80RK verzehren durchschnittlich ähnliche Mengen an **Kartoffeln und Kartoffelerzeugnissen** (38 bzw. 35 g/d). Die 70RK überhaupt keine rohen Kartoffeln, und obwohl 80RK durchschnittlich mehr rohe Kartoffeln essen als 90RK, sind keine signifikanten Unterschiede nachweisbar. Wie zu erwarten, sind bei dem durchschnittlichen Verzehr an **Brot und Backwaren** sowie an **Getreide und Nährmitteln** eine abnehmende Zufuhrmenge mit einem steigenden Rohkostanteil zu beobachten.

Der durchschnittliche Verzehr an **Milch und Milchprodukten** ist ähnlich bei der Gruppe der 70RK (44 g/d) und 80RK (45 g/d); 70RK trinken keine Rohmilch. Der Verzehr an Quark und Käse nimmt ab mit ansteigendem Rohkostanteil. Es sind keine signifikanten Unterschiede im Verzehr von **Eiern** insgesamt, rohen oder erhitzten Eiern nachzuweisen, obwohl 70RK keine rohen Eier verzehren.

Es bestehen keine signifikanten Unterschiede im Verzehr von **Fleisch und Fleischprodukten** insgesamt oder bei rohem Fleisch und Fleischprodukten. Es sind ferner keine signifikanten Unterschiede im Verzehr von **Fisch und Meerestieren** nachweisbar, auch nicht bei der Verzehrsmenge von rohem Fisch und Meerestieren. Die 90RK verzehren Fisch und Meerestiere ausschließlich in roher Form. Wie zu erwarten, steigt die Verzehrsmenge in roher Form mit steigendem Rohkostanteil.

5.2.4 Diskussion

Der Lebensmittelverzehr der Teilnehmer der RKS wird an dieser Stelle nur mit denen der VWK- und MK-Kollektive der VWS verglichen und diskutiert. Da bei der Erstellung des 7TP der RKS bereits darauf geachtet wurde, war es möglich, weitestgehend die gleichen Lebensmittelgruppen zu bilden wie in der VWS (s.Anhang 4 S.203). Von den Gruppen, die hier verglichen werden, ist als einzige die Lebensmittelgruppe „Fleisch- und Fleischprodukte gesamt" nur bedingt mit der der VWS vergleichbar, da die abgefragten Lebensmittel zwischen den Studien nicht ganz übereinstimmen.

Beim Getränkekonsum wird deutlich, daß VWK und MK durchschnittlich mehr trinken als die untersuchten Rohköstler, auch wenn letztere nach Geschlecht aufgeteilt werden. Der alkoholische Getränkekonsum liegt für RK-Gesamt bei der Hälfte der Menge der VWK. Auch differenziert nach Geschlecht trinken die RK-Männer weniger als die VWK und weniger als ein Viertel der Menge der MK. Erst die VEG trinken durchschnittlich so wenig wie die RK-Männer. Der Verzehr alkoholischer Getränke der OmRK entspricht etwa dem der VWK, liegt aber unter dem der NVEG. VtRK trinken mit durchschnittlich 20 ml alkoholischen Getränken pro Tag die Hälfte der Menge der VEG.

Die Gesamtaufnahme von Wasser aus Getränken und festen Lebensmitteln für RK-Gesamt liegt bei 2536 ml/d. Durchschnittlich 1615 ml/d sind Wasser aus festen Lebensmitteln. Davon sind durchschnittlich 1386 ml/d aus rohen Lebensmitteln und 36 ml/d aus erhitzten, bzw. 1582 ml/d aus pflanzlichen Lebensmitteln und 11 ml/d aus tierischen.

In den Empfehlungen der DGE (1991 S.41f) wird für den Erwachsenen ein Getränkekonsum von 1300 ml/d empfohlen sowie 800 ml/d Wasser aus fester Nahrung, das ergibt 2,1 l/d. Die untersuchten Rohköstler trinken durchschnittlich 923 ml/d und nehmen 1615 ml/d Wasser aus festen Lebensmitteln auf. Das ergibt 2,5 l/d, erreicht und übertrifft damit die Empfehlungen der DGE. Diese räumt ein, je weniger gegessen wird, um so mehr sollte getrunken werden, da bei geringer Nahrungsmittelaufnahme das in Lebensmitteln enthaltene Wasser fehlt. Dies scheint für die Teilnehmer der RKS kein Problem zu sein, da sie sich überwiegend von wasserhaltigen Lebensmittel ernähren. Für 25-65-Jährige wird ein Gesamtwasserverzehr von 2 l/d empfohlen. Davon sollten 250 ml Oxidationswasser sein (aus Verbrennung der aufgenommenen Hauptnährstoffe), 1100 ml aus Getränken, 650 ml aus fester Nahrung. Allerdings basiert diese Empfehlung auf dem durchschnittlichen Verzehr einer normalen Mischkost. Die mittleren

Oxidationswasserwerte liegen bei allen Gruppen außer 80RK (197 ml/d) über 200 ml/d, RK-Männer und OmRK erreichen die Empfehlung. Dagegen erreicht keine der Gruppen die Empfehlung des Wasserverzehrs aus Getränken; die niedrigste mittlere Zufuhr liegt für 90RK bei 713 ml/d. Ihre Wasseraufnahme aus fester Nahrung beträgt mehr als das Doppelte der Empfehlung für jede Gruppe auch getrennt nach Geschlecht, Variante oder Rohkostanteil. Insgesamt scheinen sie durch ihren hohen Verzehr an wasserhaltigen Lebensmitteln die Gesamt-Empfehlung bereits ohne Oxidationswasser zu erreichen.

Die Frauen des RK-Kollektivs verzehren 3,5 mal soviel Obst wie VWK und fast 6,5 mal mehr als MK, auch bei rohem Obst bleibt das Verhältnis etwa gleich. Bei Gemüse verzehren RK-Frauen insgesamt keine 100 g mehr als VWK und etwas mehr als doppelt so viel wie MK. Beim Verzehr von rohem Gemüse sind größere Unterschiede zu vermerken: RK-Frauen verzehren fast zweimal so viel wie VWK und mehr als viermal so viel wie MK. Dementsprechend sind die Verhältnisse beim Verzehr erhitzter Gemüse. Mit einer Zunahme an prozentualem Rohkostanteil ist eine Zunahme des Obstverzehrs bei gleichzeitiger Abnahme an Gemüseverzehr zu verzeichnen. Auch VWK verzehren mehr rohes Obst als rohes Gemüse und befolgen damit die Empfehlung der VWE, eher mehr frisches Gemüse als frisches Obst zu verzehren, nicht (von Koerber et al 1994 S.101). Bei dem Verzehr von erhitztem Gemüse ist ein hoch signifikanter Unterschied zu vermerken. Als Gesamtgruppe und getrennt nach Geschlecht essen Rohköstler mehr Nüsse und Samen als MK und VWK bzw. NVEG und VEG. VtRK liegen im Verzehr davon fast doppelt so hoch wie VEG.

Kartoffeln und Kartoffelerzeugnisse sind für VWK, die 4,5 mal so viel und für MK, die 5,6 mal so viel wie RK-Frauen essen, von größerer Bedeutung in der Lebensmittelpalette. Dies ist auch für Brot und Backwaren der Fall, bei denen VWK und MK mehr als neunmal so viel pro Tag essen wie die untersuchten Rohköstler. Obwohl VWK und MK weniger Getreide und Nährmittel als Brot und Backwaren essen, verzehren sie durchschnittlich mehr davon als die Rohköstler. Letztere bevorzugen Getreide und Nährmittel gegenüber Brot und Backwaren. Diese werden hauptsächlich in Form von erhitztem Getreide (z.B. in Bratlingen) gegessen (durchschnittlicher Verzehr: 12 g/d), gefolgt von Getreidekeimlingen und -sprossen mit einem durchschnittlichen Verzehr von 6,7 g/d. Bei Brot und Backwaren erfolgt der bevorzugte Verzehr in Form von Vollkornbrot und -brötchen (durchschnittlicher Verzehr 8,9 g/d), an nächster Stelle liegen Bauernbrot, Graubrot und -brötchen (1,7 g/d).

Die RK-Männer essen in etwa dieselbe Menge an Sojaprodukten wie MK, die mit 1,2 g/d die niedrigste Verzehrmenge aufweisen. VWK essen mehr als doppelt so viel Sojaprodukte wie RK-Frauen, VEG fast dreimal so viel. Da Sojaprodukte nicht besonders typische Lebensmittel bei einer RKE sind, wäre es naheliegend, wenn die mäßigeren Rohköstler solche Lebensmittel verzehrten, doch essen 70RK keine Sojaprodukte. Die VEG und NVEG der VWS verzehren mehr Sojaprodukte als die RK-Gruppen. Speisefette und -öle werden zu weniger als die Hälfte der Menge der VWK und der MK verzehrt. MK haben einen niedrigeren durchschnittlichen Verzehr an Speisefetten und -ölen als VWK (bzw. VEG und NVEG). VWK und MK essen deutlich mehr Süßspeisen und -waren als Rohköstler.

Auch an Milch und Milchprodukten verzehren VWK und MK 8-9 mal soviel wie die untersuchten Rohköstler, davon 38 bzw. 52 % in Form von Milch. VWK verzehren $^1/_4$ in Form von Quark und Käse, MK weniger als $^1/_5$. Der Verzehr von Käse und Quark sinkt bei den Rohköstlern mit steigendem Rohkostanteil, möglicherweise weil diese als stärker verarbeitet gelten. Der Eierverzehr beider Kollektive der VWS liegt wesentlich höher als der der RKS. Die Verzehrmenge an Fleisch und Fleischprodukten liegt für die untersuchten Rohköstler gering unter der Verzehrmenge der VWK. Letztere liegt wiederum mehr als achtmal unter der von MK verzehrten Menge. Dagegen verzehren die OmRK etwa zweimal pro Woche eine Portion Fleisch und liegen mit 38 g/d höher als die NVEG mit 29 g/d. Der Verzehr von Fisch und Meerestieren liegt bei RK-Gesamt etwas höher als bei den VWK, aber niedriger als bei den MK. Die 90RK verzehren diese nur in roher Form.

VnRK verzehren keine Lebensmittel nach Wigmore, obwohl diese keine tierischen Anteile enthalten. Der Verzehr dieser Produkte hängt auch nicht mit dem Rohkostanteil zusammen, so daß es unwahrscheinlich ist, daß die untersuchten Rohköstler diese Lebensmittel nicht als Rohkost ansehen. Es könnte auf den Getreidegehalt dieser Lebensmittel zurückzuführen sein, da Getreide von etwa der Hälfte des Kollektivs abgelehnt wird (s. Anhang 1 S.195).

Mäßigere Rohköstler (70RK) verzehren keine rohen Kartoffeln, auch kein rohes Fleisch, keine rohen Eier und keine Rohmilch. Dafür sind die strengeren Rohköstler konsequenter in ihrer Lebensmittelauswahl. OmRK und VtRK verzehren oft durchschnittlich ähnliche Mengen an Lebensmitteln und weisen einen oft signifikanten Unterschied zu dem Verzehr von VnRK auf. Dies geht möglicherweise auf die Verteilung der Rohkostanteile zurück. Ähnlicherweise setzen sich oft die strengeren 90RK von den mäßigeren 70RK und 80RK im Lebensmittel-verzehrsmuster ab. Die Teilnehmer mit höherem Rohkostanteil essen wahrscheinlich mehr bis zu einem Sättigungsgefühl und vielleicht um ihren Nährstoffbedarf zu decken. Bei der Bearbeitung von wichtigen Themen wie Antioxidantien usw. wird die Anregung an andere Studien gegeben, den Rohkostanteil zu berechnen.

5.3 Obstverzehr

Da Obst (und Obsterzeugnisse) die größte Lebensmittelgruppe des Verzehrs ausmacht, ist es aufschlußreich, die verzehrten Obstarten zu identifizieren. Alle einzelnen Obstarten aus dem 7TP können nach botanischer Gattung in Obstgruppen zusammengefaßt werden, obwohl diese Gruppierung eine unterschiedliche Anzahl von Früchten in den verschiedenen Gruppen ergibt, d.h. es wird keine Relation zur Gesamtmenge gemacht. So ergeben sich sechs Gruppen: Beerenobst (z.B. Erdbeeren, Weintrauben), Steinobst (z.B. Aprikose, Kirschen), Kernobst (z.B. Apfel, Birne), Zitrusfrüchte (z.B. Grapefruit, Kumquats) und Wildfrüchte (z.B. Preiselbeeren, Hagebutten).

Unter der Gruppe Südfrüchte (z.B. Feige, Papaya) sind zwar Früchte, die botanisch gesehen in vorherige Gruppen gehören (z.B. sind Avocado und Papaya Beerenobst), doch werden sie hier zusammengefaßt, weil sie aus subtropischen und tropischen Ländern importiert werden. Es sind keine Zitrusfrüchte in der Gruppe Südfrüchte enthalten. Die dazugehörigen Früchte, die im 7TP erfragt wurden, sind in Anhang 5 S.209 dargestellt. Auch die einzelnen Früchte, von denen am meisten verzehrt wurde, werden dargestellt.

5.3.1 Obstverzehr der Probanden gesamt und getrennt nach Geschlecht

Die durchschnittlichen Verzehrsmengen nach Obstgruppen und der (acht) mengenmäßig am meisten durchschnittlich verzehrten einzelnen Fruchtsorten sind in Tab. 5.12 dargestellt. Insgesamt werden mengenmäßig etwa gleich viel Zitrusfrüchte wie Kernobst verzehrt. Am meisten wird Obst aus der Südfrüchtegruppe verzehrt. Zusammen machen diese drei Gruppen bereits mehr als 1 kg Obst aus. Wildfrüchte werden kaum oder gar nicht verzehrt. Beerenobst und Steinobst liegen im durchschnittlichen täglichen Verzehr unter 100 g. Außer getrockneten Südfrüchten wird von anderen getrockneten Obstgruppen durchschnittlich weniger als 10 g/d verzehrt. Die Verteilung zwischen den Geschlechtern ist ähnlich, nur bei Kernobst ist ein signifikanter Unterschied zu vermerken. Die drei mengenmäßig am meisten verzehrten Früchte sind durchschnittlich für alle Teilnehmer Äpfel, Orangen und Bananen. Zwischen 45 und 100 g/d werden durchschnittlich von allen Teilnehmern folgende Früchte verzehrt:

Avocados, Birnen, Ananas, Weintrauben und getrocknete Datteln. Cherimoyas, Grapefruit, Honigmelonen, Kakis, Kiwis, Mandarinen, Mangos, Papayas, Sharonfrüchte, Wassermelonen und getrocknete Feigen werden zu mehr als 10 g/d bis zu 45 g/d durchschnittlich verzehrt. Von allen anderen Früchten werden durchschnittlich weniger als 10 g/d verzehrt.

Tab. 5.12: Durchschnittlicher Obstverzehr (g/d) der Teilnehmer der RKS gesamt und getrennt nach Geschlecht (Mittelwert, 5-95er Perzentile)

| Obst-Gruppen | RK-Gesamt (n = 201) | | RK-Männer (n = 94) | | p[1] | RK-Frauen (n = 107) | |
	MW	5-95 %	MW	5-95 %		MW	5-95 %
Beerenobst	63	0,0-285	68	0,0-332	0,2456	59	0,0-243
Zitrusfrüchte	341	0,0-920	356	0,0-1131	0,6172	328	0,0-914
Kernobst	331	0,0-927	387	26-1132	0,0090	281	0,0-833
Steinobst	14	0,0-105	15	0,0-120	0,6501	14	0,0-84
Südfrüchte	587	73-1537	641	34-1685	0,3322	541	95-1331
Wildfrüchte	0,1	0,0-0,0	0,0	-	0,3486	0,2	0,0-0,0
Beerenobst, getrocknet	4,5	0,0-29	5,5	0,0-38	0,7281	3,6	0,0-12
Kernobst, getrocknet	1,2	0,0-7,0	1,7	0,0-11	0,6541	0,8	0,0-7,0
Steinobst, getrocknet	6,1	0,0-46	5,2	0,0-48	0,1608	6,8	0,0-48
Südfrüchte, getrocknet	76	0,0-263	96	0,0-366	0,3785	58	0,0-210
Äpfel	267	0,0-864	338	0,0-1071	0,0004	206	0,0-611
Orangen	263	0,0-792	272	0,0-818	0,5714	255	0,0-775
Bananen	228	0,0-678	268	0,0-710	0,0207	193	0,0-522
Avocados	90	0,0-352	90	0,0-405	0,0463	90	0,0-345
Birnen	63	0,0-352	50	0,0-183	0,1828	75	0,0-292
Ananas	54	0,0-224	55	0,0-261	0,3423	53	0,0-207
Trauben	50	0,0-281	50	0,0-281	0,7413	50	0,0-243
Datteln, getrocknet	49	0,0-195	66	0,0-263	0,7827	34	0,0-170
Obst, gesamt	1423	469-3050	1574	475-3387	0,0149	1291	463-2534
Obst, roh gesamt	1336	455-2847	1465	475-3284	0,0275	1222	450-2463
Obst, getrocknet gesamt	88	0,0-305	109	0,0-366	0,4431	69	0,0-254

[1] Signifikanztest nach Mann-Whitney (U-Test) zwischen RK-Männern und RK-Frauen
nicht signifikant (ohne Schattierung)
p < 0,05
p < 0,01
p < 0,001

5.3.2 Obstverzehr derTeilnehmer gemäßVariante (omnivor: OmRK, vegetarisch: VtRK, vegan: VnRK)

Nach Variante betrachtet, sind die durchschnittlichen Verzehrsmengen ähnlich zwischen den OmRK, VtRK und VnRK (Tab. 5.13). Lediglich bei Südfrüchten verzehren VtRK signifikant weniger als VnRK und der Unterschied zum OmRK-Verzehr, der niedriger liegt, ist hoch signifikant. Bei getrockneten Südfrüchten ist eine Abnahme in der durchschnittlichen Verzehrsmenge von OmRK zu VtRK zu VnRK zu beobachten.

Tab. 5.13: Durchschnittlicher Obstverzehr (g/d) der OmRK, VtRK und VnRK (Mittelwert, 5-95er Perzentile)

Obst-Gruppen	$p^{1,2}$	OmRK (n = 56) MW	5-95 %	$p^{1,3}$	VtRK (n = 90) MW	5-95 %	$p^{1,4}$	VnRK (n = 55) MW	5-95 %
Beerenobst	0,2067	69	0,0-289	0,8659	68	0,0-376	0,2518	48	0,0-274
Zitrusfrüchte	0,2068	368	0,0-1124	0,6333	313	0,0-822	0,2189	360	0,0-1789
Kernobst	0,3168	338	0,0-1015	0,9374	333	9,9-910	0,3240	319	0,0-1076
Steinobst	0,4738	16	0,0-116	0,7376	15	0,0-82	0,6809	11	0,0-119
Südfrüchte	0,8712	662	117-1458	0,0048	466	95-1072	0,0324	710	29-2081
Wildfrüchte	1,0000	0,0	-	0,4302	0,2	0,0-0,0	0,4344	0,0	-
Beerenobst, getrocknet	0,9237	2,7	0,0-14	0,8640	4,7	0,0-29	0,9051	5,9	0,0-48
Kernobst, getrocknet	0,9527	1,8	0,0-10	0,4293	0,6	0,0-4,3	0,4012	1,6	0,0-15
Steinobst, getrocknet	0,5499	5,2	0,0-47	0,7280	5,2	0,0-40	0,7298	8,3	0,0-77
Südfrüchte, getrocknet	0,1127	97	0,0-515	0,0127	72	0,0-269	0,5175	60	0,0-218
Äpfel	0,9764	256	0,0-735	0,6783	268	0,0-814	0,7274	278	0,0-943
Orangen	0,0596	292	0,0-893	0,4506	237	0,0-670	0,0931	277	0,0-1760
Bananen	0,1140	264	0,0-697	0,0278	205	5,0-549	0,7535	229	0,0-725
Avocados	0,4528	79	0,0-333	0,8000	73	0,0-279	0,2859	129	0,0-619
Birnen	0,0009	82	0,0-282	0,2226	64	0,0-258	0,0078	41	0,0-174
Ananas	0,0026	85	0,0-326	0,0079	41	0,0-179	0,3476	44	0,0-237
Trauben	0,5077	60	0,0-280	0,9330	52	0,0-310	0,5283	36	0,0-273
Datteln, getrocknet	0,0606	60	0,0-252	0,0180	51	0,0-192	0,7508	33	0,0-167
Obst, gesamt	0,3232	1559	608-3012	0,0009	1279	451-2712	0,2389	1522	404-3492
Obst roh, gesamt	0,3203	1453	573-2907	0,0103	1195	441-2205	0,2885	1445	338-3488
Obst getrocknet, gesamt	0,1154	106	0,0-545	0,0256	83	0,0-283	0,8671	76	0,0-305

[1] Signifikanztest nach Mann-Whitney (U-Test) zwischen [2] OmRK und VnRK, [3] OmRK und VtRK, [4] VtRK und VnRK
  nicht signifikant (ohne Schattierung) nach Schaffer'sche Korrektur
  p < 0,05 nach Schaffer'sche Korrektur
  p < 0,01 nach Schaffer'sche Korrektur
  p < 0,001 nach Schaffer'sche Korrektur

5.3.3 Obstverzehr der Teilnehmer gemäß Rohkostanteilgruppen (70RK: 70,0-79,9 %; 80RK: 80,0-89,9 %; 90RK: 90,0-99,9 %)

Nach Rohkostanteilgruppen (Tab. 5.14), ist bei der durchschnittlichen Verzehrsverteilung für die meisten Obstgruppen ein signifikanter Unterschied nicht nachweisbar. Bei dem Südfüchteverzehr ist eine signifikante Zunahme der Verzehrmenge mit steigendem Rohkostanteil zu vermerken. Dieses Muster ist ähnlich bei den getrockneten Südfrüchten. Bei den einzelnen Obstsorten, Äpfel, Orangen und Bananen, werden von allen Gruppen durchschnittlich zwischen 100 und 300 g/d verzehrt.

Tab. 5.14: Durchschnittlicher Obstverzehr (g/d) der 70RK, 80RK und 90RK (Mittelwert, 5-95er Perzentile)

Obst-Gruppen	$p^{1,2}$	70RK (n = 14) MW	5 %; Max	$p^{1,3}$	80RK (n = 40) MW	5-95 %	$p^{1,4}$	90RK (n = 147) MW	5-95 %
Beerenobst	0,6135	52	0,0; 243	0,5759	43	0,0-164	0,7949	69	0,0-293
Zitrusfrüchte	0,0963	226	0,0; 769	0,3036	282	0,0-866	0,3629	368	0,0-1175
Kernobst	0,8033	304	0,0; 692	0,2687	275	0,0-988	0,0467	348	0,0-972
Steinobst	0,5798	4,5	0,0; 46	0,7611	16	0,0-155	0,7849	15	0,0-101
Südfrüchte	0,0021	295	11; 728	0,0543	458	89-1112	0,0173	650	81-1638
Wildfrüchte	1,0000	0,0	-	0,5541	0,5	0,0-0,0	0,0552	0,0	-
Beerenobst, getrocknet	0,0152	7,6	0,0; 60	0,0780	4,9	0,0-53	0,3489	4,1	0,0-27
Kernobst, getrocknet	0,3154	0,0	-	0,1695	1,2	0,0-14	0,2645	1,3	0,0-7,0
Steinobst, getrocknet	0,1792	4,7	0,0; 21	0,8668	8,7	0,0-60	0,1168	5,5	0,0-46
Südfrüchte, getrocknet	0,0048	13	0,0; 75	0,1454	32	0,0-119	0,0118	94	0,0-327
Äpfel	0,9259	242	0,0; 563	0,5267	218	0,0-743	0,2353	283	0,0-944
Orangen	0,2311	182	0,0; 686	0,5702	213	0,0-803	0,3750	284	0,0-807
Bananen	0,0323	141	0,0; 446	0,1492	193	0,9-532	0,2339	246	0,0-693
Avocados	0,1223	44	0,0; 279	0,8482	39	0,0-168	0,0223	108	0,0-391
Birnen	0,6890	62	0,0; 309	0,7918	57	0,0-377	0,1713	65	0,0-248
Ananas	0,2358	33	0,0; 214	0,1231	56	0,0-265	0,4985	56	0,0-229
Trauben	0,9916	45	0,0: 243	0,6978	34	0,0-163	0,5319	55	0,0-279
Datteln, getrocknet	0,0068	4,4	0,0; 43	0,1615	18	0,0-105	0,0167	61	0,0-220
Obst, gesamt	0,0007	908	220; 1949	0,0973	1121	541; 2041	0,0009	1555	469-3318
Obst roh, gesamt	0,0020	882	220; 1949	0,0757	1073	527-1839	0,0041	1450	464-3212
Obst getrocknet, gesamt	0,0343	26	0,0; 103	0,3908	46	0,0-174	0,0419	105	0,0-332

[1] Signifikanztest nach Mann-Whitney (U-Test) zwischen [2] 70RK und 90RK, [3] 70RK und 80RK, [4] 80RK und 90RK
☐ nicht signifikant (ohne Schattierung) nach Schaffer'sche Korrektur
▨ p < 0,05 nach Schaffer'sche Korrektur
▨ p < 0,01 nach Schaffer'sche Korrektur
▨ p < 0,001 nach Schaffer'sche Korrektur

5.3.4 Diskussion

Äpfel, Orangen und Bananen sind, trotz der breiten Verzehrpalette, die am meist verzehrten Obstarten. Bei ihnen liegt der durchschnittliche tägliche Verzehr um mehr als das zweifache über anderem Obst. Dies könnte auf saisonale Gründe (Erhebungszeitraum: Februar bis April) und/oder ökonomische Gründe zurückzuführen sein. Die Gründe wurden in der RKS nicht erörtert.

Die Monate Februar bis April sind für Äpfel, Orangen, Bananen, Avocados, Ananas, Grapefruit und Kiwis Monate starker Angebote im Einzelhandel, zwar nicht aus einheimischem Anbau, doch trotzdem verbunden mit günstigeren Preisen. Während dieser Jahreszeit ist das Obstangebot nicht sehr groß. Andere Obstarten dienen wahrscheinlich auch zur Erweiterung der Lebensmittelpalette. Dies könnte die Zunahme an Südfrüchteverzehr mit steigendem Rohkostanteil bestätigen. Davon werden nur wenig gegessen, vielleicht ein- bis zweimal pro Woche. Es wäre sicherlich interessant, die Erhebung in den Sommermonaten bzw. Monaten mit größerem Obstangebot zu wiederholen. Denkbar wäre, daß weniger Obstarten eine übergeordnete Rolle in der Nahrungspalette dann spielen, und daß von getrocknetem Obst weniger verzehrt wird. Insgesamt scheint der Schwerpunkt bei der Obstauswahl bei leicht erwerbbarem Obst zu liegen.

5.4 Nährstoffzufuhr

Im folgenden werden die Ergebnisse der Nährstoffzufuhr dargestellt. Sie wurden ermittelt aus den Angaben im 7TP. Der Nährstoffgehalt der Lebensmittel wurde aus dem BLS II.1 ermittelt (s. Kap. 4.2.1 S.67). Auf Nahrungsenergie, Nährstoffrelation, Protein- und Ballaststoffzufuhr wird in Kap. 6.2 (S.102) und Kap. 6.3 (S.127) näher eingegangen.

5.4.1 Nährstoffzufuhr der Probanden gesamt und getrennt nach Geschlecht

Die mittlere tägliche Nährstoffzufuhr ist in Tab.A 4 (S.206) dargestellt. Der Unterschied in der **Kohlenhydrat**zufuhr zwischen den männlichen (287 g/d) und weiblichen (238 g/d) Probanden ist hoch signifikant. Männliche Teilnehmer weisen eine höhere mittlere **Fett**zufuhr (67 g/d) als die weiblichen (59 g/d) auf.

Die untersuchten Rohköstler haben eine mittlere **Vitamin-A-Zufuhr** von 2,4 mg RE/d. Die **Retinol**zufuhr liegt bei 41 μg/d, wobei weibliche Teilnehmer eine höhere mediane Zufuhr von 50 μg/d als die männlichen haben. Ihre mittlere **ß-Carotin**-Zufuhr liegt bei 14 mg/d. Die mittlere **Vitamin-D**-Zufuhr liegt bei 3,2 μg/d, es ist ein signifikanter Unterschied zwischen den männlichen Teilnehmern, die eine etwas niedrigere Zufuhr haben, und den weiblichen Probanden nachweisbar. Die **Vitamin-E**-Zufuhr liegt bei 19 mg/d für das Gesamtkollektiv, die Frauen des Kollektivs weisen eine niedrigere Zufuhr als die Männer auf. Mit 637 μg/d liegt die **Vitamin-K**-Zufuhr für das Gesamtkollektiv zwischen der Zufuhr der männlichen und weiblichen Probanden.

Die mittlere **Vitamin B$_1$**-Zufuhr liegt bei 1,7 mg/d für die Probanden der RKS, die untersuchten Männer weisen mit 1,9 mg/d eine etwas höhere Zufuhr als die Frauen mit 1,6 mg/d auf. Ein ähnliches Bild läßt sich für die **Vitamin B$_2$**-Zufuhr beobachten: männliche Teilnehmer liegen mit 1,6 mg/d etwas über der mittleren Zufuhr der weiblichen Teilnehmer (1,4 mg/d). Bei der **Vitamin B$_6$**-Zufuhr ist zwischen den männlichen Probanden (3,5 mg/d) und weiblichen Probanden (2,7 mg/d) ein hoch signifikanter Unterschied nachweisbar.

Die untersuchten Rohköstler liegen mit einer mittleren **Vitamin B$_{12}$**-Zufuhr bei 0,3 μg/d. Es ist ein signifikanter Unterschied in der mittleren **Gesamtfolsäure**zufuhr zwischen den männlichen (514 µg/d) und den weiblichen Teilnehmern (449 µg/d) nachweisbar. Die mittlere Folsäurezufuhr beträgt 477 µg/d, die **Niacin**zufuhr 477 mg/d. Die Männer des Kollektivs nehmen mehr Niacin zu sich als die Frauen. Die **Biotin**zufuhr liegt bei 62 µg/d. Die untersuchten Rohköstler haben eine mittlere **Vitamin-C**-Zufuhr über 430 mg/d.

Die mittlere **Natrium**- und **Kalium**zufuhr liegen bei 729 bzw. 5953 mg/d. Die Rohköstler des Untersuchungskollektivs haben eine mittlere **Magnesium**-Zufuhr von 596 mg/d. Männliche Probanden haben eine höhere Zufuhr (645 mg/d) als weibliche (562 mg/d). Ein ähnlicher Unterschied ist bei der **Kalzium**zufuhr zu beobachten. Die mittlere **Phosphor**zufuhr beträgt 1408 mg/d. Die mittlere **Eisen**zufuhr liegt bei 19 mg/d für das Gesamtkollektiv. Obwohl männliche Teilnehmer nur eine gering höhere mittlere Zufuhr als weibliche haben (20 mg/d bzw. 18 mg/d), ist ein signifikanter Unterschied nachweisbar. Bei der **Zink**zufuhr ist kein signifikanter Unterschied festzustellen, die mittlere Zufuhr liegt bei 8,8 mg/d für die untersuchten Rohköstler. Die mittlere **Jod**zufuhr liegt bei 113 µg/d.

5.4.2 Nährstoffzufuhr der Probanden gemäß Variante (omnivor: OmRK, vegetarisch: VtRK, vegan: VnRK)

Die mittlere tägliche Nährstoffzufuhr der OmRK, VtRK und VnRK ist in Tab.A 5 (S.207) dargestellt. Die **Kohlenhydrat**zufuhr liegt bei allen Gruppen über 230 mg/d. Die mittlere **Fett**zufuhr nimmt ab mit der Abnahme an tierischen Lebensmitteln als Teil der Variante.

Die **Vitamin-A**-Zufuhr liegt für OmRK, VtRK und VnRK bei mindestens 2,0 mg RE/d. Es sind hoch signifikante Unterschiede in der **Retinol**zufuhr zwischen OmRK (121 µg/d) und VtRK (65 µg/d) jeweils zu VnRK (0,0 µg/d) nachweisbar. Die mittlere **ß-Carotin**-Zufuhr liegt bei mindestens 11 mg/d (VtRK). Bei **Vitamin D** weisen die VtRK eine niedrigere mittlere Zufuhr als die VnRK auf (2,9 bzw. 3,2 µg/d). Die **Vitamin-E**-Zufuhr liegt für OmRK bei 21 mg/d, für VtRK und VnRK jeweils bei 19 mg/d. Mit zunehmender Strenge der Variante sinkt die **Vitamin-K**-Zufuhr bis auf 540 µg/d bei den VnRK.

Bei **Vitamin B$_1$** liegen die OmRK mit 2,1 mg/d höher als die VtRK (1,6 mg/d) und die VnRK (1,7 mg/d). Ähnlich ist es bei **Vitamin B$_2$**. VtRK weisen die niedrigste mittlere **Vitamin-B$_6$**-Zufuhr (2,8 mg/d) der drei Gruppen auf. Die **Vitamin-B$_{12}$**-Zufuhr liegt bei 1,4 µg/d für OmRK, bei 0,3 µg/d für VtRK und bei 0,0 µg/d für VnRK. Die **Gesamtfolsäure**zufuhr ist für VnRK am niedrigsten mit 458 µg/d. Die mittlere **Vitamin-C**-Zufuhr aller Variantengruppen liegen über 420 mg/d. Bei der

Niacinzufuhr ist der jeweilige Unterschied von VtRK (13 mg/d) und VnRK (13 mg/d) zu OmRK (17 mg/d) höchst signifikant. Die mittlere **Biotin**zufuhr liegt für VtRK und VnRK jeweils bei 58 µg/d, hingegen bei OmRK bei 72 µg/d.

Sowohl OmRK (818 mg/d) als auch VtRK (760 mg/d) liegen in der mittleren **Natrium**zufuhr höher als VnRK (401 mg/d). Die VtRK weisen die niedrigste mittlere **Kalium**zufuhr mit 5556 mg/d auf. Ein ähnliches Bild ergibt sich bei der **Magnesium**zufuhr: VtRK haben die niedrigste Zufuhr mit 570 mg/d, während OmRK mit 646 mg/d die höchste mittlere Zufuhr aufweisen. Die **Kalzium**zufuhr der OmRK (831 mg/d) liegt im Vergleich zu den anderen zwei Gruppen am höchsten. Die **Phosphor**zufuhr der OmRK (1613 mg/d) liegt höher als die der VtRK (1366 mg/d) und VnRK (1231 mg/d). VtRK und VnRK haben eine mittlere **Eisen**zufuhr von 18 mg/d. Die **Zink**zufuhr sinkt mit der Abnahme an tierischen Lebensmitteln bis auf 8,1 mg/d bei VnRK. Beide VtRK (112 µg/d) und VnRK (94 µg/d) haben eine niedrigere **Jod**zufuhr als OmRK (131 µg/d).

5.4.3 Nährstoffzufuhr der Probanden gemäß Rohkostanteilgruppen (70RK: 70,0-79,9 %; 80RK: 80,0-89,9 %; 90RK: 90,0-99,9 %)

Die Nährstoffzufuhren der untersuchten Rohköstler getrennt nach Rohkostanteilgruppen sind in Tab.A 6 (S.208) dargestellt. Die mittlere **Kohlenhydrat**zufuhr der 80RK (217 g/d) liegt am niedrigsten bei den drei Gruppen. Auch die **Fett**zufuhr liegt bei den 80RK mit 56 g/d am niedrigsten.

Beide 80RK (2,6 mg RE/d) und 90RK (2,4 mg RE/d) haben eine höhere mittlere **Vitamin-A-Zufuhr** als die 70RK mit 1,7 mg RE/d. Die **Retinol**zufuhr nimmt deutlich ab mit Zunahme des Rohkostanteils und umgekehrt ist eine Zunahme der **ß-Carotin-**Zufuhr mit steigendem Rohkostanteil festzustellen. Die **Vitamin-D-Zufuhr** liegt bei den 90RK (3,7 µg/d) höher als bei 70RK und 80RK. Die 70RK und 80RK haben jeweils eine mittlere **Vitamin-E-Zufuhr** von 18 mg/d, die unter der der 90RK (21 mg/d) liegt. Die **Vitamin-K-Zufuhr** ist bei den 70RK am niedrigsten (457 µg/d).

Bei der Zufuhr von **Vitamin B₁** und **Vitamin B₂** liegen die 80RK am niedrigsten der drei Gruppen, und 90RK haben die höchste Zufuhr. Die 70RK und 80RK haben eine **Vitamin-B₆** -Zufuhr von 2,5 mg/d, unter der der 90RK mit 3,4 mg/d. Die mittlere **Vitamin-B₁₂** -Zufuhr nimmt ab mit steigendem Rohkostanteil bis auf 0,2 µg/d bei 90RK, dagegen steigt die mittlere **Gesamtfolsäure**zufuhr mit steigendem Rohkostanteil bis auf 510 µg/d bei 90RK. Die **Vitamin-C-Zufuhr** ist bei 70RK mit 303 mg/d am niedrigsten von den drei Rohkostanteilgruppen. Alle drei Gruppen weisen eine ähnliche **Niacin**zufuhr bei etwa 1,4 mg/d auf. Die **Biotin**zufuhr der 90RK (68 µg/d) weist einen signifikanten bzw. hoch signifikanten Unterschied zu der der 70RK (50 µg/d) bzw. 80RK (51 µg/d) auf.

Die mittlere **Natrium**zufuhr sinkt mit Zunahme des Rohkostanteils. Die **Kalium**zufuhr der 90RK ist am höchsten mit 6524 mg/d. Die 80RK haben die niedrigste **Magnesium**zufuhr der drei Gruppen (526 mg/d). Auch bei der **Kalzium-** bzw. **Phosphor**zufuhr liegen sie am niedrigsten (690 mg/d bzw. 1322 mg/d). Bei der **Eisen-** und **Zink**zufuhr ist ein ähnliches Bild zu beobachten: 80RK liegen jeweils bei der niedrigsten mittleren Zufuhr. Die mittlere **Jod**zufuhr nimmt ab mit steigendem Rohkostanteil.

5.4.4 Diskussion der Nährstoffzufuhr

Die ermittelten Zufuhrwerte werden mit den derzeit gültigen Empfehlungen der DGE (1991) sowie den ähnlich ermittelten Nährstoffzufuhrdaten der VWS verglichen.

Bei den Vitaminen zeigt sich, daß die Zufuhr an **Vitamin A** bei allen Gruppen der RKS über der Empfehlung der DGE (0,8 mg/d) liegt. Auch VWK und MK liegen über der Empfehlung. Die mittlere **ß-Carotin**-Zufuhr liegt bei 14 mg/d für die Teilnehmer der RKS, wesentlich mehr als die für protektive Effekte notwendig erachteten 2 mg/d (DGE 1991 S.86). Selbst 70RK, die mit durchschnittlich 9 mg/d am niedrigsten liegen, erreichen die Zufuhr-Empfehlung. Allerdings erfolgt die Zufuhr überwiegend aus rohen Lebensmitteln, aus denen die Bioverfügbarkeit nicht so hoch ist, wie aus schonend gegarten Lebensmitteln. VWK und MK haben eine niedrigere ß-Carotin-Zufuhr, dennoch liegt auch diese über 2 mg/d.

Bei **Vitamin D** empfiehlt die DGE eine alimentäre Zufuhr von 5 µg/d. Keine der Gruppen der RKS erreicht diese Empfehlung. Auch VWK und MK erreichen die Empfehlung nicht und liegen sogar durchschnittlich unter den Gruppen der RKS. Die Zufuhrwerte sind eher niedrig, da die in einer Mischkost üblichen Vitamin-D-Lieferanten (tierische Lebensmittel) von Rohköstlern kaum oder gar nicht verzehrt werden. Natürlich muß hier die Eigensynthese von Vitamin D in der Haut unter UV-Einwirkung berücksichtigt werden, so daß der Mensch nicht nur auf die alimentäre Zufuhr angewiesen ist. Jedoch ist eine mangelnde Vitamin-D-Zufuhr gerade in den Wintermonaten (Erhebungszeitraum) als kritisch zu betrachten. Hier läßt sich eine Parallele zu den Ergebnissen von Dagnelie et al (1990, 1994) und Dagnelie (1996) bei Kindern mit makrobiotischer Ernährung aufzeigen, die eine ähnlich niedrige Vitamin-D-Zufuhr und Mangelversorgung in Wintermonaten bzw. Rachitis mit einer hohen Prävalenz (55 % im Winter) beobachteten.

Die DGE empfiehlt eine Zufuhr von 12 mg/d für **Vitamin E**. Die untersuchten Rohkost-Gruppen liegen mit 18 - 22 mg/d über dieser Empfehlung, Männer fast doppelt so hoch. Zu den wichtigsten Vitamin-E-Lieferanten für das Rohköstler-Kollektiv zählen neben Obst, Gemüse und Hülsenfrüchten auch Nüsse und Fette (Krause 1996 S.63). Die Gruppen der VWS liegen mit der Vitamin-E-Zufuhr unter der der RKS und die MK erreichen nicht die DGE-Empfehlung. Die DGE empfiehlt eine **Vitamin-K**-Zufuhr von 80 bzw. 65 µg/d für Männer bzw. Frauen. Diese wird von allen Gruppen der RKS übertroffen. Von der VWS liegen keine Vergleichsdaten vor.

Die DGE-Empfehlung für **Vitamin B$_1$** liegt bei 1,1 mg/d. Alle Gruppen der RKS liegen über der DGE-Empfehlung. Die Hauptlieferanten für dieses Vitamin für die untersuchten Rohköstler sind Lebensmittel aus den Gruppen Obst, Trockenfrüchte und Nüsse sowie Gemüse und Hülsenfrüchte (Vollmer 1995 S.80). Die Zufuhrwerte der VWS-Gruppen kommen in etwa denen der RKS-Gruppen gleich, doch die MK liegen unter allen Gruppen. Bei **Vitamin B$_2$** erreichen die RK-Frauen, die OmRK und die 90RK die DGE-Empfehlung von 1,7 mg/d. Insgesamt 57 % der untersuchten Rohköstler erreichen die Empfehlungen nicht. Die Gruppen der VWS, außer den VEG, die knapp unter der DGE-Empfehlung liegen, sind eher etwas höher als die der RKS. Vitamin B$_2$ wird üblicherweise überwiegend aus Vollkornprodukten und/oder tierischen Lebensmitteln aufgenommen, die von dem Rohköstler-Kollektiv aber kaum verzehrt wird. Die DGE empfiehlt eine Zufuhr von 1,8 mg **Vitamin B$_6$** für Männer bzw. 1,6 mg für Frauen pro Tag. Sowohl die untersuchten Rohköstler als auch die VWK und MK erreichen die DGE-Empfehlung im Durchschnitt. Die Gruppen der VWS haben eine niedrigere durchschnittliche Zufuhr.

Bei **Vitamin B$_{12}$** empfiehlt die DGE eine Zufuhr von 3,0 µg/d. Keine der RKS-Gruppen erreicht diese Empfehlung, im Gegensatz zu den NVEG und MK der VWS. Nur 13 % der Rohköstler erreichen die Empfehlung. Allerdings liegt die DGE-Empfehlung im internationalem Vergleich recht hoch. Werden die RDAs berücksichtigt, so erreichen die VWK die Empfehlung von 2,0 µg/d (National Research Council 1989 S.162). Trotzdem liegen alle RKS-Gruppen außer OmRK (1,4 µg/d) unter den Empfehlungen der WHO von 1,0 µg/d (Joint FAO/WHO Expert Group 1988). Bei **Folsäure** empfiehlt die DGE eine Zufuhr von 300 µg/d. Fast 90 % der Teilnehmer der RKS liegen über dieser Empfehlung. VEG und VWK haben eine geringere Zufuhr, doch erreichen sie die DGE-Empfehlung, während MK und NVEG darunter liegen. Alle Gruppen erreichen die Zufuhr-Empfehlungen der DGE für **Vitamin C** von 75 mg/d. Die untersuchten Rohköstler haben mit 442 g/d eine außerordentlich hohe Zufuhr, die insbesondere bezüglich des protektiven Effekts von Vitamin C als Antioxidans bedeutsam ist. Allerdings wird ein resorptionshemmender Effekt von sog. Megadosen von Vitamin C (500-1000 mg/d) auf Vitamin B_{12} diskutiert (Herbert 1993). Diese Mengen werden von 39 % der Teilnehmern der RKS über Lebensmittel und nicht über Supplemente erreicht.

Bei der Zufuhr von **Magnesium** liegen alle Gruppen über der DGE-Empfehlung von 300 mg/d. Die wichtigste Magnesiumquelle für die Teilnehmer der RKS ist das Obst, gefolgt von Nüssen und Samen (Narewski 1995 S.41). Keine der Rohköstler-Gruppen erreicht die Empfehlung der DGE von im Mittel 850 mg **Kalzium**/d (900 mg/d für Erwachsene von 25-51 Jahren bzw. 800 mg/d für Erwachsene von 51-65 Jahren). Lediglich die RK-Männer und die OmRK liegen über 800 mg/d. Nur die VWK (bzw. VEG und NVEG) liegen über 900 mg/d. Alle Gruppen der VWS und der RKS, außer VnRK, erreichen die DGE-Empfehlung für die **Phosphor**-Zufuhr von 1300 mg/d.

Die Empfehlungen der DGE für die **Eisenzufuhr** betragen im Mittel 12,5 mg/d für Frauen (15 mg/d für Frauen von 25-51 Jahren bzw. 10 mg/d für Frauen von 51-65 Jahren) und 10 mg/d für Männer. Alle Gruppen der Untersuchungskollektive erreichen rechnerisch die Empfehlung. Da die Hauptquellen für die untersuchten Rohköstler (und VEG) pflanzliche Lebensmittel sind, und da Eisen aus pflanzlichen Lebensmitteln schlechter resorbiert wird als aus Nahrungsmitteln tierischer Herkunft, sind Mängel in der Versorgung möglich (DGE 1991 S.62f). Hier hat die hohe Zufuhr von Vitamin C einen resorptionssteigernden Effekt (Yip und Dallman 1996). Die Empfehlung der DGE zur Zufuhr von **Zink** lautet 12 mg/d. Mit einer mittleren Zufuhr von 8,8 mg/d erreichen die untersuchten Rohköstler diese Empfehlung nicht, dagegen liegen alle Gruppen der VWS bei einer durchschnittlichen Zufuhr von 12 mg/d. Sie wird lediglich von 15 % des RKS-Kollektivs erreicht. Auch bei **Jod** wird die von der DGE empfohlene Zufuhr von 190 μg/d von den Rohköstlern mit einer mittleren Zufuhr von 114 μg/d nicht erreicht. Allein 6 % des Kollektivs haben eine Jodzufuhr von mindestens 190 μg/d. Allerdings sind die Daten zum Jodgehalt von Lebensmitteln mit Unsicherheit behaftet. Von der VWS liegen keine Vergleichsdaten vor.

Die Hauptquellen für fast jeden Nährstoff sind bei Rohköstlern Obst bzw. Gemüse, da sie den Hauptteil des Speiseplans ausmachen. Getreideprodukte, Milch und Milchprodukte sowie Fleisch und Fleischwaren werden überhaupt nicht oder nur in geringen Mengen verzehrt (Strassner et al 1997a, Strassner 1996). Dies hat zur Folge, daß die Aufnahme von Nährstoffen, die überwiegend aus Vollkornprodukten und/oder tierischen Lebensmitteln stammt, wie die Vitamine D, B_2, und B_{12} sowie die

Mineralstoffe Zink, Kalzium und Jod, nach den Empfehlungen der DGE unzureichend ist. Wie sich die teilweise geringe Nährstoffaufnahme auf die Versorgung der Rohköstler mit essentiellen Nährstoffen auswirkt, stellen die Ergebnisse der Blutuntersuchungen in Kap. 6.4 S.150 sowie an anderer Stelle dar (Strassner et al 1997d).

6 Ergebnisse und Diskussion des Energie- und Proteinstatus

6.1 Fragestellung und statistische Verfahren

Die zentrale Fragestellung, die diesem Kapitel zugrundeliegt, ist die folgende: Kann Rohkost-Ernährung zu Protein- bzw. Energie-Mangelernährung führen? Da sich Mangelernährung nicht anhand ein oder zwei Parameter definieren läßt, müssen eine Reihe Parameter untersucht werden. Der ausschließliche Einfluß einer Kostform ist nicht ohne weiteres überprüfbar, da viele Einflußfaktoren bzw. Störgrößen (Confounder) einen möglichen Zusammenhang beeinflussen (Hoffmann 1994 S.108f). Die Confounder, die bei Energie- und Proteinstatus bei der Analyse der vorliegenden Daten eine Rolle spielen, sind Geschlecht, Alter, BMI, Körperzusammensetzung, Dauer der RKE, Bildung, Pro-Kopf-Einkommen, Sport, Alkoholkonsum und Einnahme von Sexualhormonen (s. Kap. 2.2.4 S.22). Je nach Fragestellung bzw. Parameter sind auch Energiezufuhr, Proteinquelle und Ballaststoffzufuhr als Confounder zu berücksichtigen. Es können dennoch Einflußfaktoren vorhanden sein, die unerkannt und daher unkontrolliert bleiben. Als geeignete statistische Verfahren dienen Kreuztabellen, Mehrfach-Varianzanalysen und Diskriminanzanalysen.

Die statistische Vorgehensweise wurde zusammen mit der Beratung des Instituts für Medizinische Informatik der Justus-Liebig-Universität Gießen erarbeitet. Es gibt wenig Möglichkeiten der Frage völlig gerecht zu werden, u.a. weil die Kollektivmerkmale zweierlei sind: ernährungsphysiologisch gesehen die Variante (OmRK, VtRK, VnRK) und variantenabhängig der Rohkostanteil (70RK, 80RK, 90RK). Die Kombination der beiden Merkmale ergibt neun Gruppen, die aber teilweise geringe Fallzahlen aufweisen (s. S.78) und daher für viele statistische Methoden ungeeignet sind.

Vor der Ausarbeitung wird die Verteilung der Confounder auf die drei Merkmale (Variante, Rohkostanteil, Kombination) mittels Kreuztabellen mit dem Chi-Quadrat Test nach Pearson untersucht. Die Confounder, die etwa gleich über die Gruppen verteilt sind, können bei weiteren Kreuztabellenanalysen unberücksichtigt bleiben, weil der Einfluß des Confounders für alle Zellen gleich ist. Von den o.g. Confoundern sind folgende ungleich verteilt: Geschlecht, Alkoholkonsum und Energiezufuhr. Das Geschlecht wird oft dadurch berücksichtigt, daß unterschiedliche

Zufuhrempfehlungen bzw. Normwerte für Männer und Frauen existieren. Da 81,6 % (n=164) des Kollektivs keinen Alkohol konsumiert, kann diese Gruppe untersucht werden, um für den Einfluß von Alkoholkonsum als Confounder zu kontrollieren.

6.1.1 Kreuztabellen

Mit Hilfe von Kreuztabellen ist eine Untersuchung auf einen möglichen Zusammenhang zwischen dem jeweiligen Parameter (z.b. BMI oder Albuminstatus) und der Kostform RKE (anhand der drei Merkmale Variante, Rohkostanteil, Kombination) möglich. Der Chi-Quadrat-Test nach Pearson überprüft, ob sich die beobachteten Häufigkeiten signifikant von den erwarteten Häufigkeiten unterscheiden (Bühl und Zöfel 1995 S.209).

6.1.2 Varianzanalyse

Die Varianzanalyse untersucht den Einfluß von einer oder mehreren unabhängigen Variablen auf eine abhängige Variable (Backhaus et al 1996 S.56f, Bühl und Zöfel 1995 S.351). So gilt zu klären, ob RKE, nachdem der Effekt bekannter Störgrößen berücksichtigt wurde, einen Einfluß auf den untersuchten Parameter hat. Der zu untersuchende Parameter ist die abhängige Variable (z.B. BMI oder Albuminstatus), als Faktoren dienen jeweils die Gruppenvariable für Variante, Rohkostanteil und die Kombinationsgruppen der beiden. Als Kovariaten werden Geschlecht, Alkoholkonsum und Energie- bzw. Proteinzufuhr berücksichtigt. Bei dem Parameter Transferrin werden zusätzlich Ballaststoff- und Vitamin-C-Zufuhr mit einbezogen. Es wurde die Regressionsmethode zugrunde gelegt.

6.1.3 Diskriminanzanalyse

Mit Hilfe der Diskriminanzanalyse wird ein Individuum aufgrund von Merkmalen (unabhängigen Variablen) einer oder auch mehreren fest vorgegebenen Gruppen zugeordnet (Backhaus et al 1996 S.90f, Bühl und Zöfel 1995 S.433f). Bei je drei Gruppen für Variante und Rohkostanteil werden zwei Diskriminanzfunktionen errechnet. Mittels einer einfachen Varianzanalyse und einer mit „Wilks Lambda" bezeichneten Testgröße wird getestet, ob sich die Variablen in den Gruppen signifikant unterscheiden. Ziel ist es, die Koeffizienten so zu ermitteln, daß die Werte der Diskriminanzfunktion die Gruppen möglichst gut trennen. Das Maß für das Gelingen der Trennung ist der Korrelationskoeffizient zwischen den berechneten Werten der Diskriminanzfunktion und der Gruppenzugehörigkeit. Zu der verbalen Beschreibung der Größe des Betrags des Korrelationskoeffizienten sind folgende Abstufungen möglich (Bühl und Zöfel 1995 S.296):

Wert	Interpretation
bis 0,2	sehr geringe Korrelation
bis 0,5	geringe Korrelation
bis 0,7	mittlere Korrelation
bis 0,9	hohe Korrelation
über 0,9	sehr hohe Korrelation

Ferner werden standardisierte Koeffizienten der Diskriminanzfunktion selbst ausgegeben (Funktion 1 bzw. Funktion 2). Je größer der Funktion-1-Wert desto stärker der Einfluß. Schließlich wird eine Klassifikationstabelle mit der Angabe der erzielten Treffergenauigkeit (in %) gebildet.

Die Variablenliste, die für alle Parameter zugrunde gelegt wurde, ist folgende: Geschlecht, Alter, Verhältnis Mager- zu Fettmasse, %TBW, Dauer der RKE, Vorhandensein von regelmäßiger Menstruation, Einnahme von Sexualhormonen, Rohkostanteil, Gesamtlebensmittelverzehr, Alkoholkonsum sowie energie-adjustierte Proteinzufuhr. Mittels einer einfachen linearen Regression wurde die Proteinzufuhr aufgrund der hohen Korrelation einer Energieadjustierung unterzogen (Hoffmann 1994 S.169f). Bei dem Parameter Transferrin wurden die Summe tierischer Lebensmittel, die Ballaststoff- und Vitamin-C-Zufuhr sowie Ferritin zusätzlich berücksichtigt.

6.2   Energiehaushalt

6.2.1   Energiezufuhr

Ergebnisse

Die mittlere tägliche Energiezufuhr liegt für die Teilnehmer bei 1976 kcal/d (8,3 MJ/d). Der Unterschied zwischen den Geschlechtern ist höchst signifikant (p=0,0003). Männliche Teilnehmer haben eine höhere mittlere Energiezufuhr (2162 kcal/d bzw. 9,0 MJ/d) als die weiblichen Teilnehmer (1772 kcal/d bzw. 7,4 MJ/d). Differenziert nach Variante weisen die OmRK eine signifikant höhere Energiezufuhr auf (2117 kcal/d bzw. 8,9 MJ/d) als VtRK (1852 kcal/d bzw. 7,6 MJ/d) und VnRK (1899 kcal/d bzw. 7,9 MJ/d). Die drei Rohkostanteilgruppen weisen geringere Unterschiede in der mittleren Energiezufuhr auf (Tab. 6.2, Tab. 6.3 und Tab. 6.4 S.113).

Die Mehrzahl der Teilnehmer (57 %) erreicht nicht die von der DGE empfohlenen täglichen Richtwerte unter Berücksichtigung des Alters und Geschlechts: 10,0 MJ bzw. 9,0 MJ für Männer im Alter von 25 bis unter 51 bzw. 51 bis unter 65 Jahre und 8,5 MJ bzw. 7,5 MJ für Frauen im Alter von 25 bis unter 51 Jahre bzw. 51 bis unter 65 Jahre. In den beiden vegetarischen Variantengruppen erreicht die Mehrheit der Teilnehmer nicht die empfohlenen Richtwerte der DGE (unter Berücksichtigung des Alters und Geschlechts). Es gibt einen signifikanten Zusammenhang zwischen der Variante und der Deckung der Energierichtwerte mittels des Chi-Quadrat-Tests nach Pearson (p=0,04930). Wird der Einfluß des Confounders Alkoholkonsum berücksichtigt, ist kein signifikanter Zusammenhang nachweisbar (p=0,06884). Bei der Verteilung der Rohkostanteilgruppen ist ein gegenteiliger Effekt zu beobachten: Es ist für das Gesamtkollektiv kein signifikanter Zusammenhang zwischen Variante und dem erreichten Energierichtwert nachzuweisen. Wird auch hier für den Alkoholkonsum als Confounder kontrolliert, so ist ein signifikanter Zusammenhang nachweisbar (p=0,02645).

Diskussion

Es scheint den untersuchten Rohköstlern nur möglich zu sein, die Energierichtwerte mit einer gemischten Variante zu erreichen, obwohl der Zusammenhang nicht eindeutig nachzuweisen war. Je strenger die RKE, desto schwieriger scheint es den Teilnehmern, die Nahrungsenergierichtwerte zu erreichen.

Bei Studien zur „Living Food Diet" nach Ann Wigmore wurde bei Anhängern dieser Ernährungsform (seit 5,2±3,9 J.) im Alter von 46±11 Jahren kein signifikanter Unterschied in Nahrungsenergiezufuhr zu einer alters- und geschlechts-gepaarten Kontrollgruppe (auch nach Wohnort und sozialem Status zugeordnet) von n=20 festgestellt (7,1±2,0 MJ/D bzw. 7,8±1,8 MJ/d) (Rauma et al 1995b). Bei einer ähnlichen Studie wurde eine Nahrungsenergiezufuhr von 7,0±2,1 MJ/d für eine Gruppe von sieben Frauen und einem Mann, die diese Ernährungsform befolgten, berechnet. Eine Gruppe von fünf Rheumapatienten, die drei Monate lang diese vegane Ernährungsform als Diät durchführten, hatte einen Nahrungsenergiezufuhr von 8,0±1,7 MJ/d, welche signifikant höher war (p<0,001) als bei ihrer üblichen Ernährung zuvor. Die berechneten Nahrungsenergiezufuhren stimmten mit den Analysewerten recht gut überein (Rauma et al 1993). Eine weitere Probandengruppe, die eine „Living Food Diet" für eine Woche bzw. einen Monat befolgte, hatte eine durchschnittlich höhere Nahrungsenergiezufuhr (8,0 MJ/d) als eine Kontrollgruppe (7,7 MJ/d), die ihre übliche westliche Mischkost befolgte (Hänninen et al 1992, Peltonen et al 1992).

In der Deutschen Vegan Studie (Dörr 1998) wurde ein höchst signifikanter Unterschied in der Nahrungsenergiezufuhr zwischen Männern (n=70, 2288 kcal/d) und Frauen (n=100, 1621 kcal/d) festgestellt. Es gibt mehrere Studien mit Veganern in Großbritannien; diese zeigen in der Regel, daß die untersuchten Veganer nicht zwangsläufig eine niedrigere Nahrungsenergiezufuhr haben, als (Ovo-Lakto-)Vegetarier oder sich vollwertig ernährende Teilnehmer, doch Kontrollgruppen mit einer landesüblichen Mischkost eine eher höhere Nahrungsenergiezufuhr haben (Draper et al 1993, Saunders und Key 1987, Carlson et al 1985, Bull und Barber 1984, Ellis und Mumford 1967).

Dies bestätigt sich auch in der Literatur über Studien außerhalb Europas (Janelle und Barr 1995, Resnicow et al 1991, Miller und Mumford 1972, Ellis und Mumford 1967). Dennoch wird öfters von Nahrungsenergiezufuhrmengen berichtet, die teilweise erheblich unter den Empfehlungen liegen: 10 von 42 Teilnehmern einer Studie mit Veganern in Großbritannien hatten eine Nahrungsenergiezufuhr unter 6,5 MJ/d (Brooks und Kemm 1979). Ambulante Patientinnen mit Anorexia nervosa zeigten eine Nahrungsenergiezufuhr, die 53,1±27,7 % (n=9 Vegetarierinnen) bzw. 68,5±31,4 % (n=11 Nichtvegetarierinnen) des Energieverbrauchs erreichten (Bakan et al 1993).

In einer Vegetarier-Studie in Frankreich (Millet et al 1989) war ein signifikanter Unterschied in der Nahrungsenergiezufuhr zwischen der Kontrollgruppe und den sich vegetarisch ernährenden Männern (2600±650 bzw. 2100±530 kcal/d) zu vermerken. In Schweden wurde bei ovo-lakto-vegetarischen Männern bzw. bei Frauen eine Nahrungsenergiezufuhr von 2600±530 bzw. 1900±380 kcal/d berechnet (Abdulla et al 1984). Eine Studie in Neuseeland mit 100 Studenten zeigte eine leichte Abnahme an Nahrungsenergiezufuhr mit der Abnahme an tierischen Lebensmitteln in der Nahrung. Allerdings wurden hier fünf Veganer (1842±430 kcal/d) zu der Vegetariergruppe (insgesamt 2272±574 kcal/d) dazugerechnet; die Kontrollgruppe hatte eine Nahrungsenergiezufuhr von 2608±694 kcal/d (Alexander et al 1994).

Studien mit 7-Tage-Adventisten in Kanada bzw. den USA wiesen bei Frauen eine Nahrungsenergiezufuhr von etwa 1600 kcal/d auf, hingegen bei Männern fast 2400 kcal/d, je nach Variante (Rider et al 1984a, Anderson et al 1981). Ein Kollektiv von 7-Tage-Adventistinnen im Alter von 46±18 Jahren hatte eine signifikant höhere Nahrungsenergiezufuhr (p<0,001) als eine ähnliche Gruppe, die etwa 20 Jahre älter war (Hunt et al 1988). In einer Studie mit Vegetariern und Makrobioten wurden 50 Erwachsene auf ihr Gewicht, ihre Größe und Nährstoffzufuhr untersucht. Die niedrige Nahrungsenergiezufuhr zusammen mit dem eher niedrigen Gewicht ließ eine höhere notwendige energetische Zufuhr vermuten (Brown und Bergan 1975).

In der VWS hatten die VWK eine signifikant niedrigere Nahrungsenergiezufuhr als die MK. Die Frauen, welche die vegetarische Variante praktizierten, hatten eine niedrigere durchschnittliche Nahrungsenergiezufuhr als die Nichtvegetarierinnen (Aalderink et al 1994). Die empfohlene Nahrungsenergieaufnahme wird von Vegetariern nur selten überschritten. Bei Lakto- und Ovo-Lakto-Vegetariern entspricht sie in vielen Fällen den Empfehlungen der nationalen Gremien. Damit erweist sich eine vegetarische Ernährung im Hinblick auf die Vermeidung von Übergewicht und dessen Folgeerkrankungen insgesamt als günstig. Da die meisten Vegetarier ballaststoffreiche Lebensmittel bevorzugen, ergibt sich zwangsläufig eine verminderte Energiedichte der Nahrung (Leitzmann und Hahn 1996a S.65). In der „Lifestyle Heart Study", die den Verlauf von Koronarsklerose mittels Lebensstiländerungen zu beeinflussen versuchte, wurde mit einer fettarmen vegetarischen (fast veganen) Kost eine Nahrungsenergiezufuhr von 7,6±2,1 MJ/d erreicht (Ornish et al 1990).

Deutsche, die eine landesübliche Mischkost befolgten, hatten eine Nahrungsenergiezufuhr von 2258±162 kcal/d; Männer (n=856) 2574 kcal/d und Frauen (n=1138) 1956 kcal/d (Heseker et al 1992 S.177f). In einer Studie über fünf osteuropäische Länder zeigte sich eine Nahrungsenergiezufuhr von mindestens 2245 bzw. 1771 kcal/d für Männer bzw. Frauen (Krakow) bis zu 3232 bzw. 2792 kcal/d in Lithuanien (Heinemann et al 1990). Daten der USDA National Food Consumption Survey 1977-78 ergaben, daß Männer 84-89 % und Frauen 76-83 % der 1980 RDAs für Nahrungsenergie erreichten (Pao und Mickle 1981), die allerdings höher als die Empfehlungen der DGE liegen. Mitte der 1980er Jahre wurde in Japan im Rahmen nationaler Erhebungen zur Ernährung eine durchschnittliche Nahrungsenergiezufuhr von 2075 kcal/d festgestellt (Shimazono 1990). Bei einem Vergleich mit Daten einiger Studien weltweit liegen die Rohköstler eher bei Nahrungsenergie-zufuhrmengen, die in sog. Entwicklungsländern üblich sind, z.B. in Sierra Leone oder Ecuador (Young und Pellett 1990).

6.2.2   Verfügbare Nahrungsenergie bei hoher Ballaststoffzufuhr

Bei vegetarisch orientierten Kostformen bzw. Kostformen mit einem hohen Ballaststoffanteil wird die verfügbare Nahrungsenergie um einen Faktor von 5 % reduziert (s. S.24). Im folgenden wird die Ballaststoffzufuhr dargestellt, um daraufhin den o.g. Faktor bei der Berechnung der verfügbaren Nahrungsenergie zu berücksichtigen.

Ergebnisse

Die mittlere Ballaststoffzufuhr des Gesamtkollektivs (58 g/d) liegt fast doppelt so hoch wie die Mindestempfehlung der DGE von >30 g/d (DGE 1991 S.38). Es ist ein höchst signifikanter Unterschied zwischen dem Verzehr der männlichen (65 g/d) und der weiblichen (55 g/d) Teilnehmer nachweisbar. Die Ballaststoffzufuhr der OmRK (65 g/d) liegt über dem der VtRK (57 g/d) und VnRK (59 g/d), doch ist kein signifikanter Unterschied nach Schaffer'sche Korrektur nachweisbar (Tab.A 4-Tab.A 6 S.206-208). Die 70RK und 80RK weisen eine ähnliche mittlere Ballaststoffzufuhr auf (52 bzw. 51 g/d), doch ist nur ein hoch signifikanter Unterschied der 80RK-Ballaststoffzufuhr zu der 90RK-Ballaststoffzufuhr (61 g/d) nachweisbar. Alle 80RK erreichen die DGE-Empfehlung und alle OmRK nach Berücksichtigung des Confounders Alkoholkonsum. Es sind keine signifikanten Zusammenhänge nachweisbar.

Damit wird ersichtlich, daß die untersuchten Rohköstler sehr hohe Mengen an Ballaststoffen verzehren. RKE gehört somit zu den Ernährungsformen, bei denen die ermittelte Nahrungsenergiezufuhr um 5 % korrigiert werden sollte. Wird dieser Faktor berücksichtigt, so senkt sich die mittlere Nahrungsenergiezufuhr für die Probanden von 1976 kcal/d (8,3 MJ/d) auf 1877 kcal/d (7,9 MJ/d) (s.a. Tab. 6.2-Tab. 6.4 S.113). Nach dieser Korrektur erreichen mehr als 60 % der Teilnehmer die Richtlinien der DGE unter Berücksichtigung des Alters und Geschlechts nicht.

OmRK erreichen den Richtwert zu mehr als 50 %. Bei VtRK und VnRK erreichen nur 30 % den Richtwert; dieses Verhältnis verschiebt sich nicht, wenn der Confounder Alkoholkonsum berücksichtigt wird. Es ist ein signifikanter Zusammenhang zwischen Variante und reduzierten Nahrungsenergieklassen nachzuweisen (p=0,01626), auch nach Berücksichtigung des Alkoholkonsums (p=0,03059). Nach Rohkostanteil-gruppen aufgeteilt erreicht bei keiner Gruppe die Mehrheit der Teilnehmer die Empfehlungen. Auch nach Berücksichtigung des Confounders Alkoholkonsum ist kein signifikanter Zusammenhang nachweisbar. Werden Variante und Rohkostanteil gleichzeitig berücksichtigt, ist kein signifikanter Zusammenhang mit den reduzierten Nahrungsenergieklassen nachweisbar (p=0,08588). Nachdem für Alkoholkonsum als Confounder berücksichtigt wurde, ist ein signifikanter Zusammenhang nachweisbar (p=0,03944). Die stärkste Abweichung von der erwarteten Häufigkeit ist bei den OmRK mit 90,0-99,9 % Rohkostanteil festzustellen.

Diskussion

Nach Berechnung der verfügbaren Nahrungsenergie ist es der Mehrheit der omnivoren Rohköstler dennoch möglich, die empfohlenen Richtwerte zu erreichen. Es zeigt sich ein signifikanter Zusammenhang zwischen Nahrungsenergieklassen und Variante bzw. Rohkostanteil. Bei einem hohen Rohkostanteil scheint es für die Teilnehmer eher schwierig, die empfohlenen Richtwerte zu erreichen. Bei der „Living Food Diet" nach Ann Wigmore wurden Ballaststoffzufuhrmengen von 45 g/d festgestellt (Hänninen et al 1992). Etwa diese Menge (Medianwert) wurde auch von den VWK der VWS zugeführt, hingegen hatten die MK eine signifikant niedrigere Ballaststoffzufuhr von 26 g/d (Groeneveld 1994 S.210). Die Vegetarierinnen nahmen signifikant mehr Ballaststoffe auf als die Nichtvegetarierinnen (43 bzw. 49 g/d). Zwischen 50 langjährigen Vegetariern (inklusive 5 Veganern) und 50 alters-zugeordneten Omnivoren in Neuseeland (Alexander et al 1994) war ein signifikanter Unterschied (p<0,001) in der Ballaststoffzufuhr (34,4±8,5 bzw. 28,2±9,4 g/d).

Bei kanadischen 7-Tage-Adventistinnen (n=56) wurde eine Ballaststoffaufnahme von 30,9±11,0 g/d berechnet (Anderson et al 1981). Daten über schwedische Vegetarier zeugen von einer Ballaststoffzufuhr von 53±17 bzw. 33±8 g/d für Männer bzw. Frauen, d.h. 8 % der Nahrungsenergie wurden in Form von Ballaststoffen zugeführt (Abdulla et al 1984). Eine ähnliche Studie mit Veganern ergab Ballaststoffzufuhren, die um durchschnittlich etwa 10 g/d höher waren. In der schwedischen Vegan-Studie wurde die Nahrungsenergiezufuhr für die hohe Ballaststoffzufuhr korrigiert, so daß diese sowohl für die Männer (1700±250 kcal/d) als auch für die Frauen (1400±370 kcal/d) nicht die Empfehlungen erreichte (Abdulla et al 1981).

In der Literatur wird die Nahrungsenergie bei Studien mit vegetarisch-orientierten Kostformen in westlichen Industrieländern eher selten im Hinblick auf hohe Ballaststoffzufuhr korrigiert. Dies ist aber insbesondere bei der Ernährung von Säuglingen und Kleinkindern zu berücksichtigen, da sich bei diesen Personengruppen eine hohe Ballaststoffzufuhr wesentlich stärker negativ auf die Nährstoff- und Energiebilanz auswirkt als bei Erwachsenen (Acosta 1988). Allerdings zeigen Studien generell, daß Nahrungsenergiezufuhr eher unterschätzt wird (Black et al 1993, 1991).

Ohne genauere Messungen ist es schwierig, den Netto-Effekt einer hohen Ballaststoffzufuhr zu berücksichtigen. Einerseits reduzieren viele Ballaststoffe die Nahrungsenergie, weil noch Energiekomponenten in den Zellen eingeschlossen sind, insbesondere bei roh verzehrten Lebensmitteln. Andererseits können viele Ballaststoffe von der Darmflora verwertet werden, die wiederum Fettsäuren und Hitze produziert, die den Energiebedarf beeinflussen (FAO/WHO/UNU 1985, Abrams 1980, Kelsay et al 1978).

Wieviel Energie durch Fermentation freigesetzt werden kann, hängt von der Ballaststoffzusammensetzung ab, da manche (z.b. Pektine) leichter fermentiert werden als andere (z.b. Zellulose) (Gurr und Asp 1994 S.17). Eine Kost mit einem hohem Getreidegehalt, wie sie in sog. Entwicklungsländern üblich ist, hat mehr Hemizellulosen, Zellulosen und Lignine als eine Kost mit viel Obst (die eher mehr Pektin enthält). Eine in vitro Studie (Abrams 1980) zeigte, daß 5 % Pektin sowie 5 % Lignin die scheinbare Verdaulichkeit von Kasein reduzierten.

6.2.3   Energielieferanten

Um den Anteil an der Nahrungsenergiezufuhr zu errechnen, wurden die einzelnen Lebensmittel zu Gruppen zusammengefaßt (s. Anhang 4 S.203).

Ergebnisse

Der wichtigste Energielieferant für die Teilnehmer der RKS ist das Obst mit einem Anteil an der Gesamtenergiezufuhr von 58 % (Tab. 6.1). Alle weiteren Lebensmittelgruppen tragen jeweils nicht mehr als 10 % zur Energiezufuhr bei. Zwischen männlichen und weiblichen Teilnehmern verschiebt sich die Verteilung nicht wesentlich. Tierische Produkte spielen keine nennenswerte Rolle; dagegen Speisefette und -öle, Getränke, Getreide und Nährmittel sowie Brot und Backwaren. Mindestens 87 % der Nahrungsenergie wird aus rohen Lebensmitteln bzw. 95 % aus pflanzlichen Lebensmitteln geliefert.

Tab. 6.1: Nahrungsenergiequellen (in %) des Rohköstlerkollektivs

Lebensmittelgruppen	Gesamt (n=201)	Männer (n=94)	Frauen (n=107)	OmRK (n=56)	VtRK (n=90)	VnRK (n=55)	70RK (n=14)	80RK (n=40)	90RK (n=147)
Obst/-erzeugnisse	58,1	58,4	57,7	56,2	55,1	65,4	33,0	45,3	63,3
Gemüse/Hülsenfrüchte	7,5	6,8	8,2	6,6	8,0	7,6	8,3	9,2	7,0
Nüsse	8,7	9,8	7,7	8,6	8,4	9,4	6,1	6,9	9,4
Samen	5,5	5,8	5,3	5,1	4,3	8,0	7,2	5,5	5,4
Getreide/Nährmittel	3,0	2,5	3,4	2,0	3,9	2,5	11,5	5,5	1,6
Brot/Backwaren	2,6	2,1	3,0	3,1	3,5	-	9,7	7,0	-
Kartoffeln	-	-	-	-	-	-	-	-	-
LM nach Wigmore	-	-	-	1,3	1,4	-	2,4	1,3	-
Sojaprodukte	-	-	-	-	-	-	-	-	-
Brotaufstriche	-	-	-	-	-	-	-	-	-
Süßwaren/Süßspeisen	-	-	-	1,6	1,5	-	-	3,1	-
Süßungsmittel	-	-	-	-	-	-	-	-	1,0
Speisefette/-öle	3,3	3,0	3,6	3,1	4,5	1,7	4,5	5,2	2,7
Dressings/Suppen	-	-	-	-	-	-	-	-	-
Hefepeodukte	-	-	-	-	-	-	-	-	-
Milch/-produkte	-	-	-	1,5	3,5	-	6,2	3,6	1,1
Eier	-	-	-	-	-	-	-	-	-
Fleisch/-produkte	-	-	-	3,3	-	-	-	-	1,2
Fisch/Meerestiere	-	-	-	2,4	-	-	-	-	-
Getränke	3,0	3,0	2,9	2,5	3,3	3,0	6,2	2,9	2,7
Sonstiges[1]	8,3	8,6	8,2	2,7	2,6	2,4	4,9	4,5	4,6
Gesamt	100	100	100	100	100	100	100	100	100

[1] Sonstiges = Summe aller Lebensmittelgruppen, die weniger als 1,0% beitragen (-)

Trotz der verschiedenen Varianten liefert Obst bei allen drei Gruppen mindestens 55 % der Nahrungsenergie (Tab. 6.1). Die zweitwichtigste Quelle für alle Variantengruppen sind Nüsse (8-9 %). Über Gemüse und Samen wird auch ein wichtiger Teil an Nahrungsenergie geliefert. Bei OmRK spielen Milch und Milchprodukte keine nennenswerte Rolle (weniger als 2 %), bei VtRK jedoch zu 4 %. Speisefette und -öle spielen für alle drei Variantengruppen eine nennenswerte Rolle. Die VnRK beziehen 96 % ihrer Nahrungsenergie aus rohen Lebensmitteln, OmRK dagegen 87 % und VtRK 84 %. Der Anteil an Nahrungsenergie aus pflanzlichen Lebensmitteln steigt von 91 % für OmRK, über 95 % für VtRK auf 100 % für VnRK.

Eine differenzierte Betrachtung nach Rohkostanteilgruppen (Tab. 6.1) ergibt, daß mit steigendem Rohkostanteil auch der Anteil an Nahrungsenergie aus Obst steigt (70RK: 33 %, 80RK: 45 %, 90RK: 63 %). Gemüse liefert 7-9 %, Getränke 3-6 % und Fette und Öle 3-5 % der Nahrungsenergie. Milch und Milchprodukte sind wichtige Energielieferanten für 70RK und 80RK. Die 70RK nehmen am wenigsten Nahrungsenergie aus rohen Lebensmitteln auf: 60 %.

Diskussion

Die Hauptenergiequelle für Rohköstler ist das Obst. Dies steht im starken Kontrast zu Ergebnissen anderer Studien mit oder ohne Teilnehmern, die alternative Ernährungsformen praktizieren.

In der VWS haben sowohl VWK als auch MK 23 % der Nahrungsenergie aus Brot und Backwaren gewonnen (Aalderink et al 1994). In der Berliner Vegetarier-Studie, bei der auf die Teilnehmer zugeordnete Partner auf der Basis Geschlecht, soziale Schicht, Gesundheitsbewußtsein, Alter (±3 J.) als Kontrollgruppe dienten, standen für alle Gruppen Brot und Backwaren als Kalorielieferanten an erster und Nährmittel an zweiter Stelle. Für alle Gruppen stand Milch an dritter Stelle außer den nicht-vegetarischen Männern, für die alkoholische Getränke an dritter Stelle kamen (Rottka et al 1989).

Eine Studie in Großbritannien mit Vegetariern und Veganern ergab, daß für alle Gruppen Getreide an erster Stelle als Nahrungsenergielieferant stand. Bei Vegetariern standen Milch und Milchprodukte an zweiter Stelle und bei Veganern Obstprodukte (Draper et al 1993). Eine Untersuchung thailändischer Vegetarier (Changbumrung et al 1991) zeigte die höchste Zufuhr an Nahrungsenergie in Form von Kohlenhydraten (73-75 % der Gesamtenergiezufuhr).

Getreide liefert etwa 30 % der Nahrungsenergie in der Ernährung Großbritanniens (Bender 1980). Daten der Fünf-Länder-Studie Osteuropas deuten überwiegend auf Getreide und Nährmittel gefolgt von Fleisch und Fleischprodukten als Hauptkalorienträger. Lediglich in Krakow waren Obst und Gemüse als Nahrungsenergielieferanten an erster Stelle für Frauen bzw. zweiter Stelle für Männer (Heinemann et al 1990).

Vor 1940 kam in Japan mehr als 50 % der Nahrungsenergie aus dem Reis, aber seit 1960 hat sich dies auf weniger als 30 % gesenkt. Kurz vor und nach dem Zweiten Weltkrieg war das Verhältnis von tierischen zu vegetabilen Nahrungsenergiequellen 1:20, die tierische hauptsächlich in Form von Fisch und Muscheln. Inzwischen ist das Verhältnis etwa 1:1, hauptsächlich wegen der größeren Verfügbarkeit von Fleisch, Eiern, Milch und Milchprodukten (Shimazono 1990). So gehören Rohköstler auch zu den Gruppen, die stark verarbeitete Lebensmittel meiden, wie z.B. Vegetarier (Acosta 1988).

6.2.4 Nährstoffrelation

Die Berechnung der Anteile von Kohlenhydraten, Fett und Protein an der Nahrungsenergie beruht auf den Atwater Faktoren: 1 g Kohlenhydrate liefert 4,1 kcal an Energie, 1 g Fett liefert 9,3 kcal an Energie, 1 g Protein liefert 4,2 kcal Energie und 1 g Alkohol liefert 7,1 kcal an Energie (Biesalski et al 1995 S.21).

Ergebnisse

Die Empfehlungen der DGE für die Nährstoffrelation lauten 55-60 % Kohlenhydrate : 25-30 % Fett : 10-15 % Protein (DGE 1991). Die mittlere Nährstoffrelation liegt für das Gesamtkollektiv bei 56 % KHD : 30 % Fett : 9,5 % Protein. Alkohol liefert weniger als 1 % Nahrungsenergie. Die Differenzen zwischen den Geschlechtern sind gering und es sind keine signifikanten Unterschiede nachweisbar (Tab. 6.2 S.113, Tab. 6.3 S.113 und Tab. 6.4 S.113).

Nach Variantengruppen getrennt ergeben sich folgende Relationen:

OmRK	56 % Kohlenhydrate:	30 % Fette:	11 % Protein
VtRK	54 %	32 %	9,7 %
VnRK	57 %	31 %	8,5 %

Die OmRK erreichen am ehesten die DGE-Empfehlung. Bei VtRK und VnRK ist die Proteinzufuhr zu niedrig und die Fettzufuhr zu hoch. Nur die Unterschiede bei der Proteinzufuhr sind hoch signifikant (Zwischen OmRK und VtRK, und zwischen VtRK und VnRK) bzw. höchst signifikant (zwischen OmRK und VnRK). Bei allen drei Variantengruppen wird kaum Nahrungsenergie aus Alkohol gewonnen, nur bei den OmRK wird 1,4 % (Mittelwert) Alkohol als Energie geliefert.

Nach Rohkostanteilgruppen getrennt ergeben sich folgende Relationen:

70RK	52 % Kohlenhydrate:	33 % Fette:	11 % Protein
80RK	57 %	29 %	10 %
90RK	56 %	31 %	9,0 %

Die Gruppe der 80RK kommt den DGE-Empfehlungen am nächsten, in den beiden anderen Gruppen ist die Proteinzufuhr zu niedrig und die Fettzufuhr zu hoch. Nur die Unterschiede zwischen 70RK und 90RK sowie zwischen 80RK und 90RK sind hoch signifikant. Bei allen Rohkostanteilgruppen wird kaum Nahrungsenergie durch Alkohol geliefert, lediglich bei den 70RK wird 1,95 Nahrungsenergie % (Mittelwert) geliefert.

Diskussion

Wenige Teilnehmer der RKS trinken Alkohol, somit spielt Alkohol als Energielieferant eine eher untergeordnete Rolle. Dies wird oft bei Personen, die alternative Kostformen praktizieren, beobachtet. In einer britischen Studie hatten Veganer (n=10) den niedrigsten Beitrag an der Gesamtnahrungsenergie durch Alkohol: 2,0±2,9 %, Ovo-Lakto-Vegetarier (n=9) lagen etwas höher bei 2,8±3,8 %, während vollwertig ernährende Probanden (n=8) 4,2±5,1 % der Gesamtenergie durch Alkohol deckten. Bei Personen mit landesüblicher Mischkost (n=10) trug Alkohol mit 7,0±7,8 % zur Gesamtnahrungsenergie bei (Carlson et al 1985). Der Landesdurchschnitt lag bei 4,9 % (Bull und Barber 1984).

Eine Fünf-Länder-Studie in Osteuropa zeigt eher niedrige Beitragsmengen von Alkohol zur Nahrungsenergie, etwa 1,0 % für Männer und etwa 0,1 % für Frauen, nur die untersuchten Männer bzw. Frauen der DDR bildeten eine Ausnahme mit 6,3 bzw. 2,4 % (Heinemann et al 1990).

Eine Zusammenstellung der in der Literatur aufgeführten Nährstoffrelationen ergibt tendenzielle Unterschiede zwischen Veganern, (Ovo-Lakto-)Vegetariern und Personen, die sich von gemischter Kost ernähren. Bei dem Anteil an der Gesamtenergiezufuhr, der auf Kohlenhydrate zurückzuführen ist, zeigt sich für Veganer ein Anteil von etwa 45-55 %, für Vegetarier ein eher höherer Anteil von etwa 51-58 %, während Mischköstler bei etwa 38-49 % liegen. Bei Fett ergibt sich für Veganer und Vegetarier ein Anteil von etwa 32-38 %, derweil Mischköstler einen höheren Fettanteil von etwa 38-43 % aufweisen. Bei dem Anteil, der auf Protein zurückzuführen ist, zeigen sich kleinere Unterschiede: bei Veganern liegt der Anteil etwa bei 10-11 %, bei Vegetariern etwa bei 11-12 % und bei Mischköstlern etwa bei 12-16 %. Sich vollwertig ernährende Personen liegen zwischen Vegetariern und Mischköstlern in der Nährstoffrelation (Janelle und Barr 1995, Rauma et al 1995b, Aalderink et al 1994, Bakan et al 1993, Heinemann et al 1990, Millet et al 1989, Saunders und Key 1987, Carlson et al 1985, Bull und Barber 1984, Abdulla et al 1984, 1981, Miller und Mumford 1972, Ellis und Mumford 1967).

Einen starken Kontrast bietet die Nährstoffrelation, die mit der Kost der „Lifestyle Heart Study" erzielt wurde: 70-75 % überwiegend komplexe Kohlenhydrate, 10 % Fett, 15-20 % Protein (Ornish et al 1990). Bemerkenswert ist jedoch die Tatsache, daß von allen (alternativen) Kostformen mit RKE die empfohlene Nährstoffrelation am ehesten erreicht wird. Damit ist noch lange nicht eine Bedarfsdeckung anderer Nährstoffe wie Vitamine oder Mineralstoffe gewährleistet. Es stellt sich die Frage, wie die von der DGE empfohlene Nährstoffrelation bei gleichzeitiger Bedarfsdeckung aller anderen Nährstoffe erfüllt werden kann.

Tab. 6.2: Mittlere Energiezufuhr und -lieferanten pro Tag der Teilnehmer der RKS gesamt und getrennt nach Geschlecht (Median, 5-95er Perzentile)

Nahrungsinhaltsstoffe	RK-Gesamt (n = 201)		RK-Männer (n = 94)		p^2	RK-Frauen (n = 107)	
	Median	5-95 %	Median	5-95 %		Median	5-95 %
Nahrungsenergie (kcal)	1976	968-3551	2162	1077-3694	0,0003	1772	962-3110
- reduziert (kcal)	1877	919-3374	2054	1023-3510	0,0003	1683	913-2955
Nahrungsenergie (MJ)	8,3	4,1-15	9,0	4,5-16	0,0003	7,4	4,0-13
- reduziert (MJ)	7,9	3,9-14	8,6	4,3-15	0,0003	7,0	3,8-12
Protein (Energie %)	9,5	5,7-14	9,3	5,1-13	0,1160	9,6	6,0-15
Kohlenhydrate (Energie %)	56	36-77	56	35-81	0,4353	55	36-74
Fett (Energie %)	30	12-50	30	7,6-51	0,2773	31	17-49
Alkohol (Energie %)[1]	*0,7*	*0,0-4,0*	*1,0*	*0,0-9,1*	0,3951	*0,3*	*0,0-2,1*

[1] kursiv: Mittelwert
[2] Signifikanztest nach Mann-Whitney (U-Test) zwischen RK-Männern und RK-Frauen

nicht signifikant (ohne Schattierung)
p < 0,05
p < 0,01
p < 0,001

Tab. 6.3: Mittlere Energiezufuhr und -lieferanten pro Tag der OmRK, VtRK und VnRK (Median, 5-95er Perzentile)

Nahrungsinhaltsstoffe	$p^{2,3}$	OmRK (n = 56)		$p^{2,4}$	VtRK (n = 90)		$p^{2,5}$	VnRK (n = 55)	
		Median	5-95 %		Median	5-95 %		Median	5-95 %
Nahrungsenergie (kcal)	0,0126	2117	1317-3858	0,0026	1852	962-3271	0,9837	1899	568-3365
- reduziert (kcal)	0,0126	2011	1251-3665	0,0026	1760	914-3108	0,9837	1804	540-3196
Nahrungsenergie (MJ)	0,0126	8,9	5,5-16	0,0026	7,6	4,0-14	0,9837	7,9	2,4-14
- reduziert (MJ)	0,0126	8,4	5,2-15	0,0026	7,4	3,8-13	0,9837	7,6	2,3-13
Protein (Energie %)	0,0000	11	6,8-15	0,0036	9,7	6,0-14	0,0016	8,5	4,9-12
Kohlenhydrate (Energie %)	0,1712	56	35-71	0,9711	54	41-72	0,2325	57	36-84
Fett (Energie %)	0,7501	30	18-49	0,1964	32	17-45	0,5963	31	3,0-54
Alkohol (Energie %)[1]	0,0106	*1,4*	*0,0-15*	0,4750	*0,4*	*0,0-3,0*	0,0291	*0,3*	*0,0-1,3*

[1] kursiv: Mittelwert
[2] Signifikanztest nach Mann-Whitney (U-Test) zwischen [3] OmRK und VnRK, [4] OmRK und VtRK sowie [5] VtRK und VnRK

nicht signifikant (ohne Schattierung) nach Schaffer'sche Korrektur
p < 0,05 nach Schaffer'sche Korrektur
p < 0,01 nach Schaffer'sche Korrektur
p < 0,001 nach Schaffer'sche Korrektur

Tab. 6.4: Mittlere Energiezufuhr und -lieferanten pro Tag der 70RK, 80RK und 90RK (Median, 5-95er Perzentile)

Nahrungsinhaltsstoffe	$p^{2,3}$	70RK (n = 14)		$p^{2,4}$	80RK (n = 40)		$p^{2,5}$	90RK (n = 147)	
		Median	5 %; Max		Median	5-95 %		Median	5-95 %
Nahrungsenergie (kcal)	0,7505	2066	447; 3450	0,2605	1599	971-3549	0,0106	2021	954-3643
- reduziert (kcal)	0,7505	1962	424; 3277	0,2605	1519	922-3372	0,0106	1920	906-3461
Nahrungsenergie (MJ)	0,7505	8,6	1,9; 14	0,2605	6,7	4,1-15	0,0106	8,5	4,0-15
- reduziert (MJ)	0,7505	8,2	1,8; 14	0,2605	6,4	3,9-14	0,0106	8,0	3,8-15
Protein (Energie %)	0,0020	11	7,7; 15	0,0664	10	7,6-14	0,0010	9,0	5,2-14
Kohlenhydrate (Energie %)	0,1066	52	35; 72	0,0973	57	43-70	0,8562	56	35-78
Fett (Energie %)	0,4827	33	17; 42	0,3237	29	19-46	0,9370	31	9,8-51
Alkohol (Energie %)[1]	0,0032	*2,0*	*0,0; 19*	0,0304	*0,4*	*0,0-3,4*	0,8245	*0,6*	*0,0-4,0*

[1] kursiv: Mittelwert
[2] Signifikanztest nach Mann-Whitney (U-Test) zwischen [3] 70RK und 90RK, [4] 70RK und 80RK sowie [5] 80RK und 90RK

nicht signifikant (ohne Schattierung) nach Schaffer'sche Korrektur
p < 0,05 nach Schaffer'sche Korrektur
p < 0,01 nach Schaffer'sche Korrektur
p < 0,001 nach Schaffer'sche Korrektur

6.2.5 Körpergewicht

Ergebnisse

Die untersuchten Rohköstler haben ein durchschnittliches Körpergewicht von 62±10 kg. Männliche Teilnehmer haben ein durchschnittliches Gewicht von 68±9 kg und weibliche von 56±8 kg. Es ist ein höchst signifikanter Unterschied zwischen den Geschlechtern nachweisbar (t-Test: p=0,000). Getrennt nach Variante ist eine leichte Tendenz zu niedrigerem Körpergewicht mit der Abnahme an tierischen Lebensmitteln als Teil der Variante zu beobachten: OmRK 64±10 kg, VtRK 61±11 kg und VnRK 60±10 kg. Es sind keine signifikanten Unterschiede nachweisbar (nach Schaffer'sche Korrektur). Nach Rohkostanteilgruppen zeigt sich für 70RK und 80RK ein durchschnittliches Gewicht von 63±10 bzw. ±8 kg und bei 90RK ein etwas niedrigeres durchschnittliches Körpergewicht von 61±11 kg. Es sind keine signifikanten Unterschiede zwischen den Rohkostanteilgruppen nachweisbar.

Obwohl die RKS eine Querschnittstudie ist, wurden im Hauptfragebogen Fragen zum Körpergewicht vor der Umstellung auf RKE und zum niedrigsten und höchsten Gewicht seit der Umstellung auf die RKE gestellt. Zu bedenken bei diesen Angaben ist einerseits, daß nicht einheitlich auf einer geeichten Waage gewogen wurde und andererseits, daß es sich teilweise um Erinnerungen der Probanden handelt, die mehrere Jahre zurückliegen. Ferner kann nichts zum Verlauf der Körpergewichtsveränderungen gesagt werden.

Beide, Männer und Frauen des Gesamtkollektivs, haben eher einen Gewichtsverlust erlebt: RK-Männer um 13 kg und RK-Frauen um 10 kg. Bei manchen Probanden hat sich das Körpergewicht wieder eingependelt. Bei RK-Männern ist das höchste Gewicht seit der Umstellung auf die RKE 5 kg bzw. bei RK-Frauen 4 kg unter dem Gewicht vor der Umstellung auf RKE. Zum Körpergewichtswunsch: 87 % der RK-Männer und 71 % der RK-Frauen sind mit ihrem Körpergewicht zufrieden (Hauptfragebogenangaben). Von denen, die unzufrieden sind, ist insgesamt eher eine Abnahme als Zunahme erwünscht, jedoch möchten die RK-Männer eher zunehmen.

Diskussion

Bei 20 Frauen im Alter von 46±1 Jahren, welche die „Living Food Diet" von Ann Wigmore seit 5,2±3,9 Jahren befolgen, wurde ein Körpergewicht von 57±11 kg festgestellt (Rauma et al 1995b), welches etwa dem der Rohköstler entspricht. In einer weiteren Studie mit acht Teilnehmern wurde ein durchschnittliches Körpergewicht von 54±7 kg festgestellt, eine Kontrollgruppe von elf Personen wies ein Gewicht von 62±10 kg auf (Agren et al 1995). Bei Probanden, die für drei Monate die „Living Food Diet" befolgten, war ein Körpergewichtsverlust von 9 % zu vermerken, obwohl sie eine höhere Nahrungsenergiezufuhr als vor der Umstellung aufwiesen. Es wurde postuliert, daß dies auf einen unterschätzten Ballaststoffgehalt zurückzuführen sein könnte, der in dieser Studie sowohl berechnet (47 g/d) als auch analysiert (79 g/d) wurde (Rauma et al 1993). Ein Gewichtsverlust wird oft bei Personen, welche die „Living Food Diet" praktizieren, beobachtet, dieser relativiert sich nach ein paar Monaten wieder (Hänninen et al 1992).

In einer Studie über Hypertonie wurden 32 Patienten mit essentieller Hypertonie für 2-5 Monaten auf 40 % Rohkost-Ernährung umgestellt, was eine 35 %ige Erhöhung des Rohkostanteils darstellte. Von den Probanden waren n=28 massiv übergewichtig. Ein Gewichtsverlust von 3,8±0,7 kg wurde festgestellt; desto länger die Diät beibehalten wurde, je höher der Gewichtsverlust (Douglass et al 1985). Eine andere Studie mit Hypertonikern (Lindahl et al 1984) zeigte nach vier Monaten (68,0±14,0 kg) sowie nach zwölf Monaten veganer Diät (70,4±14,3 kg) einen signifikanten Unterschied (t-Test: p<0,001) zum Ausgangsgewicht (78,2±15,3 kg).

In der Deutschen Vegan-Studie wiesen die weiblichen Teilnehmer ein Körpergewicht von 57,5 kg (Median) und die männlichen Teilnehmer von 69,5 kg (Median) auf (Dörr 1998). Französische Vegetarier hatten durchschnittlich ein niedrigeres Körpergewicht: Frauen (n=26) 53,8±4,4 kg, Männer (n=11) 63,4±5,2 kg; dies war signifikant niedriger als die jeweilige Kontrollgruppe (Millet et al 1989). Bei älteren weiblichen Vegetarierinnen (n=63) lag das durchschnittliche Gewicht bei 63,2±1,6 kg, während eine Kontrollgruppe von 62 Nichtvegetarierinnen ein Körpergewicht von 66,1±1,5 kg hatte (Kunkel und Beauchene 1991). Die Prävalenz von Untergewicht bei Vegetariern war mehr als doppelt so hoch als bei einer Kontrollgruppe von Nichtvegetariern (Changbumrung et al 1991).

Kostformen mit einem hohen Ballaststoffgehalt führten eher zu Gewichtsverlust bei übergewichtigen Männern als nur energiereduzierte Diäten (Acosta 1988). Entsprechend der niedrigeren Nahrungsenergieaufnahme findet sich bei Vegetariern häufig ein niedrigeres Körpergewicht als bei nicht-vegetarisch lebenden Vergleichsgruppen (Leitzmann und Hahn 1996a S.65).

Starker Körpergewichtsverlust ist bei Patienten mit Anorexia nervosa zu beobachten (Barbe et al 1993). Verschiedene Studien weisen auf Körpergewichte um

37,9±3,8 kg (n=10 Frauen, Alter: 24,7±5,4 J.; Dempsey et al 1984), 42,5 kg (n=6; Casper et al 1991), 48,0±5,4 kg bei nicht-vegetarischen (n=11) und 46,5±4,4 kg bei vegetarischen (n=9) Patientinnen (Bakan et al 1993) hin. In einer Studie mit 32 Teilnehmerinnen war das Körpergewicht bei der Aufnahme im Hospital 42,0±4,9 kg. Nach der Behandlung war es signifikant auf 51,9±4,4 kg gestiegen und dennoch signifikant niedriger als das Körpergewicht einer Kontrollgruppe (Russell et al 1994, 1993). Allerdings wurde hier nicht zwischen Jugendlichen und Erwachsenen unterschieden (Alterspanne 14-35 J.). Keine der Rohkostgruppen weist Körpergewichtsgrößen auf, die bei Anorexia nervosa zu beobachten sind.

6.2.6 Körpermassenindex (BMI)

Der BMI wird als Körpergewicht (kg) geteilt durch das Quadrat der Körperlänge (m) definiert. Nach seinem Erstbeschreiber auch Queteletsindex genannt, korreliert er relativ eng mit dem Körperfettgehalt.

Ergebnisse

Das durchschnittliche relative Körpergewicht der untersuchten Rohköstler beträgt 21,0 kg/m^2 (Frauen: 20,7; Männer: 21,2 kg/m^2). Die klassische Bewertung des BMI (Bender und Brookes 1987 S.32), ursprünglich von Bray (1978) und erweitert von Garrow (1981a S.3) ist in der Tab. 6.5 dargestellt. Die Teilnehmer werden mit über 65 % überwiegend den Normalgewichtigen zugeteilt.

Tab. 6.5: BMI in Gruppen je Geschlecht (absolut und %)

Klassifikation	Männer	RK-Männer abs.	%	Frauen	RK-Frauen abs.	%	VWK abs.	%	MK abs.	%
Untergewichtig	≤ 20	10	10,6	≤ 19	27	25,2	34	14,0	10	5,7
Normalgewichtig	>20 - ≤25	66	70,2	>19 - ≤24	70	65,4	161	66,5	78	44,8
Übergewichtig	>25 - ≤30	18	19,1	>24 - ≤30	9	8,4	44	18,2	66	37,9
Adipositas	>30	-	-	> 30	1	0,9	3	1,2	20	11,5
gesamt		94	100		107	100	242	100	174	100

Wird der BMI der untersuchten Rohköstler getrennt nach Variante betrachtet (Tab. 6.6), so werden etwa 65 % der OmRK und VtRK den Normalgewichtigen zugeteilt; der Anteil an Unter- bzw. Übergewichtigen ist innerhalb jeder Variante gleich. Bei den VnRK sind fast ¾ der Variantengruppe normalgewichtig und $^1/_5$ untergewichtig. Wird der Rohkostanteil berücksichtigt (Tab. 6.6), so werden bei 70RK und 80RK mehr Teilnehmer übergewichtig als untergewichtig eingestuft; die Mehrheit liegt weiterhin bei den Normalgewichtigen.

Tab. 6.6: BMI des Gesamtkollektivs getrennt nach Variante bzw. Rohkostanteil

Klassifikation	OmRK		VtRK		VnRK		70RK		80RK		90RK	
	abs.	%	abs.	%	abs.	%	abs.	%	abs.	%	abs.	%
Untergewichtig	10	17,9	15	16,7	12	21,8	2	14,3	2	5,0	33	22,4
Normalgewichtig	36	64,3	59	65,6	41	74,5	9	64,3	31	77,5	96	65,3
Übergewichtig	10	17,9	15	16,7	2	3,6	3	21,4	7	17,5	17	11,6
Adipositas	-	-	1	1,1	-	-	-	-	-	-	1	0,7
gesamt	56	100	90	100	55	100	14	100	40	100	147	100

Eine Kovarianzanalyse zeigt, daß der BMI durch den Rohkostanteil und die Kombination von Variante und dem Rohkostanteil beeinflußt wird. Von den Kovariaten war lediglich bei Geschlecht ein Einfluß zu vermerken.

Der BMI wird als Index für Mangelernährung bzw. CED bei Erwachsenen vorgeschlagen (s. Kap. 2.2.9 S.48). Wird die Einteilung in drei Grade als Risiko für CED bei den RKS-Daten angewandt, so sind 87,6 % (n=176) des Gesamtkollektivs als normal einzustufen. Der Anteil der Probanden, bei denen CED Grad I bzw. II festgestellt wird, sind 8,0 % (n=16) bzw. 1,5 % (n=3). Grad I und II werden oft als eine Klasse zusammen berücksichtigt. Grad III CED bzw. manifeste CED weisen 1,5 % (n=3) des Gesamtkollektivs auf.

Eine Diskriminanzanalyse ergab, daß die Variablenliste (s. Kap. 6.1.3 S.101) 70,2 % der Fälle korrekt klassifiziert. Von der Gruppe „normal" werden 71,2 % zwar korrekt klassifiziert, aber nach dem Modell würden 24,1 % als Grad I/II und 4,7 % als Grad III klassifiziert. Der Korrelationskoeffizient r1 beträgt 0,3473 (p=0,0227). Signifikante Unterschiede zwischen den CED-Gruppen zeigen sich bei einer univariaten Betrachtung hauptsächlich aufgrund %TBW (p=0,0040), Alter (p=0,0204) und energie-adjustierte Proteinzufuhr (p=0,0413). Bei der multivariaten Betrachtung bleibt %TBW als wichtigster Einflußfaktor (Tab. 6.7). Insgesamt kann die Variablenliste eingesetzt werden, um eine Gruppenzugehörigkeit bei CED vorherzusagen.

Tab. 6.7: Standardisierte Korrelationskoeffizienten der Diskriminanzfunktion für CED

Variable	Funktion 1	Funktion 2
%TBW	0,99210	0,11405
Geschlecht	0,98111	-0,20645
Menstruation	-0,51218	0,13852
Alter	-0,43360	-0,68634
energie-adjustierte Proteinzufuhr	-0,18983	-0,58902
Dauer der RKE	0,12923	-0,16149
Gesamtlebensmittelverzehr	0,12293	0,09777
Einnahme von Sexualhormonen	0,11811	-0,14536
Rohkostanteil	0,11543	0,15134
Alkoholkonsum	0,03493	0,03203

Diskussion

Eine Gruppe Frauen, die sich zwischen 0,7-14 Jahren nach der veganen „Living Food Diet" ernährte, hatte einen durchschnittlichen BMI von 21±3 kg/m² (Rauma et al 1995b). Dieser war signifikant niedriger (p<0,001) als der der Kontrollgruppe, die aufgrund Alter, Wohnort und sozialem Status den Teilnehmern zugeordnet war (Rauma et al 1995a). Ein weiteres Kollektiv, bestehend aus acht weiblichen und einem männlichen Teilnehmer, das mehrere Jahre die „Living Food Diet" befolgte, hatte einen durchschnittlichen BMI von 19,5±1,2 kg/m². Dieser war auch signifikant niedriger (Mann-Whitney/U-Test: p<0,001) als der einer Kontrollgruppe (Agren et al 1995).

In der Deutschen Vegan-Studie waren 64,1 % des Gesamtkollektivs (n=170) normalgewichtig, 24,1 % untergewichtig und 11,2 % übergewichtig (Dörr 1998); die Einteilung entspricht der der RKS. In einer Studie über britische Veganer (Saunders und Key 1987) wiesen die Frauen (n=11) einen durchschnittlichen BMI von 20,6±0,45 kg/m² (medianes Alter 28 Jahre) und die Männer (n=11) von 21,1±0,52 kg/m² auf.

Ein Kollektiv von 7-Tage-Adventisten (n=22), die seit mindestens sechs Monaten keine tierischen Produkte verzehrt hatten, wiesen einen durchschnittlichen BMI von 21,7 kg/m² auf (Resnicow et al 1991). In der Berliner Vegetarier-Studie (Rottka et al 1989) wiesen die vegetarischen Teilnehmer einen signifikant niedrigeren BMI auf (Frauen: 21,8±2,3 bzw. Männer 21,4±2,7 kg/m², p<0,001) als ihre Vergleichspartner.

Ein ähnliches Ergebnis zeigen die Daten einer französischen Studie mit Vegetariern (Millet et al 1989): Frauen 20,2±2,7 bzw. Männer 21,2±2,2 kg/m². In einigen Studien (Janelle und Barr 1995, Alexander et al 1994, Carlson et al 1985) ist eine Tendenz eines niedrigeren BMI für Veganer und Vegetarier zu beobachten als bei den Kontrollgruppen; die Veganer weisen nicht zwangsläufig einen niedrigeren BMI als die Vegetarier auf. So zeigt sich bei Personen, die alternative Kostformen praktizieren wie die Rohköstler, durchaus ein BMI, der als normalgewichtig gelten kann.

Der BMI der RK-Frauen ist niedriger als der der VWK (21,6 kg/m²) und der der MK (24,0 kg/m²). Es finden sich anteilsmäßig fast doppelt so viele Rohköstlerinnen in der untergewichtigen Klasse wie VWK und mehr als viermal so viele wie MK. Die Ergebnisse der VERA-Studie 1987-88 deuten auf eine eher umgekehrte Verteilung hin: Ähnlich wie bei den MK werden jeweils etwa 10 % der Männer und der Frauen als adipös eingestuft. Etwa doppelt so viele Männer und etwa dreimal so viele

Frauen werden als übergewichtig eingestuft als die jeweiligen Rohkost-Kollektive (DGE 1992 S.32f). Daten über Soldaten der Armee in Großbritannien zeigen einen BMI für Männer von fast 25 kg/m^2 und für Frauen von 22,5 kg/m^2 (James et al 1988). In einer Fünf-Länder-Studie in Osteuropa betrug der durchschnittliche BMI mindestens 25,4 kg/m^2 für Männer und 27,5 kg/m^2 für Frauen; die Daten sind für das Alter standardisiert worden (Heinemann et al 1990).

In sog. Entwicklungsländern findet sich meist ein viel niedrigerer BMI als in westlichen Industrieländern. Wird die Einteilung nach CED zugrundegelegt, sind in Indien 19 % der Männer und 16 % der Frauen, in Äthiopien je 6 % und in Simbabwe je 1 % mit Grad III CED einzustufen (Ferro-Luzzi et al 1992). Eine Gruppe Arbeiter in Indien mit einer Nahrungsenergieaufnahme, die sehr niedrig eingeschätzt wird, hatte einen BMI von 16,6 kg/m^2, eine indische Kontrollgruppe hingegen 20,7 kg/m^2. In dem „Minnesota Experiment" hatten die Teilnehmer ein Studienanfangs-BMI von 21,4 kg/m^2, nach 24 Wochen Hungern 16,3 kg/m^2. Die indischen Arbeiter waren im Gegensatz zu den Freiwilligen in den USA aktiv und fit und wahrscheinlich an die niedrige Zufuhr adaptiert (Waterlow 1986).

In einer Studie mit 22 Patienten, die renal erkrankt waren, wurde für neun Monate entweder eine Diät mit 0,6 oder 0,4 g Protein/kg/d (supplementiert mit EAS) befolgt. Dabei wurde keine signifikante Änderung im BMI vermerkt (Herselman et al 1995). Bei Anorexia nervosa sind BMIs, die als Grad III CED eingestuft würden, bei der Aufnahme solcher Patienten zu vermerken. Eine Gruppe von sechs Patientinnen im Alter von 17-32 Jahren, mit sekundärer Amenorrhoe, die seit 22,7±10,7 Jahre an der Krankheit litten, hatte einen BMI von 15,7 kg/m^2 (Casper et al 1991). In einer französischen Studie mit n=12 Patientinnen (Alter: 16-31 J., 6-48 Monaten Erkrankung) war der BMI bei der Aufnahme 13,8±0,5 kg/m^2. Nach Behandlung war der BMI signifikant gestiegen auf 17,1±0,2 kg/m^2; beide Werte waren signifikant unterschiedlich (p<0,01) zu einer gesunden Kontrollgruppe (Barbe et al 1993). In einer weiteren Studie (Russell et al 1994) war der durchschnittliche BMI bei der Aufnahme von 32 Patientinnen 15,4±1,3 kg/m^2, nach der Behandlung war er signifikant (p<0,001) auf 19,0±1,2 kg/m^2 gestiegen.

6.2.7   Körperzusammensetzung

Die Kompartimente werden als prozentualer Anteil des Körpergewichts insgesamt dargestellt. Zur eingehenden Beurteilung der Körperzusammensetzung fehlen allgemein akzeptierte Normwerte in der Literatur. Die Firma DATA-Input GmbH gibt Normwerte an; dennoch ist unersichtlich, woher diese Werte kommen, insbesondere beim Vergleich zu Ergebnissen aus Studien mit größeren kaukasischen Kollektiven

(Tab. 6.8). Mangels aussagefähigen Normwerten ist es schwierig, die RK-Gruppen zu beurteilen.

Tab. 6.8: **Normwerte: Angaben der Firma DATA-Input GmbH und aus der Literatur (Heitmann 1991, Noppa et al 1980, Watson et al 1980)**

Körperkompartiment	Normwerte der Firma DATA-Input		Richtwerte aus der Literatur	
	Männer	Frauen	Männer	Frauen
% Körperfett (%BF)	10-15 (30 J.)	20-25 (30 J.)	ab 15-25	ab 20-30
% Magermasse (%LBM)	85-90	75-80	73-80	64-74
% Ganzkörperwasser (%TBW)	50-60	55-65	40-70	40-70
ECM/BCM	< 1	< 1		
Phasenwinkel (°)	5,0-9,0	5,0-9,0		
Meta-Index (Resistenz/BMI)[1]	18,0-30,0	18,0-30,0		
Kapa-Index (Reaktanz/BMI)[1]	2,2-3,6	2,2-3,6		

[1] Der Gesamtwiderstand (Impedanz) setzt sich aus zwei Komponenten, Resistenz und Reaktanz, zusammen

Ergebnisse

Es sind folgende Tendenzen erkennbar: Generell sind eher niedrige Körperfettgehalte zu vermerken, wird der üblicherweise mit dem Alter steigende Fettanteil bedacht. Die Magermasse ist entsprechend eher hoch. Hier ist der Index Extrazellulärmasse zu Körperzellmasse (ECM/BCM) aufschlußreich. Von dem Gesamtkollektiv hat 44,9 % ein ECM/BCM Verhältnis von unter 1,0, d.h. daß bei der Mehrheit der untersuchten Rohköstler ist die ECM in der Regel größer als die BCM.

Das Gesamtkörperwasser der RK-Gruppen liegt eher an der oberen Grenze des Normbereichs; 31,8 % liegt über dem Normbereich. Auch als prozentualer Anteil der fettfreien Masse liegen sie eher höher (RK-Gesamt: 77 %, Normbereich: 70-78 %). Von der RK-Gesamt liegen 68,2 % im angegebenen Normbereich der Firma DATA-Input GmbH.

Von dem Gesamtkollektiv liegen 84,8 % im Normbereich für den Phasenwinkel, 15,2 % der Teilnehmer liegen darunter (nur ein Teilnehmer hatte einen Phasenwinkelwert unter 4°, der als prognostisch ungünstig betrachtet wird). Die Mehrheit der Teilnehmer (66,2 %) liegen im Normbereich des Meta-Index, während 30,3 % über und lediglich 3,5 % unter diesem Bereich liegen. Auch beim Kapa-Index liegt die Mehrheit der Probanden im Normbereich (77,8 %). Die restlichen Teilnehmer liegen eher unter dem Normbereich (13,1 %) als darüber (9,1 %).

Tab. 6.9: Körperzusammensetzung des Gesamtkollektivs sowie getrennt nach Geschlecht

Körperkompartiment	RK-Gesamt (n = 201) Median	5-95 %	RK-Männer (n = 94) Median	5-95 %	p^1	RK-Frauen (n = 107) Median	5-95 %
% Körperfett	23	11-36	18	8,3-27	0,0000	27	17-38
% Magermasse	77	64-89	82	73-92	0,0000	73	63-83
% Ganzkörperwasser	59	50-69	63	56-71	0,0000	57	48-65
Magermasse : Fettmasse	3,3	1,7-7,8	4,4	2,6-9,6	0,0000	2,7	1,7-4,8
ECM/BCM	1,0	0,8-1,3	0,9	0,8-1,2	0,0000	1,0	0,8-1,4
Phasenwinkel (°)	5,7	4,5-6,9	6,0	4,9-7,1	0,0000	5,6	4,3-6,5
Meta-Index	27,1	18,5-39,3	24,4	17,1-38,1	0,0000	29,3	22,9-44,1
Kapa-Index	2,7	1,7-4,1	2,6	1,6-4,0	0,0001	2,8	2,0-4,2

[1] Signifikanztest nach Mann-Whitney (U-Test) zwischen RK-Männern und RK-Frauen
    nicht signifikant (ohne Schattierung)
    p < 0,05
    p < 0,01
    p < 0,001

Tab. 6.10: Körperzusammensetzung der OmRK, VtRK und VnRK

Körperkompartiment	$p^{1,2}$	OmRK (n = 56) Median	5-95 %	$p^{1,3}$	VtRK (n = 90) Median	5-95 %	$p^{1,4}$	VnRK (n = 55) Median	5-95 %
% Körperfett	0,9738	21	9,3-38	0,0400	24	13-37	0,0579	23	6,2-35
% Magermasse	0,9738	79	62-91	0,0400	76	63-87	0,0579	78	65-94
% Ganzkörperwasser	0,9881	61	49-70	0,0704	59	48-68	0,0925	59	52-72
Magermasse : Fettmasse	0,8226	3,7	1,6-10	0,0340	3,2	1,7-6,7	0,0995	3,4	1,8-11
ECM/BCM	0,4874	1,0	0,7-1,3	0,5381	1,0	0,8-1,3	0,8312	1,0	0,8-1,4
Phasenwinkel (°)	0,6428	5,7	4,6-7,3	0,5890	5,8	4,7-6,7	0,9635	5,7	4,3-7,1
Meta-Index	0,0210	26,3	18,3-37,4	0,0949	27,4	17,1-42,2	0,3646	28,0	19,2-40,8
Kapa-Index	0,0587	2,6	1,6-4,2	0,2529	2,7	1,8-4,0	0,2864	2,8	1,9-4,1

[1] Signifikanztest nach Mann-Whitney (U-Test) zwischen [2] OmRK und VnRK, [3] OmRK und VtRK sowie [4] VtRK und VnRK
    nicht signifikant (ohne Schattierung) nach Schaffer'sche Korrektur
    p < 0,05 nach Schaffer'sche Korrektur
    p < 0,01 nach Schaffer'sche Korrektur
    p < 0,001 nach Schaffer'sche Korrektur

Tab. 6.11: Körperzusammensetzung der 70RK, 80RK und 90RK

Körperkompartiment	$p^{1,2}$	70RK (n = 14) Median	5 %; Max	$p^{1,3}$	80RK (n = 40) Median	5-95 %	$p^{1,4}$	90RK (n = 147) Median	5-95 %
% Körperfett	0,1333	25	10; 40	0,7316	27	11-38	0,0017	22	10-33
% Magermasse	0,1333	75	60; 90	0,7316	73	63; 89	0,0017	78	68-90
% Ganzkörperwasser	0,0995	57	47-69	0,8244	57	47-69	0,0021	60	53-70
Magermasse : Fettmasse	0,1514	3,0	1,5; 8,9	0,6866	2,7	1,7-7,8	0,0018	3,5	2,0-8,2
ECM/BCM	0,7755	1,0	0,8; 1,4	0,8770	1,0	0,8-1,2	0,9975	1,0	0,8-1,3
Phasenwinkel (°)	0,6691	5,8	4,3; 7,1	0,7311	5,7	4,8-6,7	0,8815	5,8	4,4-6,9
Meta-Index	0,3499	26,6	18,8;43,7	0,5790	26,7	20,3-35,4	0,9225	27,3	18,3-40
Kapa-Index	0,3234	2,6	1,9; 3,9	0,4242	2,7	1,8-3,3	0,8289	2,7	1,7-4,2

[1] Signifikanztest nach Mann-Whitney (U-Test) zwischen [2] 70RK und 90RK, [3] 70RK und 80RK sowie [4] 80RK und 90RK
    nicht signifikant (ohne Schattierung) nach Schaffer'sche Korrektur
    p < 0,05 nach Schaffer'sche Korrektur
    p < 0,01 nach Schaffer'sche Korrektur
    p < 0,001 nach Schaffer'sche Korrektur

Eine Kovarianzanalyse ergab, daß nur der Rohkostanteil einen signifikanten Einfluß auf %TBW hat. Außer dem Geschlecht hatte keine der Kovariaten einen signifikanten Einfluß. Ein ähnliches Bild ergab sich für %LBM: nur der Rohkostanteil zeigte einen signifikanten Einfluß als Faktor und das Geschlecht (p=0,000) als Kovariate.

Diskussion

Das Verhältnis ECM:BCM bei den untersuchten Rohköstlern zeigt eine höhere extrazelluläre Masse als Körperzellmasse. Dem Kapa-Index und dem leicht niedrigen Phasenwinkel nach zu beurteilen ist da, wo ein BCM-Verlust angedeutet wird, dieser auch tatsächlich eine Reduktion des BCM und beruht nicht auf einem intrazellulärem Wasserverlust. Das Gesamtkörperwasser ist leicht erhöht. Der intrazelluläre Wassergehalt scheint normal (anhand des Kapa-Index), daher ist die Wassereinlagerung wahrscheinlich extrazellulär, insbesondere in anbetracht der oft höheren extrazellulären Masse. Auch der Meta-Index, der leicht über dem Normbereich liegt, deutet auf keine intrazelluläre Einlagerung von Na^+-gebundenem Wasser hin. Der Phasenwinkel, der für das Gesamtkollektiv eher im Normbereich liegt, deutet auf eine erhaltene Membranintegrität hin.

Diese Tendenzen sind als ernst zu betrachten, da eine Reduktion in der BCM - wenn überhaupt - wesentlich langsamer vom Körper kompensiert wird als z.B. eine Reduktion des Körperfettes. Im Frühstadium der Malnutrition ist ein BCM-Abnahme bei gleichzeitiger Vergrößerung des Extrazellulärraumes charakteristisch, Magermasse und Körpergewicht können dabei konstant bleiben. Der steigende ECM/BCM-Index macht (frühzeitig) auf eine Verschlechterung des Ernährungszustandes aufmerksam (DATA-Input o.J.).

Im Gegensatz zu denen noch im Normbereich liegenden BF-Gehalten der untersuchten Rohköstler wurde bei Arbeitern in Indien 6,1 % und bei einer Kontrollgruppe 14,3 % BF verzeichnet. Eine vergleichbare Gruppe in den USA (Keys et al 1950a, 1950b) hatte am Studienbeginn 13,9 %, nach 24 Wochen Hungern 5,2 % BF (Waterlow 1986).

In einer Studie mit 22 Patienten mit chronischem Nierenversagen, die über neun Monate eine von zwei Diäten mit niedrigem Proteingehalt, aber mit EAS-Supplementation befolgten, wurden keine signifikanten Veränderungen im BF beobachtet (Herselman et al 1995). Männliche Mitglieder der britischen Armee im Alter von 25-29 Jahren wiesen einen BF-Gehalt von 17,4 %, im Alter von 30-39 Jahren von 21,1 % BF auf. Bei den weiblichen Mitgliedern im Alter von 25-29 Jahren war ein BF-Gehalt von 27,2 % festzustellen, bei Frauen im Alter von 30-34 Jahren 29,8 % BF (James et al 1988). Kolumbianische Männer mit leichter Mangelernährung hatten einen BF-Gehalt von 20 %, diejenigen mit moderater

Mangelernährung 21 % und bei ausgeprägter Mangelernährung 17 % (James et al 1988).

Eine Studie zum Vergleich von Veganern (23,7±6,1 % BF), Vegetariern (24,1±5,3 % BF) und Mischköstlern (27,4±5,1 % BF) zeigte, daß Vegetarier magerer als Nichtvegetarier waren (Janelle und Barr 1995). In einer Neubewertung der Daten von Harris-Benedict (Roza und Shizgal 1984) wiesen normale Teilnehmer (n=25) $\cong$28,6 % BF, bei einem weiteren Kollektiv normal ernährten (n=33) $\cong$30,9 % BF und bei mangelernährten Teilnehmern (n=41) $\cong$20,8 % BF auf. Ovo-Lakto-Vegetarier wiesen einen subnormalen BF-Gehalt auf (Abdulla et al 1984).

Bei Anorexia nervosa ist eine Reduktion des BF zu verzeichnen (Barbe et al 1993). Eine Studie mit 11 Patientinnen mit andauernder Anorexia nervosa seit mindestens einem Jahr (Alter: 18-46 Jahren) hatten einen BF-Gehalt von 7,7±5,4 % (Mazess et al 1990). Eine weitere Studie mit 10 Patientinnen im Alter von 19-38 Jahren ergab bei der Aufnahme 12±4 % BF, nach der Behandlung 12-29 % BF (Krahn et al 1993). In Australien wiesen Patientinnen mit Anorexia nervosa (Alter: 14-35 J.) bei der Aufnahme einen BF-Gehalt von 15,2±5,0 % auf, der sich signifikant unterschied (ANOVA p<0,001) zu dem BF-Gehalt nach der Behandlung (23,4±3,8 %), sowie zu dem einer Kontrollgruppe mit 26,6±4,6 % BF (Russell et al 1994). In Casper et al (1991) wurde der BF-Gehalt mittels BIA gemessen. Bei sechs Patientinnen mit Anorexia nervosa wurde 14,2 % BF im Vergleich zu einer Kontrollgruppe mit 27,4 % BF festgestellt.

Bei den untersuchten Rohköstlern sind leicht erhöhte %TBW-Werte zu verzeichnen. Mangelernährte (n=41) wiesen einen TBW-Anteil von $\cong$57,7 % auf, normal ernährte (n=33) von $\cong$50,4 % und ein zweites Kollektiv normaler Teilnehmer (n=25) von $\cong$52,3 % (Roza und Shizgal 1984). In einer Studie bei Patientinnen mit Anorexia nervosa wurde während der Phase 1 der Behandlung (1200 kcal/d) 70±5 % TBW mittels BIA gemessen, während der Phase 2 (um 300 kcal/d erhöht) 72±5 %, während der Phase 3 (3600 kcal/d) 68±4 % und während der Erhaltungsphase 4 64±4 % TBW. Der normale Anteil an TBW liegt nach Krahn et al (1993) bei 50 % des Körpergewichts. Mittels D_2O-Dilution wurde TBW bei Patientinnen mit Anorexia nervosa (n=10) gemessen:$\cong$63,9 %, bei der Kontrollgruppe hingegen $\cong$56,3 % TBW. Bei sechs Frauen mit Anorexia nervosa wurde 69 % TBW mittels BIA festgestellt, während eine Kontrollgruppe 55 % TBW aufwies. In etwa sieben Studien, die unterschiedliche Meßmethoden zugrundelegten, wurde ein TBW-Anteil von <30,2-32,8 festgestellt (Dempsey et al 1984).

Die LBM des Rohköstler-Kollektivs liegt relativ hoch. In einer Studie von Janelle und Barr (1995) wurden drei Kostformen verglichen: Bei Nichtvegetariern (n=22) wurde ein LBM von 34,5±6,8 kg, bei Ovo-Lakto-Vegetariern (n=15) 34,7±7,0 kg und bei Veganern (n=8) 35,0±6,6 kg verzeichnet; leider wird der Anteil am Körpergewicht nicht genannt. Bei männlichen Mitgliedern der britischen Armee im Alter von 25-29 Jahren wurde ein LBM von 62 kg festgestellt, bei der Gruppe im Alter von 30-34 Jahren 60,4 kg, bei den 35-39-jährigen 60,7 kg LBM. Bei weiblichen Mitgliedern desselben Kollektivs im Alter von 25-29 Jahren wurde ein LBM von 43,8 kg, bei 30-34-jährigen 41,1 kg registriert (James et al 1988).

Bei Anorexia nervosa ist eine Reduktion der LBM zu verzeichnen (Barbe et al 1993). Die LBM (mittels BIA gemessen) bei solchen Patientinnen war niedriger als in der Kontrollgruppe, jedoch höher bezogen auf das Körpergewicht ($\cong$83,1 % bzw. $\cong$70,1 %) (Casper et al 1991). Australische Frauen mit Anorexia nervosa (Alter: 14-35 Jahren) wiesen bei der Aufnahme ein LBM von $\cong$84,3 %, nach Behandlung $\cong$76,5 % auf; bei der Kontrollgruppe wurde $\cong$73,0 % LBM gemessen (Russell et al 1994).

Bei den untersuchten Rohköstlern ist die ECM eher höher als die BCM. Bei 41 mangelernährten Probanden einer Studie wurde eine BCM von 16,0±0,6 kg festgestellt, bei 33 Normalernährten 21,7±1,0 kg und bei 25 weiteren normalen Teilnehmern 24,6±1,1 kg. Die ECM für die gleichen Gruppen betrug: 31,4±1,2 kg, 27,2±1,1 kg, 25,8±1,0 kg. Es waren signifikante Unterschiede bei ECM und BCM zwischen mangelernährten und normal-ernährten Gruppen zu verzeichnen (Roza und Shizgal 1984). Fehlende Körpergewichtsangaben erschweren die Beurteilung der Körperkompartimente.

6.2.8   Grundumsatz

Für die Berechnung des Grundumsatzes wird die Formel nach Harris-Benedict (s. Kap. 2.2.6 S.31) zugrundegelegt (für das RK-Kollektiv wird das Ist-Gewicht verwendet, da es überwiegend normalgewichtig ist). Schätzungen zum Energiebedarf sollten auf Messungen/Schätzungen des Energieverbrauchs basieren, d.h. der Grundumsatz multipliziert mit verschiedenen Faktoren, die das Aktivitätsniveau schätzen. Der Grundumsatz x 1,27 ist das sog. „survival requirement" (FAO/WHO/UNU 1985). Der Grundumsatz x 1,4 ist der sog. „minimum acceptable maintenance level" (Buyckx et al 1996). Für leichte, mittelschwere und schwere Arbeit gibt es je nach Geschlecht unterschiedliche Faktoren. Der Grundumsatz x 1,55 für Männer und 1,56 für Frauen ist der Faktor für leichte Arbeit

(LA) nach der WHO (FAO/WHO/UNU 1985). Der auf dem BLS basierende Grundumsatz bzw. die Berechnung der Energiezufuhr mittels BLS ist ungenau, da die BLS-Daten zum Energiegehalt ihrerseits auf Berechnungen beruhen.

Ergebnisse

Um das Aktivitätsniveau der Probanden einzuschätzen, werden neben Sport (s. S.79) Angaben aus dem Hauptfragebogen zugrundegelegt. Die Mehrzahl aller Gruppen (VnRK: 61 % bis OmRK: 74 %) verbringt 6-8 Stunden mit Nachtschlaf. Der Rest schläft eher 8-10 Stunden als < 6 Stunden pro Nacht. Keine Gruppe verbringt mehr als die Hälfte des Tages mit sitzender Tätigkeit (RK-Männer: 55 % bis 70RK: 71 %). Insgesamt ist das Kollektiv als aktiv zu bezeichnen.

Der Grundumsatz (berechnet nach der Körperzusammensetzung) ist meist niedriger (außer bei RK-Frauen und OmRK) als der Grundumsatz berechnet nach Harris-Benedict (Tab. 6.12). Keine der Gruppen außer 70RK kann den berechneten „minimum activity maintenance level" mit der verfügbaren Nahrungsenergiezufuhr decken. Außer 80RK, RK-Männer und RK-Frauen können jedoch alle Gruppen mit der (unkorrigierten) Nahrungsenergiezufuhr den „minimum activity maintenance level" erreichen.

Keine der RK-Gruppen hat eine verfügbare Energiezufuhr, die den Energiebedarf für leichte Arbeit decken würde. Lediglich OmRK können mit unkorrigierter Energiezufuhr den nach Harris-Benedict errechneten Bedarf befriedigen (Tab. 6.12). Das Gesamtkollektiv kann den „minimum activity maintenance level" mit der unkorrigierten Energiezufuhr decken.

Tab. 6.12: Nahrungsenergiezufuhr und Grundumsatz (GU) in kcal/d der Teilnehmer der RKS

	Gesamt	Männer	Frauen	OmRK	VtRK	VnRK	70RK	80RK	90RK
NE-Zufuhr	1976	2162	1772	2117	1852	1899	2066	1599	2021
Verfügb.NE	1877	2054	1638	2011	1760	1804	1962	1519	1920
GU (BCM)[1]	1350	1550	1300	1450	1350	1350	1375	1350	1400
GU x 1,4	1890	2170	1820	2030	1890	1890	1925	1890	1960
GU (H-B)[2]	1388	1597	1286	1413	1366	1424	1387	1351	1406
x 1,27	1763	2028	1633	1794	1735	1808	1761	1715	1785
x 1,4	1944	2236	1801	1978	1913	1993	1941	1891	1968
x LA	2162	2475	2007	2196	2131	2207	2163	2107	2192

[1] Grundumsatz berechnet mit der Software der Firma DATA-Input GmbH, basierend auf dem BCM
[2] Grundumsatz berechnet nach der Formel von Harris-Benedict

Eine Kovarianzanalyse (mit GU nach Harris-Benedict x 1,4) ergibt, daß jeweils Variante, Rohkostanteil und die Kombinationsgruppen einen signifikanten Einfluß (alle p=0,000) auf den Grundumsatz haben. Von den Kovariaten haben das

Geschlecht (p=0,000), die Energiezufuhr (p=0,000) und die Proteinzufuhr (p=0,000) auch einen signifikanten Einfluß.

Diskussion

Der auf der Basis der Körperzusammensetzung errechnete Grundumsatz ist eher niedriger als der nach den Formeln von Harris-Benedict berechnete. Dies deutet auf eine Adaptation hin, bei dem der Grundumsatz der Rohköstler gesenkt ist. Da der „minimum activity maintenance level" meist von der (unkorrigierten) Nahrungsenergiezufuhr gedeckt wird, aber nicht von der verfügbaren Nahrungsenergie, wird die Frage nach dem Netto-Effekt der hohen Ballaststoffzufuhr bedeutsamer.

In Schofield und James (1985) wird von Studien berichtet, in der der Grundumsatz bei Mangelernährung untersucht wurde (Nr. 10, 34, 45). Der gemessene Grundumsatz war um mindestens 11,7 % niedriger als der zu erwartende Grundumsatz bzw. der Grundumsatz einer Kontrollgruppe. Bei sechs Patientinnen mit Anorexia nervosa wurde ein Grundumsatz von 4,2 MJ/d gemessen, bei einer gleich großen Kontrollgruppe war er 5,5 MJ/d (Casper et al 1991). Viele Patientinnen mit Anorexia nervosa haben ein hohes Energieniveau und sind sehr aktiv, obwohl sie eine verminderte Energiezufuhr und starken Gewichtsverlust aufweisen (Casper et al 1991). Eine Studie zeigte, daß die „resting energy expenditure" nicht signifikant von der üblichen Menge an Nahrungsproteinzufuhr beeinflußt war (Pacy et al 1993).

Der berechnete Grundumsatz von Arbeitern in Indien war 30,1 kcal/kg, von der indischen Kontrollgruppe 26,4 kcal/kg. Teilnehmer des „Minnesota Experiment" wiesen eingangs einen Grundumsatz von 25,2 kcal/kg auf, nach 24 Wochen Hungern 28,4 kcal/kg (Waterlow 1986). In einer Studie wurde der Grundumsatz von Einwanderern von einem tropischen Klima zu einem moderatem Klima mit Landeskollegen verglichen. Die Einwanderer (n=17) im Alter von 25 Jahren mit einem BMI von 24,1 kg/m^2 wiesen einen Grundumsatz von 105 kJ/kg/d auf, während Briten (n=17) im Alter von 23 Jahren mit einem BMI von 22,3 kg/m^2 einen Grundumsatz von 110 kJ/kg/d aufwiesen (Shetty et al 1996). Der Grundumsatz von indischen Personen ist 10-12 % niedriger als vergleichbare Daten für europäische und amerikanische Männer und Frauen. Der Grund ist unklar: Es kann an der niedrigeren BCM, der niedrigeren Muskelmasse oder an einer Adaptation an chronische Unterernährung liegen (Narasinga Rao 1981). Möglicherweise ist ein niedriger Grundumsatz pro kg Körpergewicht bei chronisch Unterernährten Veränderungen in der Körperzusammensetzung zuzuschreiben, genauer einer

Reduktion der Muskelmasse und einem Anstieg im nichtmuskulären Teil (Shetty et al 1996). Dies wäre auch bei Rohköstlern nicht ausgeschlossen.

Da der Energiebedarf u.a. von dem Körpergewicht abhängt, könnte auch eine geringere Energieaufnahme immer noch bedarfsgerecht sein. Die niedrige Nahrungsenergieaufnahme vieler Vegetarier kann allerdings nicht uneingeschränkt positiv bewertet werden. Auch Veganer sind (zwar) prinzipiell in der Lage ihren Energiebedarf zu decken, andererseits ist ihre Energiezufuhr oftmals relativ niedrig. Dies kann gerade bei Veganern unerwünschte Auswirkungen auf den Proteinstoffwechsel mit sich bringen (Leitzmann und Hahn 1996a S.65f).

Eine energetische Unterversorgung vermindert die Verwertung des Nahrungsproteins, da es zur oxidativen Energiegewinnung statt zum Aufbau von Körperprotein genutzt wird. Diese Situation wird bei Veganern dadurch verschärft, daß vegane Kostformen einerseits relativ wenig Protein enthalten und andererseits die biologische Wertigkeit des Nahrungsproteins niedriger ist als bei ovo-lakto-vegetabilen Kostformen oder einer Mischkost (Leitzmann und Hahn 1996a S.67). Bei den untersuchten Rohköstlern liegt der Schwerpunkt der Nahrungsauswahl jedoch bei Obst und nicht bei Getreide, wie bei den meisten vegetarischen/veganen Kostformen.

6.3 Proteinstoffwechsel

6.3.1 Proteinzufuhr

Die Empfehlung der DGE für die tägliche Proteinzufuhr liegt für Erwachsene im Alter von 25-65 Jahren bei 0,8 g/kg Sollgewicht (DGE 1991 S.25). Da die Rohköstler überwiegend als normalgewichtig einzustufen sind (s. Kap. 6.2.6 S.116), wird die Empfehlung auf ihr Istgewicht bezogen. Der Proteingehalt der Lebensmittel im BLS II.1 beruht auf direkten Messungen.

Ergebnisse

Die mediane Proteinzufuhr der Teilnehmer insgesamt liegt bei 41 g/d. Männliche Probanden nehmen signifikant mehr (46 g/d) als weibliche (39 g/d) zu sich. Zwischen den Variantengruppen bestehen auch Unterschiede in der Proteinzufuhr: VtRK sowie VnRK haben eine Proteinzufuhr von 38 g/d; es ist ein höchst signifikanter Unterschied beider Gruppen zu den OmRK (57 g/d) nachweisbar. Wird die Proteinzufuhr nach Rohkostanteilgruppen betrachtet, so sind zwar Differenzen zu verzeichnen (70RK: 49 g/d, 80RK: 38 g/d, 90RK: 42 g/d), jedoch sind keine signifikanten Unterschiede nachweisbar. Die Zufuhrwerte sind in den Tab. 6.13 - Tab. 6.15 S.130 dargestellt.

Bezogen auf das Gewicht und unter Berücksichtigung des Alters und Geschlechts lautet die DGE-Empfehlung 48 g/d für Frauen und 59 g/d bzw. 58 g/d für Männer im Alter von 25 bis unter 51 Jahren bzw. 51 bis unter 65 Jahren. Mehr als 60 % der OmRK erreichen die Empfehlung, dagegen nur jeweils 27 % der VtRK und VnRK. Es ist ein höchst signifikanter Zusammenhang (p=0,00005) zwischen Variante und Klassenzugehörigkeit nachweisbar. Fast 60 % der 70RK erreichen die Empfehlung, jedoch nur 25 % der 80RK und 37 % der 90RK. Hier ist kein signifikanter Zusammenhang festzustellen (p=0,08556).

Wird der Einfluß des Confounders Alkoholkonsum berücksichtigt, so verschiebt sich der Anteil der OmRK auf 67 % und auf 86 % der 70RK, die die Empfehlungen erreichen. Bei den anderen Gruppen ist keine oder nur eine geringe Verschiebung festzustellen. Das Signifikanzniveau steigt bei dem Variantenzusammenhang auf p=0,00003, d.h. daß der Alkoholkonsum den Zusammenhang etwas abgeschwächt hat. Bei den Rohkostanteilgruppen ist ein hoch signifikanter Zusammenhang von p=0,00887 nachweisbar. Auch hier hat der Alkoholkonsum den Zusammenhang vermindert.

Etwa 10-15 % der Nahrungsenergiezufuhr sollte in Form von Protein erfolgen. Bei den Teilnehmern insgesamt sind es 9,5 %, bei den männlichen Teilnehmern 9,3 % und bei den weiblichen Teilnehmern 9,6 %. Mit sinkendem Anteil tierischer Lebensmittel an der Variante sinkt auch der Proteinanteil als Nahrungsenergie. Es sind hoch bzw. höchst signifikante Unterschiede nachzuweisen. Auch bei der Betrachtung der Rohkostanteilgruppen ist ein ähnlicher Trend zu vermerken (Tab. 6.14 S.130).

Die Mehrzahl der OmRK (54 %) liegt in dem empfohlenen Bereich, dagegen liegt die Mehrzahl der VtRK (57 %) und mehr als 80 % der VnRK unter der Empfehlung. Der Zusammenhang zwischen Variante und Klasseneinteilung ist höchst signifikant (p=0,00012). Wird der Alkoholkonsum als Confounder berücksichtigt, so steigt das Signifikanzniveau auf p=0,00003. Die Verteilung verschiebt sich zugunsten der optimal versorgten OmRK. Von den 70RK liegen 70 % im empfohlenen Bereich, wie auch die Mehrzahl der 80RK (58 %), nur die 90RK liegen zu fast 70 % unter den Empfehlungen. Es ist ein höchst signifikanter Zusammenhang (p=0,00065) zwischen Rohkostanteilgruppen und der Klasseneinteilung nachweisbar. Auch dieses

Signifikanzniveau steigt (p=0,00050) nach Einbezug des Confounders Alkoholkonsum. Werden Variante- und Rohkostanteilgruppen gleichzeitig berücksichtigt, so ist (vor und) nach der Berücksichtigung des Confounders Alkoholkonsum ein höchst signifikanter Zusammenhang nachweisbar (p=0,00000). Keiner der 37 Teilnehmer, die einen Alkoholkonsum >0,0 g/d haben, liegt über der Empfehlung (bis 15 % der Nahrungsenergie als Protein).

Die mittlere Nährstoffdichte beträgt für Protein 5,4 g/MJ für das Gesamtkollektiv; 66 % der Teilnehmer liegen somit unter der jeweiligen Empfehlung der DGE für die Nährstoffdichte gemäß Alter und Geschlecht: Männer 5,9 bzw. 6,4 g/MJ im Alter von 25-51 bzw. 51-65 Jahren und Frauen 5,6 bzw. 6,4 g/MJ derselben Altersklassen.

Zwischen den männlichen und den weiblichen Teilnehmern gibt es keinen signifikanten Unterschied in der Proteinnährstoffdichte, jedoch zwischen allen Variantengruppen und zwischen den Rohkostanteilgruppen (s.Tab. 6.13-Tab. 6.15 S.130). 55 % der OmRK erreicht die Empfehlung. Weder die VtRK (zu 68 %) noch die VnRK (zu 84 %) erreichen die empfohlenen Werte. Es ist ein höchst signifikanter Zusammenhang (p=0,00007) zwischen Variante und Versorgungsklasse (unter/erreicht bzw. über den Empfehlungen der DGE) nachweisbar.

Nach Berücksichtigung des Confounders Alkoholkonsum erhöht sich der Anteil an optimal versorgten Teilnehmern bei den OmRK auf 62 % und das Signifikanzniveau steigt auf p=0,00002. Selbst bei den 37 Teilnehmern mit einem Alkoholkonsum >0,0 g/d ist ein höchst signifikanter Zusammenhang nachweisbar (p=0,00010). Bei den 70RK erreichten die Mehrzahl die Empfehlung, bei den 80RK bzw. 90RK erreichten 45 bzw. 93 % nicht die Empfehlung.

Auch zwischen Rohkostanteilgruppen und Versorgungsklasse ist ein höchst signifikanter Zusammenhang nachweisbar (p=0,00016), jedoch ist dieser nach Berücksichtigung des Confounders Alkoholkonsum nicht mehr nachweisbar (p=0,41905). Werden Variante- und Rohkostanteilgruppen gleichzeitig berücksichtigt, so ist ein höchst signifikanter Zusammenhang (p=0,00001) nachweisbar, der auch nach Berücksichtigung des Alkoholkonsums bestehen bleibt (p=0,00000). Die VtRK mit hohem Rohkostanteil erreichen eher nicht die Empfehlung, ähnlich bei den VnRK.

Tab. 6.13: Tägliche Proteinzufuhr der Teilnehmer der RKS gesamt und getrennt nach Geschlecht (Median, 5-95er Perzentile)

Protein	RK-Gesamt (n = 201)		RK-Männer (n = 94)		p^2	RK-Frauen (n = 107)	
	Median	5-95 %	Median	5-95 %		Median	5-95 %
Protein g	41	20-88	47	15-97	0,0081	39	22-82
Protein g/kg Körpergewicht	0,7	0,3-1,5	0,7	0,2-1,4	0,307[6]	0,7	0,4-1,6
Protein g/MJ NEZufuhr[1]	5,4	3,2-8,2	5,3	2,9-7,5	0,1660	5,4	3,4-8,5
Protein (Energie %)	9,5	5,7-14	9,3	5,1-13	0,1660	9,6	6,0-15

[1] NE = Nahrungsenergie
[2] Signifikanztest nach Mann-Whitney (U-Test) bzw. [6] t-Test zwischen RK-Männern und RK-Frauen

nicht signifikant (ohne Schattierung)
p < 0,05
p < 0,01
p < 0,001

Tab. 6.14: Tägliche Proteinzufuhr der OmRK, VtRK und VnRK (Median, 5-95er Perzentile)

Protein	$p^{2,3}$	OmRK (n = 56)		$p^{2,4}$	VtRK (n = 90)		$p^{2,5}$	VnRK (n = 55)	
		Median	5-95 %		Median	5-95 %		Median	5-95 %
Protein g	0,0000	57	31-105	0,0000	38	24-69	0,1950	38	6,5-80
Protein g/kg Gewicht[6]	0,000	0,9	0,4-1,6	0,000	0,7	0,4-1,2	0,250	0,6	0,1-1,2
Protein g/MJ NEZufuhr[1]	0,0000	6,2	3,9-8,7	0,0036	5,5	3,5-8,1	0,0016	4,9	2,8-6,9
Protein (Energie %)	0,0000	11	6,8-15	0,0036	9,7	6,0-14	0,0016	8,5	4,9-12

[1] NE = Nahrungsenergie
[2] Signifikanztest nach Mann-Whitney (U-Test) bzw. [6] t-Test zwischen [3] OmRK und VnRK, [4] OmRK und VtRK sowie [5] VtRK und VnRK

nicht signifikant (ohne Schattierung) nach Schaffer'sche Korrektur
p < 0,05 nach Schaffer'sche Korrektur
p < 0,01 nach Schaffer'sche Korrektur
p < 0,001 nach Schaffer'sche Korrektur

Tab. 6.15: Tägliche Proteinzufuhr der 70RK, 80RK und 90RK (Median, 5-95er Perzentile)

Protein	$p^{2,3}$	70RK (n = 14)		$p^{2,4}$	80RK (n = 40)		$p^{2,5}$	90RK (n = 147)	
		Median	5 %;Max		Median	5-95 %		Median	5-95 %
Protein g	0,2954	49	15; 101	0,0725	38	24-91	0,5935	42	18-80
Protein g/kg Gewicht[6]	0,158	0,8	0,2; 1,6	0,090	0,6	0,4-1,5	0,478	0,7	0,3-1,4
Protein g/MJ NEZufuhr[1]	0,0020	6,5	4,4; 8,7	0,0664	5,8	4,4-8,0	0,0010	5,1	3,0-8,0
Protein (Energie %)	0,0020	11	7,7; 15	0,0664	10	7,6-14	0,0010	9,0	5,2-14

[1] NE = Nahrungsenergie
[2] Signifikanztest nach Mann-Whitney (U-Test) bzw. [6] t-Test zwischen [3] 70RK und 90RK, [4] 70RK und 80RK sowie [5] 80RK und 90RK

nicht signifikant (ohne Schattierung) nach Schaffer'sche Korrektur
p < 0,05 nach Schaffer'sche Korrektur
p < 0,01 nach Schaffer'sche Korrektur
p < 0,001 nach Schaffer'sche Korrektur

Diskussion

Insgesamt zeigt sich bei den untersuchten Rohköstlern eine unzureichende Proteinzufuhr. Lediglich die moderateren Formen - sei dies durch Variante und/oder Rohkostanteil - erreichen die Empfehlungen der DGE. Dies wird durch den nachweisbaren Zusammenhang zwischen Variante bzw. Rohkostanteil und den Klassen bestätigt. Lediglich die OmRK bzw. 70RK erreichen die Empfehlungen der WHO bzw. die PRI der CEC von 0,75 g Protein/kg Körpergewicht. Alle Gruppen erreichen die AR der CEC von 0,60 g Protein/kg Körpergewicht (s. S.22). Bei langjährigen Befolgern der „Living Food Diet" von Ann Wigmore wurde eine Proteinzufuhr von 49,5±12,8 g/d mittels eines 7TP berechnet (Agren et al 1995). Bei Probanden, die einen Monat bzw. eine Woche lang diese vegane Kostform ausübten, wurde ein Proteinzufuhr von 71 g/d festgestellt (Peltonen et al 1992, Hänninen et al 1992).

In der Deutschen Vegan-Studie (Dörr 1998) wurde eine mittlere Proteinzufuhr von 62,0 g/d (0,9 g/kg) für Männer und von 47,4 g/d (0,8 g/kg) für Frauen nach dem BLS II.2 berechnet. Zwischen dem BLS II.1 und II.2 ist in bezug auf Protein kein signifikanter Unterschied zu vermerken (Linseisen und Wolfram 1997). In der VWS hatten die VWK eine niedrigere Proteinzufuhr als die MK, und die VEG eine niedrigere als die NVEG (Aalderink et al 1994). Eine Studie in Schweden mit sechs Vegetariern ergab eine Zufuhr zwischen 0,54-0,83 g Protein/kg/d, die damit nicht die Empfehlungen erreichte. Die Nährstoffdichte war 24 g/1000kcal, signifikant niedriger als die einer normalen Kost mit 30 g/1000kcal (Abdulla et al 1981). Effekte inter- und intraindividueller Variation in wiederholten Nahrungsprotokollen zeigten, daß Supplemente nicht die Gesamtzufuhr an Protein (und Energie) beeinflußten (Sempos et al 1985).

In Studien mit Vegetariern und/oder Veganern weisen diese Gruppen fast immer eine niedrigere Proteinzufuhr als die Kontrollgruppen auf (Draper et al 1993, Millet et al 1989, Rider et al 1984, Anderson et al 1981, Ganapathy und Dhanda 1980, Dickerson und Fehily 1979, Ellis und Mumford 1967). Bei einem Vergleich von allen drei Gruppen liegen Veganer in der Zufuhr am niedrigsten (Janelle und Barr 1995, Alexander et al 1994, Hardinge et al 1966). Werden die Mengen auf das Körpergewicht bezogen, so sind die Vegetarier und Veganer jedoch durchaus in der Lage, die Empfehlungen zu erreichen (Carlson et al 1985, Abdulla et al 1984). Nach den Empfehlungen ist dies für die untersuchten Rohköstler nicht der Fall, werden jedoch Sicherheitszuschläge berücksichtigt, so liegen sie im Bereich des als Mindestmenge erachteten Proteins/kg Körpergewicht (s. S.22). In einer Studie von Agarwal et al (1984) zeigte sich, daß die tägliche Zufuhr von 0,53 g/kg pflanzlichem Protein (Getreide, Leguminosen, Gemüse) für gesunde aktive Frauen ausreichend ist. Inwieweit eine Adaptation des Stoffwechsels bei diesen indischen Frauen eine Rolle spielte, wurde nicht diskutiert.

Die VERA-Studie in Deutschland zeigte eine durchschnittliche Proteinzufuhr von 74,8±0,54 g/d, die mediane Zufuhr für Männer (n=856) war 82 g/d und für Frauen (n=1138) 66 g/d (Heseker et al 1992 S. 177-180). In den USA zeigt sich eine durchschnittliche Zufuhr von 100 g/d (Bingham et al 1982) unabhängig von Wohnort und ethnischer Zugehörigkeit (National Research Council 1990 S.260). Die USDA-Erhebungen 1977-78 sowie 1985-86 zeigten, daß etwa 16 % der Nahrungsenergie durch Protein gedeckt wurden (National Research Council 1990 S.260, National Research Council 1989 S.52f) Bereits die Daten aus dem USDA Household Food Consumption Survey 1965/66 sowie die Erhebung 1977/78 zeigten, daß Männer und Frauen über 100 % hinaus die Proteinzufuhrempfehlungen ohne weiteres erreichten (Pao und Mickle 1981, Chopra et al 1978).

In Japan wurde kurz vor dem zweiten Weltkrieg 53 g Protein/d durchschnittlich zugeführt, in etwa 1945 war dies auf 36 g/d gesunken. Inzwischen nimmt ein durchschnittlicher Japaner 78,9 g/d zu sich (Bezugsjahr: 1986), davon ist 40,1 g tierisches Protein (Shimazono 1990). In sog. Entwicklungsländern werden Proteinzufuhrmengen von 0,4-0,8 g/kg/d festgestellt. Da diese von langfristigen Ernährungsmustern stammen, deuten sie auf eine erhebliche Adaptation hin (Castaneda et al 1995, Agarwal et al 1984). RK-Gesamt hat eine ähnliche Proteinzufuhr, wie Menschen in Ghana, Bangladesch oder Sierra Leone (Young und Pellett 1990) und liegt somit bei den Ländern mit der niedrigsten durchschnittlichen Proteinzufuhr.

6.3.2   Proteinlieferanten

Um den Anteil an der Proteinzufuhr zu errechnen, wurden die einzelnen Lebensmitteln zu Gruppen zusammengefaßt (s. Anhang 4 S.203).

Ergebnisse

In Tab. 6.16 sind die prozentualen Anteile der Proteinzufuhren von verschiedenen Lebensmittelgruppen dargestellt. Bei den Teilnehmern kommen insgesamt fast 50 % der Proteinzufuhr von Obst und Gemüse. Nüsse und Samen machen jeweils 10 % der Proteinzufuhr aus. Eier spielen eine eher untergeordnete Rolle. Eine größere Rolle dagegen spielen die Lebensmittel nach Wigmore.

Insgesamt 8 % der Proteinzufuhr kommen von Fleisch und Fleischprodukten sowie von Fisch und Meerestieren. Dieses Bild verschiebt sich zwischen den Geschlechtern geringfügig. Insgesamt stammen 82 % des Proteins aus rohen Lebensmitteln und 86 % aus pflanzlichen Lebensmitteln.

Tab. 6.16: Proteinquellen (in %) des Rohköstlerkollektivs

Lebensmittelgruppen	Gesamt (n=201)	Männer (n=94)	Frauen (n=107)	OmRK (n=56)	VtRK (n=90)	VnRK (n=55)	70RK (n=14)	80RK (n=40)	90RK (n=147)
Obst/-erzeugnisse	30,4	31,0	29,9	26,9	28,7	39,4	14,0	22,5	34,4
Gemüse/Hülsenfrüchte	18,9	17,6	20,1	14,9	21,0	21,4	16,3	20,3	18,8
Nüsse	10,2	12,0	8,3	8,3	10,5	12,4	5,5	7,6	11,4
Samen	10,0	10,7	9,4	8,5	8,0	16,1	11,5	9,2	10,0
Getreide/Nährmittel	5,7	1,6	6,8	3,5	7,8	5,6	16,4	7,8	3,9
Brot/Backwaren	3,3	2,9	3,7	3,4	4,8	-	10,7	8,3	-
Kartoffeln	-	-	-	-	-	-	-	-	-
LM nach Wigmore	2,6	3,7	-	3,1	3,6	-	5,1	3,2	2,2
Sojaprodukte	-	-	-	-	-	-	-	2,4	-
Brotaufstriche	-	-	-	-	-	-	-	1,2	-
Süßwaren/Süßspeisen	-	-	-	-	-	-	-	1,9	-
Süßungsmittel	-	-	-	-	-	-	-	-	-
Speisefette/-öle	-	-	-	-	-	-	-	-	-
Dressings/Suppen	-	-	-	-	-	-	-	-	-
Hefeprodukte	-	-	-	1,2	-	-	-	-	-
Milch/-produkte	4,0	4,4	3,7	2,9	7,4	-	9,1	6,7	2,8
Eier	-	-	-	-	-	-	-	-	1,1
Fleisch/-produkte	4,3	5,5	3,3	12,2	-	-	2,4	1,4	5,4
Fisch/Meerestiere	4,4	3,2	5,6	12,4	-	-	3,1	3,0	4,9
Getränke	-	-	2,4	-	2,6	2,3	3,1	2,2	1,7
Sonstiges[1]	6,2	7,4	6,8	3,9	4,4	2,8	2,8	2,3	3,4
Gesamt	100	100	100	100	100	100	100	100	100

[1] Sonstiges = Summe aller Lebensmittelgruppen, die weniger als 1,0% beitragen (-)

Werden die Teilnehmer nach der Variante differenziert (Tab. 6.16), so wird deutlich, daß bei Abnahme tierischer Lebensmittel zunehmend Obst und Gemüse als Proteinlieferanten dienen. Auch Nüsse und Samen spielen eine zunehmend wichtige Rolle. Bei VnRK werden 16 % der Proteinzufuhr durch Samen gedeckt. Bei OmRK sind, wie zu erwarten, Fisch und Meerestiere sowie Fleisch und Fleischprodukte wichtige Proteinquellen, die jeweils 12 % der Zufuhr decken. Bei VtRK sind entsprechend Milch und Milchprodukte mit 7 % eine wichtige Quelle, aber sie tragen dennoch weniger dazu bei als Getreide und Nährmittel mit 8 %. Für OmRK und VtRK spielen auch Lebensmittel nach Wigmore eine Rolle. Eier liefern bei keiner Gruppe einen nennenswerten Beitrag als Proteinquelle.

Werden die Teilnehmer nach dem Rohkostanteil differenziert (Tab. 6.16), so stellt das Obst eine zunehmend wichtige Proteinquelle dar. Der Anteil an Protein aus Gemüse verändert sich über die drei Gruppen nicht gravierend. Dagegen werden Nüsse als Quelle mit steigendem Rohkostanteil wichtiger. Getreide und Nährmittel als wichtige Proteinlieferanten nehmen mit steigendem Rohkostanteil ab. Ein ähnliches Bild ergibt sich bei Brot und Backwaren sowie Milch und Milchprodukten.

Bei keiner der Gruppen außer bei 90RK haben Eier einen nennenswerten Beitrag als Proteinlieferanten.

Diskussion

Die untersuchten Rohköstler unterscheiden sich auch bei der Hauptquelle für Protein wie bei der Nahrungsenergie im Vergleich zu Ergebnissen anderer Studien. In der Berliner Vegetarier-Studie (Rottka et al 1989) lagen für männliche (n=151) und weibliche (n=187) Vegetarier Käse/Quark an erster Stelle als Proteinlieferanten, gefolgt von Brot/Backwaren, Nährmittel und Milch. Bei der nicht-vegetarischen Kontrollgruppe lagen Brot/Backwaren an erster Stelle, gefolgt von Fleisch, Käse/Quark und Milch für Männer (n=150) und gefolgt von Käse/Quark, Fleisch und Milch für Frauen (n=174).

Bei einem Vergleich von 18 Veganern, 16 Ovo-Lakto-Vegetariern und 18 Mischköstlern (Wiseman et al 1987) haben Letztgenannte signifikant mehr Protein aus tierischen Lebensmitteln entnommen als Vegetarier, die 64 % pflanzliches Protein zuführten. Eine weitere Studie zeigte, daß die untersuchten Ovo-Lakto-Vegetarier etwa die Hälfte ihres Proteins über Milch, Käse und Eier bekamen. Mehr als $^2/_3$ des Proteins bei Nicht-Vegetariern in der gleichen Studie wurde von tierischen Lebensmitteln geliefert: etwa zur Hälfte je von Fleisch/Fleischprodukten und Milch/Käse/Eiern (Hardinge et al 1966).

In einer britischen Studie mit Vegetariern und Veganern lag Getreide an erster Stelle als Proteinlieferant (30-40 %), gefolgt von Milchprodukten (20-23 %). Obwohl bei den untersuchten Rohköstlern die zugeführten Proteine hauptsächlich pflanzlichen Ursprungs sind, stammen sie nicht, wie bei vielen anderen Gruppen, aus Getreide, sondern überwiegend aus Obst und Gemüse. Nüsse sind eine wichtige Proteinquelle für Rohköstler, nicht zuletzt durch ihren hohen Stickstoffgehalt (19 % s. Kap. 2.2.2 S.17).

Bei Veganern waren Sojaprodukte auch eine wichtige Proteinquelle (10 %); Gemüse trug 7-10 % zur Gesamtproteinmenge aller Gruppen bei (Draper et al 1993). In der VWS (Aalderink et al 1994) haben VWK 60 % des Proteins aus pflanzlichen Lebensmitteln gedeckt, MK hingegen 35 %. Brot/Backwaren waren die wichtigste Quelle für VWK (22 % des Proteins), vor Käse/Quark/Ei (18 %), während sie bei den MK mit 16 % an zweiter Stelle nach Fleisch/Fleischprodukten (32 %) lagen.

Bei der Menge an Protein aus tierischen Quellen (14 %) liegen Rohköstler etwa bei Ländern wie Bangladesch (13 %) oder Indonesien (12 %), im starken Gegensatz zu

Ländern wie den USA (68 %) oder Österreich (63 %) (Young und Pellett 1990). Studien in den USA nennen Fleisch/Fleischprodukte/Fisch an erster Stelle als Proteinlieferanten (fast 50 %) für die normale Bevölkerung (National Research Council 1990 S.260, National Research Council 1989 S.52f, Block et al 1985). Milch/Milchprodukte liefern etwa 17 %, Eier 4 % und Getreide 16-20 % des Proteins. Anfang der 1980er Jahre wurde ebensoviel Protein von Kartoffeln wie von Fisch zugeführt, 3,4 % des Gesamtverzehrs (Bender 1980).

6.3.3   Essentielle-Aminosäuren-Zufuhr

Unterschiedliche Empfehlungen zum geschätzten Bedarf bzw. Muster der EAS (s. S.24) werden hier dargestellt. Bei den neueren Empfehlungen sind einige den älteren ähnlich (bei Leu, Trp, Phe + Tyr) bzw. bleiben unverändert (bei Met + Cys, Val).

Ergebnisse

Die Daten zum Aminosäurengehalt von Lebensmitteln im BLS II.1 basieren auf indirekten Messungen (Polensky 1989 S.32) bzw. werden über die Summe der Aminosäuren berechnet.

Das Muster der essentiellen Aminosäuren

Das Muster der EAS in mg/g Protein ist Tab. 6.17 zu entnehmen. Außer bei Histidin sowie Methionin + Cystein liegen die mittleren Zufuhrmengen für das Kollektiv insgesamt mehr als doppelt so hoch wie die Empfehlungen der WHO (Tab. 6.20 S.138). Verglichen mit den Empfehlungen von MIT/Young et al (Tab. 6.20 S.138) liegen RK-Gesamt und die RK-Männer im Mittel für Lysin knapp darunter; der Bedarf aller anderen Aminosäuren wird gedeckt.

Zwischen den Geschlechtern sind bei Isoleucin, Leucin, Lysin, Phenylalanin, Threonin, Tryptophan und Valin signifikante Unterschiede nachweisbar. Die Zufuhrmengen der weiblichen Teilnehmer liegen immer höher als die der männlichen Teilnehmer, jedoch sind bei Histidin, Methionin, Cystein sowie Tyrosin keine signifikanten Unterschiede nachweisbar.

136

Tab. 6.17: Aminosäurenzufuhr (mg/g Protein/d) der Teilnehmer der RKS gesamt und getrennt nach Geschlecht (Median, 5-95er Perzentile)

Aminosäuren	RK-Gesamt (n = 201) Median	5-95 %	RK-Männer (n = 94) Median	5-95 %	p^2	RK-Frauen (n = 107) Median	5-95 %
Histidin (His)	24	12-36	24	18-30	0,8269	23	18-38
Isoleucin (Ile)	40	32-63	39	32-53	0,0400	40	34-68
Leucin (Leu)	61	47-99	59	46-86	0,0104	63	48-106
Lysin (Lys)	49	40-87	48	36-70	0,0244	50	42-92
Methionin (Met)	16	8,5-31	16	7,9-32	0,3005	17	9,3-31
Cystein (Cys)	15	12-22	14	12-20	0,2454	15	12-23
Met + Cys	31	23-51	31	22-48	0,3371	31	23-54
Phenylalanin (Phe)	39	32-66	38	31-52	0,0109	40	35-70
Tyrosin (Tyr)	28	21-43	28	21-40	0,1421	29	23-47
Phe + Tyr	68	55-108	67	53-91	0,0410	68	58-118
Threonin (Thr)	33	28-141	33	27-88	0,0177	34	28-182
Tryptophan (Trp)	11	9,3-19	11	9,2-16	0,0471	11	9,5-21
Valin (Val)	48	39-79	47	38-65	0,0069	49	42-81
EAS[1] (ohne His)	342	285-636	335	279-532	0,0136	346	295-681
EAS (mit His)	364	302-674	359	299-560	0,0215	372	316-708

[1] EAS = essentielle Aminosäuren
[2] Signifikanztest nach Mann-Whitney (U-Test) zwischen RK-Männern und RK-Frauen
▢ nicht signifikant (ohne Schattierung)
▨ p < 0,05
▩ p < 0,01
▮ p < 0,001

Werden die Mengen nach Variantengruppen betrachtet (Tab. 6.18), so sind zwischen OmRK und VnRK und zwischen VtRK und VnRK höchst signifikante Unterschiede für Isoleucin, Leucin, Lysin, Threonin und Tyrosin nachweisbar. Bei OmRK und VtRK ist die Verteilung ähnlich, VtRK weisen niedrigere Zufuhrmengen als OmRK auf, die Zufuhr beider Gruppen liegt über der der VnRK.

Tab. 6.18: Aminosäurenzufuhr (mg/g Protein/d) der OmRK, VtRK und VnRK (Median, 5-95er Perzentile)

Aminosäuren	$p^{2,3}$	OmRK (n = 56) Median	5-95 %	$p^{2,4}$	VtRK (n = 90) Median	5-95 %	$p^{2,5}$	VnRK (n = 55) Median	5-95 %
Histidin (His)	0,0006	25	20-30	0,0442	24	18-38	0,0454	22	16-42
Isoleucin (Ile)	0,0000	41	36-50	0,9231	40	35-67	0,0000	37	31-66
Leucin (Leu)	0,0000	63	53-82	0,9262	63	49-107	0,0000	53	40-99
Lysin (Lys)	0,0000	55	43-71	0,0038	49	40-91	0,0004	45	34-91
Methionin (Met)	0,0798	18	9,0-24	0,1128	16	8,3-31	0,2573	15	7,4-38
Cystein (Cys)	0,3924	14	12-18	0,1485	15	12-25	0,7444	15	12-23
Met + Cys	0,1965	33	24-41	0,3301	31	23-56	0,4412	30	20-57
Phenylalanin (Phe)	0,0456	39	35-49	0,0087	40	33-70	0,0030	37	30-68
Tyrosin (Tyr)	0,0000	29	26-36	0,9839	29	23-48	0,0000	26	19-43
Phe + Tyr	0,0006	68	62-83	0,1699	70	58-118	0,0000	62	49-111
Threonin (Thr)	0,0000	35	30-110	0,4071	34	29-268	0,0000	30	25-96
Tryptophan (Trp)	0,1944	11	9,7-14	0,0766	11	9,6-20	0,0090	11	8,6-21
Valin (Val)	0,0016	48	43-59	0,1999	49	41-82	0,0001	45	35-83
EAS[1] (ohne His)	0,0000	357	314-477	0,4663	344	294-691	0,0000	314	263-643
EAS (mit His)	0,0000	381	336-504	0,4071	371	317-723	0,0000	336	286-681

[1] EAS = essentielle Aminosäuren
[2] Signifikanztest nach Mann-Whitney (U-Test) zwischen [3] OmRK und VnRK, [4] OmRK und VtRK sowie [5] VtRK und VnRK
▢ nicht signifikant (ohne Schattierung) nach Schaffer'sche Korrektur
▨ p < 0,05 nach Schaffer'sche Korrektur
▩ p < 0,01 nach Schaffer'sche Korrektur
▮ p < 0,001 nach Schaffer'sche Korrektur

Nach Rohkostanteilgruppen betrachtet (Tab. 6.19) sind zwischen Isoleucin, Leucin, Phenylalanin Tyrosin und Valin für die o.g. Gruppen höchst signifikante Unterschiede nachweisbar. Zwischen 80RK und 90RK sind alle Unterschiede in der Zufuhr EAS signifikant höher als bei 80RK. Auch liegen 70RK höher als 90RK und die Unterschiede bis auf Lysin, Cystein und Histidin sind signifikant. Zwischen 70RK und 80RK sind keine signifikanten Unterschiede festzustellen.

Tab. 6.19: Aminosäurenzufuhr (mg/g Protein/d) der 70RK, 80RK und 90RK (Median, 5-95er Perzentile)

Aminosäuren	$p^{2,3}$	70RK (n = 14)		$p^{2,4}$	80RK (n = 40)		$p^{2,5}$	90RK (n = 147)	
		Median	5 %; Max		Median	5-95 %		Median	5-95 %
Histidin (His)	0,3341	24	20; 61	0,4897	25	21-39	0,0059	23	18-33
Isoleucin (Ile)	0,0001	43	38; 120	0,8590	46	37-74	0,0000	39	32-57
Leucin (Leu)	0,0000	70	58; 199	0,7076	68	49-119	0,0000	58	46-93
Lysin (Lys)	0,1275	51	40; 179	0,2523	55	43-102	0,0000	47	37-71
Methionin (Met)	0,0477	18	14; 55	0,7823	18	12-31	0,0048	16	8,2-32
Cystein (Cys)	0,1146	15	13; 38	0,5148	16	12-25	0,0031	14	12-21
Met + Cys	0,0347	32	29; 93	0,7224	34	26-57	0,0025	30	22-48
Phenylalanin (Phe)	0,0000	44	39; 131	0,9214	46	37-80	0,0000	38	32-57
Tyrosin (Tyr)	0,0002	31	29; 85	0,9057	32	26-52	0,0000	28	21-41
Phe + Tyr	0,0000	75	68; 216	0,9214	79	62-132	0,0000	66	54-95
Threonin (Thr)	0,0014	37	31; 318	0,7975	38	30-409	0,0000	33	27-57
Tryptophan (Trp)	0,0190	12	9,7; 38	0,6641	13	9,5-23	0,0003	11	9,3-17
Valin (Val)	0,0001	51	45; 154	1,0000	56	44-92	0,0000	47	38-69
EAS[1] (ohne His)	0,0000	375	320; 1099	0,8281	392	316-812	0,0000	333	280-549
EAS (mit His)	0,0002	404	341; 1160	0,8435	419	341-838	0,0000	355	300-582

[1] EAS = essentielle Aminosäuren
[2] Signifikanztest nach Mann-Whitney (U-Test) zwischen [3] 70RK und 90RK, [4] 70RK und 80RK sowie [5] 80RK und 90RK

nicht signifikant (ohne Schattierung) nach Schaffer'sche Korrektur
p < 0,05 nach Schaffer'sche Korrektur
p < 0,01 nach Schaffer'sche Korrektur
p < 0,001 nach Schaffer'sche Korrektur

Bei Isoleucin, Leucin, Valin, Lysin, Threonin, Tryptophan und Phenylalanin + Tyrosin liegen die Verteilungen der EAS für alle Teilnehmer über den Empfehlungen der WHO. Bei Histidin sind es zwei Teilnehmer und bei Methionin + Cystein ein Teilnehmer, die die Empfehlungen nicht erreichen. Insgesamt, bei allen EAS außer Leucin und Lysin nach MIT-Empfehlungen und Threonin nach den Empfehlungen der WHO für Kinder erreicht die Mehrzahl des Kollektivs die Empfehlungen (Tab. 6.20).

Tab. 6.20: Prozentualer Anteil des Gesamtkollektivs, der den geschätzten Bedarf erreicht

EAS	Prozentualer Anteil des RK-Kollektivs			geschätzter Bedarf in mg/g Protein nach:		
	Young et al Erwachsene 1996	WHO 2-5 J. Kinder 1991	WHO Erwachsene 1985	Young et al Erwachsene 1996	WHO 2-5 J. Kinder 1991	WHO Erwachsene 1985
His		92,0	99,0		(19)	16
Ile	65,5	100,0	100,0	38	28	13
Leu	32,3	29,4	100,0	65	66	19
Lys	41,8	23,9	100,0	50	58	16
Met + Cys	91,0	91,0	99,5	25	25	17
Phe + Tyr	64,7	74,1	100,0	65	63	19
Thr	99,0	44,8	100,0	25	34	9
Trp	84,1	51,3	100,0	10	11	5
Val	99,5	99,5	100,0	35	35	13
EAS - His	82,1	72,6	100,0	313	320	111
EAS + His		76,6	100,0		339	127

Essentielle Aminosäuren pro kg Körpergewicht

Werden die EAS einzeln berücksichtigt, umgerechnet auf mg/kg Ist-Körpergewicht und mit den Schätzungen der WHO (Tab. 6.24 S.141) für den Aminosäuren-Bedarf für Erwachsene verglichen, so erreichen mindestens 90 % der Teilnehmer die Empfehlungen für alle EAS. Bei Tryptophan, Threonin, Isoleucin, Leucin, Lysin, Valin sowie Phenylalanin + Tyrosin erreichen sogar mindestens 95 % der Teilnehmer die Empfehlungen. Die mittlere Zufuhr an EAS ist der Tab. 6.21 zu entnehmen. Die männlichen Teilnehmer nehmen bedeutend mehr Lysin als weibliche Teilnehmer zu sich. Auch bei den Gesamt-EAS (ohne His) ist ein signifikanter Unterschied zwischen den Geschlechtern nachweisbar. Außer bei Histidin und Methionin + Cystein liegen die mittleren Zufuhrwerte der Teilnehmer mehr als doppelt so hoch wie die Empfehlungen der WHO (FAO/WHO/UNU 1985). Alle drei Gruppen erreichen die neueren Empfehlungen von MIT/Young et al (Tab. 6.24 S.141).

Tab. 6.21: Zufuhr von essentiellen Aminosäuren (mg/kg Körpergewicht/d) bei den Teilnehmern der RKS gesamt und getrennt nach Geschlecht

Aminosäuren	RK-Gesamt (n = 201)		RK-Männer (n = 94)		p^2	RK-Frauen (n = 107)	
	Median	5-95 %	Median	5-95 %		Median	5-95 %
Histidin (His)	17	7,2-38	17	4,9-37	0,4674	18	8,1-39
Isoleucin (Ile)	29	12-67	27	7,7-63	0,0823	31	15-69
Leucin (Leu)	44	19-105	42	11-99	0,0583	46	21-111
Lysin (Lys)	36	17-89	34	11-82	0,0455	38	19-101
Methionin (Met)	12	4,6-29	11	2,1-28	0,1660	12	6,1-32
Cystein (Cys)	11	4,9-23	10	3,4-22	0,1927	11	5,1-24
Met + Cys	22	11-52	20	6,6-49	0,1181	23	11-53
Phenylalanin (Phe)	29	13-67	27	8,1-63	0,0536	31	15-70
Tyrosin (Tyr)	21	8,7-47	20	5,1-44	0,1952	22	10-50
Phe + Tyr	51	22-113	46	13-109	0,0831	53	25-118
Threonin (Thr)	25	11-93	24	7,1-78	0,0633	27	12-121
Tryptophan (Trp)	8,3	3,9-19	7,8	2,3-18	0,0907	8,8	4,1-20
Valin (Val)	35	16-80	32	9,1-78	0,0623	37	18-87
EAS[1] (ohne His)	255	116-589	246	75-552	0,0490	266	125-629
EAS (mit His)	274	122-632	265	80-589	0,0593	282	133-670

[1] EAS = essentielle Aminosäuren
[2] Signifikanztest nach Mann-Whitney (U-Test) zwischen RK-Männern und RK-Frauen

nicht signifikant (ohne Schattierung)
p < 0,05
p < 0,01
p < 0,001

Zwischen den Varianten sind erhebliche Unterschiede zu verzeichnen (Tab. 6.22). Bei fast jeder Aminosäure ist ein höchst signifikanter Unterschied zwischen OmRK und VnRK festzustellen (OmRK > VnRK). Auch zwischen OmRK und VtRK sind höchst signifikante Unterschiede nachweisbar (OmRK > VtRK). Zwischen VtRK und VnRK sind in der Zufuhr von Isoleucin, Leucin, Lysin, Phenylalanin, Threonin, Tyrosin und Valin signifikante Unterschiede festzustellen. Bei jeder EAS gilt für die mittlere Zufuhr: OmRK > VtRK > VnRK. Die Zufuhrwerte der VnRK liegen außer bei Histidin und Methionin + Cystein mehr als doppelt so hoch wie die Empfehlungen der WHO für Erwachsene (FAO/WHO/UNU 1985). Für alle Aminosäuren außer Leucin und Lysin bei VnRK werden die neueren Empfehlungen von MIT/Young et al im Mittel erreicht.

Tab. 6.22: Zufuhr von essentiellen Aminosäuren (mg/kg Körpergewicht/d) bei den OmRK, VtRK und VnRK (Median, 5-95er Perzentile)

Aminosäuren	$p^{2,3}$	OmRK (n = 56)		$p^{2,4}$	VtRK (n = 90)		$p^{2,5}$	VnRK (n = 55)	
		Median	5-95 %		Median	5-95 %		Median	5-95 %
Histidin (His)	0,0000	21	11-45	0,0001	16	8,3-38	0,1245	15	2,1-33
Isoleucin (Ile)	0,0000	37	17-68	0,0008	28	15-69	0,0209	23	4,1-61
Leucin (Leu)	0,0000	52	29-106	0,0019	43	21-112	0,0075	34	6,5-97
Lysin (Lys)	0,0000	46	20-103	0,0000	35	19-87	0,0284	27	4,9-70
Methionin (Met)	0,0001	15	7,2-34	0,0003	11	9,6-24	0,3064	9,8	1,8-22
Cystein (Cys)	0,0015	13	6,5-25	0,0019	10	5,2-23	0,2439	9,3	1,5-23
Met + Cys	0,0001	28	15-58	0,0002	22	11-46	0,2660	20	3,4-45
Phenylalanin (Phe)	0,0004	34	16-67	0,0074	29	15-72	0,0321	23	4,2-66
Tyrosin (Tyr)	0,0000	26	13-49	0,0007	19	10-49	0,0129	16	2,7-44
Phe + Tyr	0,0001	60	30-112	0,0026	48	26-121	0,0202	39	6,9-110
Threonin (Thr)	0,0000	31	15-94	0,0073	24	13-119	0,0034	19	3,6-63
Tryptophan (Trp)	0,0006	10	4,7-19	0,0052	8,0	4,2-21	0,0052	7,5	1,2-18
Valin (Val)	0,0001	43	20-80	0,0021	34	18-87	0,0021	28	5,0-78
EAS[1] (ohne His)	0,0000	306	158-625	0,0026	248	127-638	0,0080	203	36-528
EAS (mit His)	0,0000	328	168-672	0,0022	266	136-670	0,0044	217	38-560

[1] EAS = essentielle Aminosäuren
[2] Signifikanztest nach Mann-Whitney (U-Test) zwischen [3] OmRK und VnRK, [4] OmRK und VtRK sowie [5] VtRK und VnRK

☐ nicht signifikant (ohne Schattierung) nach Schaffer'sche Korrektur
▨ p < 0,05 nach Schaffer'sche Korrektur
▨ p < 0,01 nach Schaffer'sche Korrektur
■ p < 0,001 nach Schaffer'sche Korrektur

Außer für Leucin zwischen 70RK und 90RK sind keine signifikante Unterschiede zwischen den Rohkostanteilgruppen nachweisbar (Tab. 6.23). Außer bei Valin ist mit zunehmendem Rohkostanteil die Tendenz einer Abnahme in der mittleren Zufuhr zu beobachten.

Tab. 6.23: Zufuhr an essentiellen Aminosäuren (mg/kg Körpergewicht/d) bei den 70RK, 80RK und 90RK (Median, 5-95 % Perzentile)

Aminosäuren	$p^{2,3}$	70RK (n = 14)		$p^{2,4}$	80RK (n = 40)		$p^{2,5}$	90RK (n = 147)	
		Median	5 %, Max		Median	5-95 %		Median	5-95 %
Histidin (His)	0,1751	19	11; 43	0,2210	16	8,2-38	0,7845	17	5,9-38
Isoleucin (Ile)	0,0414	35	19; 80	0,2776	31	15-71	0,1634	28	9,1-65
Leucin (Leu)	0,0104	60	26; 127	0,1237	47	22-114	0,1002	42	13-101
Lysin (Lys)	0,1079	39	20; 105	0,3960	38	20-94	0,1426	34	12-87
Methionin (Met)	0,0363	14	7,3; 31	0,1860	12	4,8-31	0,2343	11	2,8-28
Cystein (Cys)	0,1551	12	8,1; 26	0,2286	11	4,9-24	0,5844	10	4,7-22
Met + Cys	0,0612	26	15; 56	0,1795	24	11-55	0,4388	22	10-49
Phenylalanin (Phe)	0,0237	37	20; 80	0,1995	32	15-76	0,1231	28	9,3-60
Tyrosin (Tyr)	0,0445	26	15; 59	0,1927	22	10-51	0,2784	20	5,7-45
Phe + Tyr	0,0285	62	35; 139	0,2065	56	26-127	0,1832	48	15-108
Threonin (Thr)	0,0357	30	16; 277	0,5148	27	12-260	0,0379	24	8,5-62
Tryptophan (Trp)	0,0862	9,6	5,0; 21	0,3237	8,3	4,3-21	0,3102	8,1	3,1-18
Valin (Val)	0,0432	43	23; 100	0,2363	28	18-89	0,2118	34	10-77
EAS[1] (ohne His)	0,0252	311	164; 702	0,3960	282	126-656	0,0309	246	83-568
EAS (mit His)	0,0290	330	175; 745	0,3851	300	135-673	0,0379	264	92-605

[1] EAS = essentielle Aminosäuren
[2] Signifikanztest nach Mann-Whitney (U-Test) zwischen [3] 70RK und 90RK, [4] 70RK und 80RK sowie [5] 80RK und 90RK

☐ nicht signifikant (ohne Schattierung) nach Schaffer'sche Korrektur
▨ p < 0,05 nach Schaffer'sche Korrektur
▨ p < 0,01 nach Schaffer'sche Korrektur
■ p < 0,001 nach Schaffer'sche Korrektur

Nach den neuen Schätzungen zum Bedarf an EAS erreicht die Mehrzahl des Kollektivs mindestens 60 bis knapp 90 % des Gesamtkollektivs (Tab. 6.24), die Empfehlungen für alle EAS. Leucin- und Lysin-Empfehlungen werden von den Teilnehmern am wenigsten erreicht (weniger als 70 % des Kollektivs).

Tab. 6.24: Prozentualer Anteil des Gesamtkollektivs, der den geschätzten Bedarf erreicht

EAS	Prozentualer Anteil des RK-Kollektivs		geschätzter Bedarf in mg/kg KG nach:	
	Young et al Erwachsene 1996	WHO Erwachsene 1985	Young et al Erwachsene 1996	WHO Erwachsene 1985
His		(80,1-94,5)		(8-12)
Ile	71,6	96,5	23	10
Leu	60,2	96,5	39	14
Lys	63,7	96,5	30	12
Met + Cys	85,1	89,6	15	13
Phe + Tyr	72,1	96,5	39	14
Thr	87,1	97,5	15	7
Trp	76,6	96,0	6	3,5
Val	88,1	96,5	20	10
EAS - His	76,6	96,5	187	83,5
EAS + His				

Diskussion

Bei zwei schwedischen Studien mit Vegetariern bzw. Veganern (Abdulla et al 1984, Abdulla et al 1981) wurde der EAS-Gehalt der jeweiligen Kost analytisch bestimmt. Ein Vergleich der unterschiedlich erhobenen Daten ist schwierig, jedoch zeigt sich, daß die Rohkost einen niedrigeren Gehalt an drei EAS (Leu, Lys und Thr) als die vegetarische Kost und für Methionin + Cystein bei der veganen Kost aufweist. Bezogen auf mg/kg Körpergewicht zeigt sich ein ähnliches Muster. Rohköstler weisen höhere Zufuhrwerte als die Veganer für alle EAS außer Methionin + Cystein auf. Die Laktovegetarier hatten höhere Zufuhrwerte als die Rohköstler, außer für Isoleucin, Methionin + Cystein sowie Tryptophan. Eine Berechnung des Aminosäurengehalts von ovo-lakto-vegetarischer und veganer Kost (Register und Sonnenberg 1973) zeigt, daß diese Kostformen eine adäquate Menge und Qualität an Protein bzw. EAS liefern können.

Ein Vergleich mit dem EAS-Muster in anderen Regionen bzw. Ländern der Welt zeigt für Rohköstler ein Muster, wie dies oft in Afrika, Lateinamerika und im Nahen Osten festzustellen ist (Young und Pellett 1991, 1990). Für Tryptophan gibt es weltweit wenig Unterschiede im Anteil; die Menge liegt ziemlich konstant bei 11-12 mg/g Protein/d. Dabei ist der Unterschied im Anteil des Rohköstler-Kollektivs, der die unterschiedliche Empfehlung erreicht, bemerkenswert (84,1 bzw. 51,3 %

erreichen die Empfehlung von MIT/Young et al bzw. von der WHO für Kinder im Alter von 2-5 J.). Es sind oft erhebliche Unterschiede im Anteil des RK-Kollektivs, der unter/über den verschiedenen Empfehlungen liegt, festzustellen. Die Unklarheit bezüglich der Empfehlungen hat ernste Konsequenzen für die Beratung, Planung und die Resourcendiskussion. Ergebnisse von Young et al (Waterlow 1996) verzeichnen einen konsistent erhöhten Bedarf für Leucin, aber der CV betrug etwa 25 %. Bei so hohen CVs können ermittelte Bedarfswerte kaum in verläßliche Empfehlungen umgesetzt werden. Alles in allem kann die Bedarfsdeckung der Rohköstler mit EAS zu diesem Zeitpunkt schwer beurteilt werden. Es gilt zu klären, welche EAS limitierend sind, da es je nach Empfehlungsgruppe unterschiedliche sind bzw. die Frage, ob Histidin für Erwachsene eine EAS darstellt oder nicht. Dies ist insbesondere in bezug auf Risikogruppen wie Kinder oder Schwangere wichtig.

Das durchschnittliche Muster der Zufuhr von Aminosäuren für die Bevölkerung der USA ist konstant über alle Altersklassen und übertrifft die Empfehlungen für alle Gruppen außer Säuglingen (Young und Pellett 1991). Die Tryptophan-, Histidin und Methionin + Cysteinzufuhr ist bei den Rohköstlern und der USA-Bevölkerung etwa gleich. Bei allen übrigen EAS liegen die Rohköstler deutlich unter den Zufuhrmengen der USA-Bevölkerung; insbesondere wird von Lysin wesentlich weniger aufgenommen.

In einer Studie von Hardinge et al (1966) wurden Veganer, Ovo-Lakto-Vegetarier und Nichtvegetarier in bezug auf ihre Zufuhr an EAS verglichen. Die nicht-vegetarischen Männer hatten eine signifikant höhere Zufuhr an Threonin und Methionin (p=0,01) und Tryptophan und Valin (p=0,02) sowie Lysin (p=0,001) als Ovo-Lakto-Vegetarier. Zwischen den vegetarischen Gruppen war lediglich ein signifikanter Unterschied für Lysin und Methionin zu vermerken. Es war kein signifikanter Unterschied in der Zufuhr an EAS zwischen den Nichtvegetarierinnen und den Vegetarierinnen festzustellen. Ovo-Lakto-Vegetarierinnen hatten eine signifikant höhere Zufuhr an Threonin und Phenylalanin (p=0,01) sowie Isoleucin, Leucin, Lysin, Methionin, Tyrosin und Valin (p=0,001) als Veganerinnen. Nichtvegetarier wiesen eine höhere Zufuhr an EAS als Ovo-Lakto-Vegetarier und wiederum als Veganer auf. Obwohl die Veganer nur pflanzliches Protein zu sich nahmen, erreichten sie die EAS-Empfehlungen. Dies steht im Gegensatz zu den Ergebnissen der RK-Gruppen. Insgesamt war zwischen nichtvegetarischen und vegetarischen Rohköstlern kein signifikanter Unterschied in dem EAS-Muster festzustellen. Der Unterschied beider Gruppen zu veganen Rohköstlern war meist höchst signifikant.

6.3.4   Protein-Status

Serum-Albumin

Ergebnisse

Der mittlere Wert des Serum-Albumins liegt bei 42 g/l für die Teilnehmer insgesamt und für die männlichen Teilnehmer (Tab. 6.26 S.149). Die weiblichen Teilnehmer haben einen durchschnittlichen Albuminstatus von 41 g/l. Der Status bleibt bei 42 g/l für alle drei Varianten unverändert (Tab. 6.27 S.149). Zwischen den Rohkostanteilgruppen ist eine geringe Differenz zu vezeichnen (Tab. 6.28 S.149). Die Werte liegen innerhalb des Normbereiches von 35-50 g/l und es sind keine signifikanten Unterschiede zwischen den Gruppen nachweisbar.

Mindestens 78 % jeder Variante- bzw. Rohkostanteilgruppe liegt im Normbereich. Wird Alkoholkonsum als Confounder berücksichtigt, liegen bei VnRK und 70RK zwischen 70-80 % im Normbereich. Ansonsten bleibt die Verteilung ziemlich gleichmäßig. Es gibt keine signifikanten Zusammenhänge, auch nicht, wenn Variante und Rohkostanteil gleichzeitig berücksichtigt werden.

Eine Varianzanalyse ergab für die Faktoren sowie die Kovariaten (s. Kap. 6.1.2 S.101) keinen signifikanten Einfluß auf Albumin.

Eine Diskriminanzanalyse mit der Variablenliste (s. Kap. 6.1.3 S.101) zeigte, daß der Albuminstatus (unter/im/über dem Normbereich) dadurch nicht geschätzt werden kann. Es zeigte sich nur eine geringe Korrelation: r1=0,2878 (p=0,1200), r2=0,2724 (p=0,1679). Einzeln betrachtet hatte als Variable das Verhältnis Mager- zu Fettmasse den größten Einfluß (p=0,0037) sowie auch zusammen betrachtet (Funktion 1=-0,62278).

Diskussion

Wie in anderen Studien zeigt sich der Albuminstatus bei den untersuchten Rohköstlern auch als eher unempfindlicher Parameter gegen leichte bis mittlere Mangelzustände. In der Berliner Vegetarier-Studie war zwischen Vegetariern und Nichtvegetariern kein signifikanter Unterschied im Serumalbuminstatus festzustellen (Rottka und Thefeld 1984). Auch in einer Studie mit 7-Tage-Adventisten hatten vegane, vegetarische und omnivore Teilnehmer ähnliche Werte wie die Kontrollgruppe (Rider et al 1984). In einer schwedischen Studie mit Veganern und in einer mit Vegetariern hatten alle Teilnehmer Albuminwerte im Normbereich (Abdulla et al 1984, 1981). Allerdings waren die der Veganer eher am unteren Normgrenzwert (in der Studie mit 38 g/l angegeben).

Nach drei Tagen totalem Fasten zeigte sich ein signifikanter Anstieg im Albumin eines Kollektivs (Students t-Test: $p < 0,001$) ohne gleichzeitige Veränderung des Plasmavolumens (Broom et al 1986). Nach einer Woche mit „Living Food Diet" war bei Probanden kein signifikanter Unterschied im Albuminstatus zu vermerken (Hänninen et al 1992).

Auch 22 Patienten mit chronischem Nierenversagen zeigten nach neun Monaten Diät mit niedrigem Proteingehalt (0,4 bzw. 0,6 g/kg/d) keine signifikante Änderung im Albuminstatus (Herselman et al 1995). Patienten mit Hypertonie, die für ein Jahr auf eine vegane Kost umgestellt wurden (Lindahl et al 1984), zeigten nach zwölf Monaten einen signifikant gesenkten Serumalbuminstatus (Students t-Test: $p < 0,001$). Bei nephrotischen Patienten, die mit einer besonderen veganen Diät (niedrigem Proteingehalt: 0,7 g/kg/d) etwa vier Monate behandelt wurden (Morelli et al 1990), war ein signifikanter Anstieg im Albumin zu vermerken ($p < 0,01$). Dagegen wurde in weiteren Studien mit nephrotischen Patienten auf einer veganen Diät (supplementiert mit EAS) nach 2-12 Monaten Behandlung kein signifikanter Unterschied im Albuminstatus vermerkt (Barsotti et al 1991b, 1990).

Bei Patienten mit Krebs wurden die niedrigen Serumalbuminwerte eher auf eine akute metabolische Reaktion auf Fieber und Infektion als auf einen Rückgang an Körpergewicht zurückgeführt (Merritt et al 1985). Bei Studien mit Patienten mit Anorexia nervosa ist der Albuminstatus ähnlich dem der Kontrollgruppen bzw. im Normbereich (Casper et al 1991, Vaisman et al 1988, van Binsbergen et al 1988a, Dempsey et al 1984, Dowd et al 1983).

Ein erhöhter Abbau des Albumins, Veränderungen im TBW, niedriger Grundumsatz, Hypothermie sowie Veränderungen der glomerulären Filtrationsrate könnte bei Patienten mit Anorexia nervosa zu dem scheinbar adäquaten Proteinstatus (auch Vitamin-, Zink- und Eisenstatus) beitragen (Barbe et al 1993, van Binsbergen et al 1988b). Diese Gründe könnten auch für Rohköstler zutreffen.

Da Serum-Albumin kein empfindlicher Nachweisparameter für Mangelernährung ist (S.56), sind die stabilen Werte überwiegend im Normbereich nicht weiter verwunderlich und deuten zumindest nicht auf eine schwere PEM hin. RKE als Kostform zeigt keinen nachweisbaren Einfluß auf den Serum-Albumin-Status. Dieser ist auch nicht erklärbar durch naheliegende Faktoren, lediglich das Verhältnis Mager-/Fettmasse zeigt sich als wichtig im Albuminstoffwechsel.

Transferrin

Ergebnisse

Das Transferrin liegt für das Gesamtkollektiv durchschnittlich bei 2,89 g/l, im Normbereich von 2,00-4,00 g/l. Weibliche Teilnehmer weisen einen geringfügig höheren Transferrinstatus auf als männliche Teilnehmer (Tab. 6.26 S.149). Weder zwischen den Geschlechtern, den Varianten (Tab. 6.27 S.149) noch zwischen den Rohkostanteilgruppen (Tab. 6.28 S.149) ist ein signifikanter Unterschied nachweisbar, obwohl bei beiden Verteilungen eine abnehmende Tendenz zu beobachten ist.

Mehr als 80 % der Teilnehmer aller Gruppen haben einen Transferrinstatus, der im Normbereich liegt. Davon haben knapp 85 % Serum-Albuminwerte im Normbereich. Von den Teilnehmern mit Serum-Transferinwerten unter dem Normbereich haben 40 % einen Albuminstatus unter dem Normbereich. Wird der Confounder Alkoholkonsum berücksichtigt, bleibt der Anteil der Teilnehmer im Normbereich entweder gleich oder liegt höher. Dagegen liegen die meisten der Teilnehmer mit einem Alkoholkonsum > 0,0 g/d im Normbereich oder darüber. Bei gleichzeitiger Berücksichtigung der Variante und des Rohkostanteils ist kein signifikanter Unterschied nachweisbar (p=0,05718). Wird der Confounder Alkoholkonsum eingerechnet, sinkt das Signifikanzniveau auf p=0,16616.

Eine Varianzanalyse ergab nach Kontrolle für die Kovariablen (s. Kap. 6.1.2 S.101) keinen signifikanten Einfluß auf Transferrin. Von den Kovariablen hatten Energie- bzw. Proteinzufuhr immer einen signifikanten Einfluß (p<0,05).

Eine Diskriminanzanalyse ergab, daß der Transferrinstatus (unter/im/über Normbereich) nicht durch die Variablenliste (s. Kap. 6.1.3 S.101) erklärbar war (r1=0,2840, p=0,7959; r2=0,1654, p=0,9600). Der Anteil der Fälle, die korrekt klassifiziert wurden, beträgt 56,7 %. Um die Wechselwirkungen mit dem Eisenhaushalt zu berücksichtigen wurden Ferritin, Eisenzufuhr, Eisenzufuhr aus pflanzlichen bzw. aus tierischen Lebensmitteln jeweils in der Variablenliste einer Diskriminanzanalyse mit einbezogen. Der Anteil der Fälle, der korrekt klassifiziert wird, änderte sich nur geringfügig.

Diskussion

Bei Rohköstlern wie bei anderen untersuchten Gruppen zeigt sich der Transferrinstatus auch als unempfindlicher Parameter, jedoch liegt fast $^1/_5$ des Kollektivs außerhalb dem Normbereich. Bei einer Studie mit kanadischen 7-Tage-Adventistinnen, die sich ovo-lakto-vegetarisch oder vegan ernährten (n=56), wiesen alle Teilnehmerinnen einen durchschnittlichen Serum-Transferrinstatus von 38±12 % auf (Anderson et al 1981). Die Teilnehmerinnen, die Eisensupplemente einnahmen (n=11), hatten einen höheren Transferrinstatus als die ohne Supplementeinnahme (39±13 bzw. 36±12 %). Nach drei Tagen Fasten hatten 20 Studenten einen Transferrinstatus von 4,02±0,51 g/l, der nicht signifikant unterschiedlich zu dem Eingangswert war (Broom et al 1986).

Hämodialyse-Patienten, die anthropometrische Meßwerte wie bei somatischem Proteinmangel aufweisen, hatten einen durchschnittlichen Wert von 197±5 mg/dl (Flanigan et al 1995). Patienten (n=22) mit chronischem Nierenversagen wiesen nach neun Monaten Diät mit niedrigem Proteingehalt (supplementiert mit EAS) keine signifikanten Änderungen im Serum-Transferrin-Status auf (Herselman et al 1995).

Bei 18 Patienten mit Anorexia nervosa (Dowd et al 1983) wurde kein signifikanter Unterschied im Transferrinstatus zu einer Kontrollgruppe festgestellt (249±46 bzw. 237±46 mg/dl). In einer weiteren Studie mit zwölf Anorexia nervosa Patientinnen (Barbe et al 1993) war der Transferrinstatus nach der Behandlung bzw. der Gewichtszunahme (3,26±0,26 g/l) signifikant höher als der Wert bei der Aufnahme (2,16±0,21 g/l) und als der Wert der Kontrollgruppe (2,55±0,11 g/l). Auch ist Transferrin kein eindeutiger, empfindlicher Nachweisparameter für eine Mangelernährung, zumal er im Eisenhaushalt eine wichtige Rolle spielt, und sich die Effekte möglicherweise vermischen (s. S.56). Der Korrelationskoeffizient von Transferrin und Albumin beträgt -0,1728 (p=0,015). Daher sind die stabilen Werte der Rohköstler, die generell im Normbereich liegen, nicht weiter überraschend. RKE als Kostform zeigt keinen nachweisbaren Einfluß auf den Transferrinstatus, jedoch spielen Protein- und Energiezufuhr eine Rolle.

Gesamtproteinstatus

Ergebnisse

Der mittlere Gesamtproteinstatus im Blutplasma der Teilnehmer liegt bei 72 g/l (Tab. 6.26 S.149) und damit im Referenzbereich von 65-82 g/l. Der Status bei weiblichen Teilnehmern ist geringfügig höher als bei männlichen Teilnehmern, ein signifikanter Unterschied ist nicht nachweisbar. Werden die Teilnehmer nach der Variante differenziert betrachtet (Tab. 6.27 S.149) oder nach dem Rohkostanteil (Tab. 6.28 S.149), verändert sich der Status kaum. Es sind auch keine signifikanten Unterschiede nachweisbar.

Mehr als 90 % der Teilnehmer jeder Variante oder Rohkostanteilgruppe liegen im Normbereich. Wird der Alkoholkonsum berücksichtigt, ist entweder keine oder nur eine geringe Verschiebung der Verteilung zu erkennen. Es gibt keinen signifikanten Zusammenhang zwischen den Verteilungen. Erst bei der Betrachtung der Verteilung, wenn Variante und Rohkostanteil gleichzeitig berücksichtigt werden, ist ein höchst signifikanter Unterschied nachweisbar (p=0,0000). Bei steigendem Rohkostanteil in jeder Variante sinkt der Gesamtprotein-Status unter den Normbereich. Dieser Effekt besteht auch dann, wenn der Alkoholkonsum als Confounder kontrolliert wird.

Eine Kovarianzanalyse ergab nach Einbezug der Kovariaten (s. Kap. 6.1.2 S.101) keinen signifikanten Einfluß der Faktoren auf den Gesamtproteinstatus. Es zeigte sich aber ein Einfluß der Proteinzufuhr (p<0,01) und der Energiezufuhr beim Rohkostanteil (p=0,049).

Eine Diskriminanzanalyse ergab, daß die Variablenliste (s. Kap. 6.1.3 S.101) gut zur Erklärung der Gesamtproteinstatusgruppen (unter/im/über dem Normbereich) beiträgt (mittlere Korrelation: r1=0,5025, p=0,000; r2=0,3118, p=0,0440). Dadurch werden 81,2 % der Fälle korrekt klassifiziert. Von den Fällen mit Gesamtproteinwerten im Normbereich sind 82,2 % korrekt klassifiziert, während 15,6 % nach diesem Modell eher der Gruppe mit Werten über dem Normbereich zugeordnet wären. Es scheint im wesentlichen an dem Verhältnis Mager- zu Fettmasse zu liegen. Eine univariate Betrachtung zeigt einen starken Einfluß von dem Verhältnis Mager-/Fettmasse (p=0,0000), sowie auch für Dauer (p=0,0009) und Rohkostanteil (p=0,0215). Bei der multivariaten Betrachtung bleibt das Verhältnis Mager–/Fettmasse an erster Stelle (Tab. 6.25) als Einflußfaktor.

Tab. 6.25: Standardisierte Koeffizienten der Diskriminanzfunktion der Variablenliste für Gesamtprotein

Variable	Funktion 1	Funktion 2
Verhältnis Mager-/Fettmasse	0,83260	0,12698
Dauer der RKE	-0,62827	0,14144
Menstruation	0,37798	-0,26066
Alter	0,29584	0,39157
Rohkostanteil	-0,24707	0,63135
Geschlecht	-0,24613	-0,24170
%TBW	0,20631	0,11359
Gesamtlebensmittelverzehr	0,19534	0,38399
energie-adjustierte Proteinzufuhr	0,14493	0,02958
Alkoholkonsum	-0,08482	0,12457
Einnahme von Sexualhormonen	-0,04426	-0,33448

Diskussion

Ein möglicher Effekt der vegetarischen RKE (seit 0,5-15 J.) wurde bei einer Gruppe von 37 Männern und 14 Frauen im Alter von 16-70 Jahren untersucht. Die Werte wurden mit denen einer Kontrollgruppe verglichen. Alle Werte außer dem Verhältnis Albumin/Globulin waren bei den sich von Rohkost ernährenden Vegetariern erheblich reduziert (Charghi 1980). In einer Studie, bei der 23 Teilnehmer eine Woche lang die „Living Food Diet" befolgten und eine Kontrollgruppe von 15 Personen die gleichen Lebensmittel verzehrten, die aber zwei Minuten in der Mikrowelle gegart worden waren, zeigten Unterschiede im Gesamtproteinstatus (Hänninen et al 1992). In beiden Gruppen hatte sich der Gesamtproteinstatus während der Woche gesenkt (innerhalb des Normbereichs). Da es nicht auf das Serum-Albumin zurückzuführen war, müssen andere Serumproteine abgenommen haben.

In einer Studie mit kalifornischen 7-Tage-Adventisten wurden gesunde Veganer, Vegetarier und Nichtvegetarier mit einer Kontrollgruppe verglichen (Rider et al 1984). Die Werte aller Gruppen lagen im Normbereich und es waren keine signifikanten Unterschiede festzustellen. Nach einem drei-Tage-Fasten hatte ein Kollektiv von 20 Studenten signifikant höhere (Students t-Test: $p < 0,001$) Gesamtproteinwerte (70±4 g/l) als zum Beginn des Fastens (65±3 g/l). Weitere hämatologische Parameter, die unverändert blieben, deuteten auf einen tatsächlichen Anstieg im Gesamtprotein und nicht auf eine Dehydration hin (Broom et al 1986).

Bei Patientinnen mit Anorexia nervosa wird trotz Unterernährung oft kein signifikanter Unterschied von Gesamtproteinwerten zu Kontrollgruppen oder Werte die durchaus im Normbereich liegen, festgestellt (Casper et al 1991, Vaisman et al 1988, van Binsbergen et al 1988b). Bei nephrotischen Patienten, die mit einer veganen Diät behandelt wurden, war eine ansteigende Tendenz im Gesamtproteinstatus zu vermerken, die aber nicht signifikant war (Barsotti et al 1991b). Auch Gesamtprotein ist kein empfindlicher Parameter. Die Werte der Rohköstler erweisen sich als stabil und liegen im Normbereich. Die RKE als Kostform (bezogen auf Variante bzw. Rohkostanteil) zeigt keinen nachweisbaren Einfluß auf den Gesamtproteinstatus, jedoch die Protein- und Nahrungsenergiezufuhr. Dagegen lässt sich der Gesamtproteinstatus durch einige Faktoren wie Mager–/Fettmasse, Dauer der RKE, usw. erklären. Einhergehendere Studien zum Verlauf des Gesamtproteinstatus bzw. dessen Komponenten während Fasten/Hungern usw. über längere und kürzere Zeiträume ließen diesen Parameter sicher besser in der Diagnose von Mangelzuständen einsetzen.

Tab. 6.26: Proteinstatus (g/l) der Teilnehmer der RKS gesamt und getrennt nach Geschlecht (Mittelwert, Standardabweichung) sowie Referenzwerte

Protein Parameter	RK-Gesamt (n = 201)		RK-Männer (n = 94)		p^1	RK-Frauen (n = 107)		Referenz-werte
	MW	SD	MW	SD		MW	SD	
Albumin	42	6,0	42	5,7	0,309	43	6,2	35-50
Transferrin	2,89	0,64	2,86	0,61	0,548	2,91	0,67	2,00-4,00
Gesamtprotein	72	4,5	72	4,2	0,163	73	4,8	65-82

[1] Signifikanztest: t-Test zwischen RK-Männern und RK-Frauen
nicht signifikant (ohne Schattierung)
p < 0,05
p < 0,01
p < 0,001

Tab. 6.27: Proteinstatus (g/l) der OmRK, VtRK und VnRK (Mittelwert, Standardabweichung) sowie Referenzwerte

Protein Parameter	$p^{1,2}$	OmRK (n = 56)		$p^{1,3}$	VtRK (n = 90)		$p^{1,4}$	VnRK (n = 55)		Referenz-werte
		MW	SD		MW	SD		MW	SD	
Albumin	0,770	42	5,6	0,722	43	5,7	0,996	43	6,9	35-50
Transferrin	0,250	2,98	0,53	0,294	2,87	0,59	0,697	2,82	0,81	2,00-4,00
Gesamtprotein	0,702	73	4,5	0,626	72	4,5	0,960	72	4,7	65-82

[1] Signifikanztest: t-Test zwischen [2] OmRK und VnRK, [3] OmRK und VtRK sowie [4] VtRK und VnRK
nicht signifikant (ohne Schattierung) nach Schaffer'sche Korrektur
p < 0,05 nach Schaffer'sche Korrektur
p < 0,01 nach Schaffer'sche Korrektur
p < 0,001 nach Schaffer'sche Korrektur

Tab. 6.28: Proteinstatus (g/l) der 70RK, 80RK und 90RK (Mittelwert, Standardabweichung) sowie Referenzwerte

Protein Parameter	$p^{1,2}$	70RK (n = 14)		$p^{1,3}$	80RK (n = 40)		$p^{1,4}$	90RK (n = 147)		Referenz-werte
		MW	SD		MW	SD		MW	SD	
Albumin	0,908	42	5,6	0,322	44	5,8	0,136	42	6,1	35-50
Transferrin	0,164	3,10	0,51	0,504	2,98	0,61	0,255	2,84	0,66	2,00-4,00
Gesamtprotein	0,779	73	5,8	0,912	73	5,1	0,474	72	4,3	65-82

[1] Signifikanztest: t-Test zwischen [2] 70RK und 90RK, [3] 70RK und 80RK sowie [4] 80RK und 90RK
nicht signifikant (ohne Schattierung) nach Schaffer'sche Korrektur
p < 0,05 nach Schaffer'sche Korrektur
p < 0,01 nach Schaffer'sche Korrektur
p < 0,001 nach Schaffer'sche Korrektur

6.4 Protein-Energie-Mangelernährung bei Rohköstlern?

Bei der Datenanalyse wurde ersichtlich, daß einige Beobachtungen, die bei PEM verzeichnet werden, auch bei Rohköstlern zu beobachten sind, z.b. eine niedrige Proteinzufuhr, eine niedrige Energiezufuhr, ein niedriges Körpergewicht und Amenorrhoe. Es gibt große Unterschiede zwischen den Kollektiven, bei denen üblicherweise PEM beschrieben wird (meist Kindern in sog. Entwicklungsländern, Grundnahrungsmittel sind meist Getreide oder Kartoffeln) und Rohköstlern (meist Erwachsene in sog. Industrieländern, „Grundnahrungsmittel" eher Obst und Gemüse). Problematisch ist, daß PEM sich klinisch nicht eindeutig definieren läßt, da es eine ganze Spanne an Mangelzuständen aufweist (s. Kap. 2.2.9 S.48). Weiterhin spielt Adaptation eine Rolle, über die kaum genauere Daten bzw. Definitionen vorhanden sind (s. S.40).

In Tab. 6.29 werden zu Anthropometrie und Körperzusammensetzung Beobachtungen bei PEM denen bei den untersuchten Rohköstlern gegenüber gestellt. Das Körpergewicht der Rohköstler ist im Vergleich zu dem in Deutschland üblichen eher niedrig (Frauen: 56±8 kg; Männer: 68±9 kg) und es wurde ein Körpergewichtsverlust bei den Rohköstlern festgestellt. So ist auch der durchschnittliche BMI im Vergleich zu Daten, die in Deutschland üblich sind, sehr niedrig; insgesamt sind die meisten der untersuchten Rohköstler aber normalgewichtig; 1,5 % weisen eine manifeste CED auf, weitere 1,5 % Grad II und 8,0 % Grad I. Der BF-Gehalt ist niedrig, die LBM erhöht. Die Magermasse könnte durch eine Wassereinlagerung erhöhte Werte aufweisen; eine Zunahme an TBW wird verzeichnet. Harnsäure als Endprodukt des Purin-Stoffwechsels ist vor allem bei Gicht erhöht, kann aber auch auf einen verstärkten Zellabbau hindeuten. Bei 90,5 % der Rohköstler ist ein Harnsäure-Spiegel im Referenzbereich von 3,4-7,0 mg/dl bzw. 2,4-5,7 mg/dl für Männer bzw. Frauen festzustellen. Die übrigen 9,0 % des Kollektivs weisen erhöhte Werte (über dem Referenzbereich) auf.

Tab. 6.29: Anthropometrie und Körperzusammensetzung bei PEM

Merkmal/Faktor - Beobachtung bei PEM	Beobachtung bei Rohköstlern
Körpergewicht: Verlust - ⇓	trifft zu
BMI: Reduziert - ⇓	trifft zu
Körperfett (BF): Reduziert - ⇓	trifft bedingt zu
Muskelmasse: Reduziert - ⇓	unklar, trifft nicht für LBM zu
Gesamtkörperwasser: Reduziert - ⇓, oder erhöht - ⇑ - bei Ödemen	trifft zu (vielleicht Wasserretention)
Wasserhaushalt des Körpers: Einlagerung	wahrscheinlich

In Tab. 6.30 werden zu Elektrolyten und Spurenelementen Beobachtungen bei PEM und Rohköstlern gegenüber gestellt. Ein Kaliummangel ist unwahrscheinlich, da die Zufuhr der Rohköstler (5953 mg/d) fast 200 % über der Empfehlung der DGE liegt (2000 mg/d). Die Natriumzufuhr der Rohköstler (729 mg/d) liegt im Vergleich zu der durchschnittlichen Zufuhr in Deutschland niedrig, aber über den Empfehlungen der DGE (550 mg/d). Etwa 64 % des Kollektivs erreichen die Empfehlung; lediglich die VnRK mit 401 mg/d nicht. Die Zufuhrwerte geben jedoch keine Auskunft über den Elektrolytstatus bzw. über die intra-/extrazellulären Verhältnisse; diese wurden nicht überprüft. Bei einer tatsächlichen Wassereinlagerung wäre ein Anstieg der Salze wahrscheinlich.

Nach der Kalziumzufuhr zu beurteilen ist eine Unterversorgung wahrscheinlich: Die Zufuhr der Rohköstler liegt bei 738 mg/d, niedriger als die Empfehlungen der DGE von 800-900 mg/d; 61 % des Kollektivs erreichen die Empfehlung. Der Kalziumstatus wurde nicht überprüft. Sollte der Vitamin-D-Bedarf dadurch erhöht sein, wäre dies für die Rohköstler kritisch zu beurteilen, da ihre orale Zufuhr (3,2 µg/d, 5er-95er Perzentile: 0,0-18,7 µg/d) bereits unter der Empfehlung der DGE (5 µg/d) liegt. Lediglich 36 % der Probanden erreichen die Empfehlung. Bei ausreichender Sonneneinwirkung wäre dies weniger kritisch.

Die Empfehlungen für die Magnesiumzufuhr der DGE (300-350 mg/d) werden von den Rohköstlern erreicht (durchschnittlich 596 mg/d; 95 % des Kollektivs erreichen die Empfehlung). Von dem Kollektiv weisen 81,8 % Serum-Magnesiumwerte im Referenzbereich von 0,75-1,05 mmol/l auf, 17,2 % darunter. Eine Messung der Magnesium-Konzentration im Serum/Plasma ergibt nur einen unzureichenden Wert für die Beurteilung des Magnesiumgehaltes im Körper, der im Erythrozyten spiegelt dagegen in etwa die Menge des biologisch verfügbaren Magnesiums während der letzten drei Monate wider (Wangemann 1994 S.128f). Von den untersuchten Rohköstler weisen 53,8 % Erythrozyten-Magnesiumwerte im Referenzbereich von 2,2-2,8 mmol/l auf, 40,8 % liegen darunter. So spiegelt der Magnesium-Status im Blut die hohe Zufuhr nicht ganz wider.

Die Phosphorzufuhr der Rohköstler (1408 mg/d) liegt etwa bei den Empfehlungen der DGE (1200-1400 mg/d); 57 % der Teilnehmer erreichen die Empfehlung. Der Phosphor-Status wurde nicht untersucht. Eine protein- und kalziumarme Ernährung, wie die RKE, ist gleichzeitig arm an Phosphat. Die Zink-Zufuhr der Rohköstler liegt mit 8,8 mg/d deutlich unter den Empfehlungen der DGE von 12-15 mg/d. Lediglich 15 % des Kollektivs erreichen die Empfehlungen, die jedoch relativ große Sicherheitszuschläge enthalten (DGE 1991 S.73) Der Zink-Gehalt aus

Nährstofftabellen unterliegt starken Schwankungen. Ein möglicher Zinkmangel ist jedoch beachtenswert in bezug auf auftretende Veränderungen in der Geschmackswahrnehmung (Kimura und Hokawa 1990), die besonders für Rohköstler von großer Wichtigkeit ist. Der mittlere Selen-Status der Rohköstler liegt bei 78,5 µg/l (5er-95er Perzentile: 38,8-197,6 µg/l). Die Selen-Zufuhr wurde nicht berechnet, da der Selengehalt von Lebensmitteln bekanntlich stark von der geographischen Herkunft abhängt (DGE 1991 S.78). Ferner verfügt der BLS II.1 über keine Selen-Werte.

Tab. 6.30: Elektrolyte und Spurenelemente bei PEM

Merkmal/Faktor - Beobachtung bei PEM	Beobachtung bei Rohköstlern
Kalium: Mangel - ⇓	unwahrscheinlich
Natrium: erhöht - ⇑	unklar/nicht untersucht
Kalzium: vielleicht Mangel	wahrscheinlich
Vitamin D-Bedarf vielleicht durch niedrige Kalziumzufuhr erhöht	wäre kritisch
Magnesium: Mangel häufig bei PEM (Veränderungen im Urin stärker als im Serum)	Defizite bei hoher Zufuhr
Phosphor: vielleicht Mangel	möglich
Zink: Mangel oft mit PEM assoziiert	wahrscheinlich
Selen: vielleicht Mangel	möglich

Beobachtungen zu Antioxidantien bei PEM werden denen bei den untersuchten Rohköstlern in Tab. 6.31 gegenüber gestellt. Das Kollektiv weist eine erhöhte Zufuhr an mehrfach ungesättigten Fettsäuren auf (16 mg/d). Da diese direkt in die Zellmembran aufgenommen werden, aber verstärkt der Schädigung durch Lipidperoxidation ausgesetzt sind, besteht möglicherweise ein erhöhter Bedarf. Hinzu kommt die BF-Reduktion, die vermehrt Fettsäuren ins Blut freisetzt, wo diese auch der Lipidperoxidation ausgesetzt sind.

In ihrer Vitamin-A-Zufuhr (2,4 mg RE/d) liegen Rohköstler erheblich über den Empfehlungen der DGE von 0,8-1,0 mg RE/d; 89 % der Probanden erreichen die Empfehlungen. Etwa 80 % des Kollektivs weisen Serum-Vitamin-A-Werte im Referenzbereich von 35-94 µg/dl bzw. 30-86 µg/dl für Männer bzw. Frauen auf. Bei keinem der Teilnehmer sind Werte über dem Referenzbereich zu verzeichnen. Der Vitamin-A-Bedarf des Menschen wird durch Retinol und Provitamine, z.B. ß-Carotin, gedeckt. Von Vorteil für den Vitamin-A- und ß-Carotin-Status der Rohköstler ist die hohe Provitamin-A-Zufuhr.

Nachteilig wirkt sich hingegen der Verzehr von überwiegend rohen Lebensmitteln aus, woraus eine geringere Bioverfügbarkeit der Carotinoide resultiert. Die hohe ß-Carotin-Zufuhr (14 mg/d) wirkt sich negativ auf die Resorptionsrate aus. Durch die geringe Zufuhr an präformiertem Vitamin A (41 µg/d) muß von hohen Konvertierungsraten des ß-Carotins zu Retinol ausgegangen werden, was den ß-Carotin-Plasmaspiegel zusätzlich negativ beeinflußt. Der Plasma-Retinol-Spiegel liegt sowohl bei Männern als auch bei Frauen im unteren Referenzbereich. Der Plasma-ß-Carotin-Spiegel liegt bei 70 % der untersuchten Rohköstler im Referenzbereich.

Die hohe Vitamin-E-Zufuhr der Rohköstler (19 mg/d), die deutlich über der Empfehlung der DGE (12 mg/d) liegt, spiegelt sich nicht im Plasma-α-Tocopherol-Spiegel wider. Dieser beträgt 974 µg/dl (lipid-standardisiert) und liegt somit im unteren Referenzbereich von 750-2300 µg/dl. Eine erhöhte Aufnahme von mehrfach ungesättigten Fettsäuren kann die Resoption von Tocopherolen hemmen (DGE 1991 S.97). Rohköstler, bei denen die GPX gemessen wurde, hatten einen niedrigeren Gehalt als eine Kontrollgruppe (Ebel 1995). Der Transferrin-Spiegel liegt bei 91 % der untersuchten Rohköstler im Referenzbereich von 2,00-4,00 g/l; eine Reduktion ist nicht festzustellen. Obwohl die Vitamin-B_2-Zufuhr niedrig ist, weisen 91 % des Kollektivs einen Aktivitätskoeffizienten (α-EGR) im Referenzbereich von < 1,66 auf.

Tab. 6.31: Antioxidantien bei PEM

Merkmal/Faktor - Beobachtung bei PEM	Beobachtung bei RK
Mehrfach ungesättigte Fettsäuren: Mangel	erhöhte Zufuhr aber vielleicht erhöhter Bedarf
Vitamin A: Mangel oft mit PEM assoziiert	trifft nicht zu
Vitamin E: oft reduziert - ⇓	trifft zu (vgl. Zufuhr)
Glutathion Peroxidase (GPX) reduziert - ⇓ - oft bei fortgeschrittener PEM	trifft zu (n=35)
Transferrin: reduziert - ⇓	trifft nicht zu
Erythrozyten Glutathionreduktase (EGR) vielleicht reduziert - ⇓ (unklar)	trifft nicht zu

In Tab. 6.32 werden Beobachtungen zum Eisenstoffwechsel bei PEM und bei den Rohköstlern dargestellt. 78 % der Teilnehmer haben einen Hämoglobinspiegel, der im Referenzbereich von 140-180 g/l bzw. 120-160 g/l für Männer bzw. für Frauen liegt. Die Werte liegen im unteren Referenzbereich; kein Teilnehmer weist einen Hämaglobinwert über dem Referenzbereich auf. Nach dem MCV zu beurteilen, liegt keine Eisenmangelanämie vor, sondern eher eine megaloblastische Anämie: 88 % des Kollektivs weisen einen MCV-Wert im Referenzbereich von 76-79 μm^3, 12 % über dem Referenzbereich auf. Dies deutet auf einen Folsäure/Vitamin-B_{12}-Mangel hin (s.u.). Da keine Probanden einen Serum-Eisenspiegel über dem Referenzbereich von 60-140 µg/dl bzw. 60-130 µg/dl für Männer bzw. Frauen aufweisen und nur 57 % des Kollektivs im Referenzbereich liegen, ist keine

Erhöhung des Eisens festzustellen. Fast 90 % der Rohköstler erreichen die Eisen-Zufuhr-Empfehlungen der DGE gemäß Alter und Geschlecht.

Die Proteinzufuhr und damit die Aminosäuren-Zufuhr ist bei Rohköstlern reduziert. Histidin ist nach den Empfehlungen der WHO für Erwachsene (FAO/WHO/UNU 1985) limitierend. Da die Vitamin-C-Zufuhr (442 mg/d) wesentlich höher als die Empfehlung der DGE (75 mg/d) sowie die von Stähelin et al (1988) von 100-150 mg/d liegt, ist ein Vitamin-C-Mangel unwahrscheinlich. Die Aktivität der EGR ist zwar nicht beeinträchtigt, doch erreichen nur 43 % des Kollektivs die Vitamin-B$_2$-Zufuhr-Empfehlungen.

Bei der Folsäure-Versorgung waren sehr hohe Zufuhrwerte zu vermerken; 90 % erreichen die Empfehlungen der DGE. Die Plasma-Folsäurewerte liegen zu 68 % im Referenzbereich von 3,0-20 ng/ml; kein Teilnehmer hat einen Wert unter diesem Bereich. Die ausgesprochen hohen Plasma-Folsäure-Werte können auf einen Vitamin-B$_{12}$-Mangel hindeuten, da dieses Vitamin für die Regeneration und damit für die Aufnahme der Folsäure in die Zellen benötigt wird (Biesalski et al 1995 S.138). Der Median der Plasma-Cobalaminwerte der Rohköstler beträgt 217 pg/ml und liegt damit eher im unteren Referenzbereich von 150-900 pg/ml. Etwa 15 % des Kollektivs weisen Werte unter diesem Bereich auf. Plasma-Cobalaminwerte alleine eignen sich nicht für eine Beurteilung des Vitamin-B$_{12}$-Status. Eine erhöhte Homocysteinkonzentration bei den Rohköstlern (16 µmol/l) im Vergleich zu dem Referenbereich von < 16 µmol/l deutet auf eine Mangelversorgung hin. Bei etwa der Hälfte der Teilnehmer ist ein erhöhter Homocysteinwert festzustellen.

Tab. 6.32: Eisenstoffwechsel bei PEM

Merkmal/Faktor - Beobachtung bei PEM	Beobachtung bei Rohköstlern
Hämoglobin: reduziert - ⇓	wahrscheinlich
MCV (bei Eisenmangel): reduziert - ⇓	trifft nicht zu
Transferrin: reduziert - ⇓	trifft nicht zu
Eisen: oft erhöht - ⇑	trifft nicht zu
Protein bzw. Aminosäuren: His, Gly reduziert - ⇓ - bzw. limitierend	trifft zu
Vitamin C-Mangel	unwahrscheinlich
Vitamin B$_2$-Mangel	möglich
Folsäure-Mangel	trifft nicht zu
Vitamin B$_{12}$-Unterversorgung wird eher nicht als Faktor berücksichtigt	trifft zu

In Tab. 6.33 werden Beobachtungen zur Energie und zum Protein bei PEM bzw. bei Rohköstlern dargelegt. Die Nahrungsenergie- sowie Nahrungsproteinzufuhr sind reduziert. Etwa 43 % des Kollektivs erreichen die Richtwerte für Nahrungsenergie der DGE während 36 % die Proteinzufuhr-Empfehlung (pro kg Körpergewicht) erreichen. Nach den neusten Empfehlungen zur EAS-Zufuhr sind für Rohköstler Leucin und Lysin limitierend (weniger als 50 % der Teilnehmer erreichen die Empfehlungen nach MIT/Young et al). Lysin, Leucin und Threonin sind limitierend nach den Empfehlungen der WHO für Kinder im Alter von 2-5 Jahre und Histidin sowie Methionin+Cystein sind nach den Empfehlungen der WHO für Erwachsene limitierend (FAO/WHO/UNU 1985).

Die Entgiftung des im Proteinstoffwechsel entstehenden Ammoniaks erfolgt durch das wichtige Endprodukt Harnstoff; 87,1 % der Rohköstler weisen Harnstoffspiegel im Referenzbereich von 10-50 mg/dl auf. Die restlichen Teilnehmer liegen fast ausschließlich unter dem Bereich. Es ist ein signifikanter Zusammenhang zwischen der Variante und dem Harnstoff-Spiegel zu verzeichnen (p=0,01612). Der Grundumsatz, der mittels der Körperzusammensetzung berechnet wurde, ist niedriger als der nach Geschlecht, Alter, Größe und Gewicht berechnete. Damit ist ein reduzierter Gesamtenergieverbrauch naheliegend.

Tab. 6.33: Energie und Protein bei PEM

Merkmal/Faktor - Beobachtung bei PEM	Beobachtung bei Rohköstlern
Nahrungsenergiezufuhr reduziert - ⇓	trifft zu
Nahrungsproteinzufuhr reduziert - ⇓	trifft zu
Aminosäuren insb. essentielle reduziert - ⇓	je nach Empfehlung - trifft teilweise zu
Gesamtenergieverbrauch reduziert - ⇓	trifft wahrscheinlich zu

Weitere Struktur- und Funktionsveränderungen bei PEM bzw. bei den Rohköstlern werden in Tab. 6.34 aufgezeichnet. Ein reduzierter Glucosespiegel ist bei den Rohköstlern nicht zu verzeichnen. Sie liegen mit 89 % im Referenzbereich von 60-100 mg/dl; keiner der Teilnehmer hat einen Wert unter diesem Bereich. Eine Vorraussetzung für die Kälteabwehr ist, daß Schilddrüsenhormone in ausreichender Menge zur Verfügung stehen. Beim Fasten ist T3 reduziert und wirkt dadurch indirekt thermoregulatorisch. Die häufigst genannte Beschwerde der Rohköstler im GBB (Psychobogen) waren kalte Füße/Hände. Dies war signifikant unterschiedlich zu der Kontrollgruppe. Bei 17 % der prämenopausalen Frauen (n=7, 25-44 J.) ist eine Amenorrhoe festzustellen. Die Serumproteine Albumin und Transferrin sind nicht reduziert. Auch das Gesamtprotein ist nicht reduziert, doch können einige Merkmale den Status erklären (s. S.146).

Anhand des Blutbildes zeigt sich bei 43 % der männlichen und 15 % der weiblichen Probanden eine Anämie (Kwanbunjan et al 1996, Kwanbunjan 1996 S.124). Ein Eisenmangel sowie ein Mangel an Vitamin B_{12} und eine niedrige Proteinzufuhr sind bedeutende Einflußfaktoren auf die Entstehung von Anämie bei dem Kollektiv. Von den Teilnehmern weisen 87,1 % γGT-Werte im Referenzbereich (6-26 U/l für Männer, 4-18 U/l für Frauen) bzw. 10,9 % darunter auf. Dies kann als Hinweis für eine intakte Funktion des hepatobiliären Systems gesehen werden. Die Serum-Triglycerid-Werte sind jedoch reduziert, wie bei PEM auch beobachtet wurde: Sie liegen mit 65 mg/dl im unteren Referenzbereich (60-200 mg/dl). Da alle Teilnehmer Serum-Kreatinin-Spiegel, die im Referenzbereich von 0,7-1,3 mg/dl für Männer bzw. 0,6-1,2 mg/dl für Frauen liegen, aufweisen, kann von einer intakten Nierenfunktion ausgegangen werden. Aflatoxine wurden als Faktor in der Ätiologie von Kwashiorkor bzw. PEM diskutiert. Da diese vermehrt in Nüssen vorkommen und die Rohköstler sehr viel Nüsse verzehren, ist ein möglicher Einfluß nicht auszuschließen.

Tab. 6.34: Endokrine Veränderungen, sowie Struktur und Funktion der Organe bei PEM

Merkmal/Faktor - Beobachtung bei PEM	Beobachtung bei Rohköstlern
Glucose: reduziert - ⇓ - nur bei fortgeschrittenem PEM	trifft nicht zu
Thermoregulation beeinträchtigt (eher bei Fasten/Hungern zu beobachten) wegen Schilddrüsenhormone reduziert - ⇓	wahrscheinlich
Menstruation Amenorrhoe (eher bei Hungern/Anorexia nervosa zu beobachten)	trifft zu
Serumproteine: reduziert - ⇓ - eher bei fortgeschrittener PEM	trifft eher nicht zu
Anämie (nicht unbedingt Eisenmangelanämie)	trifft zu
Serum-Triglyceride reduziert - ⇓ (von Fettleber)	trifft zu
Niere: nicht-spezifische Veränderungen	trifft nicht zu (anhand des Serum-Kreatinins)
Aflatoxin in Nüssen	Rohköstler essen viel Nüsse, daher möglich

7   Schlußbetrachtung

Die Gießener Rohkost-Studie ist eine Querschnittstudie, die Prävalenzen und nicht Inzidenzen mißt. Daher ist es schwierig, eine Beziehung zwischen der RKE (Exposition) und Mangelzuständen (Outcome) nachzuweisen bzw. zu interpretieren. Die Daten sind eher deskriptiver Natur und liefern Hinweise auf Risikofaktoren; somit haben sie einen eher explorativen Zweck. Um einer Ursache-Wirkungsbeziehung nachzugehen, wäre eine Langzeit-Studie naheliegend, die jedoch erhebliche Kosten und einen großen Logistikaufwand erfordert. Es wäre eher möglich, Personen, die sich auf RKE umstellen, ernährungs-medizinisch über einige Jahre periodisch zu betreuen bzw. begleiten.

Als Grundlage zur Beurteilung der Versorgungslage von Rohköstlern dienen Zufuhrempfehlungen für Nährstoffe bzw. Normwerte für Parameter, die auf jahrelanger internationaler wissenschaftlicher Forschungsarbeit beruhen. Die Zufuhrempfehlungen sollen gewährleisten, daß der weitaus größte Teil der Bevölkerung (97,5%) bei Einhaltung adäquat versorgt ist. Die Empfehlungen für die Nährstoffzufuhr sollten nicht mit dem Nährstoffbedarf eines Individuums verwechselt werden, da die Empfehlungen in der Regel einen erheblichen Sicherheitszuschlag (2SD) beinhalten, der individuelle Schwankungen berücksichtigen soll.

Eine einmalige Blutentnahme ist sicher nicht befriedigend für eine eingehende Beurteilung des Ernährungs- und Gesundheitsstatus der Probanden. Zudem ist für einige Nährstoffe bislang kein einzelner idealer Nachweisparameter vorhanden bzw. konnte wegen des Studiendesigns nicht eingesetzt werden. So fehlen auch für einige Untersuchungsparameter die Werte einer Kontrollgruppe, z.B. das EAS-Profil und die EAS-Zufuhr bei anderen Kostformen. Mit der RKS wurden Daten erhoben, die beispielsweise in bezug auf das Gesundheitsverhalten sehr aufschlußreich sind, jedoch in nur wenigen anderen Studien erfaßt wurden. Durch eine Fragebogenerhebung, wie sie in der RKS durchgeführt wurde, gehen natürlich einige Informationen verloren, die in Interviews besser erfassbar wären. Doch bei Letztgenanntem liegt eine andere Fragestellung zugrunde und eine statistische Bewertung ist nur schwer möglich.

Obwohl die Ernährungserhebung in einem Zeitraum gemacht wurde, in der am ehesten eine problematische Nährstoffzufuhr zu verzeichnen ist, wäre es sicher sinnvoll, mehrmals die Erhebung durchzuführen; dann aber eher mit einem 4-Tage-Protokoll. Hinzu kommt, daß Nährstoffgehalte von Lebensmitteln im BLS teilweise veraltet sind und keineswegs die Bioverfügbarkeit (z.b. EAS), Reifegrad, Lagerung oder Herkunft von Lebensmitteln berücksichtigen. Ideal wäre, in einer Studie beispielsweise durch Doppelportionsproben die tatsächlichen Nährstoffgehalte zu messen und/oder mittels Biomarker die tatsächliche Resorption zu bestimmen. Doch auch diese Methoden bergen ihre Probleme. Es ist schwierig, wenn nicht geradezu unmöglich, derzeit dem Geflecht an Lebensmittelkombinationen, Bioverfügbarkeit, Resorptionsänderungen/Adaptation, Körperspeicher, Nährstoffinteraktionen (z.b. bei Mineralstoffen) und Ausscheidung mit einem Studiendesign gerecht zu werden.

Da einige Risikofaktoren für Rohköstler durch die RKS identifiziert worden sind, können jetzt mit einem mehr homogenen Kollektiv bestimmte Parameter detailliert untersucht werden. Hierzu sind die Anregungen von Merz (1994) und Golden (1995), Nährstoffgruppen und nicht nur einzelne Nährstoffe zu betrachten, wegweisend. Nicht nur Auswirkungen auf Ernährung und Gesundheit einer Kostform, sondern auch ökologischen, sozialen und ökonomischen Aspekten der RKE sollte Aufmerksamkeit geschenkt werden. Auch ein Vergleich mit anderen Kostformen wäre interessant.

Bei einem Kollektiv mit niedriger Nahrungsenergie- sowie Proteinzufuhr ist es naheliegend, die Frage nach einer (Protein-Energie-)Mangelernährung zu stellen. Tatsächlich ist bei den Rohköstlern das relative Körpergewicht (BMI), das %BF reduziert bzw. das %TBW erhöht. Hinzu kommt bei unzureichender Deckung des Nahrungsenergiebedarfs und der Makronährstoffe, die Schwierigkeit, eine Bedarfsdeckung anderer Nährstoffe zu gewährleisten, da Energie- bzw. Proteinträger auch gleichzeitig viele andere essentielle Nährstoffe liefern.

Die Hauptquellen für fast jeden Nährstoff sind bei Rohköstlern Obst bzw. Gemüse (Strassner et al 1997b, 1997c). Bei einigen Parametern zeigt sich eine adäquate Versorgungslage (Vitamine B_1, B_6, A, E, ß-Carotin). Die teilweise sehr hohe Zufuhr an fettlöslichen Vitaminen A und E sowie des Mineralstoffs Magnesium spiegelt sich nicht in den Blutwerten wider. Bei den Antioxidantien kann ein erhöhter Bedarf zugrunde liegen. Trotz hoher Zufuhr dieser Nährstoffe kann die Versorgung nur als adäquat bezeichnet werden. Es stellt sich die Frage, ob bei einigen Nährstoffen eine so hohe Zufuhr notwendig oder wünschenswert ist. Hier sei auf Ergebnisse der Gießener Vollwert-Ernährungs-Studie hingewiesen, die bei einer vorwiegend lakto-vegetabilen Ernährungsform eine ähnliche Versorgungslage für die genannten Parameter nachweisen kann (Groeneveld 1994).

Bei einigen Nährstoffen ist die Versorgungslage marginal bis mangelhaft. Die niedrige Vitamin-D-Zufuhr könnte besonders in den Wintermonaten kritisch werden. Hier läßt sich eine Parallele zu den Ergebnissen von Dagnelie (1996, Dagnelie et al 1994, 1990) bei Kindern mit makrobiotischer Ernährung aufzeigen. Bei diesen Untersuchungen wurde eine ähnlich niedrige Vitamin-D-Zufuhr und Mangelversorgung in Wintermonaten bzw. eine hohe Prävalenz der Rachitis (55 % im Winter) beobachtet. Bei 17 % der Frauen unter 45 Jahren ist eine Amenorrhöe festzustellen. Parameter, die Aufschluß zur Eisen-, Vitamin-B_{12}- und Folsäure-Versorgung geben, deuten auf eine problematische Vitamin-B_{12}-Versorgung hin. Als Ursache für eine geringe Erythropoese bei proteinreduzierter Nahrung wird eine verminderte Eisenabsorption diskutiert. Dies deutet darauf hin, daß ein Proteinmangel wichtiger für den Eisenstoffwechsel als eine hypoenergetische Nahrung ist (Conrad et al 1967). Doch die ausreichende Eisenversorgung bleibt ein umstrittenes Thema (Bitsch 1996, Leitzmann und Hahn 1996b).

Anhand der Ausführungen scheint es, daß bei den untersuchten Rohköstlern einige Parameter mit denen einer PEM bzw. Anorexia nervosa übereinstimmen. Sicherlich weist das Kollektiv insgesamt keine ausgeprägte Mangelsituation auf, doch die Tendenzen sind bedenklich. Es ist wahrscheinlich, daß die untersuchten Rohköstler an die niedrige Protein- bzw. Nahrungsenergiezufuhr adaptiert sind. Wo die Grenzen einer Adaptation sich mit einer milden PEM vermischen, läßt sich derzeit nicht feststellen. Der Mangel an Nahrungsenergie ist wahrscheinlich häufiger an der Ätiologie der Mangelernährung beteiligt als der von Protein (Barth et al 1995). Bei genügender Nahrungsenergiezufuhr wäre die Proteinzufuhr der Rohköstler vermutlich befriedigend.

Die ausreichende Zufuhr der EAS hingegen ist unklar. Einerseits fehlen durch wissenschaftliche Studien ausreichend belegte Empfehlungen, die den neuesten Wissensstand berücksichtigen bzw. EAS-Zufuhr-Empfehlungen, die geringere CVs aufweisen. Andererseits fehlen Vergleiche mit anderen Kostformen. Bereits geringe Unterschiede in den Empfehlungen können starke Auswirkungen auf die Beurteilung der Versorgungslage des Kollektivs haben. Da die Nahrungsenergiezufuhr niedrig bzw. nicht ausreichend ist, wird das Protein auch zur Deckung des Nahrungsenergiebedarfs verwendet. Beweise hierfür liefern in erster Linie reduziertes Körpergewicht (Waterlow 1990) und gesenkter Grundumsatz (Waterlow 1986). Eine Amenorrhoe sowie eine scheinbar beeinträchtigte Thermoregulation bei einigen Rohköstlern wären weitere Indizien für eine Mangelernährung.

Es ist wichtig, daß solche alternative Ernährungsweisen, wie die RKE, sorgfältig geplant werden, um eine bedarfsgerechte Deckung der Nährstoffen zu gewährleisten (ADA 1988). Stellungnahmen, wie die der DGE (1995, 1993), halten vielleicht die Normalbevölkerung davon ab, ihre Ernährung auf RKE umzustellen. Sie dienen aber nicht als Rat oder Hilfe für Rohköstler, da sie weder auf diese Personengruppe eingehen, noch deren Vertrauen gewinnen, z.B. in dem sie versuchen könnten, in erster Linie eine Veränderung in der Ernährung zu bewirken, die sich mit den Überzeugungen der Rohköstler vereinbaren ließe. Gerade bei liberaleren Formen (bezogen auf Variante und/oder Rohkostanteil) können wenige Schritte bereits ausreichend sein, um eine adäquate Versorgung mit Nährstoffen und Nahrungsenergie zu gewährleisten (Koebnick et al 1997b). Nach Aussage der „American Dietetic Association" (1975), brauchen gesunde Menschen keine Vitamin- und Mineralstoff- o.ä. Nahrungssupplemente bei einer adäquaten Ernährungsweise. Dies wird durch verschiedene Studien bestätigt (Hoffmann 1998). Supplemente sollten nicht dazu dienen, eine mangelhafte Nährstoffzufuhr zu decken oder um Ernährungsfehlverhalten zu rechtfertigen.

Internationale Empfehlungen für eine gesunderhaltende Ernährungsweise beinhalten einen Großteil rohe, frische Gemüse und Obst als Träger insbesondere für Vitamine, Mineralstoffe und andere protektive Faktoren. Es gibt viele Untersuchungen zur Auswirkung eines niedrigen Verzehrs dieser Lebensmittel auf die Gesundheit, der sich in der üblichen westlichen Mischkost widerspiegelt, aber nicht zur Auswirkung eines hohen Verzehrs. Die Ergebnisse der Gießener Rohkost-Studie können nicht nur von Rohköstlern und Ernährungsfachkräften genutzt werden, sondern auch einen Beitrag zu dieser Diskussion liefern.

Eine Vielzahl von Personen berichtet über positive Erfahrungen mit RKE. Bei Menschen, die bisher eher konventionell aßen, ist dies nicht weiter verwunderlich. Ein hoher Anteil an unerhitzten Lebensmitteln kann durchaus günstige Auswirkungen haben. Frischkost bietet viele ernährungsphysiologische Vorteile. Hierzu zählt eine hohe Dichte an essentiellen Nährstoffen, vor allem die teilweise flüchtigen hitzelabilen oder oxidationsempfindlichen sekundären Pflanzenstoffe. Ein hoher Ballaststoffgehalt, der eine höhere Wirksamkeit in unerhitzter Form besitzt, ist positiv zu bewerten. Allerdings wird durch eine verkürzte Transitzeit bei hohem Ballaststoffgehalt die Nährstoffresorption verringert (Kelsay et al 1978).

Ferner bietet Frischkost einen geringen Energiegehalt bei hohem Sättigungsgefühl. Doch auch hier kann bei sehr hohem Frischkostverzehr durch das Füllvolumen und das Sättigungsgefühl die Gefahr einer hypoenergetischen Versorgung bestehen.

Positiv zu bewerten ist auch die Wirkung auf Zahnfleisch und Verdauung durch gründliches Kauen und Einspeicheln. Ferner ist bei der Kostform der geringe (E)AS-Verlust durch Hitzeschädigung, Maillard-Reaktion, usw. günstig. Hingegen ist das Vorhandensein von Protease-Inhibitoren, die auch endogenes Protein schädigen können, usw. und erst durch Hitze oder Verarbeitung inaktiviert werden, ein Nachteil.

Insgesamt ist anhand der dargestellten Ergebnisse eine reine Rohkost-Ernährung als Dauerform nicht zu empfehlen, insbesondere nicht für Risikogruppen wie Schwangere, Stillende und Kinder und alte Menschen. Eine moderatere Rohkost-Ernährung, die mit Lebensmitteln wie Vollkornbrot oder anderen Vollkornprodukten und tierischen Produkten - wie Milchprodukten - ergänzt wird, könnte für gesunde Erwachsene mit ausreichendem Ernährungswissen möglich sein. Es muß in jedem Fall eine ausreichende Menge an Lebensmitteln verzehrt werden, damit genügend Nahrungsenergie und Protein verfügbar ist. Die positiven bzw. protektiven Aspekte dieser Kostform sind wünschenswert, jedoch sind einige Nährstoffmängel langfristig offensichtlich nur schwer zu vermeiden.

8   Zusammenfassung

In der Gießener RKS wurde der Ernährungs- und Gesundheitsstatus von Personen untersucht, die RKE langfristig praktizieren. Hauptmerkmal dieser Kostform ist ein sehr hoher Verzehr von Obst und Gemüse in unerhitzter Form. Im theoretischen Teil dieser Arbeit wird ein Überblick über die RKE gegeben und eine Definition für die Studie diskutiert. Ferner wird die Bedeutung der Proteine behandelt, wobei (Protein-Energie)-Mangelernährung einen Schwerpunkt bildet.

Es wurde ein Kollektiv von 201 erwachsenen Männern und Frauen im Alter von 25-64 Jahren auf ihren Ernährungs- und Gesundheitsstatus untersucht. Die Teilnehmer praktizierten über ein Jahr lang RKE, so daß davon auszugehen war, daß der Stoffwechsel sich auf die neue Ernährungsweise umgestellt hatte. Das Kollektiv war sowohl durch ein hohes Bildungsniveau als auch durch ein hohes Pro-Kopf-Einkommen gekennzeichnet. Die Probanden waren körperlich sehr aktiv, fast die Hälfte trieb häufig Sport. Auch das Gesundheitsbewußtsein war ausgeprägt: alle Teilnehmer sind Nichtraucher (Studienkriterium), fast 60 % trinken keinen Alkohol, weniger als 30 % nahmen Medikamente/Supplemente und die weiblichen Probanden nahmen kaum Sexualhormone.

Bei Betrachtung des Lebensmittelverzehrs zeigen sich erhebliche Unterschiede zwischen der RKE und anderen Kostformen. Obwohl die untersuchten Rohköstler durchschnittlich weniger als 1 l/d trinken, nehmen sie durch ihren hohen Verzehr an wasserhaltigen Lebensmitteln 2,5 l/d Flüssigkeit auf und liegen damit über den DGE-Empfehlungen für die Gesamtwasserzufuhr. Von den Rohköstler werden etwa 2 kg/d Lebensmittel verzehrt, davon das meiste in roher Form und pflanzlichen Ursprungs. Die Nahrung der Probanden besteht durchschnittlich aus $^2/_3$ Obst (67,8%), fast ¼ Gemüse/Hülsenfrüchten (23,3%), Vier Lebensmittelgruppen haben einen Anteil der zwischen 1,0-1,5 % liegt: Getreide/Nährmittel (1,4%), Nüsse (1,3%), Milch/Milchprodukten (1,3%) sowie Samen (1,0%). Äpfel, Orangen und Bananen sind die am häufigsten verzehrten Obstarten, wobei die Aussage durch den Zeitraum der Erhebung (Februar bis April) wahrscheinlich beeinflußt wurde. Der durchschnittliche tägliche Verzehr der genannten Obstarten lag mehr als doppelt so hoch wie der anderer Obstarten.

Die gesamte Nährstoffversorgung erfolgt fast ausschließlich über Obst und Gemüse. Dies hat zur Folge, daß die Aufnahme mit Nährstoffen, die überwiegend aus Getreideprodukten oder Lebensmitteln tierischer Herkunft stammen, wie die

Vitamine D, B_2, B_{12} und Niacin sowie die Mineralstoffe Zink, Kalzium und Jod nach den Empfehlungen der DGE unzureichend ist. Ausreichend versorgt sind die Teilnehmer mit den Vitaminen B_1, B_6 und ß-Carotin. Bei den Vitaminen A und E sowie Magnesium und Eisen läßt sich eine hohe Zufuhr verzeichnen, die sich aber nicht in den Blutwerten widerspiegelt.

Bezüglich des Energiestoffwechsels scheint es den untersuchten Rohköstlern nur möglich zu sein, die Energierichtwerte der DGE mit einer gemischten Variante zu erreichen, auch unter Berücksichtigung der hohen Ballaststoffzufuhr. Die wichtigste Nahrungsenergiequelle für die Rohköstler ist Obst, gefolgt von Gemüse (inklusive Hülsenfrüchten). Bedenklich scheint, daß den Lebensmittelgruppen Süßwaren/Süßspeisen, Süßungsmittel, Getränke und Speisefette/-öle eine relativ große Wichtigkeit als Nahrungsenergielieferanten zukommt. Wenige Teilnehmer der RKS trinken Alkohol, somit spielt Alkohol als Energielieferant eine untergeordnete Rolle. Bei den Hauptenergieträgern - Kohlenhydrate, Fette und Protein - entspricht die Nährstoffrelation der Rohköstler etwa den Empfehlungen der DGE. Da aber die Nahrungsenergiezufuhr insgesamt problematisch ist, werden die Makronährstoffe wahrscheinlich zum großen Teil direkt als Nahrungsenergielieferanten verwertet.

Obwohl Rohköstler insgesamt ein niedriges Körpergewicht aufweisen, liegt der durchschnittliche BMI durchaus im Normbereich. Bei der Körperzusammensetzung zeigt sich bei den untersuchten Rohköstlern ein reduzierter BF-Gehalt, der mit einem erhöhtem LBM einhergeht. Der relative Anstieg des LBM scheint in erster Linie auf eine Zunahme an TBW zurückzuführen zu sein, insbesondere an extrazellulärem Wasser. Eine Zunahme an ECM, so daß diese größer als BCM ist, ist auch nachweisbar, bzw. eine Abnahme an BCM, dem metabolisch verfügbaren Protein. Die anscheinend erhaltene Membranintegrität könnte hierbei eine Rolle spielen. Bei der Erhaltung der Membranintegrität wiederum wäre es denkbar, daß die hohe Zufuhr an Antioxidantien hier ihren Einsatz findet; vielleicht spiegelt sich durch einen erhöhten Bedarf die hohe Zufuhr nicht im Blut-Status wider.

Der auf der Basis der Körperzusammensetzung errechnete Grundumsatz ist niedriger als der nach den Formeln von Harris-Benedict berechnet und damit niedriger als der, der zu erwarten gewesen wäre. Dies deutet auf eine Adaptation des Grundumsatzes hin. Möglicherweise ist er bei den Rohköstler niedriger wodurch auch der Gesamtenergieverbrauch geringer sein könnte.

Insgesamt zeigt sich bei den untersuchten Rohköstlern auch für Protein eine unzureichende Zufuhr. Lediglich die moderateren Formen (in bezug auf Variante und/oder Höhe des Rohkostanteils) erreichen die Empfehlungen der DGE. Die durchschnittliche Proteinzufuhr der Probanden liegt im Bereich der Zufuhr-Empfehlung ohne Sicherheitszuschlag. Die üblichen Proteinlieferanten bei einer gemischten oder vegetarischen Kost spielen für das Kollektiv der RKS eher eine untergeordnete Rolle. Bei ihnen stammen fast 50 % der Proteinzufuhr aus Obst und Gemüse; bei veganen Rohköstlern etwa 60 %. Nüsse und Samen machen jeweils 10 % der Proteinzufuhr aus.

Im Hinblick auf die EAS-Zufuhr ist die Versorgungslage der Rohköstler nur sehr schwer zu beurteilen. Nach den neueren Empfehlungen zur EAS-Zufuhr sind für Rohköstler Leucin, Lysin und Threonin limitierend, während sowohl Histidin als auch Methionin + Cystein nach den älteren Empfehlungen der WHO für Erwachsene limitierend sind.

Untersuchungen zum Proteinstatus von Rohköstlern zeigen stabile Parameterwerte. Dies liegt an der Auswahl der Parameter, die generell als nicht ideal bzw. als unempfindliche Parameter im Hinblick auf einen Proteinmangel gesehen werden. Trotzdem zeigen sich bei den üblicherweise stabilen Parametern Albumin- und Transferrinstatus etwa 20 % der Rohköstler-Gruppen mit Werten außerhalb der jeweiligen Normbereiche. Es läßt sich zeigen, daß verschiedene Faktoren im Stoffwechsel dieser Proteinstatus-Parameter eine Rolle spielen. So sind Protein- und Energiezufuhr wichtige Einflußfaktoren auf den Transferrin- und Gesamtproteinstatus, während das Verhältnis Mager-/Fettmasse beim Albumin- und Gesamtproteinstatus eine Rolle spielen. Ferner beeinflußt vor allem die Dauer der RKE den Gesamtproteinstatus. Daher würde der Gesamtproteinstatus als Indikator am ehesten für das Ausmaß der (Protein-Energie-)Mangelernährung Aufschluß geben, wenn genaueres über die Gesamtproteinzusammensetzungen und deren Veränderung bei Mangelernährung bekannt wäre. Ein erhöhter Abbau des Albumins, Veränderungen im TBW, niedriger Grundumsatz sowie Hypothermie könnten wiederum bei Rohköstlern zu dem scheinbar adäquaten Proteinstatus beitragen.

Einige Parameterwerte der untersuchten Rohköstler stimmen mit denen einer PEM überein. So sind z.B. eine niedrige Nahrungsenergie- bzw. Proteinzufuhr, ein reduziertes Körpergewicht, ein gesenkter Grundumsatz sowie eine Amenorrhoe zu nennen. Eine fortgeschrittene PEM kann allerdings nicht festgestellt werden.

Eine reine Rohkost-Ernährung wird aufgrund der dargestellten Ergebnisse nicht empfohlen, insbesondere nicht bei Risikogruppen wie Schwangere, Stillende, Kinder und ältere Menschen.

9   Summary

In the Giessen Raw Food Study the health and nutritional status of persons following a longterm Raw Food Diet (RFD) was investigated. The main feature of the RFD is a high consumption of raw fruits and vegetables.

In the theoretical part of this thesis the various RFDs are explained and a definition for the RFD as considered in the study is discussed. Furthermore, the importance of proteins is elucidated, especially that of (protein-energy-)malnutrition.

A collective of 201 adult men and women of age 25-64 years was examined on its nutritive and health status. The participants had followed a RFD for over a year, thus their metabolism had most likely adapted to the new diet. The collective was characterised by a high level of education as well as a high per capita income. The participants were physically very active - almost half participated in sport regularly. Further health-conscious behaviour was also distinctive: all participants were nonsmokers (study criteria), almost 60 % did not drink alcohol, less than 30 % took medications/supplements and only a few female participants took steroid hormones.

A look at the food consumption pattern shows considerable differences between the RFD and other dietary regimens. Although the participants drank less than 1 l/d on average, they had a liquid intake of 2,5 l/d from foods with a high water content and so reached the recommendations of the DGE (German Society for Nutrition). About 2 kg foods are consumed daily by the participants, most of this is raw and of plant origin. It consists on average of $^2/_3$ fruit (67,8 %), almost ¼ vegetables and legumes (23,3 %) and a further four food groups each make up 1,0-1,5 %: cereals/cereal products (1,4 %), nuts (1,3 %), milk and dairy products (1,3 %) and seeds (1,0 %). Apples, oranges and bananas are the fruits most often eaten, however, the findings may well be influenced by the study months (February till April). The daily amount consumed of the above fruits was more than double as high as that of other fruits.

The total nutrient supply is provided almost exclusively by fruits and vegetables. As a consequence the intake of nutrients that are usually provided by cereal products and/or foods of animal origin, such as the vitamins D, B_2, B_{12} and niacin as well as the minerals zinc, calcium and iodine, is insufficient according to the recommendations of the DGE. The participants have an adequate status for the vitamins B_1, B_6 and ß-carotene. For the vitamins A and E as well as the minerals magnesium and iron a high intake is evident but this is not reflected in the blood status.

Concerning the energy metabolism: it seems only possible for the participants to achieve the recommendations for energy with a mixed RFD, even when the high dietary fibre component of the diet is considered. The chief source of dietary energy for the participants is fruit, followed by vegetables/legumes. The food groups sweets/desserts, sweeteners, drinks and fats/oils play a relatively important role as dietary energy sources. Few participants drink alcohol, thus it has a negligible role as a dietary energy source. As far as the macronutrients are concerned the nutrient ratio of the paticipants corresponds to that recommended by the DGE. However, since sufficient dietary energy intake as a whole is problematical, it is probable that the macronutrients are utilised to a large degree directly as a dietary energy source.

Although the participants have a low body weight, the average BMI is within the normal range. Body composition analyses show a reduced BF component and a concomittant increased LBM. The relative increase in LBM seems to come primarily from an increase in TBW, especially extracellular water. An increase in ECM, which is on average greater that the BCM, is also evident, i.e. a decrease in BCM, the metabolically available protein, is evident. The apparently intact membrane integrity could play a role here. To maintain membrane integrity in turn it is possible that the high intake of antioxidants is important. Perhaps the high intake is not apparent in the blood status because of a raised requirement.

The BMR calculated on the basis of body composition analyses is less than that calculated according to the formula of Harris-Benedict and thus lower than that which might be expected. This indicates an adaptation of the BMR, which is possibly lower in the participants. In this case the total energy expenditure could also be lower.

In total the participants show an insufficient intake of protein. Only the more liberal forms of the RFD (according to vegetarian type and raw food proportion) achieve the recommendations of the DGE. The average protein intake of the participants lies in the region of the recommendations minus added safety factors. The usual protein sources of a mixed or vegetarian diet play a lesser role in the RFD. Here almost 50 % of the protein intake results from fruit and vegetables, for vegan participants this amounts to about 60 %. Nuts and seeds each contribute 10 % to the protein intake.

It is difficult to judge the adequacy of the EAA intake. According to newest recommendations leucine, lysine and threonine are limiting for the participants, while histidine and methionine + cysteine are limiting according to the older recommendations.

Analyses of the protein status of the participants show stable values. This is due in part to the parameters used, which are not generally viewed as ideal or as sensitive with respect to determining a protein deficiency. Nevertheless, the usually stable parameters albumin and transferrin show values outside of the normal range for about 20 % of the groups. It is demonstrated that various factors play a role in the metabolism of the protein status parameters. Protein and nutrient energy intake are important factors in the status of transferrin and total protein status, whereas the ratio LBM/BF plays a role in the albumin and total protein status, especially the duration of the RFD influences total protein status. Therefore total protein status would seem a good indicator for the extent of (protein-energy-)malnutrition, if more was known about the composition of the total protein status and its changes during malnutrition. An increased catabolism of albumin, changes in TBW, low BMR as well as hypothermia could contribute to the apparent sufficient protein status of the participants.

Some of the parameters analysed correspond with those observed during PEM, e.g. a low nutrient energy and protein intake, reduced body weight, a reduced BMR and amenorrhoea. A severe PEM could not be ascertained in the collective.

A strict RFD is not recommended on the basis of the data presented, especially not for groups at risk such as pregnant or lactating women, children and the elderly.

10 Literaturverzeichnis

Aalderink J, Hoffmann I, Groeneveld M, Leitzmann C: Ergebnisse der Gießener Vollwert-Ernährungs-Studie. Ern Umschau 41 (9), 328-335, 1994

Abdulla M, Aly K-O, Andersson I, Asp N-G, Birkhed D, Denker I, Johansson C-G, Jägerstad M, Kolar K, Nair BM, Nilsson-Ehle P, Norden A, Rassner S, Svensson S, Akesson B, Öckerman P-A: Nutrient intake and health status of lactovegetarians: chemical analyses of diets using the duplicate portion sampling technique. Am J Clin Nutr 40, 325-338, 1984

Abdulla M, Andersson I, Asp N-G, Berthelsen K, Birkhed D, Dencker I, Johansson C-G, Jägerstad M, Kolar K, Nair BM, Nilsson-Ehle P, Norden A, Rassner S, Akesson B, Öckerman P-A: Nutrient intake and health status of vegans. Chemical analyses of diets using the duplicate portion sampling technique. Am J Clin Nutr 34, 2464-2477, 1981

Abelow BJ, Holford TR, Insogna KL: Cross-cultural association between dietary animal protein and hip fracture: a hypothesis. Calcif Tissue Int 50 (1), 14-18, 1992

Abramowski OLM: Fruitarian diet and physical rejuvenation. o.J.a

Abramowski OLM: Fruit can heal you. o.J.b

Abrams H L: Vegetarianism: an anthropological/ nutritional evaluation. J Appl Nutr 32 (2), 53-86, 1980

Acosta PB: Availability of essential amino acids and nitrogen in vegan diets. Am J Clin Nutr 48, 868-874, 1988

Acosta PB, Yannicelli S: Nutrition support of inherited disorders of amino acid metabolism: Part 2. Top Clin Nutr 10 (2), 48-72, 1995

Acosta PB, Yannicelli S: Nutrition support of inherited disorders of amino acid metabolism: Part 1. Top Clin Nutr 9 (1), 65-82, 1993

ADA: Position paper of The American Dietetic Association: World hunger. J Am Diet Assoc 95, 1160-1162, 1995

ADA: Position paper of The American Dietetic Association and The Canadian Dietetic Association: Nutrition intervention in the care of persons with human immunodeficiency virus infection. J Am Diet Assoc 94, 1042-1045, 1994a

ADA: Position paper of The American Dietetic Association: Nutrition intervention in the treatment of anorexia nervosa, bulimia nervosa, and binge eating. J Am Diet Assoc 94, 902-907, 1994b

ADA: Position paper of The American Dietetic Association: Domestic hunger and inadequate access to food. J Am Diet Assoc 90, 1437-1441, 1990

ADA: Position paper of The American Dietetic Association: Vegetarian diets. J Am Diet Assoc 88, 351, 1988

ADA: Position paper on the vegetarian approach to eating. J Am Diet Assoc 77, 61-69, 1980

ADA: Position paper on food and nutrition misinformation on selected topics. J Am Diet Assoc 66, 277-.284, 1975

Adrian J: Nutritional and physiological consequences of the Maillard reaction. World Rev Nutr Diet 19, 71-122, 1974

Agarwal DK, Agarwal KN, Shankar R, Bhatia BD, Mishra KP, Tripathi BN: Determination of protein requirements on vegetarian diet in healthy female volunteers. Indian J Med Res 79, 60-67, 1984

Agren JJ, Törmälä M-L, Nenonen MT, Hänninen OO: Fatty acid composition of erythrocyte, platelet, and serum lipids in strict vegans. Lipids 30 (4), 365-369, 1995

Alexander D, Ball MJ, Mann J: Nutrient intake and haematological status of vegetarians and age-sex matched omnivores. Eur J Clin Nutr 48, 538-546, 1994

Alexander J: Blatant raw foodist propaganda. Blue Dolphin Publishing Inc., Neveda/California, 160 S., 1990

Anderson BM, Gibson RS, Sabry JH: The iron and zinc status of long-term vegetarian women. Am J Clin Nutr 34, 1042-1048, 1981

Anderson HL, Heindel MB, Linkswiler H: Effect on nitrogen balance of adult man of varying source of nitrogen and level of calorie intake. J Nutr 99, 82-90, 1969

Andrews AT: Protein, 3836-3840. In: Macrae R, Robinson RK, Sadler MJ: Encyclopaedia of food science food technology and nutrition. Butler & Temmer Ltd, Somerset/UK 1993

Anonym: Ernährungsabhängige Krankheiten und ihre Kosten. Ern-Umschau 41 (4), 153-155, 1994

Anonym: How ketones spare protein in starvation. Nutr Rev 47 (3), 80-81, 1989

Anonym: Infothek „Alternative Ernährungsformen". Ern-Umschau 35 (11), 399-400, 1988

Anonym: Das große Lebensmittel Lexikon. Pinguin Verlag, Innsbruck Österreich, 3. Aufl., 504 S., 1985

Anonym: Final report and recommendations. Am J Clin Nutr 40, 675-684, 1984

Anonym: High protein diets and bone homeostasis. Nutr Rev 39 (1), 11-13, 1981

Arnal M, Obled C, Attaix D, Patureau-Mirand P, Bonin D: Dietary control of protein turnover. Diabete & Metabolisme (Paris) 13, 630-642, 1987

Ausschuß Nahrungsbedarf der Deutschen Gesellschaft für Ernährung (DGE): Zufuhrempfehlungen und Nährstoffbedarf Teil II: Vergleich der Vorschläge des SCF/EC mit den Empfehlungen der DGE 1. Allgemeines, Energie, Hauptnährstoffe, Mineralstoffe, Spurenelemente und andere für die Ernährung wichtige Lebensmittelinhaltsstoffe. Ern-Umschau 42 (1), 4-10, 1995a

Ausschuß Nahrungsbedarf der Deutschen Gesellschaft für Ernährung (DGE): Zufuhrempfehlungen und Nährstoffbedarf Teil II: Vergleich der Vorschläge des SCF/EC mit den Empfehlungen der DGE 2. Vitamine. Ern-Umschau 42 (2), 44-50, 1995b

Backhaus K, Erichson B, Plinke W, Weiber R: Multivariate Analysemethoden Eine anwendungsorientierte Einführung. Springer-Verlag, Deutschland, 8. Aufl., 591 S., 1996

Bakan R, Birmingham CL, Aeberhardt L, Goldner EM: Dietary zinc intake of vegetarian and nonvegetarian patients with anorexia nervosa. Int J Eat Dis 13 (2), 229-233, 1993

Baker E, Baker E: The uncook book. Drelwood Publications USA, 209 S., 1981

Barbe P, Bennet A, Stebenet M, Perret B, Louvet J-P: Sex-hormone-binding globulin and protein-energy malnutrition indexes as indicators of nutritional status in women with anorexia nervosa. Am J Clin Nutr 57, 319-322, 1993

Barnert GW: Vom Fleischessen zur giftfreien Süßfrucht-Rohkost. Verlag Fr. Paul Lorenz, Freiburg, 24 S., 1925

Barness LA: Nutritional aspects of vegetarianism, health foods, and fad diets. Nutr Rev 35 (6), 153-157, 1977

Barsotti G, Cupisti A, Ghiggeri GM, Morelli E, Giovanetti S: Effect of a vegan diet on fatty acids serum levels in nephrotic patients. Eur J Clin Invest 21 (2 part 2), 22, 1991a

Barsotti G, Morelli E, Cupisti A, Bertoncini P, Giovannetti S: A special, supplemented „vegan" diet for nephrotic patients. Am J Nephrol 11, 380-385, 1991b

Barsotti G, Cupisti A, Morelli E, Ciardella F, Giovannetti S: Vegan supplemented diet in nephrotic syndrome. Nephrol Dial Transplant Suppl 1, 75-77, 1990

Barth CA: Bedeutung von Eiweiß und Aminosäuren für die Ernährung des Menschen, 9-20. In: Wenger R, Brandstetter BM: Eiweiß in Nahrung und Ernährung des Menschen. Wissenschaftliche Verlagsgesellschaft mbH, Stuttgart, 251 S., 1989

Barth CA, Karst H, Petzke KJ: Untergewicht und Hungerstoffwechsel, 200-207. In: Biesalski H-K, Fürst P, Kasper H, Kluthe R, Pölert W, Puchstein C, Stähelin HB (Hrsg): Ernährungsmedizin. Georg Thieme Verlag, Stuttgart, 517 S., 1995

Beckmann D, Richter HE: Der Gießen-Test. Hans Hubner Verlag, Bern, 1990

Belitz H-D: Chemistry, 3781-3791. In: Macrae R, Robinson RK, Sadler MJ: Encyclopaedia of food science food technology and nutrition. Butler & Temmer Ltd, Somerset/UK, 1993a

Belitz H-D: Food sources, 3792-3799. In: Macrae R, Robinson RK, Sadler MJ

Encyclopaedia of food science food technology and nutrition. Butler & Temmer Ltd, Somerset/UK, 1993b

Bender AE: Requirements, 3805-3810. In: Macrae R, Robinson RK, Sadler MJ: Encyclopaedia of food science food technology and nutrition. Butler & Temmer Ltd, Somerset/UK, 1993a

Bender AE: Quality, 3820-3824. In: Macrae R, Robinson RK, Sadler MJ: Encyclopaedia of food science food technology and nutrition. Butler & Temmer Ltd, Somerset/UK, 1993b

Bender AE: The role of plants in feeding mankind . Vegan Society, Leatherhead/Surrey, UK, 11 S., 1980

Bender AE, Brookes LJ: Body weight control. Proceedings of the First International Meeting on Body Weight Control, Montreux, April 1985. Churchill Livingstone, London, 1987

Bergmann M: Gießener Rohkost-Studie - Entwicklung und Durchführung des Pretests sowie Optimierung eines Verzehrsprotokolls unter Berücksichtigung der Verzehrsgewohnheiten der Rohköstler. Diplomarbeit (s. Anhang 2 S.197) 1994

Berkelhamer JE, Thorp FK, Cobbs S: Kwashiorkor in Chicago. Am J Dis Child 129, S. 1240, 1975

Beumont PJV, Chambers TL, Rouse L, Abraham SF: The diet composition and nutritional knowledge of patients with anorexia nervosa. J Hum Nutr 35, 265-273, 1981

Bingham CJ, Tsay R, Babayan VK, Blackburn GL: Can protein-fortified pasta serve as a meat substitute? J Am Coll Nutr 1, 345-355, 1982

Bircher-Benner M: Ungeahnte wirkungen falscher und richtiger Ernährung. Wendepunkt-Verlag, Leipzig, 3. Aufl., 117 S., 1947

Bircher-Benner M: Frischgemüse im Haushalt. Wendepunkt Verlag, Zürich, 27 S., o.J.

Bircher-Benner M, Bircher ME: Fruchtespeisen und Rohgemüse. Wendepunkt Verlag, Zürich, 30. Aufl., 57 S., 1929

Bircher-Benner R: Bircher-Benner - Leben und Lebenswerk. Bircher-Benner-Verlag, Bad Homburg, 158 S., 1989

Bitsch R: Eisenbedarf und vegetarische Ernährung. Ern-Umschau 43 (6), 214-217, 1996

Black AE, Goldberg GR, Jebb SA, Livingstone MBE, Cole TJ, Prentice AM: Critical evaluation of energy intake data using fundamental principles of energy physiology: 2. Evaluating the results of published surveys.Eur J Clin Nutr 45, 583-599, 1991

Black AE, Prentice AM, Goldberg GR, Jebb SA, Bingham SA, Livingstone MBE, Coward WA: Measurements of total energy expenditure provide insights into the validity of dietary measurements of energy intake. J Am Diet Assoc 93, 572-579, 1993

Block G, Dresser CM, Hartman AM, Carroll MD: Nutrient sources in the American diet: quantitative data from the NHANES II Survey. II. Macronutrients and fats. Am J Epidemiol 122 (1), 27-40, 1985

Blot WJ, Li J-Y, Taylor PR, Guo W, Dawsey S, Wang G-Q, Yang CS, Zheng S-F, Gail M, Li G-Y, Yu Y, Liu B, Tangrea J, Sun Y, Liu F, Fraumeni JF, Zhang Y-H, Li B: Nutrition intervention trials in Linxian, China: supplementation with specific vitamin/mineral combinations, cancer incidence, and disease-specific mortality in the general population. J Natl Cancer Inst 85, 1483-1492, 1993

Bodwell CE: Evaluation of proteins to solve nutritional problems of the third world. Qual Plant-Pl Fds Hum Nutr XXIX 1-2, 135-162, 1979

Bodwell CE: Biochemical indecis in humans, Kap. 6, 119-148. In: Bodwell CE (Hrsg): Evaluation of proteins for humans. AVI Publishing Co. Inc., Connecticut/USA, 327 S., 1978

Brähler E, Scheer J: Der Gießener Beschwerdebogen. Hans Hubner Verlag, Bern, 1983

Bragg PC, Bragg P: Gesund essen ohne Irrtümer. Waldthausen Verlag, Ritterhude, 2. Aufl., 170 S., 1992

Brauchle A: Gekocht oder roh. Reclam-Verlag, Stuttgart, 70 S., 1949

Bray GA: Definition, measurement and classification of the syndromes of obesity. Int J Obes 2, 99-112, 1978

Breslau NA, Brinkley L, Hill KD, Pak CYC: Relationship of animal protein-rich diet to kidney stone formation and calcium metabolism. J Clin Endocrinol Metab 66, 140-146, 1988

Bressani R: Human assays and applications, Kap. 5, 81-118. In: Bodwell CE (Hrsg): Evaluation of proteins for humans. AVI Publishing Co. Inc., Connecticut/USA, 327 S., 1978

Briest A, Gringmann H: Die Ernährung des denkenden Menschen. Reichsbund für pflanzliche Volksernährung und natürliche Lebensweise e.V., Hamburg, 2. Aufl., 78 S., 1933

Brooks R, Kemm J R: Vegan diet and lifestyle; a preliminary study by postal questionnaire. Proc Nutr Soc 38 (1), 15A, 1979

Broom J, Fraser MH, McKenzie K, Miller JDB, Fleck A: The protein metabolic response to short-term starvation in man. Clin Nutr 5, 63-65, 1986

Brown KH, Solomons NW: Malnutrition in developing countries, 2847-2853. In: Macrae R, Robinson RK, Sadler MJ: Encyclopaedia of food science food technology and nutrition. Butler & Temmer Ltd, Somerset/UK, 1993

Brown PT, Bergan JG: The dietary status of „new" vegetarians. J Am Diet Assoc 67, 455-459, 1975

Brückner H: Aminosäuren - unentbehrliche Bausteine des Lebens. Spiegel der Forschgung, Beilage „40 Jahre Institut für Ernährungswissenschaft" 13 (2), 8-9, 1996

Bruker M-O: Unsere Nahrung - unser Schicksal. Verlag für Ernährung, Medizin und Umwelt, Lahnstein, 23. Aufl., 430 S., 1991

Bühl A, Zöfel P: SPSS für Windows Version 6.1 Praxisorientierte Einführung in die moderne Datenanalyse. Addison-Wesley GmbH, Deutschland, 2. Aufl., 623 S., 1995

Bull NL, Barber SA: Food and nutritient intakes of vegetarians in Britain. Hum Nutr Appl Nutr 38A, 288-293, 1984

Burger GC: Die Rohkosttherapie. Wilhelm Heyne Verlag, München, 7. Aufl., 361 S., 1993

Burger GC: Offener Brief (Anlaß: der Tod seiner Frau). Chateau de Montrame, 1994

Buyckx M, Dupont JL, Durnin JVGA, Ferro-Luzzi A, Robets SB, Schürch B, Shetty PS: Report of the working group on general principles of assessing energy requirements. Eu J Clin Nutr 50 (Suppl 1), S186-S187, 1996

Carlson E, Kipps M, Lockie A, Thomson J: A comparative evaluation of vegan, vegetarian and omnivore diets. J Plant Foods 6 (2), 89-100, 1985

Casanova-Lenti C: Experimentelle Hypertherme im Laufe der Behandlung durch natürliche hippokratische Medizin. Edigrusa SRL, Lima Peru, 461 S., 1995

Casanova-Lenti C: Die Natur ist der Arzt der Krankheit. Wilfredo Castro C, 120 S., o.J.

Casper RC, Schoeller DA, Kushner R, Hnilicka J, Gold ST: Total daily energy expenditure and activity level in anorexia nervosa. Am J Clin Nutr 53, 1143-1150, 1991

Castaneda C, Dolnikowski GG, Dallal GE, Evans WJ, Crim MC: Protein turnover and energy metabolism of elderly women fed a low-protein diet. Am J Clin Nutr 62, 40-48, 1995

CEC (Commission of the European Communities): Reports of the scientific committee for Food. Office for Official Publications of the European Communities, Luxembourg, 248 S., 1993

Changbumrung S, Pongpaew P, Boonyakarnkul N, Hongtong K, Tawprasert S, Harnoongroj T, Vudhivai N, Vorasanta S, Tungtrongchitr R, Migasena P, Muang K, Wichaidit S: Dietary pattern and anthropometric assessment in vegetarians. Presented at Sixth Asian Congress of Nutrition in the Metropolitan Area, Kuala Lumpur, Malaysia, S. 509, 1991

Charghi G: Le syndrome biochimique des cru-vegetariens. Bordeaux Med 13, 711-716, 1980

Cheraskin E, Ringsdorf WM, Medford FH: The „ideal" daily intake of threonine, valine, phenylalanine, leucine, isoleucine, and methionine. J Orthomolecular Psychiatry 7 (3), 150-155, 1978

Chopra JG, Forbes AL, Habicht J-P: Protein in the US diet. J Am Diet Assoc 72, 253-258, 1978

Clark HE, Malzer JL, Onderka HM, Howe JM, Moon W: Nitrogen balances of adult human subjects fed combinations of wheat, beans, corn, milk, and rice. Am J Clin Nutr 26, 702-706, 1973

Clugston G, Dewey KG, Fjeld C, Millward J, Reeds P, Scrimshaw NS, Tontisirin K, Waterlow JC, Young VR: Report of the working group on protein and amino acid requirements. Eu J Clin Nutr 50 (Suppl 1), S193-S195, 1996

Coenders A: The chemistry of cooking. The Panthenon Publishing Group, New Jersey/USA, 276 S., 1992

Conrad ME, Foy AL, Williams HL, Knospe WH: Effect of starvation and protein depletion on ferrokinetics and iron absorption. Am J Physiol 213 (3), 557-565, 1967

Cousens G: Conscious eating. Vision Books International, USA, 527 S., 1992

Cousens G: Spiritual Nutrition and the rainbow diet. Cassandra Press, Colorado/USA, 1986

Craig WJ: Boning up: a balanced approach. Issues in Vegetarian Dietetics 5 (2), S. 1 & 4, 1996

Craig WJ: High protein diet and bone loss. S. 3, 1982

Crim MC, Munro HN: Proteins and amino acids, 3-35. In: Shils ME, Olsen JA, Shike M (Hrsg): Modern nutrition in health and disease. Lea & Febiger, Baltimore/USA, 8. Aufl., 1994

Czernichow B, Raul F, Doffoel M: Morohological and functional adaptation of the small intestine to low and high protein diets. Gastroenterol Clin Biol 14, 995-1002, 1990

Dagnelie PC: Balancieren zwischen zuviel und zuwenig - Effekte einer rein pflanzlichen Ernährungsweise bei Kindern. Erfahrungsheilkunde 45 (10), 773-774, 1996

Dagnelie PC, van Dusseldorp M, van Staveren WA, Hautvast JGAJ: Effects of macrobiotic diets on linear growth in infants and children until 10 years of age. Eur J Clin Nutr 48, S103-S112, 1994

Dagnelie PC, Vergote FJVRA, van Staveren WA, van den Berg H, Dingjan PG, Hautvast JGAJ: High prevalence of rickets in infants on macrobiotic diets. Am J Clin Nutr 51, 202-208, 1990

DATA-Input GmbH: Gebrauchsanleitung Body 4, Software zur Interpretation von Bioimpedanzmessungen. Data-Input GmbH, Frankfurt a.M., 29 S., o.J.

Dati F: Referenzwerte für 18 Plasmaproteine am Behring-Nepholometer-System. Lab Med 13, 87-90, 1989

Dempsey DT, Crosby LO, Lusk E, Oberlander JL, Pertshuk MJ, Mullen JL: Total body water and total body potassium in anorexia nervosa. Am J Clin Nutr 40, 260-269, 1984

DGE (Deutsche Gesellschaft für Ernährung): DGE warnt vor reiner Rohkost- und Instinkt-Ernährung. DGE Presseinformationen, 2 S., 1995

DGE (Deutsche Gesellschaft für Ernährung): Stellungnahme zur Rohkost nach Helmut Wandmaker. DGE-info 11, 77-78, 1993

DGE (Deutsche Gesellschaft für Ernährung): Ernährungsbericht 1992. Druckerei Henrich, Frankfurt a.M., 332 S., 1992

DGE (Deutsche Gesellschaft für Ernährung): Empfehlungen für die Nährstoffzufuhr. Umschau Verlag, Frankfurt a.M., 5. Aufl., 158 S., 1991

Diamond H, Diamond M: Fit fürs Leben 2 - Fit for Life 2. Goldmann Verlag, München, 2. Aufl., 638 S., 1992

Diamond H, Diamond M: Fit fürs Leben - Fit for Life. Goldmann Verlag, München, 2. Aufl., 346 S., 1990

Dickerson JWT, Fehily AM: Bizarre and unusual diets. The Practitioner 222, 613-647, 1979

Diehl H, Blank R: Boning up on osteoporosis part II: the protein connection. Lifeline (Health Letter) 2 (4), 5, 11-13, 1987

Diehl JM, Meyer U: Narzißtisches Persönlichkeitsinventar (NPI). unveröffentlichtes Manuskript Fachbereich Psychologie, Gießen, 1995

Diehl JM, Staufenbiel T: Inventar zum Eßverhalten und Gewichtsproblemen (IEG). Dietmar Klotz Verlag, Eschborn, 1994

Diehl JM, Staufenbiel T: Eßstörungsinventar (ESI). Supplement zum IEG auf Diskette. Dietmar Klotz Verlag, Eschborn, 1994

Ditschuneit H: Probleme des Fastens. Apotheker Journal 11 (2), 52-56, 1989

Dittmann C: Lichte Nahrung für Körper, Seele und Geist. Porta Westfalica, 3. Aufl., 152 S., 1993

Donato K, Hegsted DM: Efficiency of utilization of various sources of energy for growth. Proc Natl Acad Sci USA 82, 4866-4870, 1985

Doolittle DJ, Rahn CA, Burger GT, Lee CK, Reed B, Riccio E, Howard G, Passananti GT, Vesell ES, Hayes AW: Effect of cooking methods on the mutagenicity of food and on urinary mutagenicity of human consumers: Fd Chem Toxic 27 (10), 657-666, 1989

Dörhöfer R-P: Bioelektrische Impedanz-Analyse (B.I.A.) - Grundlagen und klinische Anwendungsbereiche unter besonderer Berücksichtigung der HIV-Infektion. In: Jäger (Hrsg), AIDS-Monografien, ecomed verlagsgesellschaft AG&Co.KG, Landsberg/Lech, Band 5, 318-321, 1996

Dörr B: (Deutsche Vegan Studie: Vitamin B6 Zufuhr und Versorgung). Dissertation (im Druck) 1998

Douglass JM, Rasgon IM, Fleiss PM, Schmidt RD, Peters SN, Abelmann EA: Effects of a raw food diet on hypertension and obesity. Southern Med J 78 (7), 841-844, 1985

Doumas BT, Watson WA, Biggs HG: Albumin standards and the measurement of serum albumin with bromcresol green. Clin Chim Acta, 31 (1), 87-96, 1971

Dowd PS, Kelleher J, Walker BE, Guillou PJ: Nutritional and immunological assessment of patients with anorexia nervosa. Clin Nutr 2, 79-83, 1983

Draper A, Lewis J, Malhotra N, Wheeler E: The energy and nutrient intakes of different types of vegetarian a case for supplements? Br J Nutr 69, 3-19, 1993

Drebber E: Die Rohkosttafel. Drebber´s Diätschule, Nr. 19, 24 S., 1912

Drebber E: Die Rohkosttafel. Drebber´s Diätschule, Nr. 18 & 19, 16 S., o.J.

Drepper K, Elmadfa I: Aminosäuren und Proteine. Ermittlung der Proteinwertigkeit, Kap 6, 330-340. In: Cremer H-D, Hötzel D, Kühnau J (Hrsg): Ernährungslehre und Diätetik. Georg Thieme Verlag, Stuttgart, 627 S., 1980

Durnin JVGA: Energy requirements: general principles. Eu J Clin Nutr 50 (Suppl 1), S2-S10, 1996

Düro B, Schnur E: Eiweiß in Nahrung und Ernährung des Menschen. Ern-Umschau 36 (2), 67-69, 1989

Eastwood M: Principles of human nutrition. Chapman & Hall, London , 536 S., 1997

Ebel K: Glutathion-Peroxidase und Catalase als Enzyme des antioxidativen Schutzsystems. Diplomarbeit 1995

Ehret A: Vom kranken zum gesunden Menschen durch Fasten. Waldthausen Verlag, Ritterhude, 4. Aufl., 138 S., 1991a

Ehret A: Die schleimfreie Heilkost. Waldthausen Verlag, Ritterhude, 5. Aufl., 222 S., 1991b

Elia M: Effect of starvation and very low calorie diets on protein-energy interrelationships in lean and obese subjects, 249-284. In: Scrimshaw NS, Schürch B (Hrsg): Protein-energy interactions (Proceedings of an I/D/E/C/G Workshop held in Waterville Valley, NH, USA October 21 to 25, 1991), I/D/E/C/G, c/o Nestle Foundation, Switzerland, 437 S., 1992

Elia M, Parkinson S: Protein economy during human starvation. Eur J Clin Nutr 43, 193-143, 1989

Ellis FR, Mumford P: The nutritional status of vegans and vegetarians. Proc Nutr Soc 26, 205-212, 1967

Emery PW: Digestion and absorption of protein and nitrogen balance, 3824-3827. In: Macrae R, Robinson RK, Sadler MJ: Encyclopaedia of food science food technology and nutrition. Butler & Temmer Ltd, Somerset/UK, 1993

Evers J: Warum Evers Diät? Karl F Haug Verlag, Heidelberg, 7. Aufl., 95 S., 1980

Fahrenberg J, Hampel R, Selg H: Das Freiburger Persönlichkeitsinventar. Verlag für Psychologie, Freiburg, 4. Aufl., 1984

FAO/WHO/UNU: Energy and protein requirements. WHO Technical Report Series 724, 206 S., 1985

FAO/WHO/UNU: Energy and protein requirements. Report of a joint FAO/WHO ad hoc expert committee. WHO Technical Report Series, Geneva, Nr. 522, 1973

Ferro-Luzzi A, Norgan NG, Pastore G: Energy balance methodology, 113-130. In: Fidanza F (Hrsg): Nutritional status assessment: amanual for population studies. Chapman & Hall, London, 486 S., 1991

Ferro-Luzzi A, Sette S, Franklin M, James WPT: A simplified approach of assessing adult chronic energy deficiency. Eur J Clin Nutr 46, 173-186, 1992

Fischer H, Lembcke B: Die Anwendung der bioelektrischen Impedanzanalyse (BIA) zur Beurteilung der Körperzusammensetzung und des Ernährungszustandes. Inn Med 18 (1), 13-17, 1991

Flanigan MJ, Lim VS, Redlin J: The significance of protein intake and catabolism. Adv Ren Repl Ther 2 (4), 330-340, 1995

Flatt JP: Amino acid oxidation and food intake, 21-30. In: Scrimshaw NS, Schürch B (Hrsg): Protein-energy interactions (Proceedings of an I/D/E/C/G Workshop held in Waterville Valley, NH, USA October 21 to 25, 1991), I/D/E/C/G, c/o Nestle Foundation, Switzerland, 437 S., 1992

Frentzel-Beyme R, Chang-Claude J: Vegetarian diets and colon cancer: the German experience. Am J Clin Nutr 59, 1103S-1152S, 1994

Friedewald WT, Levy RI, Fredrickson DS: Estimation of the concentration of low-density lipoprotein cholesterol in plasma, without use of the preparative ultracentrifuge. Clin Chem 18 (6), 499-502, 1972

Fry TC: Dynamische Gesundheit. Waldthausen Verlag, Ritterhude, 2. Aufl., 132 S., 1991

Fujimaki M, Arai S: Improving the nutritional quality of proteins by modification of their chemical structure, 221-230. In: Yoshida A, Naito H, Niiyama Y, Suzuki T (Hrsg): Nutrition: Proteins and amino acids. Japan Sci Soc Press, Tokyo/Springer Verlag Berlin, 327 S., 1990

Funabiki R: Protein turnover and nutritional state, 35-48. In: Yoshida A, Naito H, Niiyama Y, Suzuki T (Hrsg): Nutrition: Proteins and amino acids. Japan Sci Soc Press, Tokyo/Springer Verlag Berlin, 327 S., 1990

Fürst P: Proteine, 78-207. In: Biesalski H-K, Fürst P, Kasper H, Kluthe R, Pölert W, Puchstein C, Stähelin HB (Hrsg): Ernährungsmedizin. Georg Thieme Verlag, Stuttgart, 517 S., 1995

Ganapathy S, Dhanda R: Protein and iron nutrition in lacto-ovo-vegetarian Indo-Aryan United States residents. The Ind J Nutr Dietet 17 (2), 45-52, 1980

Garlick PJ, Fern EB: Whole-body protein turnover: theoretical considerations, Kap. 2, 7-15. In: Garrow JS, Halliday D (Hrsg): Substrate and energy metabolism in man. John Libbey & Co. Ltd, London, 250 S., 1981

Garlick PJ, Reeds PJ: Proteins, Kap 5, 56-76. In: Garrow JS, James WPT, Ralph A (Hrsg)

Human Nutrition and Dietetics: Churchill Livingstone, Singapore, 9. Aufl., 847 S., 1993

Garrow JS: Treat obesity seriously. A clinical manual. Churchill Livingstone, London, 3, 1981a

Garrow JS: Resting metabolic rate as a determinant of energy expenditure in man, Kap. 11, 102-107. In: Garrow JS, Halliday D (Hrsg): Substrate and energy metabolism in man. John Libbey & Co. Ltd, London, 250 S., 1981b

Gaßmann B, Kübler W: Zufuhrempfehlungen und Nährstoffbedarf. Ern-Umschau 41 (11), 408-414, 1994

Gelfand RA, Sherwin RS: Nitrogen conservation in starvation revisited: protein sparing with intravenous fructose. Metabolism 35 (1), 37-44, 1986

Gerson M: Meine Diät. Ullstein Verlag, Berlin, 168 S., 1930

Glaesel KO: Heilung ohne Wunder und Nebenwirkungen. Labor Glaesel Verlag, Konstanz, 2. Aufl., 363 S., 1989

Golden MHN: Protein deficiency, energy deficiency and the oedema of malnutrition. Lancet i, 1261-1265, 1982a

Golden MHN: Specific deficiencies versus growth failure: type I and type II nutrients. SCN News 12, 10-14, 1995

Golden MHN: Transport proteins as indices of protein status. Am J Clin Nutr 35, 1159-1165, 1982b

Golden MHN, Golden BE, Jackson AA: Albumin and nutritional oedema. Lancet 114-116, 1980

Good RA, Hanson LA, Edelmann R: Infections and undernutrition. Nutr Rev 40 (4), 119-128, 1982

Gray JI, Morton ID: Some toxic compounds produced in food by cooking and processing. J Hum Nutr 35, 5-23, 1981

Greiling H, Gressner AM: Lehrbuch der Klinischen Chemie und Pathobiochemie. Schattauer, Stuttgart, 2. Aufl., 1197 S., 1989

Groeneveld M: Beurteilung einer vorwiegend lakto-vegetabilen Ernährungsform anhand der Zufuhr und der Versorgung mit Vitaminen. Dissertation, Wissenschaftlicher Fachverlag, Gießen, 221 S., 1994

Großklaus R: Auswirkungen von ernährungsabhängigen Krankheiten aus der Sicht des Bundesgesundheitsamtes. Diätetische Lebensmittel und Praxis und Wissenschaft 82, 7-22, 1993

Günter E: Gesundheit auch für dich - 100 Heilungserzeugnisse. Ernst Günter Verlag Thörigen/Schweiz, 1. Aufl., 52 S., 1989

Gurr MI, Asp N-G: Dietary fibre. ILSI Monograph Series, 23 S., 1994

Haider M, Haider SQ: Assessment of protein-calorie malnutrition. Clin Chem 30 (8), 1286-1299, 1984

Hänninen O, Nenonen M, Ling WH, Li DS, Sihvonen L: Effects of eating and uncooked vegetable diet for 1 week. Appetite 19 (3), 243-254, 1992

Hardinge MG, Crooks H, Stare FJ: Nutritional studies of vegetarians. J Am Diet Assoc 48, 25-28, 1966

Heinemann L, Grabauskas V, Nikitin YP, Rywik S, Sznajd J: Comparative data on diet and risk factors from five Eastern European communities. Rev Epidem et Sante Publ 38, 525-530, 1990

Heitmann BL: Body fat in the adult Danish Population aged 35-65 years: an epidemiological study. Int J Obes 15, 535-545, 1991

Henry CJK: Quantitative relationships between protein and energy metabolism: influence of body composition, 191-200. In: Scrimshaw NS, Schürch B (Hrsg): Protein-energy interactions (Proceedings of an I/D/E/C/G Workshop held in Waterville Valley, NH, USA October 21 to 25, 1991), I/D/E/C/G, c/o Nestle Foundation, Switzerland, 437 S., 1992

Henry CJK, Rivers JPW, Payne PR: Protein and energy metabolism in starvation reconsidered. Eur J Clin Nutr 42 (7), 543-549, 1988.

Henry CJK, Rivers JPW, Payne PR: Does the pattern of tissue mobilization dictate protein requirements? Hum Nutr Clin Nutr 40C, 87-92, 1986

Herbert V: Does mega-C do more good than harm or more harm than good? Nutrition Today 1, 28-32, 1993

Herrmann K (Hrsg): Dr. Oetker Lexikon der Lebensmittel und Ernährung. Ceres Verlag, Bielefeld, 3. Aufl., 792 S., 1989

Herselman MG, Albertse EC, Lombard CJ, Swanepoel CR, Hough FS: Supplemented low-protein diets - are they superior in chronic renal failure? S Afr Med J 85 (5), 361-365, 1995

Heseker H, Adolf T, Eberhardt W, Hartmann S, Herwig A, Kübler W, Matiaske B, Moch KJ, Nitsche A, Schneider R, Zipp A: Lebensmittel- und Nährstoffaufnahme Erwachsener in der Bundesrepublik Deutschland, Band III. In: Kübler W, Anders HJ, Heeschen W, Kohlmeier M (Hrsg): VERA-Schriftenreihe. Wissenschaftlicher Fachverlag Dr. Fleck, Niederkleen, 263 S., 1992

Heymsfield SB, Wang ZM, Baumgartner RN, Ross R: Human body composition: advances in models and methods. Ann Rev Nutr 17, 527-558, 1997

Hoffer LJ: Starvation, ch 56, 927-949. In: Shils ME, Olsen JA, Shike M (Hrsg): Modern nutrition in health and disease. Lea & Febiger, Baltimore/USA, 8. Aufl., 1994

Hoffman-La Roche (Hrsg): Roche Lexikon Medizin. Urban und Schwarzenberg, München, 2. Aufl., 2026 S., 1987

Hoffmann I: Pressemitteilung, 2 S., 1998 (in Vorbereitung)

Hoffmann I: Gießener Vollwert-Ernährungs-Studie: Untersuchung auf Bias am Beispiel von Fettstoffwechsel-Parametern. Dissertation, Wissenschaftlicher Fachverlag, Gießen, 270 S., 1994

Honiball E: I live on fruit. Benedic Boeke, Pretoria/South Africa, 362 S., 1989

Hovanessian AT: Unsere natürliche Nahrung Rohkost. Waldthausen Verlag, Ritterhude, 1. Aufl., 215 S., 1992

Hünchen K: Bestimmung der Körperzusammensetzung von Rohköstlern mittels bioelektrischer Impedanzanalyse. Diplomarbeit (s. Anhang 2 S.197) 1995

Hunt IF, Murphy NJ, Henderson C: Food and nutrient intake of Seventh-day Adventist women. Am J Clin Nutr 48, 850-851, 1988

Ingenbleek Y, van den Schieck H-G, de Nayer P, de Visscher M: Albumin, transferrin and the thyroxine-binding prealbumin/retinol-binding protein (TBPA-RBP) complex in assessment of malnutrition. Clin Chim Acta 63, 61-67, 1975

Inoue G, Kishi K, Fujita Y, Yamamoto S, Niiyama Y: Critical study of the classical concept on biological value in estimating human protein requirement: nutritive value of egg protein and wheat gluten in young men, 69-76. In: Yoshida A, Naito H, Niiyama Y, Suzuki T (Hrsg). Nutrition: Proteins and amino acids. Japan Sci Soc Press, Tokyo/Springer Verlag Berlin, 327 S., 1990

Irwin MI, Hegsted DM: A conspectus of research on amino acid requirements of man. J Nutr 101, 539-566, 1971

Jackson AA: Chronic malnutrition: protein metabolism. Proc Nutr Soc 52, 1-10, 1993

Jackson AA: Amino acids: essential and non-essential? Lancet 1, 1034-1037, 1983

Jackson AA: Critique of protein-energy interactions in vivo: urea kinetics, 63-79. In: Scrimshaw NS, Schürch B (Hrsg): Protein-energy interactions (Proceedings of an I/D/E/C/G Workshop held in Waterville Valley, NH, USA October 21 to 25, 1991), I/D/E/C/G, c/o Nestle Foundation, Switzerland, 437 S., 1992

Jallut O: Instinkttherapie - Rohkost mit Fleisch unter Ausschluß der Milchprodukte. Schweiz Rundschau Med 78 (24), 697-701, 1989

James WPT, Coward WA: Metabolism of plasma proteins, Kap. 37, 457-473. In: Waterlow JC, Stephen JML (Hrsg): Nitrogen metabolism in man. Applied Science Publishers, Great Britain, 558 S., 1981

James WPT, Ferro-Luzzi A, Waterlow JC: Definition of chronic energy deficiency in adults. Eur J Clin Nutr 42, 969-981, 1988

James WPT, McNeill G, Ralph A: Metabolism and nutritional adaptation to altered intakes of energy substrates. Am J Clin Nutr 51, 264-269, 1990

Janelle KC, Barr SI: Nutritient intakes and eating behaviour scores of vegetarian and nonvegetarian women. J Am Diet Assoc 95, 180-186, 189, 1995

Jeejeebhoy KN: Protein repletion and treatment in anorexia nervosa. Am J Clin Nutr 60 (5), 794-795, 1994

Jequier E: Effect of different levels of carbohydrate, fat and protein intake on protein metabolism and thermogenisis, 123-138. In: Scrimshaw NS, Schürch B (Hrsg): Protein-energy interactions (Proceedings of an I/D/E/C/G Workshop held in Waterville Valley, NH, USA October 21 to 25, 1991), I/D/E/C/G, c/o Nestle Foundation, Switzerland, 437 S., 1992

Joint FAO/WHO Expert Consultation: Protein quality evaluation. FAO Food and Nutrition Paper 51, 66 S., 1991

Joint FAO/WHO Expert Group: Requirements of vitamin A, iron, folate and vitamin B12. FAO Food and Nutrition Series Nr. 23, 1988

Kazuo H: Current world supplies of and requirements for essential amino acids. Food Nutr Bulletin 13 (1), 29-39, 1991

Kelsay L, Behall KM, Prather ES: Effect of fiber from fruits and vegetables on metabolic response of human subjects I. Bowel transit time, number of defecations, fecal weight, urinary excretions of energy and nitrogen and apparent digestibilities of energy, nitrogen and fat. Am J Clin Nutr 31, 1149-1153, 1978

Kenton L, Kenton S: Kraftquelle Rohkost. Wilhelm Heyne Verlag, München, 3. Aufl., 319 S., 1990

Kenton L, Kenton S: Raw energy recipes. Arrow Books, London, 60 S., 1985

Key TJA, Thorogood M, Appleby PN, Burr ML: Dietary habits and mortality in 11 000 vegetarians and health conscious people: results of a 17 year follow up. Br Med J 313 (7060), 775-779, 1996

Keys A, Brozek J, Henschel A, Mickelson O, Taylor HL (Hrsg): The biology of human starvation I. University of Minnesota Press, Minneapolis, USA, 766 S., 1950a

Keys A, Brozek J, Henschel A, Mickelson O, Taylor HL (Hrsg): The biology of human starvation II. University of Minnesota Press, Minneapolis, USA, 767-1385, 1950b

Kimura M, Hokawa Y: Cooking losses of minerals in foods and ist nutritional significance. J Nutr Sci Vitaminol 36, 525-533, 1990

Koebnick C: Rohkost-Ernährung in Theorie und Praxis. Diplomarbeit (s. Anhang 2 S.197) 1994

Koebnick C, Strassner C, Leitzmann C: Rohkost-Ernährung: Teil 1 - Überblick und Bewertung der theoretischen Grundlagen. Auswertungs- und Informationsdienst für Ernährung, Landwirtschaft und Forsten (aid) e.V. 42 (10), 244-250, 1997a

Koebnick C, Strassner C, Leitzmann C: Bewertung der Rohkost-Ernährung in der Ernährungsberatung. Ern-Umschau (im Druck) 44, 1997b

Kofranyi E: Stickstoff-Umsatz, Band II, 257-262. In: Cremer H-D, Hötzel D, Kühnau J (Hrsg): Ernährungslehre und Diätetik. Georg Thieme Verlag, Stuttgart, 627 S., 1980

Koishi H: Adaption of Papua New Guinea Highlanders to Low Protein Diet, 109-122. In: Yoshida A, Naito H, Niiyama Y, Suzuki T (Hrsg): Nutrition: Proteins and amino acids. Japan Sci Soc Press, Tokyo/Springer Verlag Berlin, 327 S., 1990

Koj A: Metabolic stduies of acute-phase proteins, Kap. 11, 221-248. In: Mariani G (Hrsg): Pathophysiology of plasma protein metabolism. Macmillan Press, London, 402 S., 1985

Kollath W: Die Ordnung unserer Nahrung. Hippokrates Verlag, Stuttgart, 4. Aufl., 276 S., 1955

Konz F: Der große Gesundheits-Konz. Interessengemeinschaft Zurück zur Natur, St. Moritz, 1408 S., 1995

Konz F: So heilst Du Dich von Aids Rheuma chronischen Leiden und Suchtkrankheiten und bleibst für immer gesund durch Urmedizin. Horvath, St.-Moritz-Bad, 624 S., 1989

Kopple JD, Swendseid ME: Evidence that histidine is an essential acid in normal and chronically uremic man. J Clin Invest 55, 881-891, 1975

Krahn DD, Rock C, Dechert RE, Nairn KK, Hasse SA: Changes in resting energy expenditure and body composition in anorexia nervosa patients during refeeding. J Am Diet Assoc 93, 434-438, 1993

Krause M: Die Vitamin-E-Versorgung von Rohköstlern. Diplomarbeit (s. Anhang 2 S.197) 1996

Krok M: Fruit, the food and medicine for man. 1961

Krok M: Formula for long life. o.J.

Kroke A: Arbeiten mit dem PC. Der Bundeslebensmittelschlüssel: BLS. Ern-Umschau 39, S152-S155, 1992

Krug E: Lexikon der Naturheilkunde. Karl F. Haug Verlag, Heidelberg, 602 S., 1989

Kübler W: Der Nahrungsbedarf, Band IV, 585-596. In: Cremer H-D, Hötzel D, Kühnau J (Hrsg): Ernährungslehre und Diätetik. Georg Thieme Verlag, Stuttgart, 627 S., 1980

Kuhn C, Leweling H, Staedt U, Barth H, Saeger H-D, Holm E: Erfassung des Ernährungszustandes mit modernen Methoden. Beitr Infusionsther 25, 29-79, 1989

Kulvinskas V: Love your body. 21st Century Publications, Fairfield/Iowa, 97 S., 1972

Kulvinskas V: Life in the 21st century. 21st Century Publications, CT/USA, o.J.

Kulvinskas V, Tarca R: Survival into the 21st Century. 21st Century Publications, CT/USA, o.J.

Kunkel ME, Beauchene RE: Protein intake and urinary excretion of protein-derived metabolites in aging female vegetarians and nonvegetarians. J Am Coll Nutr 10 (4), 308-314, 1991

Kwanbunjan K: Ernährungsverhalten und Gesundheitssituation von Rohköstlern. Dissertation, Wissenschaftlicher Fachverlag, Gießen, 140 S., 1996

Kwanbunjan K, Strassner C, Dörries S, Leitzmann C: Eisenstatus von Röhköstlern. Z Ernährungswiss 35 (1), 90, 1996

Langer MG: Gesund werden - gesund bleiben mit Sonnenkost. Waldthausen Verlag, Ritterhude, 3. Aufl., 72 S., 1992

Langosch A: Zusammenhänge zwischen Rohkost, Darmflora und Infektabwehr Teil I. natura-med 9, 414-422, 1988a

Langosch A: Zusammenhänge zwischen Rohkost, Darmflora und Infektabwehr Teil II. natura-med 10, 488-491, 1988b

Langosch A: Einfluß der Ernährung insbesondere der Rohkost auf Darmflora und Infektabwehr. Dissertation, 172 S., 1984

Lawrence M: Predicting energy requirements: is energy expenditure proportional to the BMR or to body weight? Eu J Clin Nutr 42, 919-927, 1988

Leitzmann C: Kwashiorkor, 2632-2637. In: Macrae R, Robinson RK, Sadler MJ: Encyclopaedia of food science food technology and nutrition. Butler & Temmer Ltd, Somerset/UK, 1993a

Leitzmann C: Deficiency, 3832-3836. Macrae R, Robinson RK, Sadler MJ: Encyclopaedia of food science food technology and nutrition. Butler & Temmer Ltd, Somerset/UK, 1993b

Leitzmann C: Vorwort, S. 13. In: Rias-Bucher B: Vollwert-Kochvergnügung wie noch nie. Gräfe und Unzer, München, 3. Aufl., 218 S., 1989

Leitzmann C, Hahn A: Vegetarische Ernährung. Verlag Eugen Ulmer, Stuttgart, 445 S., 1996a

Leitzmann C, Hahn A: Stellungnahme (Eisenbedarf und vegetarische Ernährunng). Ern-Umschau 43 (10), 361-362, 1996b

Leitzmann C, Keller M, Hahn A: Alternative Ernährungsformen. Hippokrates Verlag, Stuttgart (im Druck) 1998

Leitzmann C, Öhrig E, Dauer U: Wörterbuch der Ernährungswissenschaft. Verlag Eugen Ulmer, Stuttgart, 298 S., 1988

Leweling H: Zusammensetzung des Körpers, 3-12. In: Biesalski H-K, Fürst P, Kasper H, Kluthe R, Pölert W, Puchstein C, Stähelin HB (Hrsg): Ernährungsmedizin. Georg Thieme Verlag, Stuttgart, 517 S., 1995a

Leweling H: Biochemische Methoden, 14-18. In: Biesalski H-K, Fürst P, Kasper H, Kluthe R, Pölert W, Puchstein C, Stähelin HB (Hrsg). Ernährungsmedizin. Georg Thieme Verlag, Stuttgart, 517 S., 1995b

Li JB, Wassner SJ: Effects of food deprivation and refeeding on total protein and actomyosin degradation. Am J Physiol 246, E32-E37, 1984

Lindahl O, Lindwall L, Spangberg A, Stenram A, Öckerman PA: A vegan regimen with reduced medication in the treatment of hypertension. Br J Nutr 52, 11-20, 1984

Ling WH, Hänninen O: Shifting from a conventional diet to an uncooked vegan diet reversibly alters fecal hydrolytic activities in humans. J Nutr 122, 924-930, 1992

Linseisen J, Wolfram G: Unterschiede in der Nährstoff-Zufuhr bei Verwendung verschiedener Nährstoff-Datenbanken - ein Fallbeispiel. Z Ernährungswiss 36, 127-132, 1997

Lozoff B, Fanaroff AA: Kwashiorkor in Cleveland. Am J Dis Child 129, 710-711, 1975

Lucas AR, Huse DM: Behavioral disorders affecting food intake: Anorexia nervosa and Bulimia nervosa, Kap. 58, 977-983. In: Shils ME, Olsen JA, Shike M (Hrsg): Modern nutrition in health and disease. Lea & Febiger, Baltimore/USA, 8. Aufl., 1994

Lunn PG: Nutritional aspects of plasma protein metabolic studies: protein-energy malnutrition, Kap. 15, 299-323. In: Mariani G (Hrsg): Pathophysiology of plasma protein metabolism. Macmillan Press, London, 402 S., 1985

Lunn PG, Austin S: Dietary manipulation of plasma albumin concentration. J Nutr 113, 1791-1802, 1983

Mauron J: Influence of processing on protein quality. Biblthca Nutr Dieta 34, 56-81, 1985

Mazess RB, Barden HS, Ohlrich ES: Skeletal and body-composition effects of anorexia nervosa. Am J Clin Nutr 52, 438-441, 1990

McClave SA, Mitoraj TE, Thielmeier KA, Greenburg RA: Differentiating subtypes (hypoalbuminemic vs marasmic) of protein-calorie malnutrition: incidence and clinical significance in a university hospital setting. J Par Ent Nutr 16 (4), 337-342, 1992

McLarney MJ, Pellett PL, Young VR: Pattern of amino acid requirements in humans: an interspecies comparison using published amino acid requirement recommendations. J Nutr 126, 1871-1882, 1996

McNeill G: Energy, 24-37. In: Garrow JS, James WPT, Ralph A (Hrsg): Human Nutrition and Dietetics. Churchill Livingstone, Singapore, 9. Aufl., 847 S., 1993

Mehler PS, Weiner KL: Anorexia nervosa and total parenteral nutrition. Int J Eat Dis 14 (3), 297-304, 1993

Menden E: Ergänzungswertigkeit von Proteinen als Basis für eine minimale Eiweißzufuhr. Akt Ernähr 9, 94-97, 1984

Menden E: Wo liegt das Optimum der Proteinzufuhr? Ern-Umschau 30 (1), 10-14, 1983

Menden E: Aminosäuren, Band I, 49-54. In: Cremer H-D, Hötzel D, Kühnau J (Hrsg): Ernährungslehre und Diätetik. Georg Thieme Verlag, Stuttgart, 627 S., 1980

Menden E (Hrsg): Wie funktioniert das? Die Ernährung. Bibliographisches Institut & FA Brockhaus AG, Mannheim, 304 S., 1990

Merritt RJ, Kalsch M, Roux LD, Ashley-Mills J, Siegel SS: Significance of hypoalbuminemia in pediatric oncology patients - malnutrition or infection. J Par Ent Nutr 9, 303-306, 1985

Merz W: A balanced approach to nutrition for health: the need for biologically essential minerals and vitamins. J Am Diet Assoc 94 (11), 1259-1262, 1994

Metges CC, Petzke KJ, Young VR: Der Bedarf an essentiellen Aminosäuren für Erwachsene: Neue Konzepte, Schätzmethoden, Ungewißheiten und Herausforderungen. DifE Jahresbericht, 21-30, 1996

Miller DS, Mumford P: The nutritive value of Western vegan and vegetarian diets. Pl Fds Hum Nutr 2, 201-213, 1972

Millet P, Guillard JC, Fuchs F, Klepping J: Nutrient intake and vitamin status of healthy French vegetarians and nonvegetarians. Am J Clin Nutr 50, 718-727, 1989

Millward DJ: The metabolic basis of amino acid requirements, 31-56. In: Scrimshaw NS, Schürch B (Hrsg): Protein-energy interactions (Proceedings of an I/D/E/C/G Workshop held in Waterville Valley, NH, USA October 21 to 25, 1991), I/D/E/C/G, c/o Nestle Foundation, Switzerland, 437 S., 1992

Millward DJ: Protein nutriture methodology, Kap. 6, 165-184. In: Fidanza F (Hrsg): Nutritional status assessment: amanual for population studies. Chapman & Hall, London, 486 S., 1991

Millward DJ: Human protein requirements: the physiological significance of changes in the rate of whole-body protein turnover, Kap. 14, 135-144. In: Garrow JS, Halliday D (Hrsg): Substrate and energy metabolism in man. John Libbey & Co. Ltd, London, 250 S., 1981

Millward DJ, Brown JG, Odedra B: Protein turnover in individual tissues with special emphasis on muscle, Kap. 38, 475-494. In: Waterlow JC, Stephen JML (Hrsg): Nitrogen metabolism in man. Applied Science Publishers, Great Britain, 558 S., 1981

Millward DJ, Jackson AA, Price G, Rivers JPW: Human amino acid and protein requirements: current dilemmas and uncertainties. Nutr Res Rev 2, 109-132, 1989

Millward DJ, Rivers JPW: The nutritional role of indispensable amino acids and the metabolic basis for their requirements. Eur J Clin Nutr 42, 367-393, 1988

Millward DJ, Rivers JPW: Protein and amino acid requirements in the adult human. J Nutr 116, 2559-2561, 1986

Mobarhan S: The role of albumin in nutritional support. J Am Coll Nutr 7 (6), 445-452, 1988

Moeller ML: Gesundheit ist eßbar. Goldmann Verlag, München, 1. Aufl., 188 S., 1991

Moll R, Spiller W: Schachmatt den Allergien. Schnitzer-Verlag, St. Georgen/Schwarzwald, 167 S., 1994

Morelli E, Cupisti A, Pasquinucci A, Guidi A, Pino C, Buontistiano E, Ciardella F, Barsotti G: Effects of a special vegan diet on serum lipids in nephrotic patients. Clin Res 38 (2), 519A, 1990

Morita K, Hara M, Kada T: Studies on natural desmutagens: screening for vegetable and fruit factors active in inactivation of mutagenic pyrolysis products from amino acids. Agric Biol Chem 42 (6), 1235-1238, 1978

Mortimore GE, Pösö AR: Intracellular protein catabolism and its control during nutrient deprivation and supply. Ann Rev Nutr 7, 539-564, 1987

Mowe M, Bohmer T: The prevalence of undiagnosed protein- calorie undernutrition in a population of hospitalized elderly patients. J Am Geriatr Soc 39 (11), 1089-1092, 1991

Muermann B: Lexikon Ernährung. Behrs Verlag, Hamburg, 279 S., 1988

Munro HN: Protein nutriture and requirement in elderly people. Biblthca Nutr Dieta 33, 61-74, 1983

Munro HN: A general survey of techniques used in studying protein metabolism in whole animals and intact cells, 237-262. In: Munro HN (Hrsg): Mammalian protein metabolism. Academic Press, New York, 674 S., 1969

Narasinga Rao BS: Metabolic adaptation to chronic malnutrition, Kap. 15, 145-154. In: Garrow JS, Halliday D (Hrsg): Substrate and energy metabolism in man. John Libbey & Co. Ltd, London, 250 S., 1981

Narewski A: Der Magnesiumstatus von Rohköstler/innen im Vergleich zu Vollwert- und Mischköstlern. Diplomarbeit (s. Anhang 2 S.197) 1995

National Research Council (US) Committee on diet and health: Diet and health: implications for reducing chronic disease risk. Nat Academy Sciences, 2. Aufl., 749 S., 1990

National Research Council: Recommended dietary allowances. National Academy Press, Washington DC, 10. Aufl., 248 S., 1989

Nöcker R-M: Lichtkost. Wilhelm Heyne Verlag, München, 1. Aufl., 341 S., 1992

Noguchi T, Naito H: Mechanism and regulation of intracellular protein degradation, 21-34. In: Yoshida A, Naito H, Niiyama Y, Suzuki T (Hrsg): Nutrition: Proteins and amino acids. Japan Sci Soc Press, Tokyo/Springer Verlag Berlin, 327 S., 1990

Nolfi K: Meine Erfahrungen mit Rohkost. Medizinalpolitischer Verlag, 10. Aufl., 27 S., 1977

Noppa H, Andersson M, Bengtsson C, Bruve A, Isaksson B: Longitudinal studies of anthropometric data and body composition. Am J Clin Nutr 33, 155-162, 1980

Norgan NG: Chronic energy deficiency and the effects of energy supplementation, 59-76. In: Schürch B, Scrimshaw NS (Hrsg): Chronic energy deficiency: consequences and related issues (Background papers and working group reports presented at an I/D/E/C/G meeting of August 3-7, 1987, in Guatemala City), I/D/E/C/G, c/o Nestle Foundation, Switzerland, 201 S., o.J.

Opitz C: Ernährung für Mensch und Erde. Hans-Nietsch-Verlag, 191 S., 1995

Opitz C: Fit und gesund mit lebenden Makromolekülen. Verlag Bewusstes Dasein Schlieren, 185 S., 1993

Opitz C: Die Gesundheitsrevolution - Lebende Makromoleküle. Verlag Bewusstes Dasein Zürich, 1. Aufl., 86 S., 1990

Ornish D, Scherwitz LW, Armstrong WT, McLanahan SM, Brand RJ, Brown SE, Billings JH, Ports TA, Kirkeeide RL, Gould KL: Können Veränderungen des Lebensstils die Koronare Herzkrankheit rückgängig machen? Die „Lifestyle Heart"-Studie. Lancet-Deutsche Ausgabe 4 (11), 591-596, 1990

Pacy PJ, Quevedo RM, Cox M, Gibson NR, Price G, Millward DJ: Does dietary protein influence resting energy expenditure? Proc Nutr Soc 52, 305A, 1993

Pao EM, Mickle SJ: Problem nutrients in the United States. Fd Technol 35 (9), 58-69, 1981

Peiter J: Pro und Contra Rohkost-Ernährung. Access Verlag, Königstein, 3. Aufl., 260 S., 1993

Peiter J: Die Heilkraft der Vital-Ernährung. Access Verlag, Königstein, 2. Aufl., 322 S., 1990

Pellett PL, Young VR: Background paper 4: evaluation of the use of amino acid composition data in assessing the protein quality of meat and poultry products. Am J Clin Nutr 40, 718-736, 1984

Pellett PL, Young VR: The effects of different levels of energy intake on protein metabolism and of different levels of protein intake on energy metabolism: a statistical evaluation from the published literature, 81-121. In: Scrimshaw NS, Schürch B (Hrsg): Protein-energy interactions (Proceedings of an I/D/E/C/G Workshop held in Waterville Valley, NH, USA October 21 to 25, 1991), I/D/E/C/G, c/o Nestle Foundation, Switzerland, 437 S., 1992

Peltonen R, Ling WH, Hanninen O, Eerola E: An uncooked vegan diet shifts the profile of human fecal microflora: computerized analysis of direct stool sample gasliquid chromatography profiles of bacterial cellular fatty acids. Appl Environ Microbiol 58 (11), 3660-3666, 1992

Petersen EE, Hoshino J, Kröger H: Proteine, Band I, 54-59. In: Cremer H-D, Hötzel D, Kühnau J (Hrsg): Ernährungslehre und Diätetik. Georg Thieme Verlag, Stuttgart, 627 S., 1980

Polensky W (Hrsg): BLS (Version II.2) Dokumentation. 298 S., 1989

Pollitt E: A critical view of three decades of research on the effects of chronic energy malnutrition on behavioral development, 77-93. In: Schürch B, Scrimshaw NS (Hrsg): Chronic energy deficiency: consequences and related issues (Background papers and working group reports presented at an I/D/E/C/G meeting of August 3-7, 1987, in Guatemala City), I/D/E/C/G, c/o Nestle Foundation, Switzerland, 201 S., o.J.

Popp F-A: Die Botschaft der Nahrung. Fischer Taschenbuch Verlag, 155 S., 1993

Prealbumin in Nutritional Care Consensus Group: Measurement of visceral protein status in assessing protein and energy malnutrition: standard of care. Nutr 11 (2), 169-171, 1995

Radke M: Ernährungsphysiologische Bedeutung tierischer und pflanzlicher Eiweißquellen. Ernährung/Nutrition 17 (6), 343-346, 1993

Rand WM, Scrimshaw NS, Young VR: Determination of protein allowances in human adults from nitrogen balance data. Am J Clin Nutr 30, 1129-1134, 1977

Rauma A-L, Törrönen R, Hänninen O, Mykkänen H: Vitamin B-12 status of long-term adherents of a strict uncooked vegan diet („Living Food Diet") is compromised. J Nutr 125, 2511-2515, 1995a

Rauma A-L, Törrönen R, Hänninen O, Verhagen H, Mykkänen H: Antioxidant status in long-term adherents to a strict uncooked vegan diet. Am J Clin Nutr 62, 1221-1227, 1995b

Rauma A-L, Nenonen M, Helve T, Hanninen O: Effect of a strict vegan diet on energy and nutrient intakes by Finnish rheumatoid patients. Eur J Clin Nutr 47 (10), 747-749, 1993

Reeds PJ, Fuller MF, Nicholson BA: Metabolic basis of energy expenditure with particular reference to protein, Kap. 6, 46-57. In: Garrow JS, Halliday D (Hrsg): Substrate and energy metabolism in man. John Libbey & Co. Ltd, London, 250 S., 1981

Reeds PJ, Harris CI: Protein turnover in animals: man in his context, Kap. 33, 391-408. In: Waterlow JC, Stephen JML (Hrsg): Nitrogen metabolism in man. Applied Science Publishers, Great Britain, 558 S., 1981

Register UD, Sonnenberg LM: The vegetarian diet. J Am Diet Assoc 62, 253-261, 1973

Rehner G, Walter T: Wirkung von Maillard-Produkten und Lysinoalanin auf die Bioverfügbarkeit von Eisen, Kupfer und Zink. Z Ernährungswiss 30, 50-55, 1991

Reimer CB, Smith SF, Hannon WH, Ritchie RF, van Es L, Becker W, Markowitz H, Gauldie F, Anderson SG: Progress towards international reference standards for human serum proteins. J Biol Stand 6 (2), 133-158, 1978

Rennie MJ, Edwards RHT, Halliday D, Matthews DE, Wolman SL, Millward DJ: Muscle protein synthesis measured by stable isotope techniques in man: the effects of feeding and fasting. Clin Sci 63, 519-523, 1982

Rennie MJ, Harrison R: Effects of injury, disease, and malnutrition on protein metabolism in man. Lancet 2, 323-325, 1984

Rerat AA: Nutritional supply of proteins and absorption of their hydrolysis products: consequences on metabolism. Proc Nutr Soc 52, 335-344, 1993

Resnicow K, Barone J, Engle A, Miller S, Haley NJ, Fleming D, Wynder E: Diet and serum lipids in vegan vegetarians: a model for risk reduction. J Am Diet Assoc 91, 447-453, 1991

Rider AA, Arthur RS, Calkins BM: Diet, nutrition intake, and metabolism in populations at high and low risk for colon cancer. Laboratory analysis of 3-day composite food samples. Am J Clin Nutr 40, 914-916, 1984a

Rider AA, Arthur RS, Calkins BM, Nair PP: Diet, nutrition intake, and metabolism in populations at high and low risk for colon cancer. Selected biochemical parameters in blood and urine. Am J Clin Nutr 40, 917-920, 1984b

Ritter U: Transport, Resorption, Ausnutzung, Band II, 3-12. In: Cremer H-D, Hötzel D, Kühnau J (Hrsg): Ernährungslehre und Diätetik. Georg Thieme Verlag, Stuttgart, 627 S., 1980

Rittmeyer IF: Grundsätze der Naturarzt-Redaktion für die Ernährung mit Rohkost. Der Naturarzt, 2 S., 1992

Roediger WEW: New views on the pathogenesis of Kwashiorkor: methionine and other amino acids. J Ped Gastroenterology Nutr 21, 130-136, 1995

Rose WC: The amino acid requirements of adult man. Nutr Abstr Rev 27 (3), 631-647, 1957

Rose WC, Wixom RL, Lockhart HB, Lambert GF: The amino acid requirements of man. XV. The valine requirement; summary and final observations. J Biol Chem 217, 987-995, 1955

Rossi-Fanelli F, Cangiano C: Increased availability of tryptophan in brain as common pathogenic mechanism for anorexia associated with different diseases. Nutr 7, 364-367, 1991

Rottka H, Hermann-Kunz E, Hahn B, Lang H-P: Berliner Vegetarier Studie - Zweite Mitteilung. Anthropometrische und biochemische Meßdaten im Vergleich zu Nichtvegetariern. Akt Ernähr 14, 32-39, 1989

Rottka H, Thefeld W: Gesundheit und vegetarische Ernährungsweise. Akt Ernähr 9, 209-216, 1984

Rowe DS, Anderson SG, Grab B: A research standard for human serum immunoglobulins IgG, IgA, IgM. Bull World Health Organ 42, 535, 1970

Roza AM, Shizgal HM: The Harris-Benedict equation reevaluated: resting energy requirements and the body cell mass. Am J Clin Nutr 40, 168-182, 1984

Russell JD, Mira M, Allen B, Stewart PM, Vizzard J, Arthur B, Beumont PJV: Protein repletion and treatment in anorexia nervosa. Am J Clin Nutr 59, 98-102, 1994

Russell JD, Mira M, Allen BJ, Stewart PJ, Vizzard J, Arthur B, Beumont PJV: Effect of refeeding and exercise in restoration of body protein in anorexia nervosa. Basic Life Sci 60, 207-210, 1993

Rutenfranz J, Wenzel HG: Gesamtstoffwechsel Energiehaushalt, Band II, 241-256. In: Cremer H-D, Hötzel D, Kühnau J (Hrsg): Ernährungslehre und Diätetik. Georg Thieme Verlag, Stuttgart, 627 S., 1980

Sarwar G: Available amino acid score for evaluating protein quality of foods. J Assoc Off Anal Chem 67 (3), 623-626, 1984

Satterlee LD: Proteins for use in foods. Fd Technol 35 (6), 53-70, 1981

Saunders TAB, Key TJA: Blood pressure, plasma renin activity and aldosterone concentrations in vegans and omnivore controls. Hum Nutr Appl Nutr 41A, 204-211, 1987

Sauniere J-F, Sarles H: Exocrine pancreatic function and protein-calorie malnutrition in Dakar and Abidjan (West Africa): silent pancreatic insufficiency. Am J Clin Nutr 48, 1233-1238, 1988

Schaffer JP: Modified sequentially rejective multiple test procedures. J Am Stat Assoc 81 (395), 826-831, 1986

Schmoz G, Hartig W, Weiner R, Brunner H-P, Vetter K, Erhard V: Der Ernährungsstatus als diagnostische Methode zur Erfassung von Proteinmangelzuständen. Ernährungsforschung 31 (3), 75, 1986

Schnitzer JG: Der Schnitzer-Report. Schnitzer-Verlag, St. Georgen/Schwarzwald, 2. Aufl., 536 S., 1982

Schnitzer JG, Schnitzer M: Schnitzer-Intensivkost, Schnitzer-Normalkost. Schnitzer-Verlag, St. Georgen/Schwarzwald, 13. Aufl., 186 S., 1988

Schofield WN, James WPT (Hrsg): Basal metabolic rate. Hum Nutr Clin Nutr 39C, 1-96, 1985

Schönhofer-Rempt R: Gießener Vegetarierstudie: Ernährungsgewohnheiten, Gesundheitsverhalten sowie Einstellung und Wissen zu ernährungsbezogenen Themen. Dissertation Wissenschaftlicher Fachverlag, Gießen, 204 S., 1988

Schürch A: Ermittlung des Nahrungsbedarfs (Prinzipien) b. Energie, Band IV, 597-606. In: Cremer H-D, Hötzel D, Kühnau J (Hrsg): Ernährungslehre und Diätetik. Georg Thieme Verlag, Stuttgart, 627 S., 1980

Scrimshaw NS: Criteria for valid nitrogen balance measurement of protein requirements. Eu J Clin Nutr 50 (Suppl 1), S196-S197, 1996

Scrimshaw NS, Waterlow JC, Schürch B: Foreword. Eu J Clin Nutr 50 (Suppl 1), S1, 1996

Scrimshaw NS, Young VR: Nutritional evaluation and the utilization of protein resources, Kap. 1, 1-54. In: Bodwell CE (Hrsg): Evaluation of proteins for humans. AVI Publishing Co. Inc., Connecticut/USA, 327 S., 1978

Sempos CT, Johnson NE, Smith EL, Gilligan C: Effects of intraindividual and interindividual variation in repeated dietary records. Am J Epidemiol 121, 120-130, 1985

Sganga G, Siegel JH, Brown G, Coleman B, Wiles CE, Belzberg H, Wedel S, Placko R: Reprioritization of hepatic plasma protein release in trauma and sepsis. Arch Surg 120, 187-199, 1985

Shelton HM: Richtige Ernährung mit natürlicher Nahrung. Waldthausen Verlag, Ritterhude, 2. Aufl., 308 S., 1991

Shetty PS, Henry CJK, Black AE, Prentice AM: Energy requirements of adults: an update on basal metabolic rates (BMRs) and physical activity levels (PALs). Eu J Clin Nutr 50 (Suppl 1), S11-S23, 1996

Shetty PS, Jung RT, Watrasiewicz KE, James WPT: Rapid-turnover transport proteins: an index of subclinical protein-energy, malnutrition. Lancet 2, 230-232, 1979

Shimazono N: Historical outline of studies on protein and amino acid nutrition in Japan, vii-xviii. In: Yoshida A, Naito H, Niiyama Y, Suzuki T (Hrsg): Nutrition: Proteins and amino acids. Japan Sci Soc Press, Tokyo/Springer Verlag Berlin, 327 S., 1990

Shizgal HM: The effect of malnutrition on body composition. Surgery 152, 22-24, 1981

Shulman RJ, DeStefano-Laine L, Petitt R, Rahman S, Reed T: Protein defieciency in premature infants receiving parenteral nutrition. Am J Clin Nutr 44, 610-613, 1986

Silbernagel S, Despopoulos A: Taschenatlas der Physiologie. Georg Thieme Verlag, Stuttgart, 4. Aufl., 371, 1991

Smale BF, Hobbs CL, Mullen JL, Rosato EF: Serum protein response to surgery and starvation. J Par Ent Nutr 6 (5), 395-398, 1982

Soares MJ, Piers LS, Shetty PS, Jackson AA, Waterlow JC: Whole-body protein turnover and basal metabolism in chronic undernutrition. Proc Nutr Soc 52, 89A, 1993

Solomons NW, Allen LH: The functional assessment of nutritional status: principles, practice and potential. Nutr Rev 41 (2), 33-50, 1983

Sommer W: Das Urgesetz der natürlichen Ernährung. Walter Somer Verlag, Hamburg, 6. Aufl., 512 S., 1991

Sommer W: Hausnachrichten. Walter Somer Verlag, Ahrensburg, Nr. 9, 4 S., 1951

Southgate DAT, Durnin JVGA: Calorie conversion factors. An experimental reassessment of the factors used in the calculation of the energy value of human diets. Br J Nutr 24, 517-535, 1970

Spurr GB: Effects of chronic energy deficiency on stature, work capacity and productivity, 95-134. In: Schürch B, Scrimshaw NS (Hrsg): Chronic energy deficiency: consequences and related issues (Background papers and working group reports presented at an I/D/E/C/G meeting of August 3-7, 1987, in Guatemala City), I/D/E/C/G, c/o Nestle Foundation, Switzerland, 201 S., o.J.

Stähelin HB, Gey F, Brubacher G: Preventive potential of antioxidative vitamins and carotenoids on cancer, 232-241. In: Walter P, Brubacher G, Stähelin HB (Hrsg): Elevated dosages of vitamins - benefits and hazards. Hans Huber Publishers, Stuttgart, 1988

Starker PM: Nutritional assessment of the hospitalized patient. Adv Nutr Res 8, 109-118, 1990

Statistisches Bundesamt Wiesbaden (Hrsg): Statistisches Jahrbuch 1996 für die Bundesrepublik Deutschland. Deutschland, 1996

Steele RD, Harper AE: Proteins and amino acids, Kap 8, 67-79. In: Brown ML: Present knowledge in nurition. International Life Sciences Institute, Washington DC, 6. Aufl., 1990

Strassner C: Die Gießener Rohkost-Studie. Erfahrungsheilkunde 45 Sonderausgabe Okt., 776, 1996

Strassner C, Weirich B, Koebnick C, Leitzmann C: Die Gießener Rohkost-Studie. Erfahrungsheilkunde 8, 429-434, 1997a

Strassner C, Doerries D, Kwanbunjan K, Leitzmann C: Vegetarian Raw Food Dietary Regimens: Health Habits and Nutrient Intake. Program of the Third International Congress on Vegetarian Nutrition, Loma Linda, California, Nr. P39, S. 51, 1997b

Strassner C, Doerries S, Kwanbunjan K, Leitzmann C: Raw Food Eaters: Health Habits and Nutrient Intake. Book of Abstracts of the 16th IUNS International Congress of Nutrition, Montreal, Kanada, Nr PR44, S. 304, 1997c

Strassner C, Koebnick C, Leitzmann C: Rohkost-Ernährung: Teil 2 - Die Gießener Rohkost-Studie. Auswertungs- und Informationsdienst für Ernährung, Landwirtschaft und Forsten (aid) e.V. 42 (11), 268-274, 1997d

Strassner C, Koebnick C, Szyperski T, Leitzmann C: Kochen ist tabu: Die Gießener Rohkost-Studie. UGB-Forum 13 (6), 340-343, 1996

Strassner C, Kwanbunjan K, Dörries S, Leitzmann C: The Giessen Raw Food Study. Book of Abstracts of the 7th European Nutrition Conference: „Over- and Undernutrition in Europe" FENS, Wien, WS 19, S. 5, 1995

Stroh S: Methoden zur Erfassung der Körperzusammensetzung. Ern-Umschau 42 (3), 88-94, 1995

Stromberg BV, Davis RJ, Danziger LH: Relationship of serum transferrin to total iron binding capacity for nutritional assessment. J Par Ent Nutr 6 (5), 392-394, 1982

Stuart CA, Shangraw RE, Peters EJ, Wolfe RR: Effect of dietary protein on bed-rest-related changes in whole-body-protein synthesis. Am J Clin Nutr 52, 509-514, 1990

Swendseid ME, Kopple JD: Nitrogen balance, plasma amino acid levels, and amino acid requirements. Trans NY Acad Sci Ser II, 35, 471-479, 1973

Szyperski T: Ernährungsverhalten von Rohköstlern. Diplomarbeit (s. Anhang 2 S.197) 1996

Tanaka N, Kubo K, Shiraki K, Koishi H, Yoshimura H: A pilot study on protein metabolism in the Papua New Guinea highlanders. J Nutr Sci Vitaminol 26, 247-259, 1980

Theurer E: Die Validität des Ernährungsprotokolls der Rohkost-Studie: eine vergleichende Validierungsstudie. Diplomarbeit (s. Anhang 2 S.197) 1996

Thomas L (Hrsg): Labor und Diagnostik. Die medizinische Verlagsgesellschaft, Marburg, 3. Aufl., 1566 S., 1988

Thomas L, Golden BE, Jackson MJ, Aggett PJ, McNurlan MA: Protein and energy metabolism during mild zinc deficiency in adult man. Proc Nutr Soc 52, 361A, 1993

Thompson FE, Byers T, Kohlmeier L: Dietary assessment resource manual. J Nutr 124 (11S), 2245S-2317S, 1994

Tietz NW: Textbook of Clinical Chemistry. WB Saunders Co., Philadelphia/USA, 1986

Torun B, Chew F: Protein-energy-malnutrition, Kap. 57, 950-976. In: Shils ME, Olsen JA, Shike M (Hrsg): Modern nutrition in health and disease. Lea & Febiger, Baltimore/USA, 8. Aufl., 1994

Torun B, Durnin JVGA, Garza C, Jequier E, Shetty PS: Dietary protein/energy ratios for various ages and physiological states, 379-384. In: Scrimshaw NS, Schürch B (Hrsg): Protein-energy interactions (Proceedings of an I/D/E/C/G Workshop held in Waterville Valley, NH, USA October 21 to 25, 1991), I/D/E/C/G, c/o Nestle Foundation, Switzerland, 437 S., 1992

Truswell S: ABC of nutrition. Eyre & Spottiswode Ltd, UK, 2. Aufl, 106 S., 1992

Uauy R: Marasmus, 2874-2880. In: Macrae R, Robinson RK, Sadler MJ (Hrsg): Encyclopaedia of food science food technology and nutrition. Butler & Temmer Ltd, Somerset/UK, 1993

Umpleby AM, Scobie IN, Boroujerdi MA, Sonksen PH: The effect of starvation on leucine, alanine and glucose metabolism in obese subjects. Eur J Clin Invest 25 (8), 619-26, 1995

Vaisman N, Rossi MF, Goldberg E, Dibden LJ, Wykes LJ, Pencharz PB: Energy expenditure and body composition in patients with anorexia nervosa. J Pediatr 113, 919-924, 1988

van Binsbergen CJM, Hulshof KFAM, Wedel M, Odink J, Coelingh Bennink HJT: Food preferences and aversions and dietary pattern in anorexia nervosa patients. Eu J Clin Nutr 42, 671-678, 1988a

van Binsbergen CJM, Odink J, van den Berg H, Koppeschaar H, Coelingh Bennink HJT: Nutritional status in anorexia nervosa: clinical chemistry, vitamins, iron and zinc. Eu J Clin Nutr 42, 929-937, 1988b

van Es L, Smith SJ, Schur PH, Hauptmann P, Leskovar W, Spath P, Fust G, Lachmann P, Rother U, Thompson RA, Kirkwood TB. International collaborative study of four candidate reference preparations for the antigenic and hemolytic measurement of human serum complement components. J Biol Stand 9 (1), 91-104, 1981

Varela G: Influence of household handling. Biblthca Nutr Dieta 34, 9-25, 1985

Vignati L, Finley RJ, Hagg S, Aoki TT: Protein conservation during prolonged fast: a function of triiodothronine levels. Trans Assoc Am Physicians 91, 169-179, 1978

Vollmer K: Der Ernährungs- und Gesundheitsstatus von Rohköstlern bezüglich der Vitamine B_1, B_2 und B_6. Diplomarbeit (s. Anhang 2 S.197) 1995

von Haller A: Gefährdete Menscheit. Hippokrates Verlag, Stuttgart, 5. Aufl., 172 S., 1980 von Koerber K, Männle T, Leitzmann C: Vollwert-Ernährung Konzeption einer zeitgemäßen Ernährungsweise. Karl F. Haug Verlag, Heidelberg, 8. Aufl., 271 S., 1994

Waerland A: Health is your birthright. Humata Verlag Harold S. Blume, Bern, 86 S., 1956

Waerland A: Anweisungen über Ernährung. Humata Verlag Harold S. Blume, Bern, 7 S., 1947a

Waerland A: Das Waerland-Handbuch der Gesundheit. Humata Verlag Harold S. Blume, Bern, 4. Aufl., 159 S., o.J.a

Waerland A: Der Weg zu einer neuen Menscheit. Humata Verlag Harold S. Blume, Bern, 4. Aufl., 463 S., o.J.b

Waerland A: Gesund werden gesund bleiben. Humata Verlag Harold S. Blume, Bern, 7. Aufl., 63 S., o.J.c

Waerland A, Waerland E: Waerlandkost für Gesunde und Kranke. Waerland Verlag, Hamburg, 1 S., 1951

Waerland E: Anweisungen über Ernährung nach Are Waerland. Ivar Haegströms, Stockholm, 7 S., 1947b

Walb L, Walb I, Heintze T, Heintze M: Original Haysche Trennkost. Karl F.Haug Verlag, Heidelberg, 43. Aufl., 128 S., 1992

Walker NW: Wasser kann Ihre Gesundheit zerstören. Waldthausen Verlag, Ritterhude, 3. Aufl., 157 S., 1993

Walker NW: Strahlende Gesundheit. Waldthausen Verlag, Ritterhude, 2. Aufl., 208 S., 1991

Walker PL: Porotic hyperostosis in a marine-dependent California Indian population. Am J Phys Anthropol 69 (3), 345-354, 1986

Wandmaker H: Willst Du gesund sein? Vergiß den Kochtopf! Waldthausen Verlag, Ritterhude, 6. Aufl., 462 S., 1991

Wangemann M: Einfluß einer Magnesium-Supplementierung auf den Magnesiumstatus und die Symptome von Probanden mit saisonaler allergischer Rhinitis. Dissertation, Wissenschaftlicher Fachverlag, Gießen, 223 S., 1994

Waterlow JC: The requirements of adult man for indispensable amino acids. Eu J Clin Nutr 50 (Suppl 1), S151-S179, 1996

Waterlow JC: Protein Energy Malnutrition. Edward Arnold, London, 407 S., 1992

Waterlow JC: Nutritional adaptation in man: general introduction and concepts. Am J Clin Nutr 51, 259-263, 1990

Waterlow JC: Metabolic adaptation to low intakes of energy and protein. Ann Rev Nutr 6, 495-526, 1986

Waterlow JC, Fern EB: Free amino acid pools and their regulation, Kap. 1, 1-16. In: Waterlow JC, Stephen JML (Hrsg): Nitrogen metabolism in man. Applied Science Publishers, Great Britain, 558 S., 1981

Watson PE, Watson ID, Batt RD: Total body water volumes for adult males and females estimated from simple anthropometric measurements. Am J Clin Nutr 33, 27-39, 1980

Webb P, Sangal S: Sedentary daily expenditure: a base for estimating individual energy requirements. Am J Clin Nutr 53, 606-611, 1991

Weber M, Wilden I: Lexikon der gesunden Ernährung. Walter Hädecke Verlag, Weil der Stadt, 139 S., 1991

Weirich B: Nährstoffaufnahme von Rohköstlerinnen - eine Untersuchung im Rahmen der Gießener Rohkost-Ernährungs-Studie. Diplomarbeit (s. Anhang 2 S.197) 1995

Weise DO: Harmonische Ernährung. Smaragdina Verlag, München, 4. Aufl., 346 S., 1993a

Weise DO: Die fünf Tibeter - Feinschmecker Küche. Integral Verlag, Wessobrunn, 2. Aufl., 276 S., 1993b

Weiss L: (Ernährungstatus des Subkollektivs der Instinkto-Rohköstler aus Frankreich). Diplomarbeit (s. Anhang 2 S.197) in Vorbereitung 1998

Whicher JT, Hunt J, Perry DE, Hobbs JR, Fifield R, Keyser J, Kohn J, Riches P, Smith AM, Thompson RA, Ward AM, White P: Method-specific variations in the calibration of a new immunoglobulin standard suitable for use in nephelometric techniques. Clin Chem 24 (4), 531-535, 1978

Wigmore A: The Hippocrates Diet and health program. Avery Publishing Group Inc., New Jersey/USA, 191 S., 1984

Wigmore A: Be your own doctor. Avery Publishing Group Inc., New Jersey/USA, 190 S., 1982

Willett WC: Micronutrients and cancer risk. Am J Clin Nutr 59, 1162S-1165S, 1994

Wiseman MJ, Hunt R, Goodwin A, Gross JL, Keen H, Viberti G-C: Dietary composition and renal function in healthy subjects. Nephron 46 (1), 37-42, 1987

Yamamoto S, Yartey J: Factors of protein-energy malnutrition in Ghana, West Africa, 123-132. In: Yoshida A, Naito H, Niiyama Y, Suzuki T (Hrsg): Nutrition: Proteins and amino acids. Japan Sci Soc Press, Tokyo/Springer Verlag Berlin, 327 S., 1990

Yip R, Dallman PR: Iron, 277-292. In: Ziegler EE, Filer LJ (Hrsg): Present knowledge in nutrition. ILSI Press, Washington DC, 7. Aufl., 682 S., 1996

Young VR: Some basic aspects of protein-energy interrelationships, 9-19. In: Scrimshaw NS, Schürch B (Hrsg): Protein-energy interactions (Proceedings of an I/D/E/C/G Workshop held in Waterville Valley, NH, USA October 21 to 25, 1991), I/D/E/C/G, c/o Nestle Foundation, Switzerland, 437 S., 1992

Young VR: Introduction to the symposium on nutritional adaptation. Am J Clin Nutr 51, 258, 1990

Young VR: The role of skeletal and cardiac muscle in the regulation of protein metabolism, Kap. 40, 585-674. In: Munro HN (Hrsg): Mammalian protein metabolism. Academic press, New York, 674 S., 1969

Young VR, Bier DM: Amino acid requirements in the adult human: how well do we know them? J Nutr 117, 1484-1487, 1987

Young VR, Bier DM, Pellett PL: A theoretical basis for increasing current estimates of the amino acid requirements in adult man with experimental support. Am J Clin Nutr 50, 80-92, 1989

Young VR, El-Khoury AE: Human amino acid equirements: a re-evaluation. Food Nutr Bulletin 17 (3), 191-203, 1996

Young VR, Marchini JS: Mechanisms and nutritional significance of metabolic responses to altered intakes of protein and amino acids, with reference to nutritional adaptation in humans. Am J Clin Nutr 51, 270-289, 1990

Young VR, Meredith C, Hoerr R, Bier DM, Matthews DE: Amino acid kinetics in relation to protein and amino acid requirements: the primary importance of amino acid oxidation, Kap. 13, 119-134. In: Garrow JS, Halliday D (Hrsg): Substrate and energy metabolism in man. John Libbey & Co. Ltd, London, 250 S., 1981a

Young VR, Meguid M, Meredith C, Matthews DE, Bier DM: Recent developments in knowledge of human amino acid requirements, Kap. 11, 133-153. In: Waterlow JC, Stephen JML (Hrsg): Nitrogen metabolism in man. Applied Science Publishers, Great Britain, 558 S., 1981b

Young VR, Motil JJR, Motil KJ, Matthews DE, Bier DM: Protein and energy intake in relation to protein turnover in man, Kap. 35, 419-447. In: Waterlow JC, Stephen JML (Hrsg): Nitrogen metabolism in man. Applied Science Publishers, Great Britain, 558 S., 1981c

Young VR, Pellett P L: Plant proteins in relation to human protein and amino acid nutrition. Am J Clin Nutr 59, 1203S-1212S, 1994

Young VR, Pellett PL: Protein evaluation, amino acid scoring and the food and drug administration`s proposed food labeling regulations. J Nutr 121, 145-150, 1991

Young VR, Pellett PL: Current concepts concerning indispensable amino acid needs in adults and their implications for international nutrition planning. Food Nutr Bulletin 12 (4), 289-300, 1990

Young VR, Pellett PL: Background paper 5: amino acid composition in relation to protein nutritional quality of meat and poultry products. Am J Clin Nutr 40, 737-742, 1984

Young VR, Pellett PL: Wheat proteins in relation to protein requirements and availability of amino acids. Am J Clin Nutr 41, 1077-1090, 1985

Young VR, Scrimshaw NS: Human protein and amino acid metabolism and requirements in relation to protein quality, Kap. 2, 11-37. In: Bodwell CE (Hrsg): Evaluation of proteins for humans. AVI Publishing Co. Inc., Connecticut/USA, 327 S., 1978

Zakaria B: Aminosaeuren - Nahrung wird zu Medizin. Therapeutikon 8 (5), S. 203, 1994

Anhang 1: Daten zur Erarbeitung einer Definition der Rohkost-Ernährung (RKE)

Im Vorfeld der Gießener Rohkost-Studie wurde auch deutlich, daß unter den Teilnehmern Uneinigkeit über den Begriff Rohkost bzw. RKE herrschte. So wurde eine Anmeldung erhalten, mit der Aussage „ich esse täglich eine Portion Salat, ich bin Rohköstler". Manche Teilnehmer tranken Kräutertees, andere hingegen lehnten diese ab; es gab Personen, die Cashewnüsse nicht zur Rohkost zählten, da diese erhitzt werden müssen, um den Kern zu gewinnen. Es war wichtig, die Meinung bzw. das Verständnis von Rohkost und RKE von denjenigen, die sich als Rohköstler verstehen (und tatsächlich einen hohen Anteil an unerhitztem Obst und Gemüse verzehren), mit einzubeziehen. So wurde bereits im Hauptfragebogen der Rohkost-Studie nach einem entscheidenem Kriterium für Rohkost gefragt:

2.10 Was ist für Sie das **entscheidende Kriterium** für den Begriff Rohkost ?

Bitte nur eine Antwort ankreuzen !

Unter Rohkost verstehe ich

❑ Lebensmittel, die in keiner Weise erhitzt oder nicht über _____ °C erhitzt wurden.

Temperatur

❑ Lebensmittel, die nicht mechanisch verändert oder weiterverarbeitet wurden.

❑ Lebensmittel, die von den Urmenschen verzehrt wurden oder die von der Natur für den Menschen vorgesehen wurden.

Bei der Auswertung des Hauptfragebogens (n=558) ergab sich keine der vorgegebenen Antworten als die treffendste: 47 % der Teilnehmer waren der Meinung, daß nicht erhitzte oder nicht über eine bestimmte Temperatur erhitzte Lebensmittel Rohkost am besten beschrieb, hingegen waren 45 % der Teilnehmer der Meinung, daß Lebensmittel, die vom Urmenschen verzehrt wurden oder von der Natur für den Menschen vorgesehen sind, das entscheidende Kriterium darstellten. Für 8 % der Teilnehmer sind Lebensmittel, die nicht mechanisch verändert worden sind, das Hauptmerkmal für Rohkost. Eine Temperatur, über die Lebensmittel nicht erhitzt werden sollten, wurde von einem Drittel (n=185) der Teilnehmer genannt. Die Vorstellungen hierzu schwankten zwischen 30°C und 60°C, der Durchschnitt lag bei 40°C (s.a. Koebnick 1994 S.61). Bei dem endgültigen Studienkollektiv (n=201) verschiebt sich die Verteilung zu Gunsten des Kriteriums, daß Rohkost von Urmenschen verzehrt wurde (48 % der Teilnehmer) gegen 42 %, die sich für das Kriterium von nicht erhitzten Lebensmitteln entschied. Die dritte Gruppe bleibt ziemlich unverändert bei knapp 8 % der Teilnehmer. Auch die Angaben zur Temperatur verändern sich nicht merklich.

Es konnte ferner keine Definition erarbeitet werden, die sich nicht auch an dem orientiert, was RK tatsächlich in der Praxis machen. Um eine prozentualen Gewichts-Rohkostanteil errechnen zu können und um Rohköstler als Gruppe dadurch von anderen Ernährungsrichtungen mit einem hohen Frischkostanteil wie z.B. der Vollwert-Ernährung abgrenzen zu können, mußte festgelegt werden, welche Lebensmittel für die Rohkost-Studie als roh zu bezeichnen sind. Daher stand hinter dem entscheidenden Kriterium auch die Frage, ob Temperatur oder Verarbeitungsgrad bei der RKE wichtiger ist. Lebensmittel, bei denen es nicht von vornherein klar war, sind neben denen in Frage 2.9 (s.u.) genannten ferner: getrocknete Lebensmittel, geräucherte Lebensmittel, essigsauer Eingelegtes, Getreideflocken, Müsli, Bananenchips, Cashewnüsse, Wurst, Energiekugeln. So wurde auch im Hauptfragebogen folgende Frage gestellt:

2.9 Welche der folgenden Lebensmittel gehören für Sie **nicht** zur Rohkost ?

Wir möchten wissen, welche Lebensmittel Sie allgemein unter Rohkost verstehen, nicht, was zu Ihrer täglichen Rohkosternährung gehört ! Mehrfachnennungen sind möglich !

❑ Rohmilch	❑ ohne Hitze getrocknete Früchte
❑ Rohmilchprodukte	❑ angemachte Salate
❑ Alkohol	❑ milchgesäuertes Gemüse, z. B. Sauerkraut
❑ Weizen	❑ kalt geschleuderter Honig
❑ sonstige Getreide	❑ Salz
❑ Getreidesprossen	❑ tiefgefrorene Lebensmittel
❑ Kräutertee	❑ kalt geräucherte Fleisch- oder Wurstwaren
❑ Kaffee / Schwarzer Tee	❑ kaltgepreßte Öle

Laut Auswertung des Hauptfragebogens lehnen mehr als 80 % der Teilnehmer Alkohol, schwarzen Tee/Kaffee und geräucherte Lebensmittel ab. Mehr als 60 % der Teilnehmer lehnen gefrorene Lebensmittel, Kräutertees, Salz und Rohmilchprodukte ab, und die Hälfte des Kollektivs bzw. etwas mehr als die Hälfte lehnen Weizen, milchsaures Gemüse und Rohmilch ab. Von der Mehrheit der Teilnehmer toleriert wurden sonstige Getreide, angemachte Salate, Öle, Honig, Getreidesprossen und getrocknete Früchte (s.a. Koebnick 1994 S.62). Bei Betrachtung des endgültigen Studienkollektivs (n=201) bleibt die Verteilung fast unverändert, nur Weizen wird von der Mehrheit der Teilnehmer doch als Rohkost akzeptiert.

Anhang 2: Diplomarbeiten im Rahmen der Rohkost-Studie

Koebnick, Corinna (1994)
Rohkost-Ernährung in Theorie und Praxis

Bergmann, Martina (1994)
Gießener Rohkost-Studie - Entwicklung und Durchführung des Pretests sowie Optimierung eines Verzehrsprotokolls unter Berücksichtigung der Verzehrsgewohnheiten der Rohköstler

Stork, Annegret (1994)
Erhebung des Ernährungsverhaltens/Eßverhaltens von Rohköstlern und Mischköstlern (mit den Meßinstrumenten IEG und ESI, sowie die Erfassung des Beschwerdeverhaltens an Hand des GBB (Gießener Beschwerdebogens)

Hünchen, Kerstin (1995)
Bestimmung der Körperzusammensetzung von Rohköstlern mittels bioelektrischer Impedanzanalyse

Vollmer, Katrin (1995)
Der Ernährungs- und Gesundheitsstatus von Rohköstlern bezüglich der Vitamine B_1, B_2 und B_6

Narewski, Alfred (1995)
Der Magnesiumstatus von Rohköstler/innen im Vergleich zu Vollwert- und Mischköstlern

Paulat, Kristin (1995)
Die α-Carotin-, ß-Carotin- und Lycopenversorgung von RohköstlerInnen im Vergleich zu Mischköstlerinnen und Vollwertköstlerinnen

Graf, Boris ((1995)
Folsäureversorgung von Rohköstlern - eine vergleichende Untersuchung im Rahmen der Gießener Rohkost-Ernährungsstudie

Wilbert, Katja (1995)
Persönlichkeitsmerkmale von Rohköstlern und Zusammenhang von Ernährung und Psyche

Hartmann, Bernd (1995)
Der Cobalaminstatus von Rohköstlern - eine Untersuchung im Rahmen der Gießener-Rohkost-Studie

Heuer, Thorsten (1995)
Blei- und Cadmiumbelastung im Blut von Rohköstlern - Eine Untersuchung im Rahmen der Gießener Rohkost Studie

Weirich, Bianca (1995)
Nährstoffaufnahme von Rohköstlerinnen - eine Untersuchung im Rahmen der Gießener Rohkost-Ernährungs-Studie

Schmidt, Ulrich (1996)

Der Vitamin A- und ß-Carotin-Status von Rohköstlern im Vergleich zu anderen Kostformen

Mikolasch, Natascha (1996)

Sekundäre Pflanzenstoffe: Vorkommen, Aufnahme und Wirkung sekundärer Pflanzenstoffe bei RohköstlerInnen im Rahmen der Gießener Rohkost-Studie

Geier, Sabine (1996)

Vitamin-C-Zufuhr bei Rohkost-Ernährung - dargestellt an der Gießener Rohkost-Ernährungsstudie

Theurer, Eva (1996)

Die Validität des Ernährungsprotokolls der Rohkost-Studie: eine vergleichende Validierungsstudie

Szyperski, Tanja (1996)

Ernährungsverhalten von Rohköstlern

Krause, Michaela (1996)

Die Vitamin-E-Versorgung von RohköstlerInnen

Weiss, Lucia (1998)

Ermittlung des Ernährungsstatus von Anhängern der Instinktotherapie

Inone, Hiroko (1998)

(Zufuhr an Makronährstoffen bei den Teilnehmer der Gießener Rohkost-Studie)

Rohrbein, Anette (1998)

(Selenstatus der Teilnehmer der Gießener Rohkost-Studie)

Anhang 3: Pipettierschema für die Verarbeitung der Blutproben in dem mobilem Labor

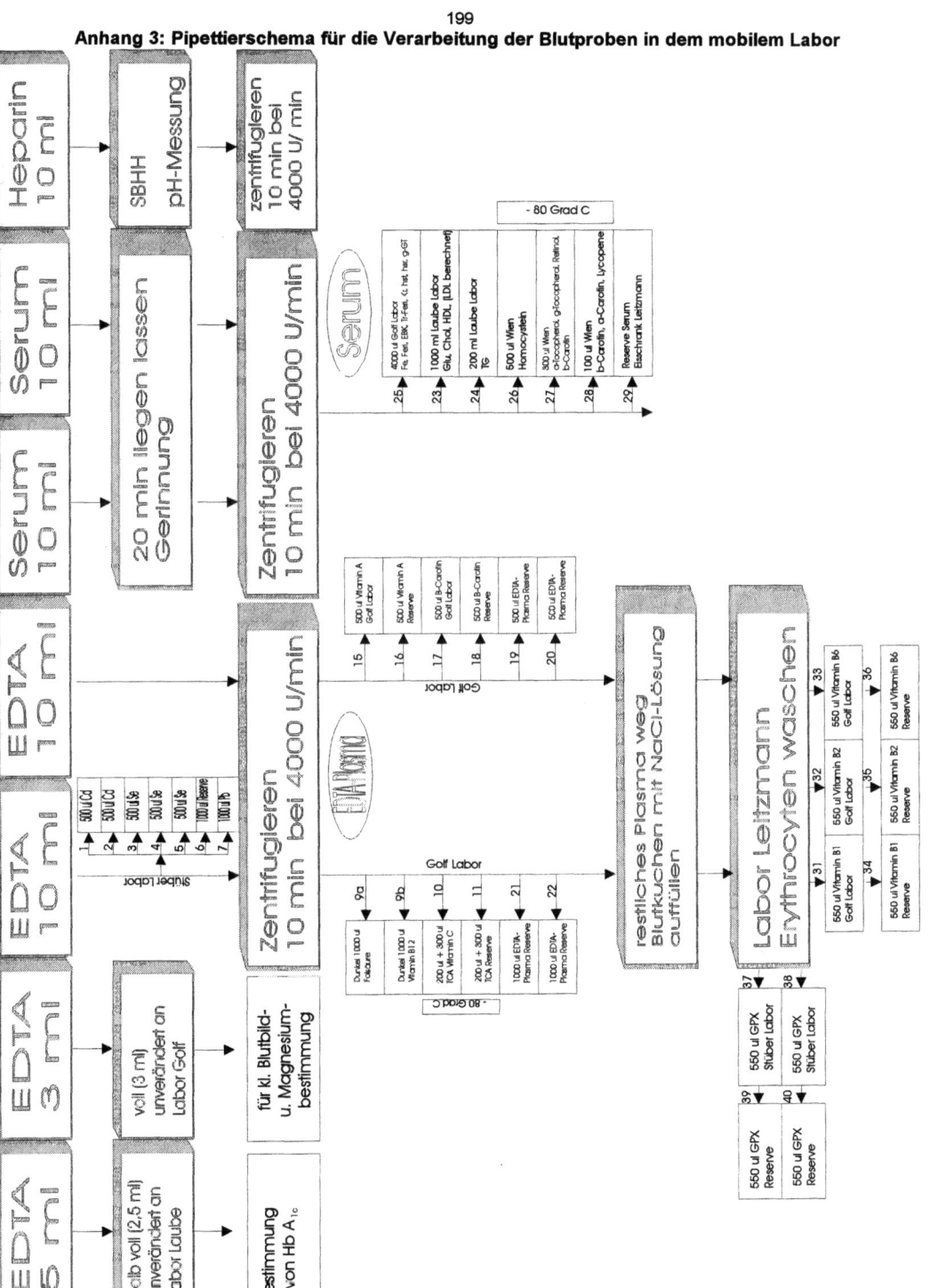

Tab.A 1: Durchschnittlicher Lebensmittelverzehr (g/d) der Teilnehmer der RKS gesamt und getrennt nach Geschlecht sowie der VWK und MK (Mittelwert, 5-95er Perzentile bzw. Standardabweichung)

Lebensmittelgruppen	RK-Gesamt (n = 201) MW	5-95%	RK-Männer (n = 94) MW	5-95%	p^3,4	RK-Frauen (n = 107) MW	5-95%	VWK (n = 243) MW	SD	p^3,5	MK (n = 175) MW	SD
Lebensmittel, gesamt	2098	1074-3910	2296	960-4252	0,0037	1924	1109-3291					
rohe Lebensmittel, gesamt	1976	950-3870	2181	875-4230	0,0040	1795	966-3211					
erhitzte LM¹, gesamt	121	0,0-448	114	0,0-465	0,1781	128	0,0-419					
pflanzliche LM¹, gesamt	2050	1045-3910	2248	912-4070	0,0037	1876	1106-3245					
tierische LM, gesamt	49	0,0-213	50	0,0-196	0,3482	47	0,0-216					
Getränke, gesamt	957	4,8-2342	834	0,0-2335	0,0200	1065	121-2479	1347	543	ns	1401	536
alkoholische Getränke	27	0,0-138	42	0,0-323	0,3573	15	0,0-64	55	78	***	120	128
Obst und -erzeugnisse, ges.	1423	469-3050	1574	475-3387	0,0149	1291	463-2534	365	186	***	201	122
Obst, roh	1336	455-2847	1465	475-3284	0,0275	1222	450-2463	337	183	***	177	116
Obst, getrocknet	88	0,0-305	109	0,0-366	0,4431	69	0,0-254					
Gemüse², gesamt	489	130-990	522	79-1181	0,6382	461	162-838	374	165	***	224	124
Gemüse, roh	453	99-953	495	64-1181	0,3718	417	131-784	220	114	***	92	69,8
Gemüse, erhitzt	36	0,0-191	27	0,0-188	0,0096	44	0,0-196	154	104	*	132	85
Hülsenfrüchte, roh	7,7	0,0-43	6,8	0,0-49	0,1099	8,5	0,0-43					
Hülsenfrüchte, erhitzt	2,0	0,0-14	0,4	0,0-0,5	0,0908	3,4	0,0-29					
Nüsse und Samen, gesamt	48	0,0-153	58	0,0-176	0,1046	39	0,0-103	20	16	***	5,7	10
Nüsse	28	0,0-104	35	0,0-127	0,2744	22	0,0-66					
Samen	20	0,0-93	23	0,0-112	0,9441	17	0,0-68					
Kartoffeln, gesamt	15	0,0-85	13	0,0-81	0,0864	17	0,0-94	77	57	***	95	57
Kartoffeln, roh	3,2	0,0-17	3,3	0,0-14	0,7897	3,2	0,0-31					
Brot und Backwaren	19	0,0-106	18	0,0-99	0,2360	20	0,0-109	182	72	ns	186	65
Getreide und Nährmittel	29	0,0-159	28	0,0-174	0,2023	30	0,0-159	117	85	***	69	43
Sojaprodukte	3,5	0,0-3,6	1,3	0,0-0,0	0,2700	5,4	0,0-29	12	33	***	1,2	7,0
Speisefette und -öle	7,6	0,0-21	7,6	0,0-37	0,3774	7,5	0,0-21	22	12	***	17	13
Süßwaren und -speisen	6,7	0,0-43	9,1	0,0-53	0,4307	4,6	0,0-27	16	20	***	38	30
LM nach Wigmore	6,4	0,0-44	9,2	0,0-79	0,7345	3,9	0,0-22					
Milch und -produkte, ges.	28	0,0-115	35	0,0-150	0,0527	22	0,0-97	241	183	ns	267	239
Milch, roh	5,1	0,0-0,0	5,4	0,0-0,0	0,1420	4,8	0,0-15					
Milch, gesamt	5,2	0,0-13	5,6	0,0-0,0	0,2916	4,9	0,0-15	92	112	**	139	219
Käse und Quark	7,6	0,0-43	8,2	0,0-48	0,3203	7,0	0,0-39	60	39	*	50	27
Eier, gesamt	3,6	0,0-16	2,1	0,0-16	0,5035	4,9	0,0-25	11	9,9	***	16	14
Eier, roh	2,8	0,0-16	1,7	0,0-11	0,5419	3,8	0,0-25					
Eier, erhitzt	0,8	0,0-8,0	0,5	0,0-3,5	0,5727	1,0	0,0-8,0					
Fleisch und -produkte	11	0,0-70	14	0,0-124	0,5454	7,9	0,0-56	16	26	***	137	56
Fleisch und -produkte, roh	8,4	0,0-57	10	0,0-103	0,3573	6,8	0,0-56					
Fisch und Meerestiere, ges.	10	0,0-81	7,8	0,0-77	0,9985	12	0,0-99	8,5	17	***	21	22
Fisch und Meerestiere, roh	9,1	0,0-70	6,4	0,0-50	0,8284	12	0,0-99					

¹ LM = Lebensmittel ² Gemüse = Gemüse und Hülsenfrüchte ³ Signifikanztest nach Mann-Whitney (U-Test) zwischen ⁴ RK-Männern und RK-Frauen sowie ⁵ VWK und MK

nicht signifikant (ohne Schattierung)   p < 0,05   p < 0,01   p < 0,001

Tab.A 2: Durchschnittlicher Lebensmittelverzehr (g/d) der OmRK, VtRK und VnRK sowie der NVEG und VEG (Mittelwert, 5-95er Perzentile bzw. Standardabweichung)

Lebensmittelgruppen	p[3,4]	OmRK (n=56) MW	OmRK 5-95%	p[3,5]	VtRK (n=90) MW	VtRK 5-95%	p[3,6]	VnRK (n=55) MW	VnRK 5-95%	NVEG (n=132) MW	NVEG SD	p[3,7]	VEG (n=111) MW	VEG SD
Lebensmittel, gesamt	0,0803	2293	1074-4054	▓	1948	1100-3431	0,7943	2144	718-4088					
rohe Lebensmittel, gesamt	0,2650	2159	991-4054	▓	1787	935-3308	0,2488	2098	663-4074					
erhitzte LM[1], gesamt	▓	133	0,0-454	0,0276	160	6,0-475	▓	45	0,0-285					
pflanzliche LM, gesamt	0,2637	2190	1016-3956	0,0219	1908	1099-3332	0,5642	2141	718-4088	1314	494	ns	1386	596
tierische LM, gesamt	▓	109	11-293	▓	40	1,0-132	▓	0,0	-					
Getränke, gesamt	0,0104	1075	218-2457	0,3019	970	101-2182	0,0984	815	0,0-2717					
alkoholische Getränke	0,0111	53	0,0-402	0,4699	20	0,0-108	0,0296	13	0,0-40	67	88	**	40	61
Obst und -erzeugnisse, ges.	0,3232	1559	608-3012	0,0099	1279	451-2712	0,2389	1522	404-3492	339	155	ns	395	214
Obst, roh	0,3203	1453	573-2907	0,0103	1195	441-2205	0,2885	1445	338-3488	310	153	*	368	210
Obst, getrocknet	0,1154	106	0,0-545	0,0256	83	0,0-283	0,8671	76	0,0-305					
Gemüse[2], gesamt	0,9929	481	111-995	0,6507	477	172-852	0,7352	519	52-1298	349	163	**	405	164
Gemüse, roh	0,6037	442	87-941	0,9952	429	107-838	0,7475	504	52-1287	198	110	ns	247	112
Gemüse, erhitzt	0,8552	39	0,0-197	0,2758	48	0,0-207	▓	15	0,0-149	151	103	ns	158	106
Hülsenfrüchte, roh	0,0918	7,8	0,0-62	0,9594	7,4	0,0-43	0,8275	8,1	0,0-44					
Hülsenfrüchte, erhitzt	0,6390	2,6	0,0-16	0,8285	2,8	0,0-29	0,0554	0,04	0,0-0,0	17	15	**	23	16
Nüsse und Samen, gesamt	0,0470	53	3,4-165	0,2639	40	0,0-100	0,5917	56	0,0-195	83	63	*	69	49
Nüsse	0,4205	32	0,0-109	0,0863	25	0,0-90	0,3802	29	0,0-134					
Samen	0,0013	21	0,0-115	0,2508	15	0,0-49	0,8704	27	0,0-134					
Kartoffeln, gesamt	0,4857	18	0,0-120	0,2878	19	0,0-86	0,4559	6,7	0,0-49					
Kartoffeln, roh	▓	4,3	0,0-20	0,9935	2,9	0,0-37	▓	2,7	0,0-12					
Brot und Backwaren	0,0361	27	0,0-151	0,2296	25	0,0-112	▓	2,2	0,0-8,4	182	73	ns	181	71
Getreide und Nährmittel	0,1517	23	0,0-81	0,3007	39	0,0-198	0,0013	18	0,0-160	115	94	ns	120	73
Sojaprodukte	0,0039	0,0	-	0,0223	3,1	0,0-29	▓	7,7	0,0-7,2	9,9	31	ns	14	36
Speisefette und -öle	▓	8,3	0,0-45	0,0763	9,7	0,0-21	0,2462	3,4	0,0-21	21	11	ns	22	12
Süßwaren und -speisen	0,0445	8,7	0,0-52	0,8715	7,5	0,0-46	▓	3,3	0,0-4,4	17	21	ns	15	18
LM nach Wigmore	▓	9,0	0,0-74	0,2786	8,6	0,0-78	▓	0,0	-					
Milch und -produkte, ges.	0,1592	40	0,0-247	0,3319	38	0,0-151	▓	0,0	-	262	171	**	217	196
Milch, roh	0,1592	9,1	0,0-26	0,2412	5,7	0,0-25	0,0347	0,0	-					
Milch, gesamt	▓	9,1	0,0-26	0,0081	6,1	0,0-31	0,0235	0,0	-	103	107	**	80	117
Käse und Quark	0,0938	6,1	0,0-39	0,7280	13	0,0-61	▓	0,0	-	64	37	*	55	42
Eier, gesamt	▓	7,1	0,0-60	0,9381	3,6	0,0-17	▓	0,0	-	13	10	***	7,7	9,0
Eier, roh	0,0070	6,1	0,0-60	0,8143	2,5	0,0-17	0,0022	0,0	-					
Eier, erhitzt	▓	1,1	0,0-9,2	▓	1,0	0,0-8,0	0,0107	0,0	-					
Fleisch und -produkte, ges.	▓	38	0,0-187	▓	0,0	-	1,0000	0,0	-	29	29	***	0,0	0,0
Fleisch und -produkte, roh	▓	30	0,0-187	▓	0,0	-	1,0000	0,0	-					
Fisch und Meerestiere, ges.	▓	36	0,0-199	▓	0,0	-	1,0000	0,0	-	16	21	***	0,0	0,0
Fisch und Meerestiere, roh	▓	33	0,0-199	▓	0,0	-	1,0000	0,0	-					

[1] LM = Lebensmittel   [2] Gemüse = Gemüse und Hülsenfrüchte   [3] Signifikanztest nach Mann-Whitney (U-Test) zwischen   [4] OmRK und VnRK,   [5] OmRK und VtRK,   [6] OmRK und VnRK, VtRK und VnRK sowie NVEG und VEG,   [7] NVEG und VEG

nicht signifikant (ohne Schaffer'sche Korrektur) nach Schaffer'sche Korrektur
Signifikant nach Mann-Whitney (U-Test)
p < 0,05 nach Schaffer'sche Korrektur
p < 0,01 nach Schaffer'sche Korrektur
p < 0,001 nach Schaffer'sche Korrektur

Tab.A 3: Durchschnittlicher Lebensmittelverzehr (g/d) der 70RK, 80RK und 90RK sowie der VWK und MK (Mittelwert, 5-95er Perzentile bzw. Standardabweichung)

Lebensmittelgruppen	$p^{3,4}$	70RK (n=14) MW	70RK 5%; Max	$p^{3,5}$	80RK (n=40) MW	80RK 5-95%	$p^{3,6}$	90RK (n=147) MW	90RK 5-95%	VWK (n=243) MW	VWK SD	$p^{3,7}$	MK (n=175) MW	MK SD
Lebensmittel, gesamt	0,0435	1681	483; 2923	0,2605	1869	1078-2896	0,0843	2200	1070-4015					
rohe Lebensmittel, gesamt	0,0601	1280	357; 2293	0,0292	1605	904-2499	0,0054	2143	1039-4010					
erhitzte LM¹, gesamt	0,000	401	126; 630	0,000	263	111-471	0,000	56	0,0-186					
pflanzliche LM¹, gesamt	0,0268	1623	462; 2837	0,2286	1805	1075-2865	0,0370	2158	1040-3973					
tierische LM, gesamt	0,0071	69	0,0; 290	0,3743	64	0,0-162	0,0054	42	0,0-216					
Getränke, gesamt	0,1909	1234	135; 2607	0,7672	1113	139-2013	0,0202	888	0,0-2339	1347	543	ns	1401	536
alkoholische Getränke	0,0030	100	0,0; 1108	0,0250	13	0,0-139	0,8346	24	0,0-116	55	78	***	120	128
Obst und -erzeugnisse, ges.	0,000	908	220; 1949	0,0973	1121	541-2041	0,000	1555	469-3318	365	186	***	201	122
Obst, roh	0,0030	882	220; 1949	0,0757	1073	527-1839	0,0041	1450	464-3212	337	183	***	177	116
Obst, getrocknet	0,0343	26	0,0; 103	0,3908	46	0,0-174	0,0419	105	0,0-332					
Gemüse², gesamt	0,5366	420	152; 726	0,3433	482	217-952	0,6768	498	99-1111	374	165	***	224	124
Gemüse, roh	0,0125	291	59; 664	0,0284	404	116-785	0,3237	482	92-1111	220	114	***	92	70
Gemüse, erhitzt	0,000	129	21; 228	0,0216	78	0,0-254	0,000	16	0,0-86	154	104	*	132	85
Hülsenfrüchte, roh	0,4598	2,1	0,0; 11	0,6861	5,6	0,0-38	0,5451	8,8	0,0-45					
Hülsenfrüchte, erhitzt	0,000	11	0,0; 72	0,8814	5,1	0,0-29	0,000	0,2	0,0-0,0					
Nüsse und Samen, gesamt	0,9211	45	0,0; 186	0,6784	39	3,1-115	0,4785	51	0,0-162	20	16	***	5,7	10
Nüsse	0,6625	21	0,0; 51	0,7386	21	0,0-67	0,2612	31	0,0-119					
Samen	0,4703	25	0,0; 180	1,0000	18	0,0-82	0,2208	20	0,0-105					
Kartoffeln, gesamt	0,000	38	0,0; 114	0,2577	35	0,0-190	0,000	7,7	0,0-58	77	57	***	95	57
Kartoffeln, roh	0,3154	0,0	-	0,1287	9,0	0,0-98	0,0895	2,0	0,0-9,4					
Brot und Backwaren	0,000	72	0,0; 170	0,0599	47	0,0-192	0,000	6,5	0,0-43	182	72	ns	186	65
Getreide und Nährmittel	0,000	125	0,0; 299	0,0042	47	0,0-163	0,000	15	0,0-67	117	85	***	69	43
Sojaprodukte	0,4847	0,0	-	0,1695	15	0,0-104	0,0204	0,8	0,0-0,0	12	33	*	1,2	7,0
Speisefette und -öle	0,000	11	0,0; 22	0,3226	11	0,0-34	0,0001	6,3	0,0-21	22	12	***	17	13
Süßwaren und -speisen	0,000	9,4	0,0; 38	0,9677	14	0,0-69	0,000	4,5	0,0-26	16	20	***	38	30
LM nach Wigmore	0,9544	13	0,0; 179	0,9827	6,4	0,0-14	0,8777	5,7	0,0-52					
Milch und -produkte, ges.	0,000	44	0,0; 94	0,0621	45	0,0-157	0,0012	22	0,0-132	241	183	ns	267	239
Milch, roh	0,4847	0,0	-	0,2235	10	0,0-35	0,0914	4,3	0,0-0,0					
Milch, gesamt	0,4988	1,5	0,0; 21	0,7535	10	0,0-42	0,0914	4,3	0,0-0,0	92	112	**	139	219
Käse und Quark	0,000	22	0,0; 53	0,0219	11	0,0-43	0,0001	5,2	0,0-41	60	39	*	50	27
Eier, gesamt	0,8684	2,3	0,0; 16	0,6701	3,6	0,0-38	0,6346	3,7	0,0-17	11	9,9	***	16	14
Eier, roh	0,1544	0,0	-	0,2964	2,6	0,0-38	0,3770	3,2	0,0-17					
Eier, erhitzt	0,0490	2,3	0,0; 16	0,2712	1,0	0,0-8,0	0,4747	0,6	0,0-3,2					
Fleisch und -produkte, ges.	0,6000	7,5	0,0; 86	0,7361	3,9	0,0-21	0,2367	13	0,0-111	16	26	***	137	56
Fleisch und -produkte, roh	0,1038	0,0	-	0,2964	0,7	0,0-11	0,1251	11	0,0-85					
Fisch und Meerestiere, ges.	0,6735	7,9	0,0; 88	0,9106	6,9	0,0-79	0,6915	11	0,0-82	8,5	17	***	21	22
Fisch und Meerestiere, roh	0,9877	3,8	0,0; 42	0,9192	6,0	0,0-69	0,8605	11	0,0-82					

LM = Lebensmittel   ² Gemüse = Gemüse und Hülsenfrüchte

nicht signifikant (ohne Schattierung) nach Schäffer'sche Korrektur   p < 0,05 nach Schäffer'sche Korrektur

Signifikanztest nach Mann-Whitney (U-Test) zwischen ⁴ 70RK und 80RK, ⁵ 70RK und 90RK, ⁶ 80RK und 90RK sowie ⁷ VWK und MK

p < 0,01 nach Schäffer'sche Korrektur   p < 0,001 nach Schäffer'sche Korrektur

Anhang 4: Lebensmittel für Nährstoffberechnungen u.a. zu Gruppen zusammengefaßt

Lebensmittel und Getränke, gesamt = SUM
(ba196,ba197,ba198,ba199,br182,br183,br184,br185,br186,br187,br188,br189,br190,br191,br192,br
193,br194,br195,br280,di235,di236,di310,dr172,dr173,dr174,fl158,fl159,fl160,fl161,fl162,fl163,fl164
,fl165,fl166,fl270,fl271,fl7166,fl8158,fl8159,fl8160,fl8161,fl8163,fl8164,fl8166,fl9162,ft167,ft168,ft
169,ft171,gd211,gd212,gd213,gd214,gd215,gd216,gd217,gd218,gd219,gd220,gd221,gd222,gd223,gk1
,gk10,gk11,gk12,gk13,gk14,gk15,gk16,gk17,gk18,gk19,gk2,gk3,gk4,gk5,gk6,gk7,gk8,gk9,gm108,gm1
09,gm110,gm111,gm112,gm113,gm114,gm115,gm116,gm117,gm118,gm119,gm120,gm121,gm122,g
m123,gm124,gm125,gm126,gm127,gm128,gm129,gm130,gm131,gm132,gm133,gm134,gm135,gm136
,gm137,gm138,gm140,gm141,gm142,gm143,gm144,gm145,gm146,gm147,gm148,gm149,gm150,gm1
51,gm152,gm153,gm154,gm155,gm156,gm157,gm262,gm263,gm264,gm265,gm266,gm8108,gm8109,
gm8110,gm8111,gm8113,gm8114,gm8115,gm8117,gm8118,gm8119,gm8120,gm8121,gm8122,gm812
3,gm8124,gm8125,gm8127,gm8129,gm8131,gm8132,gm8133,gm8134,gm8136,gm8137,gm8138,gm8
140,gm8142,gm8143,gm8144,gm8145,gm8146,gm8147,gm8148,gm8149,gm8150,gm8151,gm8152,g
m8153,gm8154,gm8155,gm8157,gm8262,gm8263,gm8264,gm8265,mi200,mi201,mi202,mi203,mi204
,mi205,mi206,mi207,mi208,mi209,mi210,mi290,mi291,mi7207,mi9201,mi9202,mi9203,mi9208,mi92
09,mi9210,ob21,ob22,ob23,ob24,ob240,ob244,ob25,ob26,ob27,ob28,ob29,ob31,ob32,ob33,ob34,ob35
,ob36,ob37,ob38,ob39,ob40,ob41,ob42,ob43,ob45,ob46,ob47,ob48,ob50,ob51,ob54,ob55,ob56,ob57,o
b58,ob59,ob60,ob62,ob63,ob64,ob65,ob66,ob67,ob68,ob70,ob71,ob72,ob73,ob74,ob75,ob76,ob772,o
b78,ob79,ob80,ob81,ob82,ob83,ob84,ob85,ob86,ob87,sj224,sj225,sj226,sj227,sm175,sm176,sm177,s
m178,sm179,sm181,sw228,sw230,sw231,sw232,sw233,sw234,sw300,sw301,tr100,tr101,tr102,tr103,t
r104,tr105,tr106,tr107,tr250,tr252,tr7101,tr88,tr89,tr90,tr91,tr92,tr93,tr94,tr95,tr96,tr97,tr98,tr99)

Lebensmittel, gesamt = Alle Lebensmittel und Getränke, gesamt - Getränke, gesamt

rohe Lebensmittel gesamt = SUM
(ob21,ob22,ob23,ob24,ob25,ob26,ob27,ob28,ob29,ob31,ob32,ob33,ob34,ob35,ob36,ob37,ob38,ob39,
ob40,ob41,ob42,ob43,ob45,ob46,ob47,ob48,ob50,ob51,ob54,ob55,ob56,ob57,ob58,ob59,ob60,ob62,o
b63,ob64,ob65,ob66,ob67,ob68,ob70,ob71,ob72,ob772,ob73,ob74,ob75,ob76,ob78,ob79,ob80,ob81,o
b82,ob83,ob84,ob85,ob86,ob240,ob244,tr7101,tr88,tr89,tr90,tr91,tr92,tr93,tr94,tr95,tr96,tr97,tr98,tr9
9,tr101,tr102,tr103,tr104,tr105,tr106,tr107,tr250,tr252,gm108,gm109,gm110,gm111,gm112,gm113,g
m114,gm115,gm116,gm117,gm118,gm119,gm120,gm121,gm122,gm123,gm124,gm125,gm126,gm127
,gm128,gm129,gm130,gm131,gm132,gm133,gm134,gm135,gm136,gm137,gm138,gm140,gm141,gm1
42,gm143,gm144,gm145,gm146,gm147,gm148,gm149,gm150,gm151,gm152,gm153,gm154,gm155,g
m156,gm157,gm262,gm263,gm264,gm265,gm266,fl158,fl159,fl160,fl161,fl162,fl163,fl164,fl166,fl71
66,fl270,fl271,ft169,sm179,mi200,mi290,mi291,gd217,br185)

erhitzte Lebensmittel, gesamt = SUM
(ob87,gm8108,gm8109,gm8110,gm8111,gm8113,gm8114,gm8115,gm8117,gm8118,gm8119,gm8120,
gm8121,gm8122,gm8123,gm8124,gm8125,gm8127,gm8129,gm8131,gm8132,gm8133,gm8134,gm813
6,gm8137,gm8138,gm8140,gm8142,gm8143,gm8144,gm8145,gm8146,gm8147,gm8148,gm8149,gm8
150,gm8151,gm8152,gm8154,gm8155,gm8157,gm8262,gm8263,gm8264,gm8265,fl165,fl8158,fl8159
,fl8160,fl8161,fl9162,fl8163,fl8164,fl8166,ft167,ft168,ft171,dr172,dr173,dr174,sm175,sm176,sm177,
sm178,sm181,br182,br183,br184,br186,br187,br188,br189,br190,br191,br192,br193,br194,br195,br2
80,ba196,ba197,ba198,ba199,mi201,mi202,mi203,mi204,mi205,mi206,mi207,mi208,mi209,mi210,mi
7207,mi9201,mi9202,mi9203,mi9208,mi9209,mi9210,gd211,gd212,gd213,gd214,gd215,gd216,gd218,
gd219,gd220,gd221,gd222,gd223,sj224,sj225,sj226,sj227,sw228,sw230,sw231,sw232,sw233,sw234,s
w300,sw301,di235,di236)

pflanzliche Lebensmittel, gesamt = SUM
((ob21,ob22,ob23,ob24,ob25,ob26,ob27,ob28,ob29,ob31,ob32,ob33,ob34,ob35,ob36,ob37,ob38,ob39,
ob40,ob41,ob42,ob43,ob45,ob46,ob47,ob48,ob50,ob51,ob54,ob55,ob56,ob57,ob58,ob59,ob60,ob62,o
b63,ob64,ob65,ob66,ob67,ob68,ob70,ob71,ob72,ob73,ob74,ob75,ob76,ob78,ob79,ob80,ob81,ob82,ob
83,ob84,ob85,ob86,ob87,ob240,ob772,ob244,tr88,tr89,tr90,tr91,tr92,tr93,tr94,tr95,tr250,tr96,tr97,tr9
8,tr99,tr100,tr102,tr104,tr105,tr107,tr101,tr103,tr7101,gm108,gm109,gm110,gm111,gm112,gm113,g
m114,gm115,gm116,gm117,gm118,gm119,gm120,gm121,gm122,gm123,gm124,gm125,gm126,gm127
,gm128,gm129,gm130,gm131,gm132,gm133,gm134,gm135,gm136,gm137,gm138,gm140,gm141,gm1
42,gm143,gm144,gm145,gm146,gm147,gm148,gm149,gm150,gm151,gm152,gm153,gm154,gm155,g
m156,gm157,gm262,gm263,gm264,gm265,gm266,gm8108,gm8109,gm8110,gm8111,gm8113,gm8114
,gm8115,gm8117,gm8118,gm8119,gm8120,gm8121,gm8122,gm8123,gm8124,gm8125,gm8127,gm81
29,gm8131,gm8132,gm8133,gm8134,gm8136,gm8137,gm8138,gm8140,gm8142,gm8143,gm8144,gm
8145,gm8146,gm8147,gm8148,gm8149,gm8150,gm8151,gm8152,gm8154,gm8155,gm8157,gm8262,g
m8263,gm8264,gm8265,ba196,ba197,ba198,ba199,di310,mi290,mi291,br185,sj224,sj225,sj226,sj227
,gd211,gd212,gd213,gd214,gd215,gd216,gd217,gd218,gd219,gd220,gd221,gd222,gd223,sw228,sw231
,sw232,sw233,sw234,sw300,sw301,br192,br193,sm175,sm176,sm177,sm178,sm179,sm181,ft168,ft16
9,ft171,br182,br183,br184,br185,br186,br187,br188,br189,br190,br191,0.9 * br194,0.9 * br195,0.9 *
dr172,0.9 * dr173,0.9 * dr174)

tierische Lebensmittel, gesamt = SUM (Fleisch/Fisch/Meerestiere/Eeier gesamt, (Milch und
Milchprodukte - gk9) ,gdi,ft167,br194/10,br195/10,dr172/10,dr173/10,dr174/10)

Getränke, gesamt = SUM
(gk1,gk2,gk3,gk4,gk5,gk6,gk7,gk8,gk9,gk10,gk11,gk12,gk13,gk14,gk15,gk16,gk17,gk18,gk19)
Alkoholische Getränke = SUM (gk2,gk17,gk19)

Obst und Obsterzeugnisse, gesamt = SUM
(ob21,ob22,ob23,ob24,ob25,ob26,ob27,ob28,ob29,ob31,ob32,ob33,ob34,ob35,ob36,ob37,ob38,ob39,
ob40,ob41,ob42,ob43,ob45,ob46,ob47,ob48,ob50,ob51,ob54,ob55,ob56,ob57,ob58,ob59,ob60,ob62,o
b63,ob64,ob65,ob66,ob67,ob68,ob70,ob71,ob72,ob73,ob74,ob75,ob76,ob78,ob79,ob80,ob81,ob82,ob
83,ob84,ob85,ob86,ob87,ob240,ob772,ob244,tr88,tr89,tr90,tr91,tr92,tr93,tr94,tr95,tr250)
Obst, roh (ohne Trockenobst) = SUM
(ob21,ob22,ob23,ob24,ob25,ob26,ob27,ob28,ob29,ob31,ob32,ob33,ob34,ob35,ob36,ob37,ob38,ob39,
ob40,ob41,ob42,ob43,ob45,ob46,ob47,ob48,ob50,ob51,ob54,ob55,ob56,ob57,ob58,ob59,ob60,ob62,o
b63,ob64,ob65,ob66,ob67,ob68,ob70,ob71,ob72,ob73,ob74,ob75,ob76,ob78,ob79,ob80,ob81,ob82,ob
83,ob84,ob85,ob86,ob240,ob244,ob772)
Obst, getrocknet = SUM (tr88,tr89,tr90,tr91,tr92,tr93,tr94,tr95,tr250)

Gemüse und Hülsenfrüchte, gesamt = SUM
(gm108,gm109,gm110,gm111,gm112,gm113,gm114,gm115,gm116,gm117,gm118,gm119,gm120,gm1
21,gm122,gm123,gm124,gm125,gm126,gm127,gm128,gm129,gm130,gm131,gm132,gm133,gm134,g
m135,gm136,gm137,gm138,gm140,gm141,gm142,gm143,gm144,gm145,gm146,gm147,gm148,gm149
,gm150,gm151,gm152,gm153,gm154,gm155,gm156,gm157,gm262,gm263,gm264,gm265,gm266,gm8
108,gm8109,gm8110,gm8111,gm8113,gm8114,gm8115,gm8117,gm8118,gm8119,gm8120,gm8121,g
m8122,gm8123,gm8124,gm8125,gm8127,gm8129,gm8131,gm8132,gm8133,gm8134,gm8136,gm8137
,gm8138,gm8140,gm8142,gm8143,gm8144,gm8145,gm8146,gm8147,gm8148,gm8149,gm8150,gm81
51,gm8152,gm8154,gm8155,gm8157,gm8262,gm8263,gm8264,gm8265)
Gemüse und Hülsenfrüchte, roh = SUM
(gm108,gm109,gm110,gm111,gm112,gm113,gm114,gm115,gm116,gm117,gm118,gm119,gm120,gm1
21,gm122,gm123,gm124,gm125,gm126,gm127,gm128,gm129,gm130,gm131,gm132,gm133,gm134,g
m135,gm136,gm137,gm138,gm140,gm141,gm142,gm143,gm144,gm145,gm146,gm147,gm148,gm149
,gm150,gm151,gm152,gm153,gm154,gm155,gm156,gm157,gm262,gm263,gm264,gm265,gm266)
Gemüse und Hülsenfrüchte, erhitzt = SUM
(gm8108,gm8109,gm8110,gm8111,gm8113,gm8114,gm8115,gm8117,gm8118,gm8119,gm8120,gm81
21,gm8122,gm8123,gm8124,gm8125,gm8127,gm8129,gm8131,gm8132,gm8133,gm8134,gm8136,gm

8137,gm8138,gm8140,gm8142,gm8143,gm8144,gm8145,gm8146,gm8147,gm8148,gm8149,gm8149,g
m8150,gm8151,gm8152,gm8154,gm8155,gm8157,gm8262,gm8263,gm8264,gm8265)
Hülsenfrüchte, roh = SUM (gm114,gm117,gm155)
Hülsenfrüchte, erhitzt = SUM (gm8114,gm8117,gm8155)

Nüsse und Samen, gesamt = SUM
(tr96,tr97,tr98,tr99,tr100,tr102,tr104,tr105,tr107, tr101,tr103,tr7101)
Nüsse = SUM (tr96,tr97,tr98,tr99,tr100,tr102,tr104,tr105,tr107)
Samen = SUM (tr101,tr103,tr7101)

Kartoffel und Kartoffelerzeugnisse, gesamt = SUM (gm120,gm8120,gd222,gd223)
Kartoffel, roh = SUM (gm120)

Brot und Backwaren, gesamt = SUM
(br182,br183,br184,br186,br187,br188,br189,br190,br191,br194,br195)

Getreide und Nährmittel, gesamt = SUM
(gd211,gd212,gd213,gd214,gd215,gd216,gd217,gd218,gd219,gd220,gd221,gd222,gd223)

Sojaprodukte = SUM (sj224,sj225,sj226,sj227)

Speisefette und -öle, gesamt = SUM (ft167,ft168,ft169)

Süsswaren und -speisen = SUM (sw228,sw231,sw232,sw233,sw234,sw300,sw301,br192,br193)

Lebensmittel nach Wigmore = SUM (di310,mi290,mi291,br185)

Milch und Milchprodukte gesamt = SUM
(mi200,mi201,mi202,mi203,mi204,mi205,mi206,mi207,mi208,mi209,mi210,mi7207,mi9201,mi9202,
mi9203,mi9208,mi9209,mi9210,gk9)
Milch roh = SUM (mi200)
Milch gesamt = SUM (mi200,mi201,mi9201)
Käse und Quark = SUM (mi208,mi209,mi210,mi9208,mi9209,mi9210)

Eier, gesamt = SUM (fl158,fl270,fl271,fl8158)
Eier, roh = SUM (fl158,fl270,fl271)
Eier, erhitzt = SUM (fl8158)

Fleisch und Fleischprodukte, gesamt = SUM
(fl159,fl160,fl161,fl8159,fl8160,fl8161,fl162,fl9162,dr172/12,br194/10,br195/10)
Fleisch und Fleischproduklte, roh = SUM (fl159,fl160,fl161)
Fisch und Meerestiere, gesamt = SUM (fl163,fl164,fl165,fl166,fl7166,fl8163,fl8164,fl8166)
Fisch und Meerestiere, roh = SUM (fl163,fl164,fl166,fl7166)

Tab.A 4: **Mittlere tägliche Nahrungsinhaltsstoffzufuhr der Teilnehmer der RKS gesamt und getrennt nach Geschlecht sowie der VWK und MK (Median, 5-95er Perzentile) und die Empfehlungen der DGE für Männer und Frauen im Alter 25-65 Jahren**

Nahrungsinhaltsstoff	RK-Gesamt (n=201) Median	5-95%	RK-Männer (n=94) Median	5-95%	p[1,2]	RK-Frauen (n=107) Median	5-95%	VWK (n=243) Median	5-95%	p[1,3]	MK (n=175) Median	5-95%	DGE Männer	DGE Frauen
Protein (g)	41	20-88	46	15-97	0,0081	39	22-82	65	41-98	***	80	54-125	59; 58	48
Kohlenhydrate (g)	260	122-490	287	128-549	0,0010	238	121-440	231	162-343	**	218	147-317		
Fett (g)	63	19-132	67	10-153	0,0651	59	24-120	78	44-126	***	88	49-136		
Vitamin A (mg RE)	2,4	0,6-7,0	2,4	0,6-7,8	0,9767	2,2	0,5-5,6	1,9	0,9-3,6	***	1,4	0,8-2,8	1,0	0,8
Retinol (µg)	41	0,0-332	32	0,0-332	0,1696	50	0,0-339	390	150-760	***	540	280-1070		
β-Carotin (mg)	14	3,0-38	14	3,2-47	0,9574	13	2,8-32	8,9	3,4-20	***	5,0	1,9-13		
Vitamin D (µg)	3,2	0,0-19	2,5	0,0-21	0,0324	3,5	0,1-20	1,5	0,6-4,3	***	2,4	0,9-6,1	5	5
Vitamin E (mg)	19	9,0-41	22	9,1-51	0,0032	18	9,2-35	16	9,9-26	***	11	6,1-21	12	12
Vitamin K (µg)	637	180-1780	624	143-1997	0,9168	655	251-1423						80	65
Vitamin B₁ (mg)	1,7	0,9-3,5	1,9	0,8-4,5	0,0034	1,6	0,9-3,2	1,7	1,0-3,2	***	1,3	0,9-2,5	1,3	1,1
Vitamin B₂ (mg)	1,5	0,8-2,8	1,6	0,7-3,2	0,0150	1,4	0,8-2,6	1,6	1,0-2,6	*	1,7	1,1-3,2	1,9	1,6
Vitamin B₆ (mg)	3,0	1,6-5,9	3,5	1,7-6,9	0,0049	2,7	1,5-5,2	2,2	1,5-3,2	***	1,9	1,2-3,6	1,8	1,6
Vitamin B₁₂ (µg)	0,3	0,0-12	0,4	0,0-21	0,7484	0,3	0,0-11	2,5	0,4-5,6	***	5,6	2,9-12	3,0	3,0
Gesamtfolsäure (µg)	477	238-1067	514	199-1245	0,0300	449	266-997	312	208-462	***	223	147-540	300	300
Niacin (mg)	14	8,0-28	17	7,7-29	0,0057	13	8,0-25	17	12-24	**	18	12-31	18	15
Biotin (µg)	62	32-115	68	34-126	0,0019	57	28-95						30-100	30-100
Vitamin C (mg)	442	160-1167	446	146-1231	0,2046	434	173-959	137	71-257	***	100	55-227	75	75
Natrium (mg)	729	192-2240	751	166-2289	0,7967	728	225-2156						550	550
Kalium (mg)	5953	3254-10656	6772	3133-11722	0,0059	5777	3288-9439	4099	2813-5727	***	3434	2163-5530	2000	2000
Magnesium (mg)	596	319-1104	645	305-1242	0,0054	562	337-978	547	380-792	***	381	265-609	350	300
Kalzium (mg)	738	394-1432	841	233-1520	0,0054	686	425-1301	986	588-1682	**	889	510-1551	900	800
Phosphor (mg)	1408	635-2735	1487	491-2779	0,1076	1313	664-2745	2052	1343-2936	**	1869	1318-2762	1400	1200
Ca/P	0,56	0,35-0,92	0,59	0,33-0,94	0,2347	0,54	0,35-0,89						0,65	0,65
Eisen (mg)	19	10-34	20	7,1-41	0,0231	18	11-31	20	14-27	***	17	12-25	10	15; 10
Zink (mg)	8,8	4,2-20	9,2	2,6-21	0,0600	8,4	5,1-20	12	7,8-18	ns	12	8,3-17	15	12
Jod (µg)	113	5,5-204	114	50-196	0,6547	114	55-209						200	180
Ballaststoffe (g)	58	32-105	65	30-113	0,0007	55	32-94	45	30-67	***	26	16-46	> 30	> 30
Cholesterin (mg)	27	0,0-284	24	0,0-148	0,2056	29	0,0-362	187	70-377	***	364	195-564	< 300	< 300
Linolsäure (g)	15	3,8-37	16	3,1-40	0,0522	14	4,3-31							
Linolensäure (g)	1,4	0,4-3,9	1,5	0,4-5,3	0,1035	1,4	0,4-2,9	1,8	1,0-3,0	***	1,4	0,8-2,2		
gesättigte Fettsäuren (g)	11	3,2-28	11	1,7-33	0,4916	11	4,0-24	29	15-51	***	35	19-53		
einfach unges. FS (g)	25	6,7-69	28	2,7-78	0,2646	24	8,0-64							
mehrfach unges. FS (g)	16	3,8-39	17	3,7-43	0,0167	14	3,6-31	16	8,6-26	***	12	6,6-19		
Purin (mg)	196	98-393	200	91-467	0,1234	191	100-366							

[1] Signifikanztest nach Mann-Whitney (U-Test) zwischen [2] RK-Männern und RK-Frauen sowie [3] VWK und RK-Frauen sowie VWK und MK

nicht signifikant (ohne Schattierung)   p < 0,05   p < 0,01   p < 0,001

Tab.A 5: Mittlere tägliche Nahrungsinhaltsstoffzufuhr der OmRK, VtRK und VnRK sowie der NVEG und VEG (Median, 5-95er Perzentile)

Nahrungsinhaltsstoff	p[1,2]	OmRK (n = 56) Median	OmRK 5-95%	p[1,3]	VtRK (n = 90) Median	VtRK 5-95%	p[1,4]	VnRK (n = 55) Median	VnRK 5-95%	NVEG (n = 132) Median	NVEG 5-95%	p[1,3]	VEG (n = 111) Median	VEG 5-95%
Protein (g)	0,0000	57	30-105	0,0000	38	24-69	0,1950	38	6,5-80	69	45-105	***	60	37-89
Kohlenhydrate (g)	0,0495	300	133-556	0,0104	237	121-472	0,5197	257	82-485	226	163-339	ns	239	157-347
Fett (g)	0,1281	69	29-159	0,0766	60	24-124	0,9221	58	4,7-144	82	46-126	*	74	40-126
Vitamin A (mg RE)	0,1965	2,8	0,8-8,8	0,0401	2,0	0,6-5,4	0,8132	2,4	0,3-7,6	1,9	1,0-3,3	ns	2,0	0,9-4,1
Retinol (µg)	0,0000	121	3,0-1602	0,0110	65	1,6-287	0,0000	0,0	0,0-3,2	440	200-760	***	320	110-720
ß-Carotin (mg)	0,5013	15	3,5-51	0,1040	11	3,0-32	0,4783	15	1,9-46	8,2	3,3-16	**	9,8	3,3-22
Vitamin D (µg)	0,0736	4,4	0,2-23	0,0164	2,9	0,1-14	0,7957	3,2	0,0-31	1,8	0,8-5,4	*	1,1	0,4-2,7
Vitamin E (mg)	0,2027	21	12-51	0,0894	19	9,6-39	0,9286	19	3,8-41	15	10-26	*	17	9,3-27
Vitamin K (µg)	0,2312	683	188-1673	0,9615	656	252-1429	0,1909	540	132-2155					
Vitamin B$_1$ (mg)	0,0431	2,1	0,9-4,2	0,0111	1,6	1,0-3,5	0,9902	1,7	0,5-3,5	1,7	1,0-3,3	ns	1,8	1,0-3,2
Vitamin B$_2$ (mg)	0,0087	1,8	0,9-3,5	0,0037	1,4	0,9-2,5	0,8449	1,4	0,4-2,8	1,6	1,1-2,7	*	1,5	1,0-2,5
Vitamin B$_6$ (mg)	0,0675	3,7	1,9-6,4	0,0035	2,8	1,6-5,2	0,4151	3,0	0,9-7,5	2,2	1,6-3,4	ns	2,2	1,5-3,2
Vitamin B$_{12}$ (µg)	0,0000	1,4	0,3-29	0,0000	0,3	0-5,2	0,0000	0,0	0,0-0,2	3,0	1,4-6,0	***	1,6	0,2-4,2
Gesamtfolsäure (µg)	0,4056	539	260-1213	0,3067	475	279-920	0,9967	458	131-1228	292	205-454	*	323	206-505
Niacin (mg)	0,0000	17	9,5-31	0,0000	13	8,1-23	0,6927	13	3,3-28	17	13-27	ns	17	11-23
Biotin (µg)	0,2831	72	38-115	0,0000	58	30-100	0,3103	58	9,7-133					
Vitamin C (mg)	0,5051	496	159-1231	0,1440	439	203-832	0,6364	424	102-1448	132	74-227	ns	145	69-269
Natrium (mg)	0,0001	818	354-2393	0,6377	760	300-2009	0,0000	401	97-2301					
Kalium (mg)	0,2501	6617	3499-10926	0,0434	5556	3492-9380	0,1965	6269	1861-11713	3997	2904-5860	ns	4170	2712-5705
Magnesium (mg)	0,2266	646	370-1204	0,0092	570	352-944	0,3678	618	104-1253	527	379-795	ns	579	374-793
Kalzium (mg)	0,0768	831	421-1542	0,1418	732	467-1449	0,4058	714	151-1387	985	603-1633	ns	986	585-1723
Phosphor (mg)	0,0000	1613	853-3027	0,0864	1366	765-2476	0,1722	1231	270-2356	2082	1420-3059	ns	2042	1291-2843
Ca/P	0,2804	0,56	0,32-0,82	0,5461	0,56	0,36-0,91	0,5357	0,57	0,33-1,01					
Eisen (mg)	0,0850	21	11-39	0,0375	18	12-32	0,9286	18	5,2-33	20	15-28	**	21	14-27
Zink (mg)	0,0031	9,9	5,7-24	0,0166	8,6	5,3-21	0,1748	8,1	1,7-18	12	8,5-18	***	12	7,3-18
Jod (µg)	0,0000	131	76-299	0,0000	112	57-177	0,0661	94	32-196					
Ballaststoffe (g)	0,3364	65	33-111	0,0429	57	32-99	0,4035	59	27-115	43	30-63	**	49	30-69
Cholesterin (mg)	0,0000	76	10-605	0,0000	36	0,7-137	0,0000	0,0	0,0-259	220	109-393	***	134	61-307
Linolsäure (g)	0,6297	14	4,7-44	0,8943	15	6,3-31	0,7506	15	1,1-41					
Linolensäure (g)	0,0023	1,6	0,6-5,4	0,0194	1,4	0,5-3,4	0,0649	0,8	0,2-3,9	1,8	1,0-2,8	ns	1,8	1,0-3,0
gesättigte Fettsäuren FS (g)	0,0000	12	5,0-33	0,1048	11	5,1-25	0,0013	9,2	0,8-22	31	17-54	***	26	15-49
einfach unges. FS (g)	0,5874	29	10-73	0,1066	24	7,9-62	0,6481	27	1,0-91					
mehrfach unges. FS (g)	0,2244	16	6,3-45	0,3048	15	5,2-30	0,7108	14	1,4-44	15	8,7-25	ns	17	8,5-26
Purin (mg)	0,0001	242	136-396	0,0002	191	117-386	0,3766	188	40-455					

Signifikanztest nach Mann-Whitney (U-Test) zwischen: [1] OmRK und VnRK, [2] OmRK und VtRK, [3] OmRK und VtRK, VtRK und VnRK sowie [4] VtRK und VnRK sowie [5] NVEG und VEG

nicht signifikant (ohne Schattierung) nach Schaffer'sche Korrektur
p < 0,05 nach Schaffer'sche Korrektur
p < 0,01 nach Schaffer'sche Korrektur
p < 0,001 nach Schaffer'sche Korrektur

Tab.A 6: Mittlere tägliche Nahrungsinhaltsstoffzufuhr der 70RK, 80RK und 90RK sowie der VWK und MK (Median, 5-95er Perzentile)

Nahrungsinhaltsstoff	$p^{1,2}$	70RK (n = 14) Median	5%; Max	$p^{1,3}$	80RK (n = 40) Median	5-95%	$p^{1,4}$	90RK (n = 147) Median	5-95%	$p^{1,4}$	VWK (n = 243) Median	5-95%	$p^{1,3}$	MK (n = 175) Median	5-95%
Protein (g)	0,2594	49	15; 101	0,2523	38	24-91	0,5935	42	18-80	0,5935	65	41-98	***	80	54-125
Kohlenhydrate (g)	0,3714	272	60; 426	0,7224	217	134-484	0,0431	266	120-509	0,0431	231	162-343	**	218	147-317
Fett (g)	0,6571	67	14; 132	0,2286	56	24-118	0,1338	64	12-134	0,1338	78	44-126	***	88	49-136
Vitamin A (mg RE)	0,0699	1,7	0,4; 2,9	0,0040	2,6	0,7-6,4	0,5935	2,4	0,6-7,4	0,5935	1,9	0,9-3,6	***	1,4	0,8-2,8
Retinol (µg)	0,0001	163	0,0; 609	0,0430	88	0,4-311	0,0001	20	0,0-344	0,0001	390	150-760	***	540	280-1070
β-Carotin (mg)	0,0028	9,0	2,2; 15	0,0025	15	3,6-38	0,7244	14	3,2-44	0,7244	8,9	3,4-20	***	5,0	1,9-13
Vitamin D (µg)	0,3461	2,7	0,0; 15	0,9921	2,8	0,0-9,9	0,1152	3,7	0,0-22	0,1152	1,5	0,6-4,3	***	2,4	0,9-6,1
Vitamin E (mg)	0,1751	18	4,3; 51	0,9843	18	9,0-40	0,0255	21	10-41	0,0255	16	9,9-26	**	11	6,1-21
Vitamin K (µg)	0,0498	457	98; 1207	0,0188	671	255-1316	0,9396	626	160-1907	0,9396					
Vitamin B$_1$ (mg)	0,4606	1,7	0,4; 5,2	0,5537	1,5	0,9-3,1	0,0113	1,8	0,9-3,6	0,0113	1,7	1,0-3,2	***	1,3	0,9-2,5
Vitamin B$_2$ (mg)	0,2568	1,4	0,5; 2,9	0,8281	1,3	0,8-2,5	0,0207	1,6	0,9-3,0	0,0207	1,6	1,0-2,6	*	1,7	1,1-3,2
Vitamin B$_6$ (mg)	0,1160	2,5	0,7; 5,7	0,6498	2,5	1,7-5,3	0,0014	3,4	1,6-6,2	0,0014	2,2	1,5-3,2	***	1,9	1,2-3,6
Vitamin B$_{12}$ (µg)	0,1152	0,5	0,0; 6,7	0,2819	0,4	0,0-3,8	0,1465	0,2	0,0-20	0,1465	2,5	0,4-5,6	***	5,6	2,9-12
Gesamtfolsäure (µg)	0,0477	394	104; 1272	0,5276	437	238-748	0,0096	510	224-1072	0,0096	312	208-462	***	223	147-540
Niacin (mg)	0,7918	14	5,1; 27	0,3536	13	8,9-27	0,0741	15	8,0-28	0,0741	17	12-24	**	18	12-31
Biotin (µg)	0,0144	50	15; 91	0,6498	51	33-104	0,0015	68	32-123	0,0015					
Vitamin C (mg)	0,0041	303	100; 793	0,0330	472	167-668	0,3808	440	156-1211	0,3808	137	71-257	***	100	55-227
Natrium (mg)	0,0649	1072	394;2950	0,5022	992	314-2347	0,0001	607	179-2156	0,0001					
Kalium (mg)	0,0071	5004	1402; 8922	0,5148	5014	3364-9586	0,0010	6524	3275-11458	0,0010	4099	2813-5727	***	3434	2163-5530
Magnesium (mg)	0,6484	594	280; 1251	0,4184	526	357-1214	0,0333	621	316-1072	0,0333	547	380-792	***	381	265-609
Kalzium (mg)	0,3976	719	440; 1299	0,8745	690	436-1547	0,3009	748	335-1431	0,3009	986	588-1682	**	889	510-1551
Phosphor (mg)	0,0541	1713	663; 3771	0,0824	1322	865-2898	0,7418	1408	536-2219	0,7418	2052	1343-2936	**	1869	1318-2762
Ca/P	0,0018	0,44	0,15; 0,73	0,0531	0,52	0,36-0,86	0,0262	0,58	0,35-0,92	0,0262					
Eisen (mg)	0,6877	19	9,9; 40	0,6785	17	11-37	0,1271	19	9,5-34	0,1271	20	14-27	***	17	12-25
Zink (mg)	0,2938	9,9	4,2; 33	0,1441	8,0	5,2-19	0,4869	9,1	3,7-18	0,4869	12	7,8-18	ns	12	8,3-17
Jod (µg)	0,5055	127	49; 291	0,9685	122	59-184	0,1654	108	53-209	0,1654					
Ballaststoffe (g)	0,1092	52	14; 99	0,8435	51	32-95	0,0063	61	32-109	0,0063	45	30-67	***	26	16-46
Cholesterin (mg)	0,0037	71	0,0; 363	0,2647	46	0,6-193	0,0007	14	0,0-362	0,0007	187	70-377	***	364	195-564
Linolsäure (g)	0,9713	15	5,6; 54	0,8590	15	4,5-35	0,8952	15	3,4-38	0,8952					
Linolensäure (g)	0,7964	1,5	0,4; 2,1	0,8950	1,5	0,5-4,2	0,5554	1,4	0,4-3,9	0,5554	1,8	1,0-3,0	***	1,4	0,8-2,2
gesättigte Fettsäuren (g)	0,0002	19	5,1; 35	0,0257	12	3,9-30	0,1199	11	2,2-25	0,1199	29	15-51	***	35	19-53
einfach unges. FS (g)	0,2568	23	6,6; 62	0,5276	21	8,0-45	0,0020	28	3,9-76	0,0020					
mehrfach unges. FS (g)	0,8950	16	2,4; 51	0,9685	14	4,6-34	0,6589	16	3,4-39	0,6589	16	8,6-26	***	12	6,6-19
Purin (mg)	0,4790	217	51; 455	0,3237	191	129-437	0,4849	195	98-377	0,4849					

Signifikanztest nach Mann-Whitney (U-Test) zwischen [2]70RK und 80RK, [3]70RK und 90RK, [4]80RK und 90RK sowie [5]VWK und MK

nicht signifikant (ohne Schattierung) nach Schaffer'sche Korrektur   p < 0,05 nach Schaffer'sche Korrektur   p < 0,01 nach Schaffer'sche Korrektur   p < 0,001 nach Schaffer'sche Korrektur

Anhang 5: Obstgruppen aus dem 7-Tage-Schätzprotokoll

Kernobst/roh
Apfel
Birne
Quitte
Mispel
Kernobst/getrocknet
Apfelschnitze

Steinobst/roh
Aprikose
Pfirsich, Nektarine
Kirschen, süß/sauer
Pflaumen
Mirabellen
Reineclaude
Steinobst/getrocknet
Aprikosenschnitze
Pfirsichschnitze
Pflaume

Beerenobst/roh
Erdbeeren
Himbeeren
Brombeeren
Heidelbeeren
Stachelbeeren
Longanbeeren
Weintrauben
Johannisbeeren
Beerenobst/getrocknet
Rosinen

Wildfrüchte/roh
Preiselbeeren
Hagebutten
Sanddornbeeren
Moosbeeren (Cranberrry)

Südfrüchte/roh

Ananas	Tamarinde	Avocado	Sharonfrucht
Banane, Apfelbanane	Wassermelone	Cashew-Apfel	Rambutan
Cherimoya	Durian	Datteln, frisch	Tamarillo
Feige	Nashi	Granatapfel	Sapodille
Grenadile	Papaya	Guave	Litchi
Honigmelone	Mango	Jackfrucht	Physalis
Kaki	Mangostane	Kaktusfeige	Mammey-Apfel
Karambole	Passionsfrucht	Kiwi	

Südfrüchte/getrocknet
Bananenchips
Dattel
Feige
getrocknete Kaki, Birne, Banane, Ananas, Papaya, Mango

Citrusfrüchte
Grapefruit
Kumquats
Limone
Mandarine, Clementine, Satsuma
Orange, Ugli
Zitrone
Pomelo (Pampelmuse)

Anhang 6: Hauptfragebogen der Gießener Rohkost-Studie

Fragebogen zur Rohkost-Studie

1. Allgemeiner Teil
2. Unsere Fragen zu Ihrer Ernährungsweise
3. Art der Lebensmittel und Bezugsquellen
4. Kleine Häufigkeitstabelle der Lebensmittel
5. Rund um die Gesundheit
6. Beruf, Ausbildung und Familie
7. Sport und Freizeit
8. Umwelt, Information und Bücher

Wir versichern Ihnen, daß Ihre Angaben nur für unsere Studie verwendet und in keinem Fall an andere Stellen weitergegeben werden. Wir werden für die Auswertung den von Ihnen ausgefüllten Fragebogen von Ihrer Adresse trennen, so daß **Anonymität gemäß Datenschutzbestimmungen** gewährleistet ist.

Bitte geben Sie hier Ihren **vollständigen Namen**, Ihre **genaue Adresse** sowie die **neue Postleitzahl ab 01.07.93** und Ihre **Telefonnummer** an:

Familienname : _____

Vorname : _____

Straße, Hausnummer: _____

PLZ, Wohnort : _____

Neue Postleitzahl: _____

Telefonnummer : _____

1. Allgemeiner Teil

Bitte beantworten Sie alle Fragen so genau wie möglich. Die meisten Fragen sind mit **einem** Kreuz zu beantworten. Falls <u>mehrere Antworten</u> zugelassen sind, so ist dies in der jeweiligen Frage vermerkt. Bitte achten Sie genau darauf, nicht mehr Kreuze zu machen als zugelassen. Ihre Antwort kann sonst vom Computer nicht ausgewertet werden und geht - ähnlich einem ungültigen Stimmzettel - nicht in das Ergebnis ein. Bitte entscheiden Sie sich in diesem Fall für die Antwort, die am ehesten zutrifft.

Bei den meisten Fragen finden Sie auch die Antwortmöglichkeit "Sonstiges". Bitte tragen Sie hier Ihre Antwort nur ein, wenn **keine** der angegebenen Antwortmöglichkeiten für Sie zutrifft.

Auf der letzten Seite des Fragebogens finden Sie Platz für Notizen. Sie können dort Anmerkungen zum Fragebogen und sonstige Informationen eintragen, von denen Sie meinen, daß Sie wichtig für uns sind und noch nicht durch die Fragen abgedeckt wurden.

1.1 Wann wurden Sie **geboren** ?
(Bitte tragen Sie nur Monat und Jahr ein !) _____ / 19____
Monat   Jahr

1.2 Geben Sie bitte Ihr **Geschlecht** an : ❑ männlich
❑ weiblich

1.3 Wie **groß** sind Sie ? *(Ohne Schuhe)* _____ cm

1.4 Wieviel Kilogramm **wiegen** Sie ? _____ kg
(Ohne Kleidung)

1.5 **Seit wann** praktizieren Sie Rohkost-Ernährung ? Seit ____ / 19___
Monat   Jahr

Bitte geben Sie an, wieviel **Gewichtsprozent** Ihrer Nahrung **unmittelbar nach der Ernährungsumstellung** aus Rohkost bestanden hat: ____ %

1.6 Haben Sie den Rohkostanteil **kontinuierlich** gesteigert ? ❑ Ja ❑ Nein

---

1.7 Bitte geben Sie an, wieviel **Gewichtsprozent** Ihrer Nahrung **derzeit** aus Rohkost besteht: ____ %

Ist dieser Rohkostanteil **konstant** ? ❑ Ja ❑ Nein

Falls ja, **seit wann** ist dieser Rohkostanteil **konstant** ? Seit ____ / 19___
Monat   Jahr

1.8 Gab es innerhalb des letzten Jahres **Zeiten**, in denen Sie die Rohkost-Ernährung mit dem jetzigen Prozentanteil **nicht** praktizieren konnten ? (z.B. Urlaub, Krankenhausaufenthalt)
Schätzen Sie bitte die Gesamtzeit ein !

❑ keine
❑ weniger als 2 Monate
❑ 2 - 6 Monate
❑ mehr als 6 Monate

2. Unsere Fragen zu Ihrer Ernährungsweise

2.1 Nehmen Sie Hauptmahlzeiten zu sich ?

❏ Ja   ❏ Nein

Falls ja, **welche Hauptmahlzeiten** sind dies in der Regel ?   ❏   Frühstück
Mehrfachnennungen sind möglich !   ❏   Mittagessen
                                                                       ❏   Abendessen

2.2 Wieviele **Hauptmahlzeiten** nehmen Sie am Tag zu sich ?

❏ mehr als 3 Hauptmahlzeiten
❏ 3 Hauptmahlzeiten   ❏ sowie weitere kleine Mahlzeiten
❏ 2 Hauptmahlzeiten   ❏ sowie weitere kleine Mahlzeiten
❏ 1 Hauptmahlzeit   ❏ sowie weitere kleine Mahlzeiten
❏ keine. Ich esse kleine Mahlzeiten über den Tag verteilt.
❏ Sonstiges : _____

2.3 Wie oft nehmen Sie in der Regel nicht von Ihnen zubereitetete **Hauptmahlzeiten außer Haus** zu sich?

❏ mehr als 5 mal pro Woche   ❏ weniger als 1 mal pro Monat
❏ 2-5 mal pro Woche   ❏ gar nicht
❏ weniger als 2 mal pro Woche

2.4 Wählen Sie bei diesen **Außerhaus-Mahlzeiten** Gerichte aus, die der Rohkost-Ernährung entsprechen ?

❏ Ja   ❏ Nein

2.5 Verzehren Sie zu bestimmten **Tageszeiten** bewußt nur bestimmte Lebensmittel, z.B. bis 12 Uhr nur Obst ?

❏ Ja   ❏ Nein

Falls ja, **auf welche Weise** ?   ❏ bis 12 Uhr nur Obst
                                     ❏ Sonstiges: _____

2.6 Trinken Sie normalerweise **Kaffee oder schwarzen Tee** zur **Essenszeit** ?

❏ Ja, unmittelbar vor dem Essen
❏ Ja, während des Essens
❏ Ja, unmittelbar nach dem Essen
❏ Nein

2.7 Ernähren Sie sich **vegetarisch**?   ❏ Ja   ❏ Nein
(D.h. ohne Fleisch und Fisch oder Produkten daraus)

Wenn ja,
seit wann ernähren Sie sich vegetarisch   Seit ____ / 19____
                                                          Monat   Jahr

und nach welcher **Form** des Vegetarismus ?   ❏ ovo-lacto-vegetabil (mit Milch und Eiern sowie
                                                    Produkten daraus)
                                                 ❏ ovo-vegetabil (mit Eiern sowie Produkten daraus)
                                                 ❏ lacto-vegetabil (mit Milch sowie Produkten daraus)
                                                 ❏ vegan (rein pflanzlich)

2.8 Nach welcher **Ernährungsform** ernähren Sie sich ?
Bitte nur 1 Antwort ankreuzen !

❑ Anthroposophische Ernährung
❑ Ayurvedische Ernährungsweise
❑ Ernährung nach Bircher-Benner
❑ Vollwertkost nach Bruker
❑ Instinktotherapie nach Burger
❑ Urmedizin nach Chrysostomos
❑ Fit for Life/Diamonds
❑ Hay´sche Trennkost
❑ Ernährung nach Kollath
❑ Vollwert-Ernährung nach von Koerber,
Männle, Leitzmann/

❑ Makrobiotik
❑ Mazdaznan
❑ Vitalernährung nach Peiter
❑ Schnitzer-Intensivkost
❑ Schnitzer-Normalkost
❑ Urgesetz nach Sommer
❑ Waerland-Kost
❑ Leben ohne Kochtopf/Wandmaker
❑ Sonstiges _____
❑ keine der obengenannten Ernährungsformen

2.9 Welche der folgenden Lebensmittel gehören für Sie **nicht** zur Rohkost ?
Wir möchten wissen, welche Lebensmittel Sie allgemein unter Rohkost verstehen, nicht, was zu Ihrer
täglichen Rohkosternährung gehört ! Mehrfachnennungen sind möglich !

❑ Rohmilch
❑ Rohmilchprodukte
❑ Alkohol
❑ Weizen
❑ sonstige Getreide
❑ Getreidesprossen
❑ Kräutertee
❑ Kaffee / Schwarzer Tee

❑ ohne Hitze getrocknete Früchte
❑ angemachte Salate
❑ milchgesäuertes Gemüse, z. B. Sauerkraut
❑ kalt geschleuderter Honig
❑ Salz
❑ tiefgefrorene Lebensmittel
❑ kalt geräucherte Fleisch- oder Wurstwaren
❑ kaltgepreßte Öle

2.10 Was ist für Sie das **entscheidende Kriterium** für den Begriff Rohkost ?
Bitte nur eine Antwort ankreuzen !

Unter Rohkost verstehe ich
❑ Lebensmittel, die in keiner Weise erhitzt oder nicht über _____ °C erhitzt wurden.
                                                    Temperatur
❑ Lebensmittel, die nicht mechanisch verändert oder weiterverarbeitet wurden.
❑ Lebensmittel, die von den Urmenschen verzehrt wurden oder die von der Natur für den Menschen
vorgesehen wurden.

2.11 Welche **"Ernährungssünden"** kommen bei Ihnen vor ?
_____

Wie gehen Sie mit solchen **"Ernährungssünden"** um ?
_____

2.12 Haben Sie vor, bei Ihrer **jetzigen Ernährungsweise** zu bleiben ?   ❑ Ja
                                                                            ❑ Nein

Bitte kreuzen Sie nachfolgend nur den Ihnen wichtigsten Punkt an !

Falls **ja**, warum ?   Falls **nein**, warum nicht ?

❑ ich fühle mich gut/besser   ❑ ich fühle mich schlechter
❑ ich vertrage nichts Gekochtes mehr   ❑ ich vertrage rohe Nahrung nicht
❑ aus gesundheitlichen Gründen   ❑ aus gesundheitlichen Gründen
❑ soziale Gründe/Gemeinschaft   ❑ ich fühle mich isoliert
❑ Sonstiges :_____   ❑ Sonstiges :_____

2.13 Dient Ihnen in der Rohkost-Ernährung eine bestimmte Person als **Vorbild** ? ❑ Ja ❑ Nein

Wenn ja, welche ? _____

2.14 Welcher der folgenden **Gründe für die Bevorzugung der Rohkost-Ernährung** gegenüber anderen
Ernährungsformen ist für Sie am wichtigsten ?
Bitte nur eine Antwort ankreuzen !

❑ ethische Gründe
❑ kosmetische Gründe, z.B. Gewichtsabnahme
❑ geschmackliche Gründe
❑ gesundheitliche Gründe, z.B. eine Krankheit
❑ Leistungssteigerung, z.B. Ausdauer
❑ ökologische Gründe, z.B. Förderung von umweltfreundlichen Anbauweisen
❑ soziale Gründe, z.B. gerechtere Verteilung der Lebensmittel weltweit
❑ sonstige Gründe: _____

2.15 Haben Sie vor der Umstellung auf Rohkost-Ernährung bereits eine oder mehrere **andere Ernährungsformen** ausprobiert ?

❑ Ja ❑ Nein

Falls ja, welche ? Zeitraum: *(Bitte geben Sie Monat und Jahr an !)*

❑ Anthroposophische Ernährungsweise von ____ / ____ bis ____ / ____
❑ Ayurvedische Ernährungsweise von ____ / ____ bis ____ / ____
❑ Ernährung nach Bircher-Benner von ____ / ____ bis ____ / ____
❑ Hay´sche Trennkost von ____ / ____ bis ____ / ____
❑ Ernährung nach Kollath von ____ / ____ bis ____ / ____
❑ Makrobiotik von ____ / ____ bis ____ / ____
❑ Mazdaznan von ____ / ____ bis ____ / ____
❑ Vollwertkost/Bruker von ____ / ____ bis ____ / ____
❑ Vollwert-Ernährung/Leitzmann u.a. von ____ / ____ bis ____ / ____
❑ Sonstiges : _____ von ____ / ____ bis ____ / ____
❑ Sonstiges : _____ von ____ / ____ bis ____ / ____
Monat Jahr Monat Jahr

3. Art der Lebensmittel und Bezugsquellen

3.1 Welche der folgenden **Lebensmittel** verzehren Sie **nie** ?

- ❑ Eier
- ❑ Milch
- ❑ Milchprodukte
- ❑ Weizen, auch nicht gekeimt
- ❑ Alle Getreidesorten, auch nicht gekeimt
- ❑ Alle Sprossen und Keimlinge

- ❑ Brot und Backwaren
- ❑ Konservenobst
- ❑ Konservengemüse
- ❑ Hülsenfrüchte
- ❑ Fleisch
- ❑ Sonstiges: _____

3.2 **Wie oft essen Sie die folgenden Lebensmittel in den jeweiligen Zubereitungsarten** ?
Bitte geben Sie in jeder Zeile die durchschnittliche Häufigkeit pro Woche an. Falls Sie eine der genannten Zubereitungsarten seltener als 1 mal pro Woche wählen, tragen Sie bitte eine O ein.
Beispiel: Frau Köstlich ißt zwei mal pro Tag geräucherten Fisch, d.h. 14 mal pro Woche. Andere geräucherte Lebensmittel ißt sie nicht.

Zubereitungsart	Obst	Gemüse	Kar-toffeln	Hülsen-früchte	Fleisch/Fisch	Getreide
Beispiel: geräuchert	0	0	0	0	14	0
in Wasser gekocht						
mit Wasser /Fett gedünstet						
im Ofen gebacken						
gebraten						
geräuchert						
bis 40°C erhitzt						
Sonstiges :						

3.3 Lassen Sie Obst (z.B. Bananen) und Gemüse (z.B. Tomaten) **reif** werden, bevor Sie es verzehren ?

❑ Ja   ❑ Nein

3.4 In welchen Monaten **kaufen/essen** Sie normalerweise folgende Obst- und Gemüsesorten als **Frischware** ?
Bitte machen Sie <u>mindestens</u> 1 Kreuz bei jeder Obst-/Gemüseart !

Monate: **Obst/Gemüse**	Januar / Februar	März / April	Mai / Juni	Juli / August	Sept. / Oktober	Nov. / Dez.	Weiß ich nicht	Esse ich nicht
Birnen								
Erdbeeren								
Weintrauben								
Kopfsalat								
Tomaten								

3.5 Welche der folgenden **Haltbarkeitsmöglichkeiten** für Gemüse wenden Sie an ?
Bitte nur <u>eine</u> Antwort ankreuzen !

- ❑ Ich kaufe tiefgekühltes Gemüse.
- ❑ Ich friere Gemüse selbst ein.
- ❑ Ich kaufe eingekochtes Gemüse (Konserven).
- ❑ Ich koche Gemüse selbst ein.

- ❑ Ich kaufe milchsaures Gemüse. (z.B. Sauerkraut).
- ❑ Ich mache milchsaures Gemüse selbst.
- ❑ Ich trockne Gemüse.(z.B. im Dörrapparat)
- ❑ keine der obengenannten Haltbarkeitsmöglichkeiten

3.6 Verzehren Sie **Obst, Gemüse und Getreide** <u>hauptsächlich</u> aus einem **bestimmten Anbau** ?
Bitte geben Sie hier <u>nicht</u> den Einkaufsort - z.B. Naturkostladen - an, sondern die jeweilige Anbau
Pro Lebensmittel (Spalte) ist <u>maximal 1 Antwort</u> möglich ! (Bitte nur Kreuze !)

	Obst	Gemüse	Getreide
Weiß ich nicht / achte nicht darauf			
Ich bestelle bei ORKOS Diffusion			
aus konventionellem Anbau			
aus dem eigenen Garten			
von Bioland, Demeter, ANOG			
von Biolan, Vollwertkorn			
grano-vita			
von Biokreis Ostbayern, Naturland			
von einem Umstellungsbetrieb (Biodyn etc.)			
Sonstiges:			

3.7 Wie **bereiten** Sie folgende Obst- und Gemüsesorten vor dem Verzehr überwiegend vor ?
Pro Zeile bitte nur 1 Kreuz !

Obst/Gemüse	Abwaschen				Abreiben	Schälen	gar nicht	Esse ich nicht
	ohne Seife		mit Seife					
	Kaltes Wasser	Warmes Wasser	Kaltes Wasser	Warmes Wasser				
Apfel								
Birne								
Pfirsich								
Trauben								
Gurke								
Karotte								
Paprika								
Pilze								
Tomate								
Zucchini								

3.8 Wieviel **trinken** Sie duchschnittlich am Tag ? *(Bitte beziehen Sie sich hierbei auf den vergangenen Monat !)*
Orientierungshilfe: Kaffee-/Teetasse   0,15 Liter
                        Große Tasse, Wasserglas, Weinglas   0,20 Liter
❑ mehr als 2 Liter
❑ 1,5 - 2 Liter
❑ 1,0 -1,5 Liter
❑ 0,5 - 1,0 Liter
❑ weniger als 0,5 Liter
❑ gar nicht

3.9 Gibt es sehr starke **jahreszeitlich bedingte Schwankungen** bei der Flüssigkeitsmenge, die Sie täglich zu sich
nehmen ?   ❑ Ja   ❑ Nein   ❑ weiß ich nicht

Falls ja, wann trinken Sie am meisten ?   ❑ im Sommer
                                                                 ❑ im Winter
                                                                 ❑ Sonstiges: _____

3.10 Welches **Wasser** trinken Sie hauptsächlich ? *(Bitte nur 1 Antwort ankreuzen)*

❑ Mineralwasser ohne Kohlensäure: _____ (Name, z.B. Volvic, Spa)
❑ Mineralwasser mit Kohlensäure: _____ (Name, z.B. Neuselters, Hassia)
❑ Leitungswasser
❑ Abgekochtes Wasser
❑ Dampfdestilliertes Wasser
❑ Filtriertes Wasser
❑ Levitiertes Wasser
❑ Sonstiges: _____
                Wasserart
❑ Ich trinke kein Wasser

3.11 Haben Sie selbst ein **Wasseraufbereitungsgerät**, das Sie regelmäßig in Gebrauch haben ?
❑ Ja   ❑ Nein
Falls ja, **welches** ?   _____
                            Name des Gerätes

3.12 Welche **Getränke** trinken Sie außer Wasser **hauptsächlich** ?
Bitte nur 1 Antwort ankreuzen !

❑ Kaffee
❑ Ersatzkaffee, z.B. Caro
❑ Koffeinfreier Kaffee
❑ Tee, schwarz
❑ Früchte-/Kräutertee
❑ Limonaden- und Colagetränke
❑ Bier, Apfelwein

❑ Wein, Sekt, Longdrinks u.ä.
❑ Spirituosen
❑ Gemüsesäfte, gekauft
❑ Gemüsesäfte, selbst gemacht
❑ Obstsäfte, gekauft
❑ Obstsäfte, selbst gemacht
❑ keines der genannten Getränke

3.13 Essen Sie regelmäßig **Müsli** ?   ❑ Ja   ❑ Nein

Wenn ja, welche Zutaten verwenden Sie für Ihr **typisches Müsli** ?
(Bitte nennen Sie nur die 5 Hauptbestandteile!)

❑ geschrotetes Getreide
❑ frisch gekeimtes Getreide
❑ Haferflocken, Weizenflocken,
   Roggenflocken o.ä.
❑ selbstgequetschte Flocken
❑ Weizenkeime, Weizenkleie (getrocknet)
❑ Fertigmüsli
❑ Cerealien (z.B. Cornflakes)
❑ sonstiges Getreide:_____
❑ Obst, Gemüse

❑ Trockenobst (z.B. Rosinen,
   Trockenpflaumen)
❑ Nüsse, Samen, Kokosflocken
❑ Zucker, brauner Zucker, Rohzucker,
   Fruchtzucker, Süßstoff
❑ Honig, Ahornsirup, Obstdicksaft
❑ Milch
❑ Sauermilchprodukte, z.B. Joghurt
❑ Sahne, saure Sahne
❑ Sonstiges: _____

3.14 **Wie häufig** essen Sie dieses **Müsli** ?

❑ mehr als 5 mal pro Woche
❑ 3-5 mal pro Woche
❑ weniger als 3 mal pro Woche

4. Kleine Häufigkeitstabelle der Lebensmittel

Wir möchten nun wissen, **welche** Lebensmittel Sie üblicherweise verzehren. Sie finden im folgenden eine **Auswahl** verschiedener Lebensmittel, d.h. es kommen in der Liste **nicht alle** Lebensmittel vor. die Sie möglicherweise zu sich nehmen. Bitte geben Sie an, wie häufig Sie **jedes** der aufgeführten Lebensmittel in der angegebenen Portion verzehren. Beziehen Sie sich bei Ihren Angaben bitte möglichst auf den vergangenen Monat.

Falls Sie eines der angegebenen Lebensmittel **täglich** oder **mehrmals täglich** verzehren, dann tragen Sie dies bitte in der Spalte **"pro Tag"** ein. Wenn Sie ein Lebensmittel **nicht täglich** verzehren, dann geben Sie bitte an, wie häufig Sie es **"pro Woche"** verzehren. Bei **seltener** verzehrten Lebensmitteln tragen Sie bitte die entsprechende Zahl in der Spalte **"pro Monat"** ein. Sollten Sie ein Lebensmittel **überhaupt nicht** verzehren, dann tragen Sie bitte eine 0 in die Spalte **"pro Monat"** ein. Falls Sie ein bestimmtes Lebensmittel sehr häufig verzehren und es nicht in der entsprechenden Lebensmittelgruppe finden, dann geben Sie dies bitte am Schluß bei **"Sonstiges"** an !

An einem Beispiel zeigen wir Ihnen jetzt, wie Sie die Häufigkeitstabelle ausfüllen sollten:

Nehmen wir einmal an, Frau Köstlich verzehrt
- jeden Morgen 1 Brötchen mit Salat
- sonntags 2 Eßlöffel Haferflocken mit einem halben Becher Joghurt
- morgens und nachmittags je 2 Tassen Kaffee mit insgesamt etwa 100 ml Milch
- an Werktagen ißt sie tagsüber immer acht Stücke Obst
- einmal in der Woche ißt sie rohen Fisch
- einmal im Monat ißt sie abends 200 g Honig
- sie ißt nie Tofu

In der Häufigkeitstabelle würde das folgendermaßen aussehen:

			Häufigkeit		
			pro Tag	pro Woche	pro Monat
4.1.2	Weißbrot, Toastbrot, weiße Brötchen 1 Scheibe, 1 Stck.	30 g	1		
4.2.2	Pasteurisierte Milch 1 Glas	200 ml	1/2		
4.2.4	Joghurt, Dickmilch o.ä. 1 EL	20 g		4	
4.3.1	unerhitztes Obst (z.B. Apfel) 1 Portion	100 g		48	
4.3.3	Unerhitztes Gemüse, Salat 1 Portion	100 g	1		
4.3.9	Tofu, Tempeh 1 Portion	100 g			0
4.4.1	Getreideflocken (z.B. Haferflocken) 1 EL	10 g		2	
4.5.10	Süß- und Salzwasserfisch, roh 1 Portion	150 g		1	
4.6.4.	Honig 1 TL	10 g			20
4.9.3	Kaffee (auch koffeinfrei), schwarzer Tee 1 Tasse	150 ml	2		

Neben der Angabe, wie häufig Sie ein Lebensmittel verzehren, ist also auch die **Menge** wichtig. Zu Ihrer Orientierung haben wir haushaltsübliche Maße oder Portionsgrößen in Gramm (g) oder Milliliter (ml) angegeben. Diese Angaben beziehen sich auf den **eßbaren** Anteil der Lebensmittel bzw. bei erhitzten Speisen auf die **gegarte** Menge. Berücksichtigen Sie bitte die von uns vorgegebenen Mengen, die für Sie nur eine Hilfe sein sollen. Sie müssen auf keinen Fall Ihre Verzehrsmengen abwiegen.

Häufigkeitstabelle

4.1 Brot, Backwaren

			Häufigkeit		
			pro Tag	pro Woche	pro Monat
4.1.1	Mischbrot, Graubrot, Roggenbrötchen 1 Scheibe, 1 Stck.	40 g			
4.1.2	Weißbrot. Toastbrot, weiße Brötchen 1 Scheibe, 1 Stck.	30 g			
4.1.3	Mehrkornbrot 1 Scheibe, 1 Stck.	40 g			
4.1.4	Vollkornbrot, bzw. Vollkornbrötchen 1 Scheibe, 1 Stck.	50 g			
4.1.5	Kuchen aus Auszugsmehl 1 Stck.	80 g			
4.1.6	Vollkornkuchen 1 Stck.	80 g			
4.1.7	Kekse, Plätzchen aus Auszugsmehl 1 Stck.	5 g			
4.1.8	Vollkornkekse, -plätzchen 1 Stck.	5 g			
4.1.9	Pizza o.ä. aus Auszugsmehl 1 runde Pizza	300 g			
4.1.10	Pizza o.ä. aus Vollkornmehl 1 runde Pizza	300 g			

4.2 Milch und Milchprodukte

			Häufigkeit		
			pro Tag	pro Woche	pro Monat
4.2.1	Vorzugsmilch, Rohmilch 1 Glas	200 g			
4.2.2	Pasteurisierte Milch 1 Glas	200 g			
4.2.3	H-Milch 1 Glas	200 g			
4.2.4	Joghurt, Dickmilch o.ä. 1 EL	20 g			
4.2.5	Quark, Frischkäse 1 EL	30 g			
4.2.6	Hartkäse, Weichkäse 1 Scheibe	30 g			
4.2.7	Butter 1 Stück	10 g			
4.2.8	Sahne 1 EL	20 g			

4.3 Obst und Gemüse

			Häufigkeit		
			pro Tag	pro Woche	pro Monat
4.3.1	Unerhitztes Obst 1 Portion (entspricht 1 mittelgroßen Apfel)	125 g			
4.3.2	Erhitztes Obst (z.B. Obstkonserven, Kompott) 1 Portion	150 g			
4.3.3	Getrocknetes Obst (z.B. Datteln) 1 Portion	50 g			
4.3.4	Unerhitztes Gemüse, Salat 1 Portion	100 g			
4.3.5	Erhitztes Gemüse 1 Portion	200 g			
4.3.6	Getrocknetes Gemüse 1 Portion	50 g			
4.3.7	Milchsaures Gemüse, z.B. Sauerkraut 1 Portion	100 g			
4.3.8	Unerhitzte Hülsenfrüchte als Frischware, z.B. Bohnen 1 Portion	30 g			
4.3.9	Unerhitzte Hülsenfrüchte als Sprossen 1 Portion	30 g			
4.3.10	Erhitzte Hülsenfrüchte 1 Portion	150 g			
4.3.11	Tofu, Tempeh 1 Portion	100 g			
4.3.12	Pell-, Salzkartoffeln 1 Portion	150 g			
4.3.13	Unerhitzte Kartoffeln 1 Portion	150 g			
4.3.14	Kartoffelprodukte (z.B. Püree, Pommes Frites, Bratkartoffeln), 1 Portion	150 g			
4.3.15	Feinkostsalate, vorgefertigt (z.B. Kartoffelsalat) 1 Portion	200 g			

4.4 Getreideprodukte, Nährmittel

			Häufigkeit		
			pro Tag	pro Woche	pro Monat
4.4.1	Weißer Reis, gekocht 1 Portion	150 g			
4.4.2	Naturreis, gekocht 1 Portion	150 g			
4.4.3	Weiße Nudeln 1 Portion	150 g			
4.4.4	Vollkornnudeln 1 Portion	150 g			
4.4.5	Unerhitztes Getreide (z.B. im Müsli, Flocken oder Sprossen) 1 EL Trockengewicht	10 g			
4.4.6	Erhitztes Getreide (z.B. in Bratlingen oder Suppe) 1 Portion	150 g			

4.5 Sonstige tierische Produkte

			Häufigkeit		
			pro Tag	pro Woche	pro Monat
4.5.1	Eier *, roh 1 Stck.	55 g			
4.5.2	Eier *, erhitzt 1 Stck.	55 g			
4.5.3	Fleisch von Rind, Schwein o.ä., roh 1 Portion	150 g			
4.5.4	Fleisch von Rind, Schwein o.ä., erhitzt 1 Portion	150 g			
4.5.5	Fleisch von Rind, Schwein o.ä., getrocknet 1 Portion	150 g			
4.5.6	Innereien, roh 1 Portion	125 g			
4.5.7	Innereien, erhitzt 1 Portion	125 g			
4.5.8	Geflügel, roh 1 Portion	150 g			
4.5.9	Geflügel, erhitzt 1 Portion	150 g			
4.5.10	Fleisch- und Wurstwaren, Schinken 1 Scheibe	35 g			
4.5.11	Süß- und Salzwasserfisch, roh 1 Portion	150 g			
4.5.12	Süß- und Salzwasserfisch, erhitzt 1 Portion	150 g			
4.5.13	Süß- und Salzwasserfisch, getrocknet 1 Portion	150 g			
4.5.14	Fisch in Dosen, Räucherfisch 1 Portion	150 g			
4.5.15	Produkte vom Schnellimbiß (z.B. Hamburger, Brötchen mit Wurst), 1 Portion	150 g			

Bitte geben Sie hier nur die direkt verzehrten Eier (z.B. Frühstückseier) an und nicht die "versteckten" Eier, wie z.B. in Nudeln und Gebäck !

4.6 Süßungsmittel**

			Häufigkeit		
			pro Tag	pro Woche	pro Monat
4.6.1	Zucker 1 TL	5 g			
4.6.2	Brauner Zucker, Rohzucker 1 TL	5 g			
4.6.3	Sucanat 1 TL	5 g			
4.6.4	Honig 1 TL	10 g			
4.6.5	Ahornsirup, Obstdicksaft 1 TL	10 g			

** *Bitte geben Sie hier nicht die Süßungsmittel an, die in Produkten wie Kuchen u.ä. enthalten sind, sondern nur solche, die Sie Ihren Speisen/Getränken direkt zufügen oder verzehren.*

4.7 Süßwaren

			Häufigkeit		
			pro Tag	pro Woche	pro Monat
4.7.1	Schokolade 1 Rippe	15 g			
4.7.2	Schokoriegel 1 Stck.	60 g			
4.7.3	Bonbons 2 Stck.	5 g			
4.7.4	Müsliriegel, Fruchtschnitte 1 Stck.	60 g			
4.7.5	Speiseeis 1 Kugel	35 g			
4.7.6	Konfitüre, Nuß-Nougat-Creme 1 TL	10 g			

4.8 Nüsse, Samen

			Häufigkeit		
			pro Tag	pro Woche	pro Monat
4.8.1	Nüsse, Mandeln 1 EL	12 g			
4.8.2	Leinsamen, Sesam, Sonnenblumenkerne u.a. 1 EL	15 g			
4.8.3	Nußmus 1 EL	12 g			

4.9 Getränke

			Häufigkeit		
			pro Tag	pro Woche	pro Monat
4.9.1	Mineralwasser und sonstiges Wasser 1 Glas	200 ml			
4.9.2	Limonaden, Colagetränke 1 Glas	200 ml			
4.9.3	Kaffee (auch koffeinfrei), schwarzer Tee 1 Tasse	150 ml			
4.9.4	Kräutertee, Früchtetee 1 Tasse	150 ml			
4.9.5	Getreidekaffee 1 Tasse	150 ml			
4.9.6	Bier, Apfelwein 1 Glas	200 ml			
4.9.7	Wein. Sekt, Longdrinks u.ä. 1 Glas	150 ml			
4.9.8	Spirituosen 1 Glas	20 ml			
4.9.9	Obstsäfte, Gemüsesäfte 1 Glas	200 ml			

4.10 **Diverses**

			Häufigkeit		
			pro Tag	pro Woche	pro Monat
4.10.1	Salatdressings, vorgefertigt 1 EL	20 g			
4.10.2	Ketchup, Grillsaucen 1 EL	20 g			
4.10.3	Öle, Bratfett 1 EL	20 g			

4.11 **Sonstiges** *(Bitte tragen Sie hier weitere Lebensmittel mit Mengenangabe ein !)*

			Häufigkeit		
		g/ml	pro Tag	pro Woche	pro Monat
4.11.1					
4.11.2					
4.11.3					
4.11.4					
4.11.5					
4.11.6					
4.11.7					
4.11.8					
4.11.9					
4.11.10					
4.11.11					
4.11.12					
4.11.13					
4.11.14					
4.11.15					
4.11.16					
4.11.17					

5. Rund um die Gesundheit

5.1 Hat sich Ihr **Körpergewicht** seit der Ernährungsumstellung auf Rohkost **verändert** ?

❑ Ja
❑ Nein
❑ Ich weiß es nicht

Falls ja, welches Körpergewicht hatten Sie **vor der Ernährungsumstellung** auf Rohkost?

_____ kg   Wann ? _____ / 19_____
                                    Monat   Jahr

Welches war Ihr **niedrigstes** Körpergewicht seit der Ernährungsumstellung auf Rohkost?

_____ kg   Wann ? _____ / 19_____
                                    Monat   Jahr

Welches war Ihr **höchstes** Körpergewicht seit der Ernährungsumstellung auf Rohkost?

_____ kg   Wann ? _____ / 19_____
                                    Monat   Jahr

5.2 Ist Ihr **Körpergewicht** im Moment **konstant** ?   ❑ Ja   ❑ Nein

Wenn ja, **seit wann** ?   _____ / 19_____
                                              Monat   Jahr

5.3 Sind Sie mit Ihrem **Körpergewicht** zufrieden ?   ❑ Ja   ❑ Nein

Falls nein, möchten Sie eine   ❑ Gewichtsabnahme um   _____ kg
oder möchten Sie eine   ❑ Gewichtszunahme um   _____ kg ?

5.4 War für Sie eine **eigene Krankheit** der entscheidende Anlaß für Ihre Umstellung auf Rohkost-Ernährung ?

❑ Ja   ❑ Nein

Falls ja, beantworten Sie bitte noch die folgenden Fragen:

a) **Welche** Krankheit war das ? *(Bitte nur die wichtigste*   _____
   Krankheit nennen !)   Name der Krankheit

b) **Wann** hatten Sie diese Krankheit: Seit _____ 19_____ bis _____ 19_____
                                                              Monat   Jahr   Monat   Jahr

c) Waren Sie mit dieser Krankheit in **ärztlicher Behandlung** ? ❑ Ja   ❑ Nein

d) Hat sich die **Krankheit** nach Ihrem eigenen Empfinden seit Umstellung auf Rohkosternährung
   gebessert ?

   ❑ Ja   ❑ Nein   ❑ Weiß nicht

e) Ist diese Krankheit in Ihrer Familie häufig aufgetreten ?   ❑ Ja   ❑ Nein   ❑ Weiß nicht

---

5.5 War für Sie eine **Krankheit im Familien- oder Bekanntenkreis** der entscheidende Anlaß für Ihre Umstellung auf Rohkost-Ernährung ?

          ❑ Ja   ❑ Nein

5.6 Hatten Sie in den letzten 5 Jahren **Operationen** ?   ❑ Ja   ❑ Nein

Falls ja, **welche** ? _____ ,   Operationsjahr   19_____
                                                                                      Jahr

                     _____ ,   Operationsjahr   19_____
                                                                                      Jahr

5.7 Sind bei Ihnen bisher Operationen vorgenommen worden, bei denen **Teile des Verdauungstraktes entfernt** wurden ? ❑ Ja   ❑ Nein

Wenn ja, kreuzen Sie bitte an, **welche Organe** sind entfernt worden :

❑ Speiseröhre   ❑ Gallenblase   ❑ Dickdarm
❑ Magen   ❑ Bauchspeicheldrüse ❑ Blinddarm
❑ Leber   ❑ Dünndarm   ❑ Sonstiges: _____

5.8 Welche der folgenden **Beschwerden** haben oder hatten Sie wiederholt ?
Mehrfachnennungen sind möglich ! Bitte machen Sie nur Kreuze !

	vor	während	nach
	der Umstellung auf Rohkost		
Kopfschmerzen			
Schlaflosigkeit, Schlafstörungen			
Nervosität, innere Unruhe			
Müdigkeit, Leistungsschwäche, Abgespanntheit			
Ohrsausen			
Frieren und Frösteln			
Verstopfung			
Durchfall			
Blähungen			
Herpes labialis			
Schnupfen oder Grippe			
Zahnfleischbeschwerden			
Sonstiges :			

❑ Ich habe keine der obengenannten Beschwerden

5.9 Sind Sie schon einmal an **Krebs** erkrankt ?   ❑ Ja   ❑ Nein

Falls Sie an Krebs erkrankt sind bzw. waren:

a) **Wann** wurde dies festgestellt ?   ____ / 19____
                                              Monat   Jahr

b) Um welchen **Krebs** handelt bzw. handelte es sich ?   _____

c) Welche **Behandlung** wurde/wird bei Ihnen vorgenommen ?
  ❑ Operation   ❑ keine
  ❑ Chemotherapie   ❑ Sonstige: _____
  ❑ Bestrahlung

d) Falls eine Behandlung erfolgt, geben Sie uns bitte **Monat** und **Jahr** an, in dem eine **letzte Behandlung**
   dieser Art erfolgte: ____ / 19____
                                              Monat   Jahr

5.10 Welche der folgenden **Allergien** wurden bei Ihnen **von einem Arzt** festgestellt

	vor	während	nach
	der Umstellung auf Rohkost		
Pollenallergie / Heuschnupfen			
Nahrungsmittelallergie			
Hausstauballergie			
Nickel- oder sonstige Kontaktallergie			
Sonstiges: _____			

❑ Ich habe keine Allergien

5.11 Wurde bei Ihnen von **ärztlicher Seite** eine der folgenden **Krankheiten** festgestellt ?

a) Bitte geben Sie an, ob Sie diese Krankheit
- nur vor der Umstellung auf Rohkost-Ernährung hatten,
- und/oder auch während der Rohkost-Ernährung hatten
- und ob Sie die Krankheit jetzt noch haben.

b) Falls Sie aufgrund dieser Erkrankung behandelt werden, geben Sie bitte an, wie erfolgreich diese Behandlung ist.
Falls Sie die Krankheit schon einmal hatten und sie derzeit wieder haben, geben Sie bitte nur die derzeitige Behandlung an. Bitte kreuzen Sie an, wie erfolgreich die Behandlung ist, wobei 1 = kein, 2 = niedriger, 3 = mäßiger und 4 = erheblicher Erfolg bedeuten sollen.

Bitte tragen Sie in der gesamten Tabelle nur Kreuze ein !

	a) Erkrankung			b) Wie erfolgreich ist die derzeitige Behandlung											
	hatte ich schon einmal		habe ich derzeit	schulme-dizinisch				Naturheil-verfahren				Änderung der Ernäh-rungsweise			
	vor Rohkost	während Rohkost		1	2	3	4	1	2	3	4	1	2	3	4
Darmmykosen, zB. Candida															
Magenschleimhautentzündung															
Magengeschwür															
Bauchspeicheldrüsenentzündung															
Leberzirrhose															
Gallensteine															
Colitis ulcerosa															
Morbus Crohn															
Blähungen															
Chron. Verstopfung															
Neurodermitis															
Schuppenflechte															
Diabetes mellitus Typ I (Jugendl. Diab.)															
Diabetes mellitus Typ II (Altersdiabetes)															
Gicht															
erhöhte Blutfettwerte/Cholesterinwerte															
erhöhte Cholesterinwerte															
wiederkehrende Harnwegsinfekte															
Nierenfunktionsstörungen															
Nierensteine															
Asthma bronchiale															
wiederkehrende Atemwegsinfekte															
Entzündliches Rheuma															
Degeneratives Rheuma															
Weichteil-Rheuma															
Angina pectoris															
Herzinfarkt															
Schilddrüsenerkrankungen															
Bluthochdruck															
Eisenmangel															
Schlaganfall															
Migräne															

❑ Bei mir wurde keine der oben genannten Erkrankungen festgestellt.

5.12 Wie oft haben Sie normalerweise **Stuhlgang** ?

❑ mehr als 3 mal täglich
❑ 2-3 mal täglich
❑ 1 mal täglich
❑ 4-6 mal pro Woche
❑ 1-3-mal pro Woche
❑ weniger als 1 mal pro Woche

Wie ist der Stuhlgang normalerweise beschaffen ? *Bitte unterstreichen Sie pro Zeile einen Begriff !*

Formen: normal fest, hart, breiig, flüssig, schleimig
Farben: mittelbraun, hell, dunkel, schwarz, grünlich, rot
Geruch: geruchsfrei, leichter Geruch, starker Geruch

5.13 Nehmen Sie regelmäßig **Darmeinläufe** vor ?   ❑ Ja   ❑ Nein

Falls ja, **wie oft ?**   ❑ mehr als 1 mal täglich
                                                          ❑ 1 mal täglich
                                                          ❑ 4-6 mal pro Woche
                                                          ❑ 1-3 mal pro Woche
                                                          ❑ 1-4 mal pro Monat
                                                          ❑ weniger als 1 mal pro Monat

---

5.14 Nehmen Sie regelmäßig (d.h. täglich oder mehrmals pro Woche) eines oder mehrere der folgenden
Medikamente/Präparate ein ?
Eine Angabe pro Zeile genügt !

Medikament/Präparat	Häufigkeit		
	pro Tag	pro Woche	pro Monat
Kontrazeptiva (Pille)			
Herz-Kreislauf-Medikamente			
Hormonpräparate gegen Wechseljahrbeschwerden			
Jodtabletten / Schilddrüsenhormone			
Eisentabletten			
sonstige Mineralstoffpräparate			
Vitaminpräparate oder Multivitaminpräparate			
Hefetabletten bzw. -flocken			
Ballaststoffpräparate (z.B. Weizenkleie)			
Abführmittel			
Appetitzügler oder Schlankheitsdrinks			
Cortison, Cortisonpräparate			
Stärkungsmittel (z.B. Doppelherz, Tai Ginseng)			
Algenpräparate (z.B. Spirulina)			
Abwehrstärkende Mittel (z.B. Echinacin)			
Sonstige :			

❑ Ich nehme keines der genannten Medikamente/Präparate regelmäßig ein.

5.15 Gehen Sie regelmäßig zum **Hausarzt** ?   ❑ Ja   ❑ Nein

Falls ja, wie oft ?   ❑ mehr als 1 mal pro Monat
                                                     ❑ alle ____ Monate
                                                     ❑ 1-2 mal pro Jahr
                                                     ❑ weniger als 1 mal pro Jahr

5.16 **Wann** waren Sie das letzte Mal beim **Hausarzt** ?   _____ / 19_____
Monat   Jahr

5.17 Weiß Ihr Hausarzt, daß Sie sich **rohköstlich** ernähren ?   ❑ Ja   ❑ Nein

    Falls ja, wie schätzt er die Rohkost-Ernährung ein ?   ❑ eher positiv
    ❑ eher negativ
    ❑ weiß ich nicht

5.18 Lassen Sie sich von einem **Heilpraktiker** behandeln ?   ❑ Ja   ❑ Nein

---

5.19 Wie hat sich Ihr **Verhalten zum Hausarzt** seit der Ernährungsumstellung **geändert** ?
(Bitte nur eine Antwort ankreuzen !)

    ❑ Gar nicht. Ich bin noch beim gleichen Arzt
    ❑ Ich haben meinen Arzt gewechselt
    ❑ Ich habe mir einen neuen Arzt mit Ernährungserfahrung gesucht
    ❑ Ich gehe nur noch zum Heilpraktiker
    ❑ Meine Arztbesuche habe ich ganz eingestellt
    ❑ Sonstiges _____

5.20 **Rauchen** Sie ?

    ❑ Ja
    ❑ Nein   → **weiter mit 5.24**

5.21 **Seit wann** rauchen Sie ?   _____ / 19_____
Monat   Jahr

5.22 Rauchen Sie **Zigarillos, Zigarren, Pfeife etc.** ?   ❑ Ja   ❑ Nein

---

5.23 Wieviele **Zigaretten** rauchen Sie ?

    ❑ manchmal 1 Stück pro Tag
    ❑ 2-10 Stück pro Tag
    ❑ 10-30 Stück pro Tag
    ❑ mehr als 30 Stück pro Tag
    ❑ Ich rauche keine Zigaretten

229

"Die Seite für die Frau" :   →   **Männer bitte weiter auf Seite 20**

5.24 Befinden Sie sich bereits in den **Wechseljahren** ?

- ❏ Ja, sie sind bereits vorbei   →   **Bitte weiter mit Frage 5.28**
- ❏ Ja, ich bin noch mittendrin
- ❏ Nein
- ❏ Ich weiß es nicht

5.25 Wie verläuft derzeit Ihre monatliche **Regelblutung** ?

- ❏ sehr regelmäßig   ❏ fällt oft ganz aus
- ❏ regelmäßig   ❏ habe ich nicht mehr
- ❏ unregelmäßig

5.26 Hat sich Ihre **Regelblutung** seit der Umstellung auf **Rohkost-Ernährung** verändert?

- ❏ Ja   ❏ Nein

Falls ja, wie ? _____
                        Art der Änderung

5.27 **Wie** schätzen Sie Ihre Regelblutung ein ? *Bitte nur eine Antwort ankreuzen !*

- ❏ sehr stark   ❏ schwach
- ❏ stark   ❏ sehr schwach
- ❏ mittelmäßig

5.28 Haben Sie sich während einer **Schwangerschaft** bereits rohköstlich ernährt ?

- ❏ Ja, und zwar während der ❏ 1. ❏ 2. ❏ 3. ❏ 4. Schwangerschaft
- ❏ Nein
- ❏ Ich war noch nie schwanger

Wie war das Geburtsgewicht des Kindes ? 1.____ g 2.____ g 3.____ g 4.____ g

Wie war die Größe des Kindes ? 1.____ cm 2.____ cm 3.____ cm 4.____ cm

---

5.29 Haben Sie sich während der **Stillzeit** rohköstlich ernährt ?

- ❏ Ja, und zwar während der ❏ 1. ❏ 2. ❏ 3. ❏ 4. Stillzeit
- ❏ Ich habe nicht gestillt
- ❏ Ich habe keine Kinder
- ❏ Nein

5.30 Sind Sie derzeit **schwanger** ?   ❏ Ja   ❏ Nein

Falls ja, beantworten Sie bitte die folgenden Fragen:

a) Wann ist der vorraussichtliche **Geburtstermin** ?   ____ / 19____
                                                       Monat   Jahr

b) Verändern Sie während der Schwangerschaft Ihre zuvor übliche **Ernährungsweise** ?

                                                ❏ Ja   ❏ Nein

Falls ja, **in welcher Weise** ? _____

6. Beruf, Ausbildung und Familie

Die folgenden Angaben benötigen wir, um die StudienteilnehmerInnen in sinnvolle Gruppen einteilen zu können. Wir bitten Sie um möglichst wahrheitsgetreue Antworten und versichern Ihnen nochmals, daß Ihre Daten von uns anonym ausgewertet werden.

6.1 In welcher **Wohnsituation** leben Sie momentan ? *Bitte nur eine Antwort ankreuzen !*

❑ mit Verwandten (Eltern, Großeltern)   ❑ in einer Wohngemeinschaft
❑ mit Partner und Kind/Kindern   ❑ allein
❑ mit Partner   ❑ Sonstiges: _____
❑ mit Kind/Kindern

6.2 Wie hoch war das **monatliche Einkommen**, das in Ihrem gesamten Haushalt im **Januar 1993** zur Verfügung stand, d.h. das Nettoeinkommen, das alle zusammen im Haushalt nach Abzug der Steuern und Sozialabgaben übrig haben ? *(Falls Sie in der Frage 6.1. angegeben haben, daß Sie in einer Wohngemeinschaft leben, geben Sie bitte nur Ihr persönliches Einkommen an !)*

❑ unter DM 500   ❑ DM 2000 - 2500   ❑ DM 4000 - 4500
❑ DM 500 - 1000   ❑ DM 2500 - 3000   ❑ DM 4500 - 5000
❑ DM 1000 - 1500   ❑ DM 3000 - 3500   ❑ über DM 5000
❑ DM 1500 - 2000   ❑ DM 3500 - 4000

6.3 Wieviele Personen werden mit diesem Einkommen **versorgt** ? _____ Personen

6.4 Wieviele Personen sind davon **unter 15 Jahren** ? _____ Personen

Wieviele Personen haben ein **eigenes** Einkommen ? _____ Personen
(Hierzu zählen auch Einkommen aus Renten, Mieten, Pacht, Wertpapieren und dergleichen.)

6.5 Haben sich Ihre **Kosten für Lebensmittel** seit der Umstellung auf Rohkost-Ernährung verändert ?
❑ Ja   ❑ Nein

Falls ja, in welcher Weise ?   ❑ Ich gebe mehr Geld für Lebensmittel aus.
     ❑ Ich gebe weniger Geld für Lebensmittel aus.

6.5 Wieviele **Kinder** haben Sie ?   _____ unter 15 Jahren
Wenn Sie keine Kinder haben, tragen Sie bitte 0 ein !   _____ 15 Jahre oder älter

Wieviele Ihrer Kinder ernähren sich **rohköstlich**   _____ unter 15 Jahren
     _____ 15 Jahre oder älter

und **seit wann** ? **1. Kind** (Alter:____Jahre): ____ / 19____   **2. Kind** (Alter:____Jahre): ____ / 19____
           Monat   Jahr   Monat   Jahr
         3. Kind (Alter:____Jahre): ____ / 19____   **4. Kind** (Alter:____Jahre): ____ / 19____
           Monat   Jahr   Monat   Jahr

6.6 **Wie** kamen Sie zur Rohkost-Ernährung ? *Bitte nur eine Antwort ankreuzen und ggf. nur den <u>wichtigsten</u> Namen nennen !*

❑ durch Freunde / Bekannte/Verwandte
❑ durch Lesen eines Buches. Wenn ja, welches ? _____
                                             Name des Buches
❑ durch einen Vortrag von _____
                                             Name des Referenten
❑ durch Fernsehen oder Zeitschriften
❑ sonstiges: _____

6.7 Akzeptiert Ihr **Familienkreis** Ihre Rohkost-Ernährung überwiegend ?

❑ Ja   ❑ Nein   ❑ Ich habe keinen

Akzeptieren Ihre **Kinder** Ihre Rohkost-Ernährung überwiegend ?

❑ Ja   ❑ Nein   ❑ Ich habe keine

Akzeptieren Ihre **Eltern** Ihre Rohkost-Ernährung überwiegend ?

❑ Ja   ❑ Nein   ❑ Ich habe keine

Akzeptiert Ihr(e) **Partner(in)** Ihre Rohkost-Ernährung überwiegend ?

❑ Ja   ❑ Nein   ❑ Ich habe keine(n)

Akzeptieren Ihre **Arbeitskollegen** Ihre Rohkost-Ernährung überwiegend ?

❑ Ja   ❑ Nein   ❑ Ich habe keine

Akzeptieren Ihre **Freunde** Ihre Rohkost-Ernährung überwiegend ?

❑ Ja   ❑ Nein   ❑ Ich habe keine

6.8 Welchen höchsten **allgemeinen Schulabschluß** haben Sie ? *Bitte nur eine Antwort !*

❑ Volks-/Hauptschulabschluß
❑ Realschulabschluß, Mittlere Reife oder gleichwertiger Abschluß
❑ Fachhochschulreife
❑ allgemeine oder fachgebundene Hochschulreife
❑ Hochschulabschluß
❑ keinen dieser Abschlüsse

6.9 Welchen letzten **beruflichen Ausbildungsabschluß** haben Sie ? *Bitte nur eine Antwort ankreuzen !*

❑ Ich habe (noch) keinen beruflichen Ausbildungsabschluß
❑ Anlernausbildung
❑ Lehre mit Berufsschul- oder Berufsfachschulabschluß
❑ Meister-/Techniker- oder gleichwertiger Fachschulabschluß
❑ Fachhochschulabschluß (auch Ingenieurschulabschluß)
❑ Sonstiges: _____

6.10 Welche der folgenden Angaben trifft auf Ihre **derzeitige Situation** zu ?
Nur maximal 2 Antworten möglich !

❑ voll erwerbstätig (jeden Arbeitstag ganztägig, auch wenn im Familienbetrieb - nicht Auszubildende)
❑ teilweise erwerbstätig (halbtags, täglich einige Stunden, einige Tage pro Woche, auch wenn im Familienbetrieb - nicht Auszubildende)
❑ ausschließlich Hausfrau/-mann, nicht berufstätig
❑ in Ausbildung
❑ Praktikum, soziales Jahr
❑ Wehrpflicht/Wehrersatzdienst
❑ ohne Arbeitsplatz, ohne Studien- oder Ausbildungsplatz
❑ arbeitslos gemeldet
❑ in Rente/pensioniert
❑ Sonstiges: _____

6.11 Welche berufliche Tätigkeit üben Sie zur Zeit aus ? _____

7. Sport und Freizeit

7.1 Wieviel Zeit verbringen Sie durchschnittlich **pro Woche** mit folgenden **Sportarten** ?
Geben Sie bitte gleichzeitig an, mit welcher **Intensität** (1, 2, 3, 4) Sie die jeweilige Sportart betreiben, wobei
1 = niedrige , 2 = mäßige, 3 = erhebliche, 4 = hohe Intensität bedeuten sollen und ob Sie an **Wettkämpfen**
teilnehmen. *(D.h. bei jeder Sportart, die Sie betreiben, sind drei Kreuze notwendig !)*

Sportart	Zeit in Stunden (h)				Intensität				Wettkämpfe	
	keine	bis 2 h	2 - 4 h	mehr als 4 h	1	2	3	4	Ja	Nein
Beispiel: Tanzen			X					X		X
Wandern										
Laufen, Joggen, Rennen										
Schwimmen										
Rudern										
Segeln										
Reiten										
Fahrradfahren										
Leichtathletik										
Aerobic										
Fitness-Training										
Body-Building										
Gymnastik										
Turnen										
Tanzen										
Tennis										
Badminton										
Squash										
Volleyball										
Basketball										
Handball										
Fußball										
Ski-Fahren										
Sonstiges :										

❑ Ich treibe keinen Sport

7.2 Verbringen Sie mehr als die Hälfte eines normalen Wochentages im Sitzen ?
(z.B. im Büro, vor dem Fernseher)

❑ Ja   ❑ Nein

7.3 Wie oft gehen Sie in die **Sauna** ?

❑ mehr als 1 mal pro Woche   ❑ seltener als 1 mal pro Monat
❑ 3-4 mal pro Monat   ❑ Ich gehe nie in die Sauna
❑ 1-2 mal pro Monat

7.4 Wieviele Stunden **schlafen** bzw. ruhen Sie innerhalb von 24 Stunden ?

❑ mehr als 10 Stunden   ❑ 6-8 Stunden
❑ 8-10 Stunden   ❑ weniger als 6 Stunden

7.5 **Wie fühlen Sie sich** morgens nach dem Schlafen ? *(Beispiele: frisch, ausgeruht, müde, zerschlagen)*

7.6 Welche der folgenden **Entspannungsarten** üben Sie aus und wie oft ?
Sollten Sie dies weniger als 1 mal pro Monat betreiben, tragen Sie bitte O ein. Pro Zeile bitte nur einen Eintrag !

Entspannungsart	Durchschnittliche Zeit in Stunden		
	Tag	Woche	Monat
Yoga			
Autogenes Training			
Meditation			
Sonstiges :			

❑ keine der obengenannten Entspannungsarten

7.7 Gehen Sie zur **Kur** ?   ❑ Ja   ❑ Nein

Falls ja, **wie oft** ?
   ❑ mehrmals pro Jahr
   ❑ jedes Jahr einmal
   ❑ alle 2 Jahre
   ❑ alle 3-5 Jahre
   ❑ weniger als alle 5 Jahre

7.8 **Fasten** Sie ?   ❑ Ja   ❑ Nein
Bitte pro Frage nur <u>eine</u> Antwort ankreuzen !

Falls ja, welche **Art** von Fasten ?
   ❑ Totales Fasten oder Null-Fasten
   ❑ Saftfasten
   ❑ Modifiziertes Fasten, z.B. mit Proteinzusätzen
   ❑ Sonstiges : _____

Aus welchem **Grund** fasten Sie überwiegend ?
   ❑ Wegen einer Krankheit
   ❑ je nach Instinkt
   ❑ zur Entschlackung
   ❑ zur Gewichtsreduktion
   ❑ Sonstiges: _____

Wie häufig haben Sie in den vergangenen 12 Monaten gefastet ?
   ❑ einmal pro Woche
   ❑ mehrmals im Monat
   ❑ mehrmals im Jahr
   ❑ einmal im Jahr
   ❑ gar nicht

Wie lange haben Sie dann durchschnittlich gefastet ?
   ❑ einen Tag
   ❑ 2-4 Tage
   ❑ 5-7 Tage
   ❑ 8-14 Tage
   ❑ mehrere Wochen

Wo fasten Sie dann ?
   ❑ zu Hause, alleine
   ❑ zu Hause, zusammen mit anderen
   ❑ in einer Klinik
   ❑ Sonstiges _____

8. Umwelt, Information und Bücher

8.1 Verwenden Sie in Ihrem eigenen Garten chemische (synthetische) **Schädlingsbekämpfungsmittel** ?

- ❑ ich habe keinen Garten
- ❑ weiß ich nicht
- ❑ nie
- ❑ gelegentlich (nur bei akutem Befall)
- ❑ regelmäßig (auch zur Vorbeugung)

8.2 Sind Sie bereit, für Lebensmittel aus **ökologischer Landwirtschaft** mehr zu bezahlen ?

❑ Ja   ❑ Nein

8.3 In welcher **Verpackung** kaufen Sie überwiegend Milch ein ? *Bitte kreuzen Sie nur eine Antwort an !*

- ❑ Karton ohne Alufolie (Frischmilch)
- ❑ Karton mit Alufolie (H-Milch)
- ❑ Plastiktüte
- ❑ Glasflasch ohne Pfand
- ❑ Glasflasche mit Pfand
- ❑ eigenes Gefäß für "lose" Milch (z.B. von der stählernen Kuh oder direkt vom Bauernhof)
- ❑ ich kaufe keine Milch

8.4 Wie sieht Ihre persönlich Situation bei der **Müllentsorgung** aus ?
Bitte geben Sie durch Kreuze an, welche Abfälle bei Ihnen gar nicht anfallen, welche Sie nicht getrennt entsorgen (können) und welche Sie getrennt entsorgen ! Bitte machen Sie in jeder Zeile ein Kreuz !

	fällt bei mir nicht an	entsorge ich nicht getrennt	entsorge ich getrennt
Papier			
Glas			
Weißblech			
Organische Küchenabfälle			
Aluminium			
Kunststoff			
Batterien			
Sondermüll			
Medikamente			

8.5 Haben Sie vor, sich eine **Sparspülung für die Toilette** zu kaufen ?

- ❑ Ich habe schon eine Sparspülung
- ❑ Ja
- ❑ Nein

8.6 Welche **Verkehrsmittel** benutzen Sie überwiegend ? *Bitte nur eine Antwort ankreuzen !*

- ❑ öffentliche Verkehrsmittel
- ❑ Kraftfahrzeug
- ❑ Kraftrad
- ❑ Fahrrad, zu Fuß

8.7 Welcher Aussage können Sie **am ehesten** zustimmen ? *Bitte nur eine Antwort ankreuzen !*

❑ In Deutschland gibt es jetzt und in absehbarer Zeit noch keine Probleme mit dem Müll.
❑ Wenn es so weitergeht wie bisher, werden wir in 10-20 Jahren mit unserem Müll Probleme bekommen.
❑ Um mit dem Problem des Mülls auch in Zukunft fertig zu werden, muß bald etwas getan werden.
❑ Das Konzept "Grüner Punkt" ist ein ausreichender Schritt zur Bekämpfung des Müllproblemes.
❑ Der Müll steht uns bis zum Hals. Es muß sofort energisch gehandelt werden.
❑ Es ist bereits zu spät. Die eingetretenen Schäden können nicht mehr gutgemacht werden.

8.8 Sind Sie Mitglied in einer **Umweltschutzorganisation** ?

❑ Ja   ❑ Nein

8.9 Wie stark sind Sie an **Informationen** über Ernährung interessiert ?

❑ sehr stark   ❑ weniger
❑ stark   ❑ überhaupt nicht
❑ mittelmäßig

8.10 Wenn Sie sich über Ernährungsfragen bzw. -probleme informieren, welche **Informationsquellen** nutzen Sie normalerweise ? *(Bitte maximal 2 Antworten !)*

❑ Volkshochschule
❑ Verbraucherberatung
❑ Tageszeitung/Publikumszeitschriften
❑ Freundes-/Bekanntenkreis
❑ Hör-/Rundfunk
❑ Informationen, die Kinder in der Schule lernen / aus der Schule mitbringen
❑ Lebenskunde-Magazin
❑ Gesundheitsblätter von Krankenkassen, in Apotheken/Drogerien etc.
❑ Hausarzt/-ärztin
❑ Naturkostladen
❑ Reformhaus
❑ Fernsehen (z.B. Gesundheitsmagazin Praxis)
❑ Apotheker/in oder Drogist/in
❑ Fach-/Kochbücher, die speziell auf Ernährungsfragen eingehen
❑ Eltern
❑ Sonstiges : _____

8.11 Welche Zeitschriften/Magazine/Informationen zur Ernährung lesen Sie regelmäßig ?

1. _____
2. _____
3. _____   ❑ keine

8.12 Durch welche **Bücher** haben Sie sich **hauptsächlich** über die Rohkost informiert ?
(Bitte ordnen Sie diese nach Ihrer Wichtigkeit für Sie !)

1. _____
2. _____
3. _____
4. _____
5. _____
6. _____   ❑ keine

Wir danken Ihnen recht herzlich für die Geduld, die Sie für das Ausfüllen unseres Fragebogens aufgewendet haben. Falls Sie weiterhin an der Studie teilnehmen, werden wir Ihnen vorraussichtlich im Sommer/Herbst 1993 mitteilen, wie es weitergeht. Bis dahin verbleiben wir

Mit freundlichen Grüßen

Claus Leitzmann   Sabine Dörries   Petra Fuhrmann

          Corinna Koebnick   Carola Strassner

Raum für persönliche Anmerkungen zum Fragebogen:

Anhang 7: Fragebogen des Frankfurter Rohköstler-Gesprächkreises

Bei den nachfolgenden Aussagen geht es um Aspekte Ihres Verhältnisses zur Rohkost sowie um die Einstellung Ihrer Umgebung zu dieser Ernährungsweise

1	Es fällt mir eher leicht	③②①⓪①②③	eher schwer, bei der Rohkost konsequent zu sein
2	Seit ich Rohkost esse, fühle ich mich körperlich eher schlechter	③②①⓪①②③	fühle ich mich körperlich eher besser
3	Ich habe eher wenig	③②①⓪①②③	eher viel Schwierigkeiten, mich mit Rohkost zu vesorgen
4	Seit ich Rohkost esse, bin ich mit meiner Sexualität unzufriedener	③②①⓪①②③	bin ich mit meiner Sexualität zufriedener
5	Ich gerate eher selten	③②①⓪①②③	eher oft unter Druck, mich wegen meiner Rohkost zu rechtfertigen
6	Seit ich Rohkost esse, hat sich mein Freundeskreis eher zu meiner Unzufriedenheit	③②①⓪①②③	eher zu meiner Zufriedenheit verändert
7	Mein Umfeld macht es mir eher leicht	③②①⓪①②③	eher schwer, Rohkost zu essen
8	Mein Bekanntenkreis steht Rohkost eher skeptisch	③②①⓪①②③	eher zustimmend gegenüber
9	Seit ich Rohkost esse, bin ich mit meinem seelischen Befinden eher zufriedener	③②①⓪①②③	bin ich mit meinem seelischen Befinden eher weniger zufrieden
10	Ich habe eine eher starke Neigung	③②①⓪①②③	eher schwache Neigung, andere von der Rohkost zu überzeugen
11	Mein(e) Partner(in) steht Rohkost eher zustimmend	③②①⓪①②③	eher skeptisch gegenüber
12	Im allgemeinen genieße ich Rohkost eher weniger	③②①⓪①②③	genieße ich Rohkost eher mehr

Liste der Veröffentlichungen der Gießener Rohkost-Studie (Stand: 01.06.1998)

Koebnick C, Dörries S, Fuhrmann P, Kwanbunjan K, Strassner C, Leitzmann C
Die Gießener Rohkost-Studie
Der Naturarzt 134 (4) 44-45, 1994

Kwanbunjan K, Koebnick C, Strassner C, Dörries S, Fuhrmann P, Leitzmann C
Die Gießener Rohkost-Studie
Fit fürs Leben 6 (6) 23-25, 1994

Strassner C, Koebnick C, Dörries S, Kwanbunjan K, Leitzmann C
Ernährungs- und Gesundheitsverhalten von Menschen mit überwiegender Rohkost-Ernährung
Z Ernährungswiss 34 (1) S.53, 1995

Strassner C, Dörries S
Die Gießener Rohkost-Studie - Erste Ergebnisse
Fit fürs Leben 7 (2) S.29, 1995

Dörries S, Strassner C
Die Gießener Rohkost-Studie
7. UGB-Kongress über Vollwert-Ernährung
Gießen, (Kongressbericht) 15-17, 1995

Strassner C, Kwanbunjan K, Dörries S, Leitzmann C
The Giessen Raw Food Study
Book of Abstracts, Abstr. WS 19, S.5
7th European Nutrition Conference: „Over- and Undernutrition in Europe" FENS, Wien, 1995

Kwanbunjan K, Strassner C, Dörries S, Leitzmann C
Eisenstatus von Röhköstlern
Z Ernährungswiss 35 (1) S.90, 1996

Kwanbunjan K
Ernährungsverhalten und Gesundheitssituation von Rohköstlern
unter besonderer Berücksichtigung des Eisenstatus und der hämatologischen Parameter, 140 S.
Wissenschaftlicher Fachverlag, Gießen 1996

Strassner C, Koebnick C, Szyperski T, Leitzmann C
Kochen ist tabu: Die Gießener Rohkost-Studie
UGB-Forum 13 (6) 340-343, 1996

Strassner C
Die Gießener Rohkost-Studie
Erfahrungsheilkunde 45, Sonderausgabe Okt, S.776, 1996

Strassner C, Weirich B, Koebnick C, Leitzmann C
Die Gießener Rohkost-Studie
Erfahrungsheilkunde 8, 1997, 429-434

Strassner C, Doerries D, Kwanbunjan K, Leitzmann C
Vegetarian Raw Food Dietary Regimens: Health Habits and Nutrient Intake
Program Nr. P39 S.51
The Third International Congress on Vegetarian Nutrition, 24-26.3.1997, Loma Linda, California

Strassner C, Doerries S, Kwanbunjan K, Leitzmann C
Raw Food Eaters: Health Habits and Nutrient Intake
Book of Abstracts Nr PR44 S.304
16th IUNS International Congress of Nutrition, 27.7-1.8.1997 Montreal, Kanada

Koebnick C, Doerries S, Fuhrmann P, Kwanbunjan K, Strassner C, Leitzmann C
Ernährungs- und Gesundheitsverhalten von Menschen mit überwiegender Rohkost-Ernährung
Der Vegetarier 48 (6), 252-257, 1977

Koebnick C, Strassner C, Leitzmann C
Rohkost-Ernährung: Teil 1 - Überblick und Bewertung der theoretischen Grundlagen
Auswertungs- und Informationsdienst für Ernährung, Landwirtschaft und Forsten (aid) e.V.
42 (10), 244-250, 1997

Strassner C, Koebnick C, Leitzmann C
Rohkost-Ernährung: Teil 2 - Die Gießener Rohkost-Studie
Auswertungs- und Informationsdienst für Ernährung, Landwirtschaft und Forsten (aid) e.V.
42 (11), 268-274, 1997

Koebnick C, Strassner C, Leitzmann C
Bewertung der Rohkost-Ernährung in der Ernährungsberatung
Ern Umschau 44 (12), 444-448, 1997

Danksagung

Allen, die zum Gelingen der Gießener Rohkost-Studie und meiner Arbeit beigetragen haben, möchte ich an dieser Stelle ganz herzlich danken. Allen voran gilt mein ganz besonderer Dank meinem geschätztem Doktorvater Prof. Dr. Claus Leitzmann, für sein mir entgegengebrachtes Vertrauen und seine Unterstützung bei der Durchführung der Studie und der Arbeit. Er war mir allzeit ein menschlich fairer Lehrer und wertvolles Vorbild. Prof. Dr. Heinrich Laube danke ich für hilfreiche Fachgespräche und die Bereitschaft die Arbeit als zweiter Gutachter zu betreuen.

Ohne die große Motivation der StudienteilnehmerInnen, deren Interesse und deren Bereitschaft zur Teilnahme an der Studie wäre es gar nicht möglich gewesen, das umfangreiche Datenmaterial zusammenzutragen. An dieser Stelle ein ganz herzliches Dankeschön für all die Zeit und auch Mühe, die sich alle StudienteilnehmerInnen für die aktive Mitarbeit an der Studie gemacht haben. Guy-Claude Burger, Franz Konz, Prof. Dr. Michael-Lukas Moeller, Jamila Peiter, Thomas von Breitenbach und Devanando Weise sei für die offene und entgegenkommende Zusammenarbeit gedankt.

Den DoktorandInnen der Arbeitsgruppe Rohkost Sabine Doerries, Petra Fuhrmann, Dr. Karunee Kwanbunjan und Michael Schlechtriemen sei für die interessante und herausfordernde Zusammenarbeit gedankt. Den DiplomandInnen Martina Bergmann, Sabine Geier, Boris Graf, Bernd Hartmann, Kerstin Hünchen, Thorsten Heuer, Hiroko Inone, Corinna Koebnick, Michaela Krause, Natascha Mikolasch, Alfred Narewski, Kristin Paulat, Annette Rohrbein, Ulrich Schmidt, Annegret Stork, Tanja Szyperski, Eva Theurer, Katrin Vollmer, Bianca Weirich, Lucia Weiss und Katja Wilbert sei für ihren außerordentlichen Einsatz und allzeit freundliche Zusammenarbeit gedankt. Den PraktikantInnen Heike, Magdalena, Kerstin, Silke, Ingo, Thorsten, Hiroko, Imelda, Petra, Silke, Tiana, Alexandra, Annette, Marisol, Mathias, Beate, Nicoletta, Claudia, Eva, Esther, Bianca und Christiane sei auch auf diesem Weg für ihre wertvolle Mitarbeit und ihren unermüdlichen Einsatz an der Gießener Rohkost-Studie gedankt.

Allen die bei den Psychologie- (Prof. Dr. Joerg Diehl, Prof. Dr. Michael-Lukas Moeller, Sigrid Bettinger, Heike Kröner, Anette Lehmann) und zahnmedizinischen (Prof. Dr. Klimek, Dr. Caro Gans, Michael Schlechtriemen.) Untersuchungen der Rohkost-Studie mitgearbeitet haben: Dankeschön. Dr. Katz, Dr. Golf und Dr. Schlegel des Zentrallabors der Universitätsklinik (JLU), Prof. Dr. Neuhäuser-Berthold und Christoph Stüber des Spurenelement- und Vitaminlabors des Institut für Ernährungswissenschaft (JLU), Prof. Dr. Laube des diabetologischen Labors der Medizinischen Poliklinik III, Prof. Dr. Elmadfa und Dr. Jürgen König des Labors des Institutes für Ernährungswissenschaften in Wien und deren MitarbeiterInnen sowie Petra Andreas und Heike B. im Labor des Arbeitskreises Leitzmann sei für die gute Zusammenarbeit gedankt. Herrn Ralf Dörhöfer der Firma DATA-Input GmbH sei besonders für die Überlassung des Programms „body 4" herzlich gedankt.

Den MitarbeiterInnen der Vollwert-Ernährungs-Studie Dr. Maike Groeneveld und Dr. Ingrid Hoffmann sowie der Deutschen Vegan-Studie Bettina Dörr, Dr. Andreas Hahn und Jochen Koschizke für die „Fanta-4-Gespräche", die freundliche Zusammenarbeit sowie Überlassung der Daten sei hiermit gedankt.

Für wertvolle Statistikberatung danke ich Dr. Pabst und Dr. Hollenhorst des Hochschulrechenzentrums (JLU) sowie Dr. Ingrid Hoffmann, Dirk Handwerg, Corinna Koebnick und Elisabeth Schmitt.

Den Mitgliedern und ehemaligen Mitgliedern des Arbeitskreises Leitzmann Dr. Friederike Bellin-Sesay, Sabine Doerries, Dr. Kathrin Gütschow, Dr. Maike Groeneveld, Dr. Ingrid Hoffmann, Ulrike Heins, Corinna Koebnick, Dr. Karunee Kwanbunjan, Dr. Sylvia Kaufmann, Dr. Andreas Kurze, Conny Loechl, Petra Michel, Claudia Müller, Edith Müller, Ulrike Roetten, Andreas Selzer, Corinna Taylor, Dr. Karl von Koerber, Dr. Martina Wangemann danke ich insbesondere für die jederzeit bereitwilligen und konstruktiven fachlichen Gespräche.

Den KollegInnen Maike Engfer, Rhea Grimm, Ralph Petzold und Dr. Sigrid Stroh. sowie den MitarbeiterInnen Petra Andreas, Alwin Kratz, Helga Ruhrig und Ute Richter des Instituts für Ernährungswissenschaft auch ein Dankeschön für ihre Hilfe und Unterstützung.

Für die sorgfältige Durchsicht des Manuskriptes bzw. Teilen davon danke ich meinen KorrekturleserInnen Annette Berthold, Dr. Waldemar Blask, Dr. Friederike Bellin-Sesay, Dr. Heike Englert, Dr. Kathrin Gütschow, Corinna Koebnick, Michael Link, Claudia Müller und Susanne Sachs.

Ich bedanke mich auch bei meiner Familie und bei den VIELEN FreundInnen, vor allem bei meiner Mutter Eleonore Strassner sowie Helen Klopper und Aileen Taylor, die mir bedingungslos während der Promotion beistanden; um alle namentlich zu nennen müßte ich ein neues Kapitel anlegen!

Die Gießener Rohkost-Studie wurde finanziell unterstützt von der Ars Vitae/Stoll-Stiftung. Ohne diese finanzielle und ideelle Förderung wäre die Studie nicht realisierbar gewesen.

LEBENSLAUF

Persönliche Daten

Familienname	Strassner
Vornamen	Carola Bahati Brigitte
Geburtsdatum	15.10.1965
Geburtsort	Kapstadt, Republik Südafrika

Schulbildung

Jan.1971-Dez.1978	Golden Grove Junior School, Kapstadt
Jan.1979-Dez.1983	Westerford High School, Kapstadt
Dez.1983	Matriculation: A aggregate (entspricht Gesamtnote sehr gut)

Studium und akademischer Werdegang
Studium der Biochemie an der University of Cape Town:

Jan.1984-Dez.1986   Bachelor of Science (B.Sc.)

	Schwerpunkt:	Biochemie
		Mikrobiologie
	Studienprojekt:	Mikrobiologie in der Molkereiindustrie
	Betreuer:	Prof. Dr. D.Woods

Jan.1987-Dez.1987   B.Sc.(Honours)

	Schwerpunkt:	Biochemie
	Studienprojekt:	Isolation of Sea Urchin Egg Histones
	Betreuer:	Prof. Dr. W.Brandt

Fortsetzung des Studiums an der University of Natal (Durban) im Fachbereich Angewandte Chemie:

Jan.1988-Jun.1990   Master of Science (M.Sc.)

	Schwerpunkt:	Lebensmittelwissenschaft
	Diplomarbeit:	The Effect of Amylolytic Enzymes on the Degradation of Starch during Extrusion
	Betreuer:	Prof. Dr. H.J.H.de Muelenare

Wiederaufnahme des Studiums an der Justus-Liebig-Universität, Gießen im Fachbereich Ernährungswissenschaft

Okt.1992

	Doktorarbeit:	Die Gießener Rohkost-Studie: Ernährungsverhalten und Gesundheitsstatus von Rohköstlern mit besonderer Berücksichtigung von Protein und Energie
	Betreuer:	Prof. Dr. rer. nat.Claus Leitzmann

Auszeichnungen

Entrance Scholarschip	1984
Merit Award - Department of Education	1984-1986
Vic Bridges Bursary - School Board of the Cape	1984-1986
Olive Schreiner Scholarschip	1984-1986
Yvonne Parfitt Bursary - Syfrets Trust	1984-1986
Guy Sutton Memorial Bursary - Lion Match Company	1984-1986
Ludy Gonsenhauser Trust	1985
Centre for Scientific and Industrial Research (CSIR) Bursary - Honours	1987
CSIR Bursary - Masters Year 1&2	1988-1989
Graduate Assistanceship Bursary	1988-1989
Philip Hind Research Grant	1990
Stipendium der Stiftung zur Förderung der DGE	1997